司法書士
STANDARDSYSTEM
スタンダード合格テキスト 8

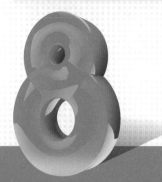

JN116781

民事訴訟法・
民事執行法・
民事保全法

Wセミナー／**司法書士**講座**編**

早稲田経営出版
TAC PUBLISHING Group

本書は，2023年（令和5年）7月1日時点での情報に基づき，2024年（令和6年）4月1日までに施行が確定している法改正に対応しています。本書刊行後に明らかになった法改正につきましては，毎年4月1日時点での法改正情報としてまとめ，TAC出版書籍販売サイト「サイバーブックストア」（https://bookstore.tac-school.co.jp/）の早稲田経営出版・司法書士「法改正情報」コーナーにて公開いたしますので，適宜ご参照ください。

【本書の主な改正ポイント】
・ 令和4年法律第48号（民事訴訟法等の一部を改正する法律の一部）

はしがき

　司法書士試験は，合格率５％程度と，数ある国家試験の中でも最難関の資格の
ひとつに位置づけられています。また出題科目も多く，学習すべき範囲が膨大で
あることも司法書士試験の特徴のひとつです。このため，学習がうまく進まなか
ったり，途中で挫折してしまう方がいらっしゃることも事実です。

　では，合格を勝ち取るために必要な勉強法とはどのようなものでしょうか。
　Ｗセミナーでは，長年にわたり司法書士受験生の受験指導を行い，多くの合格
者を輩出してきました。その経験から，合格へ向けた効率的なカリキュラムを開
発し，さまざまなノウハウを蓄積してまいりました。そしてこの度，その経験と
ノウハウのすべてを注ぎ込み，合格のためのテキストの新たな基準をうちたてま
した。それが，本シリーズ「司法書士　スタンダード合格テキスト」です。

　本シリーズは，司法書士試験の膨大な試験範囲を，科目ごとに11冊にまとめま
した。また，法律を初めて学習する方には使い勝手のよい安心感を，中・上級者
にとってはより理解を深めるための満足感を感じていただけるような工夫を随所
に施しており，受験生の皆さまの強い味方になることでしょう。

　「民訴・民執・民保」は，マイナー科目といわれていますが，毎年７問出題さ
れており，司法書士試験において重要な科目の一つです。そのため，本書では，
民訴・民執・民保をしっかり理解していただくように，条文や重要な判例を数多
く掲げ，これらを分かりやすく解説しています。また，過去の本試験で出題され
た論点については，該当箇所にその出題年次を掲げていますので，司法書士試験
における各論点の重要度が一目で分かる形となっています。

　司法書士を志した皆さまが，本シリーズを存分に活用して学習を深めていただ
き，司法書士試験合格を勝ち取られることを願ってやみません。

2023年８月

Ｗセミナー／司法書士講座
講師・教材開発スタッフ一同

●●●●● 本シリーズの特長と使い方 ●●●●●

・特長１　法律論点を視覚的に理解できる！

　　図や表を豊富に設けているので，法律論点を具体的・視覚的に理解でき，知識の定着を促します。

・特長２　学習に必要な情報が満載！

　　重要条文はもれなく掲載されており，その都度，六法にあたる手間を省くことができます。また，本試験の出題履歴も表示されており，重要箇所の把握に大いに役立ちます。

・特長３　学習しやすいレイアウト！

　　行間や余白が広いため書き込みがしやすく，情報をこのテキスト一冊に集約できます。また，細かな項目分けがなされているため飽きずにスラスラ読み進むことができます。

> **Topics　←方向感！**
> 　何を学習するのか，どこが重要かを明らかにすることで，学習の目的や方向性を明確にすることができます。

> **豊富な図表　←視覚化！**
> 　複雑な法律関係は図で，比較して覚えたい論点は表で明示しているため，重要箇所もスムーズに理解することができます。

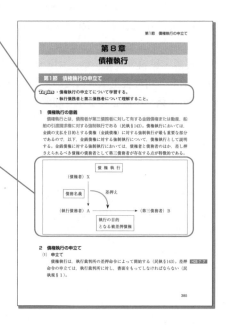

重要条文 ←効率化!

法律を学習する上で条文をチェックすることは欠かせませんが、本書では重要条文が引用されているので、六法を引く手間を省くことができます。

過去問表記 ←リアル感!

過去に本試験で出題された論点には、出題履歴を表示しました。試験対策が必要な箇所を把握することができ、過去問にあたる際にも威力を発揮します。「R2-6-エ」は、令和2年度本試験択一式試験(午後の部)の第6問肢エで出題されたことを示しています。

重要 ←明確化!

学習するうえで必ずマスターしておきたい箇所を、「重要」として表示しているため、学習のメリハリをつけることができます。また、復習の際に重要ポイントを確実に確認するのにも効果的です。

プラスアルファ ←満足感!

適宜、プラスアルファとして、補足的な知識や応用的な内容が盛り込まれているため、中・上級者の方が読んでも満足する構成となっています。

第3章 保全命令

第2節 仮差押命令

Topics・仮差押命令の内容を理解する。
・仮差押解放金について理解する。

〈仮差押命令の必要性〉
第20条 仮差押命令は、金銭の支払を目的とする債権について、強制執行をすることができなくなるおそれがあるとき、又は強制執行をするのに著しい困難を生ずるおそれがあるときに発することができる。
2 仮差押命令は、前項の債権が条件付又は期限付である場合においても、これを発することができる。

1 仮差押命令の必要性

仮差押命令は、金銭の支払を目的とする債権(金銭債権)について、強制執行ができなくなるおそれがあり、または強制執行をするのに著しい困難を生ずるおそれがあるときに発することができる(民保§20I)。すなわち、金銭債権につき保全の必要性がある場合に認められることになる。

2 仮差押命令の被保全権利と対象財産

(1) 被保全権利

被保全権利は金銭債権でなければならない(民保§20I)。この金銭債権は条件付または期限付である場合においても、仮差押命令を発することができる(民保§20II)。

仮差押命令は将来の強制執行を保全するものなので、仮差押えの段階では、金銭債権が条件付または期限付であっても差し支えない。条件の成就や期限の到来は執行の段階で判断されることになる。

(2) 対象財産

仮差押命令の対象財産は、強制執行の対象となる財産であればよい。そして、仮差押命令は原則として、特定の物について発しなければならないが、対象財産が動産である場合は、目的物を特定しないで発することができる(民保§21)。

436

第3章 訴訟の審理

② **不知**

不知とは、相手方の主張した事実を知らない旨の陳述であり、その事実を争ったものと推定される(民訴§159II)。

③ **自白**

自白とは、相手方の主張する自己に不利益な事実を認める陳述をいう。自白された主要事実は、証拠調べをしないでそのまま裁判の資料として採用しなければならない(弁論主義の内容②)。間接事実および補助事実は、不要証事実となる。

④ **沈黙**

沈黙とは、一方当事者の事実上の主張について何もはっきりしたことを言わない場合をいう。この場合には、口頭弁論全体からみて争うものと認められない限り、自白したものとみなされる(擬制自白:民訴§159I)。

＋アルファ

否認と抗弁

貸金返還請求事件での、原告の金を貸し付けたとの主張に対し、積極否認と抗弁の具体例は次のとおりである。

積極否認:「金は受け取ったが、借りたのではなくもらったものである」

抗弁:「金は借りたが、弁済した」

この具体例を前提に、両者の共通点と相違点をあげる。

共通点 双方とも、相手方の主張を斥けるための、新たな事実の主張である。

相違点 ① 積極否認として提出する事実(もらったものである)は、相手方の主張事実(消費貸借として金銭を受領)と両立し得ない事実である。

これに対し、抗弁として提出する事実(弁済)は、相手方の主張事実(金を貸し付けた)と論理的に両立しうる事実である(借りたからこそ弁済する)。

② 積極否認の場合は、否認の相手方がその主張事実(金を貸した)を立証する必要がある。積極否認の中でも事実(もらったものである)につき、否認者が証明責任を負うわけではない。すなわち、否認は、相手方が証明責任を負う事実を否定

90

目次

第2編　民事執行法

第3編　民事保全法

凡　例

１．法令の表記

民訴§151Ⅰ②→　民事訴訟法第151条第１項第２号

２．法令の略称

民訴→　民事訴訟法

民訴規→　民事訴訟規則

民執→　民事執行法

民執規→　民事執行規則

民保→　民事保全法

民保規→　民事保全規則

裁→　裁判所法

人訴→　人事訴訟法

民→　民法

破→　破産法

信託→　信託法

３．判例の表記

最判昭46.11.30→　昭和46年11月30日最高裁判所判決

大判大7.4.19→　大正７年４月19日大審院判決

大阪高決昭41.5.9→　昭和41年５月９日大阪高等裁判所決定

大阪地判昭27.9.27→　昭和27年９月27日大阪地方裁判所判決

第 1 編

民事訴訟法

第1章
訴訟の主体

第1節　裁判所

Topics ・ここでは，管轄と移送の条文の知識からの出題が多い。条文の読み込みが重要となる。

❶ 裁判所

1 裁判所の意義

広義では，裁判官とその他の裁判所職員によって構成される官署としての裁判所を意味し，狭義では裁判機関としての裁判所を意味する。受訴裁判所，執行裁判所（民執§3）が後者の例である。広義の裁判所としては，最高裁判所のほか，下級裁判所として高等裁判所，地方裁判所，家庭裁判所および簡易裁判所がある（憲§76Ⅰ，裁§1，2）。このうち家庭裁判所は，家事事件，人事訴訟等を処理する権限を有する（裁§31の3，人訴§4）。

2 裁判所の構成

(1) 合議制，単独制，裁判長

裁判機関としての裁判所には，合議制と単独制とがある。合議制においては，合議体に属する裁判官のうち1人が裁判長となる（裁9Ⅲ，18Ⅱ，26Ⅲ）。口頭弁論の指揮（民訴§148），訴状の審査（民訴§137ⅠⅡ）など，民事訴訟法上，裁判長の権限とされているものがある。

(2) 受命裁判官，受託裁判官

合議制の裁判所は，法定の事項の処理を構成員に委任することができる（民訴§88，89，171，185Ⅰ，195など）。委任を受けた裁判官を受命裁判官という。受命裁判官は，裁判長が指定する（民訴規§31Ⅰ）。受訴裁判所が法定の事項の処理を他の裁判所に嘱託した場合に，その処理をする裁判官を受託裁判官という（民訴§89，92の7，185，195）。

2　裁判官の除斥・忌避・回避

　　担当の裁判官が，偶然にも事件と特別な関係にある場合に，裁判の公正のために，その裁判官を当該事件の職務の執行から除外する制度が設けられている。これが，除斥・忌避・回避である（民訴§23以下，民訴規§10以下）。

　　なお，除斥・忌避・回避は裁判所書記官，専門委員などについても準用されている（裁判所書記官につき民訴§27，民訴規§13。専門委員につき民訴§92の6Ⅰ，民訴規§34の9）。

1　除　斥
　　法定の除斥原因（民訴§23Ⅰ①～⑥）のある裁判官は法律上当然に職務執行ができなくなる場合である。

2　忌　避
　　除斥原因はないが裁判官が公正ではない裁判をするおそれがあるときに，当事者の申立てに基づく裁判によって職務執行から排除される場合である（民訴§24Ⅰ）。

3　回　避
　　裁判官が除斥・忌避の原因があることを認めて，自発的に職務執行を避けることをいう（民訴規§12）。

3　日本の裁判所の管轄権

1　国際裁判管轄の意義
　　日本の裁判所が民事上の争いに関する訴えを提起された場合，受訴裁判所になりうるためには，当該裁判所がその訴えについて民事裁判権を有することを要する。そして，国際裁判管轄に関する規律は，日本の裁判所が民事裁判権を有するかの判断基準であるが，広義では，国際裁判管轄は土地管轄の問題であり，国内土地管轄と類似する規定もある。

2　主要な国際裁判管轄について
　　国際裁判管轄について，民事訴訟法3条の2から3条の12までに規定されている。特に出題可能性のある部分を以下あげておく。また，国内土地管轄の類似の規定もあげておくので，六法で同時に確認しておいてほしい。ただし，学習の優先順位は高くないので，初学者は後回しで良い。

(1) **被告の住所等による管轄権**

　① 人に対する訴えについて，次の場合，日本の裁判所が管轄権を有する（民訴§3の2Ⅰ）。

　　㋐ 被告の住所が日本国内にあるとき。

　　㋑ 被告の住所がない場合または住所が知れない場合には，その居所が日本国内にあるとき。

　　㋒ 居所がない場合または居所が知れない場合には，訴えの提起前に日本国内に住所を有していたとき（日本国内に最後に住所を有していた後に外国に住所を有していたときを除く。）。

（普通裁判籍による管轄）

第4条　訴えは，被告の普通裁判籍の所在地を管轄する裁判所の管轄に属する。

2　人の普通裁判籍は，住所により，日本国内に住所がないとき又は住所が知れないときは居所により，日本国内に居所がないとき又は居所が知れないときは最後の住所により定まる。

---

　② 法人その他の社団または財団に対する訴えについて，次の場合，日本の裁判所が管轄権を有する（民訴§3の2Ⅲ）。

　　㋐ 被告の主たる事務所または営業所が日本国内にあるとき。

　　㋑ 被告の事務所もしくは営業所がない場合またはその所在地が知れない場合には，代表者その他の主たる業務担当者の住所が日本国内にあるとき。

（普通裁判籍による管轄）

第4条

4　法人その他の社団又は財団の普通裁判籍は，その主たる事務所又は営業所により，事務所又は営業所がないときは代表者その他の主たる業務担当者の住所により定まる。

---

(2) **契約上の債務に関する訴え等の管轄権**

　① 契約上の債務履行請求に係る訴えについて，契約において定められた当該債務の履行地が日本国内にあるとき，または契約において選択された地の法によれば当該債務の履行地が日本国内にあるときは，次の場合，日本の裁判所が管轄権を有する（民訴§3の3①）。

　㋐　契約上の債務の履行の請求を目的とする訴え
　㋑　契約上の債務に関して行われた事務管理もしくは生じた不当利得に係る請求を目的とする訴え
　㋒　契約上の債務の不履行による損害賠償の請求を目的とする訴え
　㋓　その他契約上の債務に関する請求を目的とする訴え

② 財産権上の訴えについて，請求の目的が日本国内にあるとき，または当該訴えが金銭の支払を請求するものである場合には差し押さえることができる被告の財産が日本国内にあるとき（その財産の価額が著しく低いときを除く。）は，日本の裁判所が管轄権を有する（民訴§3の3③）。

（財産権上の訴え等についての管轄）

第5条

四　日本国内に住所(法人にあっては，事務所又は営業所。以下この号において同じ。)がない者又は住所が知れない者に対する財産権上の訴え	請求若しくはその担保の目的又は差し押さえることができる被告の財産の所在地

---

③ 不法行為に関する訴えについて，不法行為があった地が日本国内にあるとき(外国で行われた加害行為の結果が日本国内で発生した場合において，日本国内におけるその結果の発生が通常予見することのできないものであったときを除く。)は，日本の裁判所が管轄権を有する（民訴§3の3⑧）。なお，「不法行為があった地」は，民事訴訟法5条9号と同様，加害行為地と結果発生地の双方を含む。

(3)　消費者契約に関する訴えの管轄権

① 消費者契約

　消費者契約とは，消費者（個人（事業としてまたは事業のために契約の当事者となる場合におけるものを除く。）をいう。）と事業者（法人その他の社団または財団および事業としてまたは事業のために契約の当事者となる場合における個人をいう。）との間で締結される契約（労働契約を除く。）である（民訴§3の4Ⅰ）。

② 消費者契約に関する訴えの管轄

消費者契約に関する消費者からの事業者に対する訴えについて，訴えの提起の時または消費者契約の締結の時における消費者の住所が日本国内にあるときは，日本の裁判所が管轄権を有する（民訴§3の4Ⅰ）。なお，事業者からの消費者に対する訴えについては，民事訴訟法3条の3の規定は，適用しない（同Ⅲ）。

(4) 労働関係に関する訴えの管轄権

① 個別労働関係民事紛争

個別労働関係民事紛争とは，労働契約の存否その他の労働関係に関する事項について個々の労働者と事業主との間に生じた民事に関する紛争である（民訴§3の4Ⅱ）。

② 個別労働関係民事紛争に関する訴えの管轄

個別労働関係民事紛争に関する労働者からの事業主に対する訴えは，個別労働関係民事紛争に係る労働契約における労務の提供の地（その地が定まっていない場合にあっては，労働者を雇い入れた事業所の所在地）が日本国内にあるときは，日本の裁判所が管轄権を有する（民訴§3の4Ⅱ）。なお，個別労働関係民事紛争に関する事業主からの労働者に対する訴えについては，民事訴訟法3条の3の規定は，適用しない（同Ⅲ）。

(5) 併合請求における管轄権

① 請求の客観的併合の場合

同一の当事者間において，一の訴えで数個の請求（a請求，b請求，c請求とする）をする場合（請求の客観的併合）において，日本の裁判所が一の請求（例えば，a請求）について管轄権を有し，他の請求（b請求およびc請求）について管轄権を有しないときは，一の請求と他の請求との間（a請求とb請求，a請求とc請求）に密接な関連があるときに限り，日本の裁判所が管轄権を有する（民訴§3の6本文）。

> （併合請求における管轄）
> **第7条**　一の訴えで数個の請求をする場合には，第4条から前条まで（第6条第3項を除く。）の規定により一の請求について管轄権を有する裁判所にその訴えを提起することができる。

② 請求の主観的併合の場合

　一の訴えで，数人からのまたは数人に対する訴えについて数個の請求をする場合（請求の主観的併合）において，日本の裁判所が一の請求について管轄権を有し，他の請求について管轄権を有しないときは，訴訟の目的である権利または義務が数人について共通であるとき，または同一の事実上および法律上の原因に基づくときに限り，日本の裁判所が管轄権を有する（民訴§3の6ただし書，38前段）。

（併合請求における管轄）

第7条　一の訴えで数個の請求をする場合には，第4条から前条まで（第6条第3項を除く。）の規定により一の請求について管轄権を有する裁判所にその訴えを提起することができる。ただし，数人からの又は数人に対する訴えについては，第38条前段に定める場合に限る。

---

③ 反　訴

　「日本の裁判所が反訴の目的である請求について管轄権を有しない場合には，被告は，本訴の目的である請求又は防御の方法と密接に関連する請求を目的とする場合に限り，第一項の規定による反訴を提起することができる」（民訴§146Ⅲ本文）。これは，日本の裁判所が本訴の目的である請求について国際裁判管轄を有し，反訴の目的である請求については有しない場合であっても，両者の攻撃防御方法の間に密接な関連性が認められれば，反訴についても国際裁判管轄が生じることを規定するものである。ただし，「日本の裁判所が管轄権の専属に関する規定により反訴の目的である請求について管轄権を有しないとき」は，反訴について国際裁判管轄は認められない（同Ⅲただし書）。これは，外国の裁判所のみが管轄権を有する事件については日本の裁判所の管轄権が否定されるので，このような事件が反訴として提起された場合も同様に，日本の裁判所の反訴管轄を否定するものである。

④ 中間確認の訴え

　本来の請求についてわが国の裁判所が国際裁判管轄を有するときには，その前提としての法律関係の確認を求める中間確認の訴え（民訴§145Ⅰ本文）についても，国際裁判管轄が認められるのが原則である。しかし，本訴請求の先決的法律関係につき外国の裁判所のみが管轄権を有する場合には，日本の裁判所の国際裁判管轄は否定される（民訴§145Ⅲ）。

(6) 管轄権に関する合意

① 国際裁判管轄の合意

当事者は，合意により，いずれの国の裁判所に訴えを提起することができるかについて定めることができる（民訴§3の7Ⅰ）。この合意は，一定の法律関係に基づく訴えに関し，かつ，書面または電磁的記録でしなければ，その効力を生じない（同ⅡⅢ）。

（管轄の合意）

第11条　当事者は，第一審に限り，合意により管轄裁判所を定めることができる。

2　前項の合意は，一定の法律関係に基づく訴えに関し，かつ，書面でしなければ，その効力を生じない。

3　第1項の合意がその内容を記録した電磁的記録によってされたときは，その合意は，書面によってされたものとみなして，前項の規定を適用する。

---

② 外国裁判所のみの管轄の合意

外国の裁判所にのみ訴えを提起することができる旨の合意は，その裁判所が法律上または事実上裁判権を行うことができないときは，これを援用することができない（民訴§3の7Ⅳ）。法律上裁判権を行うことができないときとは，その国の裁判所が法令上管轄権を有しない場合をいい，事実上裁判権を行うことができないときは，戦乱や天災などで，その国の司法制度が実際上機能していないような場合をいう。

③ 消費者契約に関する訴えについての特則

将来において生ずる消費者契約に関する紛争を対象とする国際裁判管轄の合意は，次に掲げる場合に限り，その効力を有する（民訴§3の7Ⅴ）。消費者と事業者との間の経済力や交渉力の格差等を考慮して，管轄権に関する合意の特則として，管轄権に関する合意が効力を有する範囲を限定する趣旨である。

⑦　消費者契約の締結の時において消費者が住所を有していた国の裁判所に訴えを提起することができる旨の合意であるとき。なお，その国の裁判所にのみ訴えを提起することができる旨の合意については，④のいずれかに該当する場合を除き，その国以外の国の裁判所にも訴えを提起することを妨げない旨の合意とみなされる。

⑦　消費者が当該合意に基づき合意された国の裁判所に訴えを提起したとき，または事業者が日本もしくは外国の裁判所に訴えを提起した場合において，消費者が当該合意を援用したとき。

④　労働関係に関する紛争に関する特則

　将来において生ずる個別労働関係民事紛争を対象とする国際裁判管轄の合意は，次に掲げる場合に限り，その効力を有する（民訴§3の7Ⅵ）。労働者保護の観点から，管轄権に関する合意が効力を有するのは，事後の合意がある場合および労働者が合意が効力を有することを前提に行動した場合に限定する趣旨である。

⑦　労働契約の終了の時にされた合意であって，その時における労務の提供の地がある国の裁判所に訴えを提起することができる旨を定めたものであるとき。なお，その国の裁判所にのみ訴えを提起することができる旨の合意については，④のいずれかに該当する場合を除き，その国以外の国の裁判所にも訴えを提起することを妨げない旨の合意とみなされる。

④　労働者が当該合意に基づき合意された国の裁判所に訴えを提起したとき，または事業主が日本もしくは外国の裁判所に訴えを提起した場合において，労働者が当該合意を援用したとき。

(7)　**応訴による管轄権**

　被告が日本の裁判所が管轄権を有しない旨の抗弁を提出しないで本案について弁論をし，または弁論準備手続において申述をしたときは，裁判所は，管轄権を有する（民訴§3の8）。本条は，民事訴訟法12条における「第一審裁判所において」という要件が設けられていないが，それ以外は同趣旨と解されている。

(8)　**特別の事情による訴えの却下**

　裁判所は，訴えについて日本の裁判所が管轄権を有することとなる場合（日本の裁判所にのみ訴えを提起することができる旨の合意に基づき訴えが提起された場合を除く。）においても，事案の性質，応訴による被告の負担の程度，証拠の所在地その他の事情を考慮して，日本の裁判所が審理および裁判をすることが当事者間の衡平を害し，または適正かつ迅速な審理の実現を妨げることとなる特別の事情があると認めるときは，その訴えの全部または一部を却下することができる（民訴§3の9）。

⑼　**職権証拠調べ，管轄権の標準時**

　　裁判所は，日本の裁判所の管轄権に関する事項について，職権で証拠調べをすることができる（民訴§3の11）。日本の裁判所の管轄権は，訴えの提起の時を標準として定める（民訴§3の12）。民事訴訟法14条および15条と同趣旨の規定である。

４　管　轄

1　管轄の意義

　　ある事件について，どの裁判所が裁判権（具体的事件を裁判によって処理する国家権力）を行使するかに関する定めを管轄という。

2　管轄の種類

　　管轄は，種々の観点から分類される。ここでは一応の分類を簡単に紹介し，事物管轄，土地管轄，合意管轄，応訴管轄については項を改めて述べる。

⑴　**管轄権の発生事由による分類**

　　法定管轄：法律の規定により発生する。

　　指定管轄：直近の上級裁判所の指定により発生する。

　　合意管轄・応訴管轄：当事者の明示または黙示の合意により発生する。

⑵　**法定管轄の中で，分担を決める基準による分類**

　　職分管轄：裁判権の諸般の作用を，どの裁判所の役割とするかによる管轄。

　【例】　判決手続と民事執行手続は，前者が受訴裁判所，後者が執行裁判所の職分とされる。また，どの裁判所が第一審裁判所となり，どの裁判所に上訴できるかを定める審級管轄も，職分管轄の一種である。

　　事物管轄：第一審裁判所を，簡易裁判所と地方裁判所のいずれに担当させるかに関する定め。訴額を基準として定められる。

　　土地管轄：所在地を異にする同種の第一審裁判所の間でいずれが事件を担当するかに関する定め。

⑶　**法定管轄の中で，拘束力の違いによる分類**

　　専属管轄：裁判の適正・迅速という公益上の必要性から，当事者の意思によって法律の規定とは異なる管轄を生じさせることを許さないもの。

任意管轄：主として当事者の公平や便宜から定められた管轄。当事者双方の意思で，法定管轄とは異なる裁判所に管轄を認めても支障のない場合に，任意管轄とされる。

専属管轄の規定がある場合には，他の一般規定による管轄は生じない（民訴§13）。よって，裁判所もこれを無視して事件を他の裁判所へ移送することもできない（民訴§20，例外として民訴§20の2）。また，合意管轄や応訴管轄は生じない（民訴§13Ⅰ）。

専属管轄の違背は，控訴・上告の理由となるが（民訴§299Ⅰただし書，312Ⅱ③），再審事由ではない。これに対し，任意管轄の違背は，控訴審で主張することはできない（民訴§299Ⅰ本文）。 `H3-1-4` `H2-7-5`

➡ 重要性の低い訴訟要件の欠缺を理由に判決を取り消すのは，訴訟経済(当事者・裁判所の時間やお金，労力の無駄を省く要請というような意味で理解しておけば良い）に反するからである。

3 事物管轄

(1) 事物管轄の意義

事物管轄とは，第一審訴訟事件を，簡易裁判所と地方裁判所のどちらに分担させるかの定めをいう。

(2) 事物管轄の基準

訴訟の目的の価額（訴額）が140万円を超えない事件は簡易裁判所の，140万円を超える事件と不動産に関する事件は地方裁判所の管轄とされている（裁§33Ⅰ①，24①）。ただし，訴額が140万円を超えない不動産に関する訴訟は，簡易裁判所と地方裁判所とが競合して管轄を有することになる（つまり，どちらに提起しても良い）。

一の訴えで数個の請求をする場合，その価額を合算したものが訴額となる（民訴§9Ⅰ本文）。ただし，主張する利益が各請求について共通である場合は，合算しない（同Ⅰただし書）。利益が共通する場合とは，例えば，主位的請求と予備的請求や物の引渡請求と代償請求，主債務者に対する請求とその保証人に対する請求などである。 `H27-1-ア`

なお，訴額は，民事訴訟法第8条第1項，同9条の規定により算定するが（民訴費§4Ⅰ），訴額を算定することができないとき，または極めて困難であるときは，訴額は一律140万円を超えるものとして地方裁判所の管轄とされる（民訴§8Ⅱ）。

4　土地管轄

(1)　土地管轄の意義

　　土地管轄とは，所在地を異にする同種の第一審裁判所の間で，いずれが事件を担当するかに関する定めをいう。

(2)　土地管轄の定め方

　　各裁判所には，その職務執行の地域的限界となる管轄区域が定められている（例えば，東京都の千代田区は東京地方裁判所の管轄区域であるというように。）。そして，ある事件に関する土地管轄は，その事件と密接に関連する人的・物的なかかわりを持つ特定の地点をその管轄区域内にもつ裁判所に生ずることになる。この地点のことを裁判籍という。

　　裁判籍には普通裁判籍と特別裁判籍の区別があり，特別裁判籍は独立裁判籍と関連裁判籍に分けられる。

(3)　普通裁判籍

H31-1-イ
H23-1-ア

　　事件の種類に関係なく，常に認められる裁判籍である（民訴§4）。普通裁判籍は原則として，自然人を被告とする場合については①住所，②日本国内に住所がないときまたは住所が知れないときは居所，③日本国内に居所がないときまたは居所が知れないときは最後の住所（同Ⅱ）とされる。

　　法人その他の社団または財団を被告とする場合については，①その主たる事務所または営業所，②事務所または営業所がないときは代表者その他の主たる業務担当者の住所とされる（同Ⅳ）。ただし，外国の社団または財団については，①日本における主たる事務所または営業所，②日本国内に事務所または営業所がないときは日本における代表者その他の主たる業務担当者の住所とされる（同Ⅴ）。

(4)　特別裁判籍

　　特別裁判籍とは，特定の種類の事件について認められる裁判籍をいう。そして，特別裁判籍には，他の事件と無関係に独立に認められる独立裁判籍と，他の事件との関連から生ずる関連裁判籍とがある。

(5)　独立裁判籍

　　第5条から第6条の2に列挙されているが，第5条に列挙されているものは，いずれも当事者の便宜のために認められているものであり，また，いずれも普通裁判籍と競合して認められる独立裁判籍である。第6条については特許権等に関する訴え等の管轄，そして第6条の2については意匠権等に関

する訴えの管轄に関して規定があるが，ここでは第５条のうち主要なものを
紹介する。

① 義務履行地の裁判籍

　　財産権上の訴えは，義務履行地を管轄する裁判所に提起することができ
る（民訴§5①）。義務履行地は，当事者の特約があればそれにより定め
るが，なければ民法，商法が補充規定を定めている。そうなると，**原則と
して義務履行地は債権者の履行時の住所または営業所ということになる**
（持参債務の原則：民§484Ⅰ）。すなわち，被告の住所によって普通裁判
籍が定められている反面，債権者は自己の住所において債務者を訴えられ
ることになることに注意する必要がある。　`H10-1-1`

② 手形・小切手の支払地の裁判籍

　　手形・小切手による金銭の支払請求を目的とする訴えは，その支払地を
管轄する裁判所に提起することができる（民訴§5②）。　`H10-1-2` `H5-3-1`
　➡　手形・小切手の所持者（債権者）に訴え提起をしやすくする趣旨であ
　　る。

　　なお，本号は手形・小切手訴訟だけではなく，通常訴訟にも適用される
ものとして規定されている。

③ 財産の所在地の裁判籍

　　日本に住所（法人にあっては，事務所または営業所）がない者（外国人
も含む）または住所が知れない者に対する財産権上の訴えは，被告の財産
の所在地を管轄する裁判所に提起することができる（民訴§5④）。　`H5-3-2`
　➡　日本に生活の本拠を有しない者に対する権利の実現を容易にするため
　　である。

④ 事務所・営業所の所在地の裁判籍

　　事務所または営業所を有する者に対する訴えでその事務所または営業所
における業務に関するものについては，当該事務所または営業所の所在地
を管轄する裁判所に訴えを提起することができる（民訴§5⑤）。事務所・
営業所は，本店のみならず支店でも良い。　`H5-3-3`

⑤ 不法行為地の裁判籍

　　不法行為に関する訴えは，不法行為があった地（不法行為の行われた地　`H10-1-3` `H3-1-5`

のみならず損害発生地も含む）を管轄する裁判所に訴えを提起することができる（民訴§5⑨）。

➡　証拠を集めたり，証拠調べをするにも便利だからである。

⑥　不動産の所在地の裁判籍

R5-1-エ
H10-1-4
H3-1-3

　　不動産に関する訴えは，不動産の所在地を管轄する裁判所に訴えを提起することができる（民訴§5⑫）。

➡　証拠調べに便利であるし，利害関係人が近くにいることが多く，一挙に紛争解決できるからである。

※　不動産に関する訴えとは，請求が不動産や不動産に関する権利を目的とする訴えのことであり，具体的には，所有権の確認の訴え，所有権に基づく不動産の引渡しまたは明渡しを請求する訴え，筆界確定の訴え等が該当する。不動産の売買契約に基づく売買代金や賃貸借契約に基づく賃料の支払を求める訴えは，不動産そのものを目的とせず，不動産に関する訴えに該当しない。

⑦　登記・登録をすべき地の裁判籍

H10-1-5
H5-3-4

　　登記または登録に関する訴えは，登記または登録をすべき地を管轄する裁判所に訴えを提起することができる（民訴§5⑬）。

➡　登記または登録をすべき地には，登記または登録に関する資料がある官庁が存するので審理において便宜だからである。

　　なお，登記としては，不動産登記，商業登記などがある。

⑧　相続等に関する裁判籍（民訴§5⑭⑮）

H5-3-5

　　(i)相続権もしくは遺留分に関する訴えまたは遺贈その他死亡によって効力を生ずべき行為に関する訴え（例：相続権の存否確認の訴え，遺留分侵害額請求訴訟，遺言書真否確認の訴え等）は，相続開始の時における被相続人の普通裁判籍の所在地を管轄する裁判所に提起することができる。また，(ii)相続債権その他相続財産の負担に関する訴えで(i)に掲げる訴えに該当しないもの（例：相続人が承継すべき生前の被相続人の債務の給付・確認訴訟や，遺言執行の費用など相続財産から支払われるべきものの給付・確認訴訟等）も，相続開始の時における被相続人の普通裁判籍の所在地を管轄する裁判所に提起することができる。

➡　被相続人の普通裁判籍の所在地には，相続財産の大半があり，相続人等利害関係人もいる可能性が高いため，審理の便宜に資する。そのため，特別裁判籍が認められている。

(6) 関連裁判籍

> **（併合請求における管轄）**
> **第7条** 一の訴えで数個の請求をする場合には，第4条から前条まで（第6条第3項を除く。）の規定により一の請求について管轄権を有する裁判所にその訴えを提起することができる。ただし，数人からの又は数人に対する訴えについては，第38条前段に定める場合に限る。

　他の事件との関連から，その事件については本来管轄権のない裁判所に管轄権を認める場合の裁判籍を関連裁判籍というが，その代表的なものとして，併合請求の裁判籍がある（民訴§7）。併合請求とは，1つの訴えで数個の請求の審理を求める場合をいうが，併合請求の裁判籍は，この併合の請求を容易にするために，どれか1つの請求について裁判所に管轄権があれば他の管轄権のない請求についても管轄権が生ずるとするものである。

➡　被告としては，どれか1つの請求について管轄権があればその裁判所において応訴しなければならないわけであり，そうなれば，管轄権のない請求についても一度に審理してもらう方が都合がよいからである。

　数人の被告に対する請求を1つの訴えで併合提起できる共同訴訟は，民事訴訟法38条前段（①訴訟の目的である権利または義務が数人について共通であるとき，または②同一の事実上および法律上の原因に基づくとき）の場合に認められる（民訴§7ただし書）。①の例としては，連帯債務者に対する履行請求訴訟や，主債務者と保証人に対する履行請求訴訟があげられる。②の例としては，同一事故に基づく複数人の被害者が提起する損害賠償請求訴訟や，不動産の売買契約の無効を主張して売主が買主と転得者に対して提起する移転登記の抹消登記を求める訴訟があげられる。

5　合意管轄
(1) 意　義

　当事者間の合意によって生ずる管轄を合意管轄という。専属管轄以外の法定管轄は当事者の便宜を考慮して定められているが，当事者が別の管轄を望むならば，その意思どおりの管轄を認めても問題はないからである。したがって，公益要求の強い専属管轄については合意があっても管轄を変更することは許されない。

`H11-4-1`

(2) 合意の性質

H2-7-2
　管轄の合意は私法上の契約と同時に締結されるのが通例であるが，その要件や効果は専ら訴訟法によって規律される。したがって，私法上の契約が取り消されたり解除されたりしても管轄の合意に影響はない。

(3) 合意の内容

> （管轄の合意）
> **第11条**　当事者は，第一審に限り，合意により管轄裁判所を定めることができる。
> 2　前項の合意は，一定の法律関係に基づく訴えに関し，かつ，書面でしなければ，その効力を生じない。

① 第一審の管轄裁判所を定めるものに限る（民訴§11Ⅰ）。

H23-1-イ
　第一審に関して，事物管轄と土地管轄の一方または双方に関する合意に限られる。

② 一定の法律関係に基づく訴えに関するものに限る（民訴§11Ⅱ）。

H2-7-1
　将来のすべての訴訟という定め方は許されないが，特定の売買契約から生ずる一切の紛争というような，訴訟の範囲が明確になるものであれば許される。

③ 法定管轄と異なる定めをするものであること
　法定管轄の一部を排除する合意はよい。すべての裁判所に管轄を認める合意は，被告に多大な負担となるため許されない。

④ 管轄の定め方

H2-7-3
　管轄の定め方には，法定管轄のほかに管轄裁判所を追加する付加的合意と，特定の裁判所のみに管轄を認め，その他の裁判所の管轄を排除する専属的合意（専属管轄ではない）とがある。

(4) 合意の方式・時期

H3-1-1
　合意は書面（または電磁的記録）でしなければならない（民訴§11ⅡⅢ）。
➡ 当事者の意思を明確に残し，合意の存否に関する後の争いを防止するためである。

　合意の時期に特に制限はないが，管轄は訴えの提起の時に定まるので（民

訴§15），その時までにする必要があるだろう。

(5) 合意の効力

適法な合意により，その内容通りの裁判所が管轄権を有する。

6　応訴管轄

(1) 意　義

被告が応訴をすることで認められる管轄を応訴管轄という（民訴§12）。

管轄違いの裁判所に訴えが提起された場合であっても，被告が異議なく応訴すれば，他の裁判所の専属管轄に属する事件でない限り，その裁判所に管轄権を認めるものとされた。

➡　実質的に提訴後の管轄の合意といえよう。

(2) 要　件

> （応訴管轄）
> **第12条**　被告が第一審裁判所において管轄違いの抗弁を提出しないで本案について弁論をし，又は弁論準備手続において申述をしたときは，その裁判所は，管轄権を有する。

① 管轄権のない第一審裁判所に訴えが提起されたこと。

専属的合意管轄（専属管轄ではない）があっても応訴管轄は生ずる。

専属管轄裁判所が他にあるときは，応訴管轄は生じない。

② 被告が管轄違いの抗弁を提出しないで本案について弁論をし，または弁論準備手続で申述したこと。

本案についての弁論とは，原告の請求の当否に関する事項についての被告の陳述を意味する。したがって，訴訟要件を欠くことを理由とする訴え却下の申立てや裁判官の忌避の申立てなどは本案についての弁論にあたらない。

R5-1-ア
H27-1-オ
H2-7-4

(3) 効　果

被告の応訴により，本来管轄権のない裁判所が管轄権を有するに至る。事物管轄，土地管轄は問わない。

7　管轄権の調査
(1)　管轄の調査方法

> （職権証拠調べ）
> **第14条**　裁判所は，管轄に関する事項について，職権で証拠調べをすることができる。

R5-1-ウ
H27-4-ア

　　　　管轄権の存在は訴訟要件の1つであるので，裁判所は，管轄に関する事項について，職権で証拠調べをすることができる。弁論主義の第三原則（職権証拠調べの禁止）の例外である。

(2)　管轄の基準時

> （管轄の標準時）
> **第15条**　裁判所の管轄は，訴えの提起の時を標準として定める。

R5-1-イ
H27-1-エ
H17-4-ア
H3-1-2

　　　　管轄は，訴えの提起の時を標準として定められる。すなわち，被告の住所地を管轄する裁判所に訴えが提起された後に被告が引っ越しをしても，裁判所の管轄権に影響はなく，移送をする必要はない。事物管轄についても同様に，目的物が値上がりや毀損などしたため，つまり事情の変更で訴額が上下に変動しても，裁判所の管轄権に影響はない。ただし，訴えの変更で請求を拡張して訴額が140万円を超えることになった場合は，地方裁判所に移送することになる。なお，「訴えの提起の時」とは，具体的には原告が裁判所に訴状を提出した時である。

8　訴訟の移送
(1)　意　義

　　　　訴訟の移送とは，ある裁判所に係属している訴訟を，その裁判所の裁判によって他の裁判所に移すことをいう。

R3-3-イ

　　　　なお，移送の申立ては，期日においてする場合を除き，書面でしなければならない（民訴規§71Ⅰ）。すなわち，期日においては，口頭ですることができる。

　　　　また，第一審の訴訟の移送には以下の種類がある。

(2)　移送の種類

①　管轄違いによる移送

(ア)　管轄違いの場合には，他の訴訟要件を欠く場合とはちがい，裁判所は [H31-1-ア] 訴えを却下せず，申立てによりまたは職権で管轄裁判所に移送する（民訴§16Ⅰ）。

➡　例えば，被告を信じ，提訴をギリギリまで待った原告が必ずしもプロに任せているとは限らず，管轄裁判所を間違えて却下になり，再訴の前に時効が完成，一巻の終わり，という事態になればあまりにもかわいそうであろう。原告の再度訴えを提起するという手間を省き，また，訴えの提起による時効の完成猶予を維持する，原告のための規定といえよう。

(イ)　管轄違いは，事物管轄，土地管轄を問わず，移送する。ただし，地方 [H15-1-ウ] 裁判所は，訴訟がその管轄区域内の簡易裁判所の管轄に属する場合でも， [H7-4-2] 相当と認めれば，申立てによりまたは職権で，訴訟の全部または一部について自ら審理および裁判をすることができる（自庁処理；民訴§16Ⅱ）。ただ，簡易裁判所の専属管轄（民事訴訟法11条の専属的合意管轄は除く）に属する場合には，自庁処理はできない。

➡　簡易裁判所の訴訟手続は簡略化されているし，簡易裁判所の裁判官の任命資格は地方裁判所以上の裁判官よりも緩和されているので，事件が複雑であるなどの場合に地方裁判所で慎重に審理した方が良い場合もあるからである。

なお，例えば，訴えの提起の時にその管轄区域内に被告の住所がなかっ [H31-1-ウ] たことを理由として，受訴裁判所である地方裁判所が管轄裁判所である地方裁判所に移送する旨の決定をした場合，その決定が確定する前に被告が当該受訴裁判所の管轄区域内に住所を移したときは，管轄違いではなくなり，即時抗告（民訴§21）がされれば当該決定は取り消されることになる（管轄違いの治癒）。

②　遅滞を避けるため等の移送

管轄裁判所が複数ある場合，原告がそのうちの1つを選択して訴えを提 [H7-4-4] 起するが，その裁判所が審判するのが必ずしも適切であるとは限らない。そこで，訴訟の著しい遅滞を避け，または当事者間の衡平を図るため必要があると認めるときは，申立てによりまたは職権で，訴訟の全部または一部を他の管轄裁判所に移送することができる（民訴§17）。

③ 簡易裁判所から地方裁判所への裁量移送

H31-1-ア
H30-4-ア
H27-1-イ
H15-1-ア

　簡易裁判所は，訴訟がその管轄に属する場合でも，相当と認めるときは，申立てまたは職権で，訴訟の全部または一部をその所在地を管轄する地方裁判所に移送することができる（民訴§18）。

➡　地方裁判所の自庁処理（民訴§16Ⅱ）と反対の意味で同趣旨の規定である（上記④参照）。

④ 同意による必要的移送

H15-1-イ

　第一審裁判所（簡易裁判所または地方裁判所）は，訴訟がその管轄に属する場合でも，当事者の申立ておよび相手方の同意があれば，訴訟の全部または一部を申立てに係る地方裁判所または簡易裁判所に移送しなければならない（民訴§19Ⅰ本文）。

　ただし，次の㋐または㋑の場合には移送する必要はない（同Ⅰただし書）。

㋐　移送により訴訟手続を著しく遅滞させることとなるとき

㋑　その申立てが，簡易裁判所からその所在地を管轄する地方裁判所への移送の申立て以外のものであって，被告が本案について弁論をし，もしくは弁論準備手続において申述した後にされたものであるとき

　まず，当事者の申立ておよび相手方の同意があっても，㋐移送により著しく訴訟手続を遅滞させることとなるとき，に該当する場合，移送はできない。

　次に，地方裁判所から移送する場合，㋑被告が本案について弁論をし，もしくは弁論準備手続において申述をしたら，移送はできない。

　以上を踏まえて，具体例：東京→横浜または東京

・東京地方裁判所→横浜地方裁判所…㋐または㋑に該当すると，移送できない。
・東京地方裁判所→横浜簡易裁判所…㋐または㋑に該当すると，移送できない。
・東京地方裁判所→東京簡易裁判所…㋐または㋑に該当すると，移送できない。

・東京簡易裁判所→横浜地方裁判所…㋐または㋑に該当すると，移送できない。

・東京簡易裁判所→横浜簡易裁判所…⑦または⑦に該当すると，移送できない。
・東京簡易裁判所→東京地方裁判所…⑦に該当すると移送できない。しかし，⑦被告が本案について弁論をし，もしくは弁論準備手続において申述をした後に当事者の申立ておよび相手方の同意があれば，移送できる。

⑤　不動産に関する訴訟の必要的移送

簡易裁判所は，その管轄に属する不動産に関する訴訟につき被告の申立てがあるときは，訴訟の全部または一部をその所在地を管轄する地方裁判所に移送しなければならない（民訴§19Ⅱ本文）。 `H31-1-オ` `H23-1-ウ` `H15-1-オ`

ただし，その申立ての前に被告が本案について弁論をした場合は，移送をする必要はない（民訴§19Ⅱただし書）。

➡ 訴額140万円以下の不動産に関する訴訟は，簡易裁判所・地方裁判所のどちらにも提起でき，原告に選択権があるので，公平の観点から，被告も本案について弁論するまで，移送の申立権が与えられたのである。

⑥　反訴提起による必要的移送

簡易裁判所に係属する訴訟において，被告が反訴で地方裁判所の管轄に属する請求をした場合において，相手方（反訴被告・本訴原告）の申立てがあるときは，簡易裁判所は，決定で，本訴および反訴を地方裁判所に移送しなければならない（民訴§274Ⅰ）。 `R5-1-オ` `H15-1-エ` `H6-3-4`

➡ 反訴提起された地方裁判所の管轄に属する請求について，地方裁判所で審理を受ける原告の権利を尊重し，また，反訴のみ移送し別々に審理することは訴訟経済（当事者・裁判所の時間やお金，労力の無駄を省く要請というような意味で理解しておけば良い）の観点から妥当でないので，本訴と反訴を移送しなければならないとしている。

(3)　移送の裁判

①　不服申立て

移送の裁判は決定でするが（民訴規§8），移送の決定または移送の申立てを却下した決定に対しては，即時抗告をすることができる（民訴§21）。 `H31-1-ウ` `H23-1-エ` `H15-1-ア`

ただし，(2)⑥の反訴提起による必要的移送の決定に対しては，不服を申し立てることはできない（民訴§274Ⅱ）。

➡ 反訴を提起した反訴原告（本訴被告）も地方裁判所で審理を受けることができ，不満はないはずだからである。

② 移送の裁判の拘束力等

（移送の裁判の拘束力等）

第22条　確定した移送の裁判は，移送を受けた裁判所を拘束する。

2　移送を受けた裁判所は，更に事件を他の裁判所に移送することができない。

3　移送の裁判が確定したときは，訴訟は，初めから移送を受けた裁判所に係属していたものとみなす。

H31-1-ア
H23-1-オ
H7-4-1

⑦ 移送を受けた裁判所は確定した移送の裁判に拘束され（民訴§22Ⅰ），移送を受けた裁判所は，更に事件を他の裁判所に移送（再移送）することはできない（同Ⅱ）。しかし，移送原因となった事由と別個の事由による再移送や，移送決定確定後に新たに生じた事由による再移送については，することができる（別事由による移送につき，東京地決昭61.1.14，新事由による移送につき，東京高決昭47.10.25）。

H27-1-ウ
H7-4-3

⑦ 移送の決定が確定すると，訴訟は，初めから移送を受けた裁判所に係属していたものとみなされる（民訴§22Ⅲ）。このため民事訴訟法147条の時効の完成猶予，法律上の期間の遵守の効力は，維持される（仮に，訴訟係属の効果が移送の裁判が確定した時から生ずるとして，訴え提起時から移送の裁判が確定した時までの間に時効が完成してしまったとしたら，原告があまりにかわいそうだろう。）。

第2節　訴訟当事者

Topics・当事者能力，訴訟能力の意義を正確につかんでおいてほしい。また，訴訟無能力者の訴訟上での取り扱いにも注意する必要がある。

1　当事者の意義

(1)　当事者概念

当事者とは，自己の名で訴えを提起し，または相手方として訴えが提起されることによって，判決の名宛人となる者のことである。

したがって，当事者に代わって訴訟追行する代理人，判決の効力を受けるにすぎない者（民訴§115)，当事者の一方を補助するにすぎない補助参加人などは当事者ではない。

(2)　当事者の呼称

当事者は，第一審では原告・被告，控訴審では控訴人・被控訴人，上告審では上告人・被上告人，支払督促，民事執行，民事保全手続では債権者・債務者と呼ばれる。

(3)　二当事者対立の原則

民事訴訟においては，対立する二当事者が存在し（二当事者対立の原則)，このことにより，利害関係が対立する者双方に自己の言い分を尽くさせることになる。したがって，当事者の死亡等により当事者の一方の地位につくべき者がいなくなった場合には，訴訟は中断され（民訴§124)，承継人が受継することにより訴訟は続行される。相続等の結果，一方当事者が相手方の承継人になった場合には，対立関係がなくなるので，訴訟は当然に終了する。

(4)　当事者の確定

当事者の確定とは，ある訴訟において誰が当事者であるかを明らかにすることをいう。それによって，訴訟書類の送達名宛人と判決の名宛人が定まり，また，裁判籍，当事者能力，訴訟能力，訴訟手続の中断（民訴§124Ⅰ)，証人能力などが具体的に判断できるようになる。このように当事者が誰であるかを確定することが訴訟においては必要となる。なお，当事者を確定する基準については見解が対立している。

2　当事者能力

(1)　意　義

当事者能力とは，民事訴訟において当事者になることができる一般的資格のことである。

(2)　当事者能力を有する者

① 権利能力者

（原則）

第28条　当事者能力，訴訟能力及び訴訟無能力者の法定代理は，この法律に特別の定めがある場合を除き，民法（明治29年法律第89号）その他の法令に従う。訴訟行為をするのに必要な授権についても，同様とする。

実体法上権利能力を有する者には，すべて当事者能力が認められる（民訴§28）。すなわち，自然人および法人は当事者能力を有する（民§3 I，34）。

胎児は，不法行為に基づく損害賠償請求権，相続，遺贈に関してはすでに生まれたものとみなされるから，これらに関する訴訟については当事者能力を有する（民§721，886 I，965）。また，法人は，解散した後も清算結了の登記が完了するまではその目的の範囲内で存続する（一般法人§207，会社§645）から，その限度で当事者能力を有する。

② 法人格のない社団・財団で代表者または管理人の定めのあるもの

H元-1-2

法人格のない（権利能力のない）社団または財団で代表者または管理人の定めのあるものについては当事者能力が認められる（民訴§29）。

これは，法人格のない社団または財団も，団体として（いわば団体の名義で）取引を行うので，この取引に関する紛争についての訴訟は，団体が当事者として争うことが取引実体に合うからである。

3　訴訟能力

(1)　意　義

① 訴訟能力とは，訴訟の当事者となり自ら訴訟行為をし，または，相手方や裁判所の訴訟行為を受けるために必要な能力をいう（補助参加人にも必要）。

② 当事者能力があれば当事者になることはできるが，訴訟の追行は私法上

の法律行為以上に複雑であり，また，そこで被るおそれのある不利益の程度も非常に大きいので，十分な訴訟追行能力のない者を保護する必要性は大きい。そこで民事訴訟法は，十分な訴訟追行ができない者を保護するため，民法の行為能力に対応させて，訴訟能力制度を設けている。

③　訴訟能力は，当事者の訴訟上の利益を守るために必要なものであるから，管轄の合意や訴訟代理権の授与などの訴訟外の行為においても訴訟能力は必要である。

④　訴訟能力は，当事者として自己の利益を守るために必要なものであるから，他人の代理人として訴訟行為をする場合，または証人尋問や当事者尋問，検証の対象として証拠調べを受けるときは訴訟能力を要しない。　`H29-1-イ`

⑵　**訴訟能力者**

①　訴訟能力は，民法の行為能力に関する規定（民§4以下）を基準としてその有無を判断する（民訴§28前段）。そして，行為能力を有する者は訴訟能力を有する。　`H10-2-1`

　　もっとも行為能力者であっても意思能力を欠く場合にはその訴訟行為も無効となる（最判昭29.6.11）。

②　外国人の訴訟能力者は本国法によって定まる（法適用§4Ⅰ）。しかし，本国法では訴訟無能力者とされる外国人であっても，日本法によれば訴訟能力を有することになる場合には，訴訟能力者とみなされる（民訴§33）。　`R3-1-イ`　`H10-2-4`
　➡　外国人を日本人以上に保護する必要はないからである。

⑶　**訴訟無能力者**

> （未成年者及び成年被後見人の訴訟能力）
> **第31条**　未成年者及び成年被後見人は，法定代理人によらなければ，訴訟行為をすることができない。ただし，未成年者が独立して法律行為をすることができる場合は，この限りでない。

①　絶対的訴訟無能力者（未成年者，成年被後見人）
　　未成年者，成年被後見人は法定代理人によらなければ，訴訟行為をすることができない（民訴§31本文）。法定代理人の同意があっても，訴訟行為はできない。　`H29-1-ア`　`H22-1-イ`　`H10-2-2`　`H10-2-5`

　すなわち，民法上，未成年者が法定代理人の同意を得ずに法律行為をした場合には，これを取り消すことができるのが原則とされ（民§5），また成年被後見人のした法律行為も取り消すことができるのが原則であるが（民§9），訴訟行為については法定代理人が行うこととし，訴訟無能力者のした訴訟行為は無効とされる。

② 　未成年者の例外

　未成年者でも，法定代理人から営業の許可を得た場合（民§6Ⅰ）や会社の無限責任社員となることを許された場合（会社§584）など独立して法律行為をすることができる場合（民訴§31ただし書）には，その範囲内で未成年者も訴訟能力を有する。

③ 　制限的訴訟能力者（被保佐人，被補助人）

（被保佐人，被補助人及び法定代理人の訴訟行為の特則）
第32条　被保佐人，被補助人（訴訟行為をすることにつきその補助人の同意を得ることを要するものに限る。次項及び第40条第4項において同じ。）又は後見人その他の法定代理人が相手方の提起した訴え又は上訴について訴訟行為をするには，保佐人若しくは保佐監督人，補助人若しくは補助監督人又は後見監督人の同意その他の授権を要しない。
2　被保佐人，被補助人又は後見人その他の法定代理人が次に掲げる訴訟行為をするには，特別の授権がなければならない。
一　訴えの取下げ，和解，請求の放棄若しくは認諾又は第48条（第50条第3項及び第51条において準用する場合を含む。）の規定による脱退
二　控訴，上告又は第318条第1項の申立ての取下げ
三　第360条（第367条第2項及び第378条第2項において準用する場合を含む。）の規定による異議の取下げ又はその取下げについての同意

　㋐ 　被保佐人・訴訟行為をすることについて補助人の同意を要するとされた被補助人が訴訟行為をするには保佐人，補助人の同意を要する（民§13Ⅰ④，17Ⅰ）。

H22-1-ウ
H10-2-3
　㋑ 　ただし，相手方の提起した訴えまたは上訴について訴訟行為（応訴）をするには保佐人，補助人の同意を要しない（民訴§32Ⅰ）。
　　➡ 　被保佐人・被補助人に訴えを提起しようとしても，保佐人・補助人が同意しないことでできなくなってしまうという事態を防ぐ必要がある。

また，当事者が訴訟中に保佐開始・補助開始の審判を受けた場合，そ　　H元-1-5
の審級に限り，被保佐人・被補助人は，保佐人・補助人の同意を得ずに
訴訟行為をすることができる。保佐開始・補助開始の審判を受けても，
訴訟能力を失うわけではなく，訴訟中断事由にもなっていないからであ
る。

  ⑦　保佐人，補助人の同意を得た場合や得る必要がない場合でも，被保佐　　R3-1-ウ
人・被補助人が訴え・上訴の取下げ，和解，請求の放棄・認諾，民事訴
訟法48条の脱退，手形判決・少額訴訟の終局判決に対する異議の取下げ，
手形判決・少額訴訟の終局判決に対する異議の取下げに対する同意等を
する場合には，特別の授権（同意）がなければならない（民訴§32Ⅱ）。
  ➡　いずれも訴訟を終了させる効力を持つ重大な訴訟行為であり，被保
佐人・被補助人が大きな不利益を受けるおそれがあるからである。

(4) 人事訴訟における訴訟能力

人事訴訟においては，意思能力を有する限り，行為能力を制限された者も
訴訟能力を有する。
➡　婚姻などについては，本人の意思を尊重する必要性が大きいからである。

すなわち，
① 被保佐人，被補助人は完全な訴訟能力を有する（人訴§13Ⅰ）。
② 未成年者は，意思能力がある限り訴訟能力を有する（人訴§13Ⅰ）。
③ 成年被後見人については，訴訟能力は認められない（人訴§14Ⅰ）。なお，
成年被後見人が意思能力を有する限り，原則として訴訟能力を認めるべき
とする説も有力である。

(5) 訴訟能力を欠く場合の取扱い

（訴訟能力等を欠く場合の措置等）
第34条　訴訟能力，法定代理権又は訴訟行為をするのに必要な授権を欠くとき
は，裁判所は，期間を定めて，その補正を命じなければならない。この場合
において，遅滞のため損害を生ずるおそれがあるときは，裁判所は，一時訴
訟行為をさせることができる。
2　訴訟能力，法定代理権又は訴訟行為をするのに必要な授権を欠く者がした
訴訟行為は，これらを有するに至った当事者又は法定代理人の追認により，
行為の時にさかのぼってその効力を生ずる。

① 効　果

H元-1-1

　　訴訟能力，法定代理権または訴訟行為をするのに必要な授権は訴訟行為の有効要件であるため，訴訟無能力者等からの訴訟行為，または訴訟無能力者等に対する訴訟行為は無効となる。

➡　訴訟は訴訟行為に次々と訴訟行為が積み重ねられて進んでいくものであるため，以前の訴訟行為が取り消されることによってそれ以後の訴訟行為がすべて無効となる，というのでは手続の安定を欠くことになる。そこで，訴訟能力のない者等の行為は初めから無効として，手続がそれ以上進めないことにしたものである。

② 追　認

R3-1-エ
H29-1-オ
H24-1-ア
H22-1-オ
H9-2-3
H元-1-1

　　適法な法定代理人または訴訟能力を取得・回復した本人は訴訟能力等に欠ける訴訟行為を追認することができる。追認すれば，行為の時にさかのぼって有効となる（民訴§34Ⅱ）。

➡　例えば，訴訟能力等に欠ける訴訟行為ではあったものの優勢であった場合，当然に無効としてしまうことは訴訟経済（当事者・裁判所の時間やお金，労力の無駄を省く要請というような意味で理解しておけば良い）に反するので，追認の余地を認めたのである。

　　また，追認は，それまでにされた訴訟行為を一括してすべきであって，自らに都合のよい訴訟行為だけを選択して追認することはできない。手続の安定・相手方の利益を考慮する必要があるからである。

③ 訴訟能力等を欠く場合の裁判所の措置

R3-1-ア

　　訴訟無能力者等の訴訟行為，または訴訟無能力者等に対する訴訟行為は追認の可能性があるため，裁判所は，直ちに訴えを却下するのではなく，期間を定めてその補正を命じなければならない（民訴§34Ⅰ前段）。補正とは，それまでの訴訟行為の追認と将来に向かって有効な訴訟行為ができるようにすることである。補正されるまでの間に訴訟行為をしないと遅滞のため損害を生ずるおそれがあるとき（例えば，証拠保全の申立て）は，裁判所は一時的に訴訟行為をさせることができる（同Ⅰ後段）。なお，この訴訟行為も追認がなければ無効となる。

④ 選定当事者がその資格を欠く場合にも，②③の補正・一時訴訟行為・追認が認められている（民訴§34ⅢⅠⅡ）。

第3節　民事訴訟における代理人

Topics・民事訴訟における代理人については出題の可能性が高い。特に法定代理人と訴訟代理人の異同について注意すること。

1　民事訴訟における代理人の意義

　　民事訴訟における代理人とは，本人の名で，本人に代わって，代理人自身の意思決定によって，訴訟行為をし，または裁判所や相手方の訴訟行為を受ける者をいう。

2　代理制度の必要性

　　まずは，単独で訴訟行為をすることができない者については，その者に代わって訴訟活動をする法定代理人が必要になる（能力の補充；民訴§31本文）。また，自ら単独で訴訟活動をすることができる者であっても，充実した訴訟活動をするためには専門家に訴訟を任せることが必要になる（能力の拡張）。

3　民事訴訟における代理人の種類

　　訴訟上の代理人は，本人の意思によらずに選任される法定代理人と，本人の意思によって選任される任意代理人に分けられる。さらに法定代理人は①実体法上の法定代理人（民訴§28），②訴訟法上の特別代理人（民訴§35，236）に分けられる。次に，任意代理人については，訴訟委任による訴訟代理人（弁護士代理の原則，民訴§54Ⅰ）と，法令による訴訟代理人（支配人等）に分けられる。

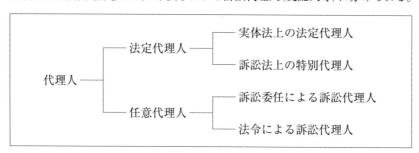

4　民事訴訟における代理権

(1)　民事訴訟における代理権の特色

　　手続の円滑と安定のためには，代理権についての紛争を防止する必要があり，そのために，代理権について明確性・画一性が要求されている。すなわち，

① 代理権の存在は書面で証明しなければならない（民訴規§15，23）。

H9-2-1

H4-3-2

H9-2-4
H元-1-4
② 代理権の消滅は，本人または代理人から相手方に通知しなければ，効力を生じない（民訴§36Ⅰ，59）。そして，このことは，相手方が代理権の消滅原因を知っているかどうか，知らないことに過失があったかどうかにかかわらない。つまり，相手方が知っていても通知する必要がある。

(2) 代理権の調査

代理権については職権調査事項であり，裁判所は職権で代理権の有無を調査しなければならない。そして，代理権のないことが判明すれば，無権代理人を訴訟から排除する。

ただし，補正が可能であれば，期間を定めて補正命令を出す（民訴§34Ⅰ前段，59）。そして，遅滞のため損害を生ずるおそれがあるときは，一時訴訟行為をさせることができる（民訴§34Ⅰ後段，59）。

(3) 代理権の欠缺の効果とその治癒

H24-1-ア
代理権は訴訟行為の有効要件であるから，代理権を欠く者（無権代理人）がした訴訟行為は無効となる。しかし，当事者や適法な委任を受けた訴訟代理人が追認をすることで，当該訴訟行為は行為の時にさかのぼって有効となる（民訴§34Ⅱ，59）。

訴えの提起および訴状の送達を無権代理人がした場合，当該訴訟行為が無効となる結果，訴訟要件が存在しないことになるため，終局判決で訴えは却下される。しかし，これが看過され本案判決がされた場合は，上訴・再審でこの判決の取消しを求めることができる（民訴§312Ⅱ④，338Ⅰ③，342Ⅲ）。

5　法定代理人

(1) 意　義

法定代理人とは，本人の意思によらずに選任される代理人をいう。

(2) 種　類

法定代理人には，次の種類がある。

① 実体法上の法定代理人

訴訟無能力者の法定代理人は，原則として民法その他の法令に従う（民訴§28）。

したがって，実体法上の法定代理人が訴訟法上も法定代理人となる。たとえば未成年者では親権者（民§824）・未成年後見人（民§838①，839〜841），成年被後見人では成年後見人（民§838②，843。なお，民§859の2，

859の３参照）が訴訟法上も法定代理人となる（民§859）。

　また，民法上の特別代理人も訴訟法上の法定代理人となるのが原則である。たとえば不在者の財産管理人（民§25以下）などが挙げられる。

② 訴訟法上の特別代理人

　民事訴訟法の規定に基づいて（民訴§35，236），裁判長・裁判所に選任される法定代理人である。

【例】㋐　訴訟無能力者（未成年者・成年被後見人）は訴訟能力がなく，法定代理人によらなければ訴訟行為を行うことができない（民訴§31本文）。ところが，これらの者に法定代理人がいないか，いても代理権を行使できない場合には，これらの者を相手どって緊急に訴訟行為をする必要がある者は困ることになる。そこで，このような場合，その訴訟に関する特別代理人の選任を求めることができることとしている（民訴§35）。

㋑　証拠保全の申立てをする際に相手方を指定できない場合，証拠調べに立ち会えない相手方となるべき者を保護するため，裁判所は特別代理人を選任することができる（民訴§236）。

➡　㋐，㋑のいずれについても，訴えや申立てを断念させないことを目的としている。

　なお，民事訴訟法35条の適用を受ける者としては，広くみずから訴訟行為をすることができない者が対象とされており，後見開始の審判を受けてはいないが意思能力を欠く常況にある者，相続人不明の相続財産について，相続財産管理人が選任されていない場合（最判昭36.10.31），代表者の存在しない法人（最判昭41.7.28）にも同条の適用を認められている。

(3) **法定代理人の地位と権限**

① 法定代理人の地位

　法定代理人は当事者ではないが，訴訟行為の効果は当事者に帰属し，当事者に代わって訴訟行為を行う者であることから，当事者に準じて扱われる場合も多い。たとえば，

㋐　訴状や判決書では当事者と共に表示される（民訴§134Ⅱ①，253Ⅰ⑤）。

㋑　送達は法定代理人に宛ててされる（民訴§102Ⅰ。なお，103Ⅰただし書）。

㋒　出頭を命じられることもある（民訴§151Ⅰ①，民訴規§32Ⅰ）。

　　　㊂　法定代理人の尋問は当事者尋問の手続による（民訴§211）。
　　　㊄　法定代理人の死亡や代理権の喪失は訴訟手続の中断事由とされる（民訴§124Ⅰ③。ただし，124ⅡⅤ）。

　②　法定代理権の範囲
　　　法定代理権の範囲は民法その他の法令に従う（民訴§28）。したがって，
　　　㋐　親権者は一切の訴訟行為をすることができる（民§824）。
　　　㋑　後見人は，後見監督人がいる場合にはその同意を得ることが必要である（民§864）。
　　　　　ただし，相手方の提起した訴えや上訴について訴訟行為をするには，同意を得る必要はない（民訴§32Ⅰ）。
　　　➡　相手方の訴えや上訴を提起する権利の保護も重要だからである。

　　　　なお，後見人は，後見監督人から訴訟行為をするについて同意を得た場合，あるいは民事訴訟法32条1項の同意を得ることを要しない場合でも，訴えの取下げ，和解，請求の放棄・認諾等をするには，後見監督人の特別の授権（同意）を要する（民訴§32Ⅱ）。
　　　➡　訴訟を終了させるという重大な結果となる訴訟行為については，特別の同意を必要とすることにより，訴訟無能力者本人に不測の損害を被らせることのないようにするためである。

　③　共同代理
　　　共同代理の定めがある場合は（民§818Ⅲ），代理行為は原則として代理人全員でしなければならない。ただし，送達の受領は単独ですることができる（民訴§102Ⅱ）。

⑷　法定代理権の消滅と通知による効果の発生
　①　法定代理権の消滅事由
　　　法定代理権の消滅事由は民法が定める。本人の死亡，代理人の死亡・破産手続開始の決定，代理人が後見開始の審判を受けること（民§111），後見開始の審判の取消しなど，特有の原因による消滅（民§10，834，835，837，844，846等），特別代理人の代理権の消滅（民§25Ⅱ，956Ⅰ等）などである。

　②　通知による効果の発生
　　　訴訟法上は，本人または代理人が相手方に通知しなければ，消滅の効果

H28-1-5
H9-2-2

H9-2-5

R3-1-オ

は発生しない（民訴§36Ⅰ）。

➡　訴訟手続の安定のためである。

➡　ただし，法定代理人が死亡または後見開始の審判を受けた等の場合，訴訟行為をすることができる者がいなくなるので，通知がなくても消滅の効果が発生するとされている。

③　訴訟手続の中断

　　代理権消滅の効果が生ずると，訴訟手続は中断する（民訴§124Ⅰ③）。しかし，訴訟代理人がいる間は中断しない（同Ⅱ）。

6　法人等の代表者

　　法人または法人格なき団体は，その代表機関が訴訟を追行する。これらの法人等と代表機関の関係は法定代理に準じるので，民事訴訟法も法定代理に関する規定を準用している（民訴§37，民訴規§18）。たとえば，株式会社が当事者となる場合，その代表取締役は法定代理人に準じた地位が与えられる。

7　訴訟代理人

(1)　訴訟代理人の種類

　　訴訟代理人には種類が2つあり，1つは特定の訴訟のために訴訟代理権が付与された者であり，「訴訟委任による訴訟代理人」という。もう1つは，法令が一定の地位の者に訴訟代理権を付与していることから代理権を有する者であり，「法令上の訴訟代理人」という。一般に訴訟代理人というと，前者の代理人を指す。

(2)　訴訟委任による訴訟代理人

①　弁護士代理の原則

　　現行法は弁護士強制主義でないが，本人が訴訟を依頼する場合は，訴訟代理人は原則として弁護士でなければならない（弁護士代理の原則：民訴§54Ⅰ本文）。

➡　弁護士という訴訟の専門家に限定しているのは，本人の保護のみならず訴訟手続の円滑のためである。

　　しかし，簡易裁判所では事件の軽微性からこの原則を緩和し，裁判所の H3-2-1 許可があれば弁護士でない者を訴訟代理人とすることができる（許可代理；民訴§54Ⅰただし書）。

② 訴訟委任

　㋐ 特定の事件の訴訟代理権は，本人の単独行為によって授与されるが，このような代理権授与行為を訴訟委任という。訴訟委任をするには訴訟能力を要するとされる。

H4-3-2
　㋑ 訴訟代理人の権限は，書面（訴訟委任状）で証明しなければならない（民訴規§23ⅠⅡ）。

H24-1-ウ
H9-2-2
H4-3-4
　㋒ 本人が訴訟委任を複数の者にした場合でも，各代理人は単独で当事者を代理する（個別代理の原則：民訴§56Ⅰ）。本人がこれと異なる定めをしても，裁判所や相手方に対しては効力を生じない（同Ⅱ）。
　➡ こうしないと，訴訟の進行が滞るからである。

③ 訴訟代理権の範囲

> （訴訟代理権の範囲）
> **第55条** 訴訟代理人は，委任を受けた事件について，反訴，参加，強制執行，仮差押え及び仮処分に関する訴訟行為をし，かつ，弁済を受領することができる。

H24-1-エ
H6-1-3
　訴訟委任による訴訟代理権は，訴訟手続の安定の要請と代理人である弁護士への信頼から，その範囲は包括的なものとされている。すなわち，受任事件につき訴訟追行をする権限のほか，民事訴訟法55条1項は，反訴（に対する応訴），参加（に対する応訴的行為），強制執行，仮差押えおよび仮処分に関する訴訟行為，また弁済の受領を規定するが，これらは代理権の例示にすぎない。たとえば，訴訟代理人は，同条同項以外にも訴訟追行のために必要な，管轄の合意（民訴§11），証拠保全の申立て（民訴§234）といったような訴訟行為をすることができる。また，攻撃防御方法を提出する前提となる事件に関する実体法上の行為をし，またこれを受けることも可能である（例　契約の解除・取消し，相殺，時効の援用）。

④ 特別授権事項

　訴訟代理人は，本人に重大な結果を生じさせる訴訟行為，および改めて本人の意思を確認するべきである訴訟行為については，本人から特別の委任を受けることを要する（民訴§55Ⅱ）。

⑦ 反訴の提起

　　被告の訴訟代理人が反訴を提起するには，特別の委任を受けることが　　`H9-1-1`
必要である。なお，民事訴訟法55条1項の「反訴」は，相手方から提起　　`H6-1-1`
された反訴に対する応訴を意味する。

　➡　反訴の提起も新たに独立の訴えを提起するものであるが，本訴は委
　　任を受けて提起するものであるので，反訴も特別の委任を受けなけれ
　　ば提起できないと覚えれば良い。

④ 訴えの取下げ，和解，請求の放棄・認諾，民事訴訟法48条の脱退　　`H27-5-ウ`

　➡　当事者は勝訴判決を得るために委任したのであるから，特別の委任を受け　　`H22-5-ア`
　　けなければこのような行為はできない。　　`H20-4-オ`

　　　　　　　　　　　　　　　　　　　　　　　　　　　　　　　　　`H9-5-5`

　　　　　　　　　　　　　　　　　　　　　　　　　　　　　　　　　`H6-1-2`

⑨ 控訴，上告もしくは上告受理の申立て（民訴§318Ⅰ）またはこれら
　の取下げ

　➡　同一の訴訟代理人に引き続き訴訟追行を任せるかどうか，改めて決　　`H6-1-5`
　　める機会を与えることを目的として，特別授権事項とされている。控　　`H4-3-3`
　　訴，上告等の取下げについては，④と同様に考えれば良い。
　　　なお，このことから，訴訟代理権は，各審級ごとに授与されるべき
　　という原則（審級代理の原則）が導かれる。

⑤ 手形・小切手訴訟，少額訴訟の判決に対する異議の取下げおよびその
　取下げについての同意

　➡　④と同様であり，これらの行為は当事者本人に不利益な内容で訴訟
　　を終了させる場合があるので，特別の委任を受けなければこのような
　　行為をすることはできない。

⑦ （復）代理人の選任

　➡　本人から信頼されて訴訟代理人に選任されているので，別の者を復　　`H6-1-4`
　　代理人に選任するには，特別の委任を要する。

⑤ 代理権の制限

　　訴訟代理権の範囲は包括的・画一的に定められ，制限をすることはでき
ない（民訴§55ⅠⅢ本文）。

　➡　訴訟代理人は通常弁護士であり適切な訴訟追行を期待できるし，訴訟
　　手続の円滑な進行の要請もあるからである。

　　　　ただし，弁護士でない訴訟代理人については，その代理権を制限することができる（同Ⅲただし書）。

　⑥　訴訟代理権の消滅
　　⑦　民法による消滅
　　　ⓐ　訴訟代理人の死亡・破産手続開始決定・後見開始の審判（民§111Ⅰ②）
　　　ⓑ　委任の終了（民§111Ⅱ），訴訟代理人の解任・辞任（民§651Ⅰ），本人の破産手続開始決定（民§653②）

　　⑦　訴訟代理権の不消滅

H9-2-5
　　　　民法とは異なり，以下の事由が発生しても訴訟代理権は消滅しない（民訴§58）。
　　　ⓐ　当事者の死亡または訴訟能力の喪失
　　　ⓑ　当事者である法人の合併による消滅
　　　ⓒ　当事者である受託者の信託の任務終了
　　　ⓓ　法定代理人の死亡・訴訟能力の喪失または代理権の消滅・変更
　　　ⓔ　資格当事者・選定当事者の資格喪失
　　　➡　民法における委任は，当事者間の信頼関係を基盤とするため，委任による代理権は委任者の死亡により消滅するが，訴訟代理人は原則として弁護士であり，訴訟代理権の範囲も明確であるので，当事者の承継人に損害をもたらす可能性は低いと考えられるし，訴訟の円滑な進行にも資するからである。

　　　　本条の規定は，ⓐ〜ⓔの事由が発生した場合，訴訟代理人が選任されていなければ訴訟手続は中断するが，訴訟代理人が選任されているときには，そのまま訴訟を進めても当事者の利益が害される可能性は低いことから，訴訟手続は中断しないとされていること（民訴§124Ⅱ）に対応するものである。
　　　　また，ⓐ〜ⓔの事由が発生しても訴訟代理権が存続するということは，当該訴訟代理人が，新たに当事者となった者から，それまでと同じ内容の訴訟委任を受けたのと同様の訴訟代理権を有することを意味する。

　⑦　代理権消滅の時期
H24-1-オ
　　　　訴訟代理権の消滅は，相手方に通知しなければその効力を生じない（民訴§59，36Ⅰ）

⑧　訴訟代理人の地位

　㋐　証人や鑑定人になることができる。

　　➡　法定代理人ほど当事者と近い関係にあるわけではないからである。

　㋑　訴訟追行に当たっての知・不知, 故意・過失などが問題となる場合(民訴§24Ⅱただし書, 97Ⅰ, 157Ⅰ等)は訴訟代理人を基準として判断される。

　㋒　訴訟代理人を選任しても本人は自ら訴訟行為をすることができる。そこで, 訴訟代理人がいる場合でも訴訟書類を当事者本人に送達することは認められる(最判昭25.6.23)。また, 訴訟代理人と本人(または法定代理人)とがともに出席することもあるが, その場合代理人の事実に関する陳述を本人が直ちに取り消し, または更正したときは, 訴訟代理人の陳述は効力を生じない(当事者の更正権; 民訴§57)。なお, この更正権は, 事実に関する陳述に限られ, 法律上の陳述については認められない。

　　➡　事実は本人の方がくわしいからである。

H24-1-イ
H9-3-2
H4-3-5

(3)　法令による訴訟代理人

①　意義と種類

　　法令による訴訟代理人とは, 一定の地位にある者に訴訟代理権が認められる旨を法令が規定している場合に, 本人によってその地位に付けられることで訴訟代理権も認められることになる者をいう。その代表例は支配人(商§21Ⅰ, 会社§11Ⅰ)である。

　　訴訟代理権の発生は法令の規定によるが, その基礎である地位に付くか付かないかは本人の意思に基づくので訴訟(任意)代理人の一種とされる。

②　代理権の範囲

　　代理権は実体法上の一定の地位に基づくことから, その範囲は代理権の根拠となる法令の規定による(例えば, 商人なら, 商§21Ⅰ, 会社§11Ⅰというように)。したがって, 個々の事件ごとに委任される訴訟委任に基づく訴訟代理とは性格が異なり, 訴訟代理人の代理権について包括的・画一的に定めた民事訴訟法55条1項〜3項の規定は, 法令による訴訟代理人の権限を妨げないとしている(民訴§55Ⅳ)。裁判上の一切の行為をする権限を有するのが通常である(商§21Ⅰ, 会社§11Ⅰ)。

③　代理権の消滅

本人または代理人の死亡（民§111Ⅰ）のほか，実体法上の地位を失うと訴訟代理権も消滅する。代理権不消滅の規定（民訴§58Ⅰ）は適用されない。なお，支配人の場合は本人が死亡しても代理権は消滅しないが，それは実体法の規定（商§506）を根拠とするものである。

(4)　**認定司法書士の簡裁代理権**

認定司法書士は訴額140万円以下の簡易裁判所の民事訴訟について，裁判所の許可を得なくても訴訟代理人になることができる（司法書士§3Ⅰ⑥Ⅱ）。

○　**実体法上の法定代理人と訴訟委任による訴訟代理人の比較**

	実体法上の法定代理人	訴訟委任による訴訟代理人
資格	・未成年者では親権者（民§824）または未成年後見人（民§838①） ・成年被後見人では成年後見人（民§859）	弁護士でなければならない（民訴§54Ⅰ本文）。 ※　簡易裁判所においては，裁判所の許可を得て，弁護士でない者を訴訟代理人とすることができる（民訴§54Ⅰただし書，なお司書§3Ⅰ⑥参照）。
訴状および判決書への記載の要否	民訴法上，必要的記載事項とされている（民訴§134Ⅱ①，253Ⅰ⑤）。	民訴法上は，必要的記載事項とされていない。 ※　民訴規則によって，訴状への記載が要求されている（民訴規§2Ⅰ①）。
代理人が数人あるとき	実体法上共同代理が要請される場合は訴訟法上も共同して代理権を行使する。 例：未成年者の父母が共同して親権を行う場合（民§818Ⅲ）は，訴訟行為の受領は単独でできる（民訴§102Ⅱ参照）が，積極的な訴訟行為については共同して本人を代理しなければならない。	各自当事者を代理する（民訴§56Ⅰ）。 ※　共同代理等の定めをしても，裁判所や相手方に対して効力を生じない（民訴§56Ⅱ）。
訴訟代理権の証明	書面で証明しなければならない。（民訴規§15前段）	（民訴規§23Ⅰ）

訴訟代理権の消滅事由	・本人の死亡，代理人の死亡・破産手続開始の決定・後見開始の審判（民§111Ⅰ①②） ・法定代理人でなくなること（民§811，834，837，844）等	・代理人の死亡・破産手続開始の決定・後見開始の審判（民§111Ⅰ②） ・委任の終了（民§111Ⅱ） ・解任・辞任（民§651Ⅰ） ・本人の破産手続開始の決定（民§653）等
訴訟代理権の消滅の効力要件	本人または訴訟代理人から相手方に対する通知 　（民訴§36Ⅰ）　　　　　　　　（民訴§59） ※　相手方の善意悪意，過失の有無は問題とされないため，相手方が訴訟代理権の消滅原因を知っていても通知のない限り消滅の効果は発生しない（法定代理人につき大判昭16.4.5参照）。	
尋問手続	当事者尋問（民訴§207以下）	証人尋問（民訴§190以下）
代理人の事実に関する陳述の当事者による取消し更正	不可	可（民訴§57）
送達	法定代理人に対して行う（民訴§102Ⅰ）。 ※　訴訟無能力者である本人に対してした送達は無効である（大判明36.10.1，同44.3.13）。	原則として訴訟代理人に対して行う。 ※　当事者本人に対して送達をしても違法ではない（最判昭25.6.23）。

8　補佐人

(1)　意　義

　　補佐人とは，当事者，補助参加人，それらの訴訟代理人とともに期日に出頭し，それぞれの主張を補足する者のことである。

　　補佐人は，高度の専門的，技術的知識が要求される場合，当事者本人に言語障害や聴力の欠陥等がある場合などに利用される。

(2)　地　位

　　①　補佐人をつける場合は裁判所の許可が必要である（民訴§60Ⅰ）。この許可は，審級ごとに得る必要があり，裁判所はいつでも取り消すことができる（同Ⅱ）。

　　②　当事者は補佐人の陳述（事実上の陳述に限られない）に更正権を有する

が，同一期日内で取消しまたは更正をしなければ，当事者の陳述とみなされる（民訴§60Ⅲ）。

第2章
訴訟の開始

第1節　訴えの提起

Topics・訴えおよび訴訟上の請求の意義をしっかり理解しておこう。また，弁
論主義・処分権主義を勉強した後で筆界確定の訴えについて復習して
おいてほしい。

1　訴　え

(1)　訴えの意義

訴えとは，原告が一定の訴訟上の請求の当否について，裁判所に審判を求
める申立てのことである。

(2)　訴えに係る重要な視点

①　私人間の私的紛争を解決するために民事訴訟を選択するのか，および民
事訴訟を利用するとしても，どのような裁判を求めるかは当事者（原告）
の意思に委ねられている。したがって，裁判所は，原告から訴えが提起さ
れないかぎり，訴訟を開始することはできないし（「訴えなければ裁判な
し」），訴えによって提示された審判対象は，裁判所を拘束するので，原告
が申し立てていない事項について裁判することもできない。このように訴
訟の開始やその審判の範囲（さらには訴訟の終結）についての決定を当事
者に委ねるという建前を処分権主義という。

②　訴えは，原告の被告に対する一定の権利主張の当否について，裁判所の
審理・判決（審判）を求める行為である。そして，その訴えにおける原告
の被告に対する権利主張を，「訴訟上の請求」という。訴えの提起によっ
て開始される訴訟手続においては，この訴訟上の請求が審判の対象となり，
被告の防御の対象となる。

③　訴えの提起は，原則として訴状を提出して行わなければならない（民訴
§134Ⅰ，ただし民訴§271参照）。そして，この訴状には，当事者（原告・
被告）および法定代理人，請求の趣旨および原因（いかなる権利，法律関
係について，どのような内容の判決を求めるのか，および請求を特定する

41

のに必要な事実）を記載しなければならない（民訴§134Ⅱ）。

(3)　訴訟の種類

訴えは，いかなる内容の判決を求めているのかを基準として，給付の訴え，確認の訴え，形成の訴えに分類することができる。

① 給付の訴え

　㋐ 意　義

給付の訴えとは，原告の被告に対する特定の給付請求権について，その給付を命ずる判決を求める訴えのことである。

　㋑ 給付請求権

H12-1-ア

主張される給付請求権は，金銭の支払や，物の引渡し・明渡し，登記申請など意思表示をすること，その他の作為・不作為を目的とするもの（家屋収去請求や差止請求など）でもよい。また，債権に基づくと物権に基づく（物権的請求権）とを問わない。

　㋒ 将来の給付の訴え

（将来の給付の訴え）

第135条　将来の給付を求める訴えは，あらかじめその請求をする必要がある場合に限り，提起することができる。

H12-1-イ

口頭弁論終結時までに，給付請求権についての履行期が到来しているか否かによって，現在の給付の訴えと，将来の給付の訴えとに分けられる。

　㋓ 執行力・既判力

H12-1-エ
H12-1-オ

給付の訴えについて請求認容判決がされると，「AはBに対して200万円支払え」といったような給付判決がされるが，被告が任意に履行しないときは，原告は給付判決を債務名義（給付請求権の存在と内容を明らかにする公文書で，これに基づいて強制執行を行うことができることを法律が認めたもの）として強制執行を求めることができる（民執§22①②）。すなわち，給付判決は，執行力がある点に特色があり，給付の訴えは，その取得が主な目的といえる。

また，給付判決は，裁判所の判断としては，給付請求権の存在を確認するものであり，この点について既判力を生じる。そして，請求棄却の

判決は，給付請求権が存在しないことについて既判力を生ずる。

② 確認の訴え

㋐ 意　義

確認の訴えとは，特定の権利または法律関係（権利関係）の存在または不存在を確認する判決を求める訴えをいう。

㋑ 積極的確認の訴えと消極的確認の訴え

権利関係の存在を主張する訴えを積極的確認の訴えという。例えば，所有権確認の訴えである。また，権利関係の不存在を主張する訴えを消極的確認の訴えという。例えば，債務不存在確認の訴えである。

㋒ 確認の訴えの対象

確認の訴えの対象は，原則として特定の具体的な権利関係の存否であり，抽象的な法律問題や単なる事実の確認を求めることはできない。

➡ 抽象的な法律問題や，権利関係の前提となる事実を確認しても，紛争が解決するとはいえないからである。

ただし，法律関係を証する書面（契約書・定款・遺言書など）が真正に（作成名義人の意思に基づいて）作成されたかどうかという事実の確認を求める訴えは，例外的に提起することができる（民訴§134の2）。 H27-3-イ

➡ 法律関係を証する書面が真正に成立したか否かが確定されれば，紛争が解決する可能性が高いからである。

㋓ 確認の利益

確認の訴えには，確認の利益が必要である。確認の利益は，法律上の利益であることを要し，事実上の利益では足りない。そのため，例えば，遺言者の生前における遺言の無効確認の訴えは，することができない(最判昭31.10.4)。 H27-3-エ

㋔ 既判力

確認の訴えについての請求認容判決では，原告の主張のとおりに「…の土地につきAが所有権を有することを確認する」との確認の宣言がされ，判決が確定すると，権利関係の存否の判断に既判力が生ずる。これに対し，請求棄却の判決が確定すれば，原告の主張とは反対の判断（土地につきAが所有権を有しないこと）に既判力が生じる。

③　形成の訴え
　㋐　意　義
　　　形成の訴えとは，一定の法律要件（形成要件という）に基づく特定の権利または法律関係の変動（発生・変更・消滅）を宣言する判決を求める訴えをいう。

　　　私法上の権利関係については，通常，当事者間の合意により自由に変動させることができ，また法律の定める一定の要件（形成権－取消権・解除権など）を満たしていれば，一方当事者の意思表示によって変動させることができる。しかし，法は，権利関係の変動を，多数の利害関係人の間で明確かつ画一的に生じさせ，法律関係の安定を図る必要がある一定の場合（身分関係や会社関係など）にはこの形成の訴えによることとしている。すなわち，形成要件に該当する事実の存在を主張して訴えを提起し，裁判所がその存在を確定すると判決によって権利・法律関係の変動を宣言することになるわけである。

　　　例としては，人事訴訟では離婚の訴え（民§770，人訴§2①）など，会社関係訴訟では株主総会決議の取消しの訴え（会社§831）などがあげられる。

　㋑　形成力，既判力
　　　形成の訴えに対する請求認容判決は，たとえば「原告と被告とを離婚する」というように，権利・法律関係の変動（形成）を宣言する形成判決であり，その内容どおりに変動させる効力（形成力）を有する。そして，形成要件が存在するとの判断について既判力が生ずる。

④　形式的形成訴訟
　㋐　意　義
　　　形成の訴えと同様に，法律関係の形成に判決が必要であるが，形成の基準となる具体的な要件が法令に定められていない場合がある。このような場合，判決の具体的内容は裁判所が裁量によって判断し，請求棄却判決がされることはない。

　㋑　具体例
　　　共有物分割の訴え（民§258），父を定める訴え（民§773，人訴§2②・43）などがあげられるが，土地の筆界確定の訴えもこれに該当するとす

るのが通説・判例である。

（ウ）　境界確定の訴え（筆界確定の訴え）
　　ⓐ　意　義
　　　　境界確定の訴えは，相隣接する土地の境界に争いがある場合に，裁 H17-3
　　判によってその境界を定めることを求める訴えのことである。

　　ⓑ　所有権確認の訴えとの関係
　　　　裁判所は判決で一筆の土地と隣接する一筆の土地との境界を具体的
　　に定めなければならない。そして，境界が確定されると，結果として，
　　両土地所有者の所有権の範囲も事実上定まる。しかし，この訴えは，
　　土地所有権の範囲の確認を目的とするものではないから，取得時効の
　　抗弁の当否は，境界確定には無関係である（最判昭43.2.22）。乙地に
　　隣接する甲地のうち，甲地の一部分であって境界の一部または全部に
　　接続する部分を乙地の所有者が時効取得した場合においても，両地の
　　各所有者は，境界確定の訴えの当事者適格を失わない（最判平7.3.7）。
　　※　甲地に隣接する乙地の所有者が甲地の全部を時効取得したとき
　　　は，甲地の所有者は，その両地の境界確定の訴えの原告適格を失う
　　　（最判平7.7.18）。

　　ⓒ　境界確定の訴えの手続的特殊性
　　　・原告は，当事者間の隣接する所有地相互の境界が不明であるとか， H22-4-イ
　　　　争いがあることを主張すれば十分であって，特定の境界線の存在を
　　　　主張する必要はなく（最判昭41.5.20），仮に両当事者から境界線の
　　　　主張がされても，裁判所はこれに拘束されない（大連判大12.6.2,
　　　　処分権主義の例外）。

　　　・土地の境界は公共的性格を持つので当事者間の合意では変動しな
　　　　い。そのため，その合意のみによって境界を確定することは許され
　　　　ない（最判昭42.12.26）。したがって，相手方当事者の一定の境界線
　　　　に対する自白は裁判所を拘束しない（弁論主義の例外）。また，境
　　　　界線に関する和解や請求認諾も許されない（処分権主義の例外）。

　　　・裁判所は，自ら正当と認める境界線を定めるべきであって，客観的
　　　　な境界を知り得た場合にはこれにより，客観的な境界を知り得ない
　　　　場合には常識に訴え最も妥当な線を見出してこれを境界と定める

（大判昭11.3.10）。請求棄却判決をすることはできない。

・第一審判決において一定の境界が定められ，それに不服がある当事者が控訴をした場合でも，控訴審では不利益変更の禁止（民訴§304）は適用されない（最判昭38.10.15）。すなわち，相手方の控訴・附帯控訴がなくても，控訴人に不利な境界を定めることができる。

2　訴訟上の請求

(1)　意　義

訴訟上の請求（訴訟物ともいう）は訴訟における審判の対象である。したがって，訴訟上の請求は明確に特定されていなければならず，特定されることで，裁判所は何について審理・判決する必要があるのかが判明し，被告も何について防御するのかが判明するのである。

(2)　では訴訟上の請求はどのような基準によって特定されるのか。これについては古くから議論のあるところであるが（訴訟物論争），実体法上の個々の権利または法律関係が基準になるとするのが判例の立場である。たとえば，給付訴訟についていえば，実体法の認める所有権に基づく返還請求権，占有権に基づく返還請求権，貸金返還請求権，不当利得返還請求権などの個々の請求権（権利）がそれぞれ1個の訴訟物となるとする。

➡　判例の立場によると，たとえば，同じ物の返還を求める場合でも，所有権に基づく返還請求権か占有権に基づく返還請求権かによって訴訟物は異なるし，また，同額の金銭の支払を求める場合でも，債務不履行に基づく損害賠償請求権と不法行為に基づく損害賠償請求権とは訴訟物が異なることになる。

3　訴え提起の方式

（訴え提起の方式）
第134条　訴えの提起は，訴状を裁判所に提出してしなければならない。
2　訴状には，次に掲げる事項を記載しなければならない。
　一　当事者及び法定代理人
　二　請求の趣旨及び原因

H27-3-ウ
H2-4-2

(1)　訴状の提出

訴えの提起は，裁判所へ訴状を提出してするのが原則である（民訴§134

Ⅰ）。ただし，簡易裁判所では口頭で提起することができる（民訴§271）。

なお，訴状の提出は，原告または代理人自身でする必要はなく，使者または郵便によることもできる。

(2) 訴状の記載事項

① 必要的記載事項

訴状には，請求を特定するために，当事者（および法定代理人）と請求の趣旨・原因を記載しなければならない（民訴§134Ⅱ）。

⑦ 当事者（および法定代理人）

誰が原告であり被告であるかを記載する。当事者が訴訟無能力者（未成年者・成年被後見人）であるときはその法定代理人を記載し（民訴§134Ⅱ①），法人等の団体の場合は代表者を記載する（民訴§37参照）。

④ 請求の趣旨

ⓐ 意 義

原告が，請求の内容・範囲を示して，いかなる内容の判決を求めるかを簡潔に記載する部分をいう。

ⓑ 具体例

請求の趣旨は，通常，原告の請求を認容する場合の判決の主文に対応する形で記載される。

給付の訴え：「被告は原告に対し金○○○円を支払えとの判決を求める」

確認の訴え：「別紙目録記載の建物につき原告が所有権を有することを確認するとの判決を求める」

形成の訴え：「原告と被告とを離婚するとの判決を求める」

ⓒ 一部請求

債権全額（例えば，1000万円）のうち，その一部である金100万円 H24-2-イ
の支払を求めるというように，数量的に可分な債権を分割して請求する場合，その訴訟物をどのように考えるべきか。すなわち訴訟物は債権全体であるのか(一部請求を否定する立場)，その一部であるのか(一部請求を肯定する立場）が問題となる。

一部請求を肯定する立場では，たとえば損害賠償額が高額になる事件において，一部請求をしてそれがうまくいくようであれば残額の請

求をするといった試験訴訟が可能であれば，勝訴できるか不透明なうちから高い印紙代を支払うとか，弁護士費用を出費するといったことを回避できることをその根拠とする。

これに対し，一部請求を否定する立場では，一部請求を認めると，被告は数回応訴をしなければならず煩わしいこと，また，裁判所も同じ事件につき数回の審理をしなければならないため，判断の抵触を招くおそれがあり，訴訟経済にも反することをその根拠とする。
この点に関して判例は，一部であることを明示して訴えを提起すればその部分だけが訴訟物となると解している（最判昭37.8.10）。

  (ウ)　請求の原因
　　(a)　意　義
　　　　請求の原因とは，訴訟物を特定するのに必要な事実のことである。すなわち，請求の趣旨を補足して訴訟物を特定するために，請求の原因の記載が必要となる。

　　(b)　具体例
　　　　たとえば，金100万円の支払を求めるという場合，請求の趣旨の記載だけでは，その金100万円が，売買代金なのかそれとも貸金なのかが明らかにならない。そこで，請求原因事実として，借金の返還約束なのか売買契約によるのかを記載することを要するわけである。

　　(c)　請求の原因の記載が不要な場合
　　　　前述したように，請求の原因は請求の趣旨を補足して訴訟物を特定するために必要となる。したがって，請求の趣旨だけで訴訟物が特定できるのであれば，請求の原因は記載することを要しないことになる。たとえば，土地の所有権確認の訴えでは，請求の趣旨の中に権利の主体と権利の内容（土地の所有権）が表示されているので，それだけで訴訟物が特定されることになるわけである。

②　任意的記載事項
　　訴状には，請求の趣旨・原因の記載のほかに，「請求を理由づける事実」（権利の取得原因などの主要事実）を具体的に記載し，かつ，立証を要する事由ごとに，当該事実に関連する事実（間接事実）で重要なものおよび証拠を記載しなければならない（民訴規§53Ⅰ）。また，事実についての

主張を記載するには，できる限り，請求を理由づける事実についての主張と当該事実に関連する事実についての主張とを区別して記載しなければならない（民訴規§53Ⅱ）。

③　印紙の貼用

　　訴えを提起する場合は，手数料の納付として，訴状にその訴額に応じて収入印紙を貼らなければならない（民訴費§3，4，8）。

4　訴え提起後の措置
(1)　事件の分配
　　裁判所書記官は（訴状について一応の調査をし，不備があれば是正を求める取扱いとなっており，その後），訴状を受け付けたときは，これに受付日付印を押すなどして事件記録を作成した後に，事務分配の定めに従って，記録を担当の裁判所に配付する。

(2)　訴状の審査
①　裁判長による訴状の審査
　　記録の配付を受けた裁判官または合議体の裁判長は，訴状を審査する。

②　審査の対象
　　この審査は，訴状に必要的記載事項（民訴§134Ⅱ）が記載されているか，および，適正な手数料額の印紙が貼られているか，という形式的事項についてされる。訴訟要件の具備や請求の当否といった訴えの内容に関する事項については審査をすることができない。

③　補正命令・却下命令
　　②の形式的事項に不備があれば，裁判長は，原告に対し相当の期間を定めて補正を命じる（民訴§137Ⅰ）。これを補正命令という。補正命令に応じて原告が補正しない場合は，裁判長は命令で訴状を却下する（民訴§137Ⅱ）。

R3-1-ア
H29-2-ア
H27-3-ア
H2-4-5

※　ここにいう却下は，訴状を受理することができないとして返還するものであり，訴えの却下とは異なる。

　　この訴状却下命令に対しては，即時抗告をすることができる（民訴§137Ⅲ）。

⑶　訴状の送達

　　訴状に不備がない場合（また不備があっても補正された場合），訴状は副本によって（民訴規§58Ⅰ）被告に送達される（民訴§138Ⅰ）。

　　送達されれば，訴訟係属が生ずることとなる。

　　原告が送達に必要な費用を予納しないとか，被告の住所の記載が間違っているなどの理由で送達をすることができない場合には，裁判長は，相当の期間を定めてその補正を命じ，原告が補正をしないときは，命令で訴状を却下する（民訴§138Ⅱ，137）。

⑷　口頭弁論期日の指定および呼出し

H2-4-3
H6-3-3
　　訴えの提起があったときは，裁判長は，第1回の口頭弁論期日を指定し，当事者双方を呼び出さなければならない（民訴§139，民訴規§60）。そして，期日の呼出しは，呼出状の送達，事件について出頭した者に対する期日の告知その他相当と認める方法（電話，普通郵便など）によってする（民訴§94Ⅰ）。最初の口頭弁論期日の呼出であっても，同様である。

　　ただし，訴えが不適法でその不備を補正することができないときは（出訴期間の経過の場合など），裁判所は，口頭弁論を経ないで，判決で，訴えを却下できる（民訴§140）。

　　また，当事者に対する期日の呼出しに必要な費用の予納を相当の期間を定めて原告に命じた場合において，その予納がないときは（民訴費§11・12），裁判所は，被告に異議がない場合に限り，決定で訴えを却下することができる（民訴§141Ⅰ）。

第2節　訴え提起の効果

Topics ・二重起訴の禁止については要注意である。制度の趣旨をしっかり理解
　　　　しておくことで，判断に迷ったときの取っ掛かりとなる。

1　訴訟係属

(1)　意　義

　　訴えの提起により，特定の訴訟上の請求が特定の裁判所で審判される状態
を訴訟係属という。

(2)　訴訟係属の発生時期と消滅時期

　　訴訟係属は，訴状が被告に送達された時に生じる（通説）。

　　訴訟係属は，判決の確定，またはそれ以外の訴訟の終了（訴えの取下げ，
和解など）によって消滅する。

(3)　訴訟係属に伴う訴訟法上の効果

　　訴訟係属が生ずると，訴訟参加（民訴§42，47，52）や訴訟告知（民訴§
53）が可能となるほか，二重起訴の禁止の効果を生ずる。

2　二重起訴（重複起訴）の禁止

(1)　制度の趣旨

（重複する訴えの提起の禁止）

第142条　裁判所に係属する事件については，当事者は，更に訴えを提起する
　ことができない。

【重複起訴の禁止の趣旨】

① 　複数の判決において互いに矛盾した既判力ある判断がされるのを
　　防止するため。

② 　審理の重複による無駄を避けるため。

③ 　被告の応訴の煩わしさを避けるため。

---

(2)　**訴訟の重複**

　　重複する後訴が禁止されるのは，前訴の係属中に別訴（後訴）を提起する場合である。この場合，両訴が係属する裁判所の異同を問わない。

　　また，別訴の提起は，独立の訴えに限られず，別の訴訟手続中に訴えの変更，反訴，中間確認の訴えの方法で提起する場合でも，二重起訴の禁止に触れる。

　　しかし，たとえ同一事件であっても，同一の訴訟手続内で被告が反訴を提起する場合は，この禁止に触れない。

➡　同一訴訟手続内で審理されるので，(1)①〜③のような弊害は生じないからである。

(3)　**二重起訴にあたる場合**

　　二重起訴にあたるかどうかの基準は「事件の同一性」であるが，その「事件の同一性」は，(1)の制度趣旨を踏まえたうえで，事件の主体である当事者と，事件の客体である審判の対象の二面により決まる。

①　当事者の同一

　㋐　前訴と後訴で原告と被告の立場が反対になっていても，当事者は同一である。

　　　【例】・給付訴訟の係属中に，被告が原告に債務不存在確認の訴えを提起した場合

　　　　　　　　A ─────────▶ B（貸金返還請求訴訟）
　　　　　　　　A ◀───────── B（債務不存在確認訴訟）

　　　　　・積極的確認訴訟の係属中に，被告が消極的確認の訴えを提起した場合

　　　　　　　　A ─────────▶ B（賃借権存在確認訴訟）
　　　　　　　　A ◀───────── B（賃借権不存在確認訴訟）

H12-2-ア

　㋑　同一の権利関係が訴訟物になっていても，当事者が異なれば同一の事件にならない。

【例】　異なった被告に対する同一の土地の所有権確認の訴え

　　　　A ──────────▶ B（所有権確認訴訟）
　　　　A ──────────▶ C（所有権確認訴訟）

➡　民事訴訟は，特定の原告・被告間の紛争を解決することを目的とするものであり，ＡＢ間における判決は，ＡＣ間になんの効力も及ぼさないからである。

ⓦ　両訴の当事者は異なるが，一方の当事者の受けた判決の効力が他方の当事者に及ぶ場合は，同一の当事者とみなされる。　`H12-2-ウ`

【例】・債権者が第三債務者に対し債権者代位訴訟（民§423の５）を提起しているときに，債務者が同一の権利について第三債務者を訴えた場合

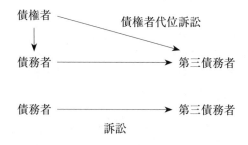

　　　ただし，債務者が債権者の代位権限を争って債権者代位訴訟に独立当事者参加をすることは，二重起訴の禁止に触れないとされる（最判昭48.4.24）。
➡　両訴は併合審理されるので(1)①〜③の弊害は生じないからである。なお，審理の結果，代位権限の存否が判明したときは，いずれかの訴え（債権者→第三債務者，債務者→第三債務者）が不適法として却下されることになる。

　　・選定者と選定当事者が別々に訴えまたは訴えられた場合（民訴§30，115Ⅰ②)

②　審判対象の同一

㋐　訴訟物に関する見解と判例の立場

　判例は，訴訟物を実体法上の請求権ごとに捉える。したがって，所有権に基づく土地明渡請求訴訟の係属中に，さらに占有権に基づく土地明渡請求訴訟を提起した場合，判例の見解によれば二重起訴にあたらない。

$$A \longrightarrow B \quad (\text{所有権に基づく明渡請求})$$
$$A \longrightarrow B \quad (\text{占有権に基づく明渡請求})$$

H12-2-イ

㋑　事件が同一であるとの判断は，訴訟物たる権利関係が同一であれば，両訴の請求の趣旨まで同一である必要はない（通説）。

【例】・同一の権利関係の積極的確認の訴えと消極的確認の訴えも同一事件となる（①㋐の例参照）。
　　　・同一の請求権についての給付訴訟と消極的確認訴訟は同一事件と解される（①㋐の例参照）。

㋒　相殺の抗弁との関係

H12-2-エ

　相殺の抗弁には既判力が生じることから（民訴§114Ⅱ），判決の矛盾・抵触が生ずるおそれがある。そのことから問題が生じる。判例は民事訴訟法142条を類推して，相殺の抗弁の主張は許されないとする（最判昭63.3.15，最判平3.12.17）。

➡　相殺の抗弁を許すと，審理の重複による無駄が生じるし，また，相殺の抗弁で対抗した額につき既判力が生ずるため（民訴§114Ⅱ），別訴との間で同一の請求についての判決内容の矛盾・抵触のおそれがあるからである。

甲債権

$$A \longrightarrow B$$

乙債権

$$A \longleftarrow B$$
$$A \longrightarrow B$$

相殺の抗弁（甲債権）

　なお，既に係属中の訴訟において相殺の抗弁により自働債権として主

張している債権を別訴を提示して訴求することが許されるかについては
争いがある。

㋓　一部請求との関係

一部請求と残部請求は，同一債権につき別の訴訟手続をすることにな　`H20-1-ア`
るから，前訴の係属中に別訴で残部請求をすることが，二重起訴の禁止
にあたるかどうかが問題となる。

この点判例は，「一部であることを明示して訴えを提起すれば，その
一部だけが訴訟物となる」とする立場をとっているので，この立場から
すると黙示的一部請求の場合は，債権全体が訴訟物になると解され，そ
の結果残部も前訴の訴訟物となっていることになるので，前訴と後訴は
同一の事件であり，後訴は二重起訴の禁止に触れるということになる。

【参考判例】

一個の債権の一部についてのみ判決を求める旨を明示して訴えを提　`H24-2-オ`
起している場合において，当該債権の残部を自働債権として他の訴訟　`H20-1-オ`
において相殺の抗弁を主張することは，債権の分割行使をすることが
訴訟上の権利の濫用に当たるなどの特段の事情の存しない限り，許さ
れる（最判平10.6.30）。

➡　なお，同判例では，「一個の債権が訴訟上分割して行使された場
合には，実質的な争点が共通であるため，ある程度審理の重複が生
ずることは避け難く，応訴を強いられる被告や裁判所に少なからぬ
負担をかける上，債権の一部と残部とで異なる判決がされ，事実上
の判断の抵触が生ずる可能性もないではない。そうすると，一個の
債権の一部について訴えの提起ないし相殺の主張を許容した場合
に，その残部について，訴えを提起することができるかについては，
別途に検討を要するところであり，残部請求が当然に許容されるこ
とになるものとはいえない。」と前置きしている。すなわち，明示
的一部請求で，明示された一部と残部は別の訴訟物であるからとい
って，残部について相殺の抗弁の主張が許されても，別訴の提起が
許されるかはどちらとも言えない，ということになろう。

(4)　二重起訴の処理

①　二重起訴の禁止に触れるかどうかについては，裁判所は，その旨の被告　`H12-2-オ`
の抗弁が主張されなくても職権で調査し，二重起訴に該当する場合には，
判決で後訴を不適法として却下する。

② 裁判所が二重起訴にあたることを見過ごして後訴について本案判決をすれば，上訴により取り消すことができる。

しかし，前訴が未だ係属している間に後訴についての本案判決が確定してしまうと，その既判力が影響することから，前訴ではそれに反する判決をすることができなくなる。

また，両訴のいずれの本案判決も確定し，さらにその内容が抵触するときは，後の確定判決（前訴についての判決が後に確定したなら前訴判決）が再審の訴えにより取り消される（民訴§338Ⅰ⑩）。

3　実体法上の効果

(1) 民法その他の法律が，訴えの提起に関する，一定の実体法上の効果について規定している。たとえば，時効の完成猶予および更新（民§147），法律上の期間遵守（民§201，747Ⅱ，777，787ただし書，会社§828Ⅰ，831Ⅰなど），善意占有者の悪意擬制（民§189Ⅱ）などである。

(2)　時効の完成猶予

① 効果の発生時期

H27-3-オ
H2-4-1

訴えの提起（「裁判上の請求」（民§147①））による時効完成猶予（法律上の期間遵守も同様）の効果は，訴状を裁判所に提出した時に生ずる（民訴§147）。反訴も反訴状を提出した時である（民訴§146Ⅳ）。

また，訴えの変更，選定者に係る請求の追加および中間確認の訴えについては，訴状に準ずる書面を裁判所に提出した時（民訴§143Ⅱ，144Ⅲ，145Ⅳ）に時効の完成猶予等の効果が発生する。

② 効果の消滅

訴え提起後，判決が確定するまでの間は，時効の完成猶予の効果は存続し，判決が確定した時から新たにその進行を始める（時効の更新；民§147Ⅱ）。

訴えが却下され，または取り下げられたときは，却下時または取下げ時から6か月を経過するまでの間は，時効は完成しない（民§147Ⅰかっこ書）。

③ 時効の完成猶予の効果が生じる権利の範囲

H24-2-ア
H20-1-ウ

時効の完成猶予の効果は，訴訟物たる権利関係について生じる。この点，一部請求を時効の完成猶予効との関係でどのように扱うかという問題がある。

判例は「一部であることを明示して訴えを提起すれば，その部分だけが訴訟物となる」とし，一部であることを明示した場合（明示的一部請求）に，

当該一部についてのみ時効の完成猶予の効力を生じるとする（最判昭34.2.20）。これに対し，明示がないときは，債権全体を訴訟物とみるので，債権全額について時効の完成猶予の効力を生じる（最判昭45.7.24）。

　なお，明示的一部請求の訴えが提起された場合，債権者が将来にわたって残部をおよそ請求しない旨の意思を明らかにしているなど，残部につき権利行使の意思が継続的に表示されているとはいえない特段の事情のない限り，当該訴えの提起は，残部について，裁判上の催告として消滅時効の完成猶予の効力を生ずる（最判平25.6.6）。

第３章
訴訟の審理

第1節　裁判所と当事者の役割

Topics・弁論主義は民事訴訟における重要な基本原則である。その内容についてもしっかり理解しておくことが必要である。

H5-5　**１　当事者主義と職権進行主義**

1　審　理
(1)　意　義

　　訴えが提起され，訴訟係属が生ずると，裁判所は事件の審理を開始するが，審理は裁判に必要な様々な資料を収集する段階である。

　　審理において，裁判所は，当事者からどのような事実があったかを聴き，その事実が確かかどうかを証拠で取り調べ，事実に適用される法規を検討することになる。

　　このうち審理で重要な意味を有するのは，当事者による事実の陳述およびその事実の正否を確かめる証拠調べであるが，通常の民事訴訟では，当事者による事実の陳述および証拠調べの対象となる証拠も当事者が提出する建前がとられている。

(2)　訴訟の進行

　　(1)で述べたように，事件の資料を収集・提出する権能は当事者に与えられている（弁論主義）が，訴訟手続の進行に関しては裁判所に主導権が与えられている（職権進行主義）。対立する当事者に与えると，訴訟の遅延や適正でない結果を招くおそれがある。そのため，適正かつ迅速な審理の実現のため，職権進行主義が採用されている。

○　**訴訟の審理**

訴訟の審理は２つの部分から成る。

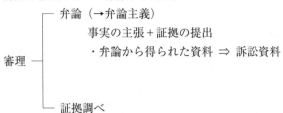

審理 ┬─ 弁論（→弁論主義）

事実の主張＋証拠の提出

・弁論から得られた資料 ⇒ 訴訟資料

└─ 証拠調べ

弁論で提出された証拠から裁判所が事実を認定していく作業（→自由心証主義）

・証拠調べから得られた資料 ⇒ 証拠資料

2 裁判資料の収集

1 弁論主義

(1) 意　義

訴訟資料（事実および証拠）の収集・提出を当事者の権能であり責任とする建前を，弁論主義という。私的自治の原則から，私法上の権利関係の処分は当事者の自由に任されるため，裁判の資料の提出についても，当事者の自由に任せることが望ましい。また，資料の収集を利害関係がある当事者に任せたほうが真実解明のために尽力するであろうというところから，今日の民事訴訟では，弁論主義が採用されている。これに対し，事実と証拠の収集を裁判所にも認める建前を職権探知主義という。

(2) 内　容

弁論主義は，通常次の３つの原則を内容とする。

① 　主張責任の原則

> 裁判所は，当事者の主張していない事実を裁判の基礎とすることは許されない。

H31-2-ア
H23-4-ウ
H11-2-5

すなわち，当事者が自己に有利な法律効果を認めてもらうためには，その要件となる事実を「弁論」で主張しておかなければならない。

言い換えれば，当事者の一方にとって有利な法律効果を生ずるための事実が「弁論」に現れてこない場合には，それによって当事者の一方にとっ

て不利な内容の裁判がされることになるが，主張しないことにより受ける不利益を主張責任という。

㋐　訴訟資料と証拠資料との峻別

H9-3-4
H3-5-2

したがって，裁判所が，「証拠調べ」から，当事者の一方に有利な法律効果を生ずるための事実が存在するとの心証を得たとしても，当事者が「弁論」でその事実を主張していなければ，その事実は判決の基礎とすることができない。

言い換えると，「証拠資料をもって，訴訟資料に代えることはできない。」ということになる。なぜなら，主張されていない事実を証拠から認定して判決の基礎としてしまえば，当事者にとって不意打ちの裁判となるおそれがあるからである。

例えば，貸金返還請求訴訟では，原告は主要事実として返還約束があった事実を主張する必要があるが，その事実を主張はせず証拠として金銭消費貸借契約書を提出しても，そのままでは，裁判所は返還約束の事実を判決の基礎とすることができない。

㋑　主張共通の原則

H25-3-ア

主張すべき事実は，主張責任を負う者が主張したかどうかまで問われることなく，当事者のどちらか一方から主張されれば足りる。

➡　弁論主義は，当事者・裁判所間の権限分配の原則であるから，事実の主張を当事者がすれば足り，原告か被告かは問題にならない。

したがって，事実が「弁論」に現れるためには，主張責任を負う当事者がその事実を主張する必要はなく，主張責任を負わない相手方当事者によって主張された場合でもよい。これを主張共通の原則という。その結果，当事者の一方が自己に不利益な事実を自ら陳述してしまったが，相手方がこれを援用しなくても，裁判所はその事実を請求の当否を判断するについて考慮することになる。

【参考判例】

R2-2-ア

・所有権に基づき土地の明渡しを求めた当事者が相手方に対しその土地の使用を許した事実を主張し，裁判所がこれを確定した場合には，相手方が当該事実を自己の利益に援用しなかったときでも，裁判所は，その当事者の請求の当否を判断するについてその事実をしん酌すべきである（最判昭41.9.8）。

② 自白の拘束力

> 　裁判所は，当事者間に争いのない事実（自白された事実）は，その
> まま裁判の基礎としなければならない。

H11-2-4
H9-3-3

　すなわち，自白された事実については，その真偽を確認するために証拠
調べをしてはならないということである。言い換えると，自白された事実
は，証拠によって認定する必要はなく，そのまま判決の基礎としなければ
ならない。

③ 職権証拠調べの禁止

> 　当事者間において争いのある事実の存否を証拠によって認定する際
> には，原則として当事者の申し出た証拠によらなければならない。

H15-5-ア

　すなわち，職権による証拠調べは原則として禁止される。

　証拠は当事者のどちらか一方から提出されたものであれば足り，証明責
任を負う当事者が提出したものである必要はない。

H11-2-3

➡　弁論主義は，当事者・裁判所間の権限分配の原則であるため，証拠は
　当事者が提出したものであれば足り，原告か被告かは問題にならない。

　言い換えれば，当事者の一方が提出した証拠を，その者に有利に使用で
きるだけでなく相手方に有利に使用することもできる。これを証拠共通の
原則という。

　損害が生じたことが認められる場合において，損害の性質上その額を立
証することが極めて困難であるときは，裁判所は，口頭弁論の全趣旨およ
び証拠調べの結果に基づき，相当な損害額を認定することができる（民訴
§248）。

R2-2-エ

➡　損害を受けていることが明らかであるのに，損害額を確定することが
　極めて困難であるために全部棄却されることを避けるための規定といえ
　よう。

2　訴訟における事実

　　訴訟では，いろいろな事実が問題となるが，これらは，主要事実，間接事実，補助事実に分類される。

(1)　主要事実

　① 意　義

　　　主要事実とは，権利の発生・変更・消滅という法律効果の判断に直接必要な事実をいう。

　② 具体例

H23-4-ア
H23-4-イ

　　　AがBに対して売買代金債権の存在を主張している場合，この売買代金債権の発生が認められるためには，AB間において，売買契約が成立したという事実（主要事実）の存在が必要となる。なぜなら，この事実が存在しているのであれば，民法555条の要件事実が認められ本条の適用が可能になり，Aの売買代金債権の発生も認められることになるからである。

　　　また，仮にBが売買代金の全額を支払っているときは，この弁済によってAの売買代金債権は消滅するから，この弁済したという事実も主要事実といえる。

　　※　法律が定める法律効果の発生に必要な事実を要件事実というが，受験上は，主要事実と要件事実は同じ意味と捉えて差し支えない。

(2)　間接事実

　① 意　義

　　　間接事実とは，主要事実の存否の推認に役立つ事実をいう。

　② 具体例

　　　AがBに貸金債権を主張している場合，「お金に困っていたBが，Aが主張していた貸付日時から急にお金に不自由しなくなった」との事実は，Aの主張する貸付けの存在を推認させる事実といえ，間接事実といえる。

　　➡　間接事実は，主要事実を証明するための手段となる事実であり，証拠資料と同様の作用，機能を有する。

(3)　補助事実

　① 意　義

　　　証拠の信用性に関わる事実をいう。

② 具体例

例えば，ある証人が偽証罪（刑§169）で服役していた過去があるとい　H15-3-ウ
う事実などは，その信用性に影響を及ぼすので，補助事実である。または，
ある文書が真正に成立しているとの事実も，補助事実とされる。

⑷ **弁論主義が適用される事実**

弁論主義の内容にいう事実とは，もっぱら主要事実のみを指し，間接事実・
補助事実は弁論主義の内容の適用外にある。

したがって，間接事実・補助事実については，当事者が主張していなくて
も，裁判所はこれらの事実を裁判の資料とすることができる。

たとえば，AのBに対する貸金返還請求訴訟があった場合において，①返
還約束，②金銭の授受について，裁判所が証人の証言などの証拠から①②の
事実の存在を知っても，当事者が①②の事実を主張しない限り，裁判所は，
①②の事実を判決の資料として採用することができない。これに対し，「お
金に困っていたBが，Aが主張していた貸付日時から急にお金に不自由しな
くなった」との事実は間接事実であるから，当事者がこの事実を主張しなく
ても，裁判所が証拠からこの事実を知ったときには，裁判所はこの事実を裁
判の資料（主要事実を推認するための資料）として採用することができる。

⑸ **弁論主義の適用対象事実として問題となる事例（判例を中心に）**

① 過失相殺

債務不履行による損害賠償請求訴訟において，過失相殺は，債務者の主　R2-2-イ
張がなくても，裁判所が職権ですることができる（最判昭43.12.24）。また，　H25-3-エ
不法行為を理由とする損害賠償請求訴訟において，被害者に過失があると　H19-2-ウ
認めるときには，裁判所は，当事者からの主張を要しないで，過失相殺を
することができる（最判昭41.6.21）。ただし，前者では債権者，後者では
被害者の，過失を構成する事実については，当事者が主張することを要す
ると解されている。

② 権利抗弁

同時履行の抗弁権や留置権のような権利抗弁にあっては，抗弁権取得の　H28-3-エ
事実関係が訴訟上主張されたとしても，権利者においてその権利を行使す　H25-3-ウ
る意思を表明しないかぎり，裁判所においてこれを斟酌することはできな　H19-2-ア
い（最判昭27.11.27）。例えば，裁判所は，留置権を基礎付ける客観的事実
が主張され，証拠調べにより留置権が成立するとの心証を得たとしても，

当事者が留置権を行使する意思を表明しない限り，留置権の抗弁を判決の基礎とすることはできないということになるのである。

③　所有権移転過程

H25-3-オ

所有権取得の経過・来歴，ことに移転原因事実はすべて主要事実であり，当事者の主張なくこの事実を判決の基礎とすることは弁論主義違反となる（最判昭41.4.12）。また，Ｘが，ＢがＡから買った土地をＢから相続したとして，所有権に基づき移転登記を請求したのに対し，Ｙがその夫ＣがＡから買った土地を相続したと争った事例で，Ｙが抗弁として主張しないのにＣがＢから死因贈与により取得したとの事実を認定し，Ｘの請求を排斥した原審判決は弁論主義に違反するとする（最判昭55.2.7）。

④　公序良俗違反

H19-2-イ

当事者が特に民法90条による無効の主張をしなくとも同条違反に該当する事実の陳述さえあれば，裁判所はその有効無効の判断をすることができる（最判昭36.4.27）。

3　釈明権

(1)　意　義

釈明権とは，訴訟についての事実関係や法律関係を明瞭にするため，当事者に対し事実上や法律上の事項について質問をし，または立証を促す裁判所の権能をいう（民訴§149）。

弁論主義は，両当事者の訴訟追行の能力が対等である場合に真価を発揮するが，現実の訴訟においては，当事者の訴訟追行の能力には差がある。その差に目をつむり，当事者の不明瞭な申立てや主張を放置して敗訴に至ることがあれば，国民の裁判に対する信頼も失われることにつながる。そこで，当事者の弁論での申立て・主張などの不十分さを補い，または修正する（弁論主義を補充する）ものとして認められてきたのが釈明権である。

(2)　釈明権の行使

① 釈明権は，合議体においては，裁判長が行使する（民訴§149Ⅰ）。陪席裁判官も必要があれば，裁判長に告げて，釈明権を行使することができる（同Ⅱ）。

裁判長等の処置に対し当事者が異議を述べたときは，裁判所（合議体）が決定で，その異議について裁判する（民訴§150）。

なお，釈明権は，裁判長等が当事者に対して行使するものであり，当事

者は，相手方に対して釈明権を行使することはできない。そこで，当事者
は，期日または期日外において，裁判長に対して必要な発問を求めること
ができる（求問権；民訴§149Ⅲ）。

② 釈明権は，口頭弁論期日，またはその期日外において行使される。

③ 当事者には，裁判所の釈明に応じる義務はない。
　　釈明に応じないと不利益な内容の裁判を受けるおそれがある（心証が悪
い）が，特に攻撃防御方法でその趣旨が明瞭でないものについて当事者が
必要な釈明をせず，または釈明すべき期日に出頭しないときは，裁判所は
その攻撃防御方法を却下することができる（民訴§157Ⅱ）。

(3)　釈明処分

　　裁判所は，釈明権を行使するほか，訴訟関係を明瞭にするために適当な処
分をすることができる（民訴§151）。直接事情を聴くために（訴訟代理人が
いても）本人または法定代理人に出頭することを命じたり（同Ⅰ①），また
検証・鑑定を命ずる（同Ⅰ⑤）などの処分をすることができる。 `H31-3-ウ`

4　職権探知と職権調査
(1)　職権探知主義
①　意　義
　　職権探知主義とは，事実や証拠の収集を，訴訟当事者のみに任せず，訴
訟資料の収集を裁判所の職責でもあるとする建前をいう。弁論主義とは対
立する概念であり，その内容は次の3つに要約される。

---

⑦　裁判所は，当事者の主張しない事実でも裁判の資料とすることが
　できる。
④　裁判所は，当事者間に争いのない事実（自白された事実）でも，
　証拠に基づき，これに反する事実を認定することができる。
⑰　裁判所は，証拠調べをする際に，当事者の申し出た証拠のみなら
　ず，職権で他の証拠を取り調べることができる。

---

②　適用範囲
　　職権探知主義は，人事訴訟にその典型例をみる（人訴§20，19Ⅰ）。判
決が真実と一致すべき高度の必要性（公益性）があるし，判決の効力が広

く第三者にも及ぶので，その判決の資料の収集を当事者のみに任せておいては，訴訟に関与しない第三者が著しく利益を害されるおそれがあるからである。

(2)　職権調査事項

　　職権調査事項とは，当事者から異議や申立てによる指摘がなくても，裁判所が職権で取り上げ，事柄に応じた処置をとらなければならないとされる事項をいう。

　　職権調査事項には，訴訟要件の存否などがある。

３　審理の進行

　訴えまたは上訴によって開始された訴訟（審理）手続の進行の主導権は裁判所が有する（職権進行主義）。もっとも，当事者の意思を尊重することが必要な場面もある。

1　訴訟指揮権
(1)　意　義

　　訴訟が適法かつ能率的に進行するよう監視し適切な処置をとることができるよう裁判所（または裁判長）の行う行為を訴訟指揮というが，訴訟指揮権とは，この訴訟指揮を行うことができる裁判所（裁判長）の権能をいう。

(2)　訴訟指揮の内容

　　その主なものを分類すると，次のとおりである。

　①　訴訟の進行に関するもの
　　　期日の指定・変更（民訴§93），訴訟手続の中止（民訴§131）など

　②　審理を整理し充実させるための措置
　　　弁論の制限・分離・併合（民訴§152Ⅰ），弁論の再開（民訴§153），時機に後れた攻撃防御方法の却下（民訴§157）など

　③　期日における訴訟行為の整理
　　　口頭弁論の指揮（民訴§148）

④　訴訟関係を明瞭にするための措置

　　釈明権の行使（民訴§149），釈明処分（民訴§151）など

(3)　訴訟指揮権の主体

　　訴訟指揮権は，裁判所（民訴§151～153），もしくは裁判長（民訴§93Ⅰ，137など）に属する。

　　裁判長の行う訴訟指揮のうち，弁論，証拠調べに関するものについて（民訴§148，149，202Ⅱなど），不服のある当事者は，裁判所に異議申立てをすることができる（民訴§150，202Ⅲ，民訴規§117）。 `H8-1-3`

(4)　訴訟指揮権行使の形式

　　訴訟指揮は，元来，訴訟手続の進行について適正・円滑のために行われるものであるから，いったん行った裁判でも，不要不適当であることが判明すればいつでもこれを自ら取り消すことができる（民訴§120）。

(5)　当事者の申立権

　　訴訟指揮権は裁判所（裁判長）の職権事項であるから，当事者には申立権がなく，たとえ申し立てたとしても，職権の発動を促すに過ぎず，裁判所には応答する義務はない。ただし，法律は，一定の場合に当事者に訴訟指揮権の発動を求める申立権を認めている（「（当事者の）申立てにより」と規定されている。）。この場合には，裁判所（裁判長）は，必ず裁判によってその許否を明示する必要がある。例として，訴訟の移送（民訴§16～19），期日の指定（民訴§93）などがある。

2　期日・期間

(1)　期　日

①　意　義

　　期日とは，裁判所，当事者その他の訴訟関係人が一定の場所に集まって，訴訟行為を行うために定められた時間をいう。

　　期日には，その目的とする事項により，口頭弁論期日，証拠調べ期日，判決言渡期日，和解期日などの呼称がある。

②　期日の指定

㋐　期日の指定は，裁判長が職権で行う。当事者も，期日の指定の申立てをすることができ，これを促すことができる（民訴§93Ⅰ）。 `R3-2-ア`

　　　　受命裁判官または受託裁判官が行う手続の期日は，その裁判官が指定する（民訴規§35）。

　⑦　期日は，証人・鑑定人などの都合でやむを得ない場合に限り，日曜日その他の一般の休日に指定することができる（民訴§93Ⅱ）。

③　期日の呼出し
　⑦　意　義
　　　　期日の呼出しとは，当事者その他の関係人に指定した期日を知らせて，出頭を促すことをいう。

　⑦　呼出しの方法（民訴§94Ⅰ）
　　ⓐ　裁判所書記官が呼出状を作成し，当事者や訴訟代理人に送達する方法が原則である。

R3-2-イ

　　ⓑ　当事者や訴訟代理人が当該事件について裁判所に出頭しているときは，その者に期日を告知する。

　　ⓒ　裁判所が相当と認める方法（電話や普通郵便など）によって呼び出すこともできる（簡易の呼出し）。
　　　　簡易の呼出しでは，名宛人が期日の呼出しを受けた旨を記載した書面（期日請書）を提出したときを除き，期日に出頭しないことによる不利益（民訴§157Ⅱ，159Ⅲなど）を課すことはできない（民訴§94Ⅱ）。

④　期日の変更
　⑦　意　義
　　　　期日の変更とは，期日が開始される前にその指定を取り消して，新しい期日を指定することをいう。

　⑦　期日の変更の要件
　　　　期日の変更を安易に認めると，関係人の都合を狂わせ迷惑となるし，また，訴訟遅延を画策できることにもなる。そこで，訴訟の進行の程度等も考慮し，場合を分けて要件を定めている。

ⓐ　争点整理手続を経ない最初の口頭弁論期日および最初の弁論準備手
続期日

　　顕著な事由（訴訟代理人が病気で出頭できないなど）があるか，当
事者の合意があれば，期日の変更は許される（民訴§93Ⅲ）。

➡　これらの期日は，裁判所が一方的に指定した期日であり，当事者
の都合が悪いこともあるからである。

ⓑ　争点整理手続を経ない口頭弁論の続行期日および弁論準備手続の続
行期日

　　顕著な事由があれば，期日の変更が許される（民訴§93Ⅲ本文）。

ⓒ　弁論準備手続を経た口頭弁論期日

　　「やむを得ない事由」（期日直前の訴訟代理人の急病など）がある `R3-2-ウ`
場合に限り，期日の変更が許される（民訴§93Ⅳ）。

➡　争点や証拠の整理も完了し，集中証拠調べ（民訴§182）のため，
当事者双方や証人の都合を考慮して期日が決められているので，厳
しい制限を設ける必要があるからである。

(2)　期　間

①　意　義

　　訴訟法上，一定の時の経過が意味を持つことがあり（民訴285条など），
その一定の継続的な時間を期間という。

②　種　類

　　期間にはいくつかの種類があるが，ここでは法定期間（期間の長さが法
律で定められるもの）のうち不変期間と通常期間を取り上げておく。

㋐　不変期間と通常期間

　　不変期間とは，法律が不変期間と定めているものをいう（民訴§132
の4Ⅱ，285，342Ⅰ等）。これに対し通常期間は，不変期間以外の法定
期間をさす。

　　この2つの期間は，期間の伸縮ができるかどうか，追完ができるかど
うかによって区別される。

　　　　㋑　期間の伸縮

R3-2-エ

　　　　　通常期間は裁判所が伸縮することができる（民訴§96Ⅰ）。例えば，裁判所は，担保を立てるべき期間（民訴§75ⅠⅤ）を定めたときでも，その期間を伸長することができる。不変期間は伸縮することができないが，裁判所から遠隔の地に住所または居所を有する者のために，付加期間を定めることができる（民訴§96Ⅱ）。付加期間は本来の期間に付加して，その分だけ長い１つの不変期間となる。

　　　　㋒　追　完

R3-2-オ

　　　　　追完とは，当事者の責めに帰することができない事由により，不変期間を遵守することができなかった場合に，その事由が消滅した後原則として１週間以内に不変期間内にすべきであった訴訟行為をすることをいう（民訴§97）。

　　　　㋓　期間の計算

　　　　　期間の計算については，民法の期間に関する規定に従う（民訴§95Ⅰ）。期間の末日が日曜日，土曜日，その他の休日にあたるときは，期間はその翌日に満了する（同Ⅲ）。

H25-2-オ

　　　　　なお，訴訟手続の中断または中止があったときは，期間は進行を停止する。この場合においては，訴訟手続の受継の通知またはその続行の時から，新たに全期間の進行を始める（民訴§132Ⅱ）。

3　送　達

⑴　意　義

　　　送達とは，当事者その他の訴訟関係人に対し，訴訟上の書類を法定の方式に従い，その書類の内容を知らせる目的でされる裁判機関の通知行為をいう。

H28-1-1
H26-1-ア

　　　送達は，一定の場合，法定の手続を踏むことで，関係人が書類をわざと受領しない場合でも，送達の効力が生ずる（民訴§106，107，110〜112）点で，送達には裁判権の命令作用を伴う。したがって，裁判権の及ばない者には，送達をすることができない（大決昭3.12.28）。また，送達については送達実施機関による送達報告書が作成される点で（民訴§109），公証作用を有する。しかし，送達報告書は，これに記載された通りに送達が実施されたことを公証する書面であり，送達報告書には送達日時も記載されるが，唯一の証拠方法ではなく，他の証拠方法によって送達報告書の記載事項を争ったり，逆に補完することもできる（大判昭8.6.16）。送達は，原則として職権で行われる

（民訴§98Ⅰ）。

(2)　送達の機関

①　送達担当機関

送達に関する事務は，裁判所書記官が取り扱う（民訴§98Ⅱ）。

②　送達実施機関

実際に送達をする送達実施機関は，原則として，郵便の業務に従事する者（郵便配達人）または執行官である（民訴§99）。なお，裁判所書記官も，その所属する裁判所の事件（当該事件に限られない）について出頭した者に対しては，例外的に，自ら送達することができる（民訴§100）。

`R2-1-エ`
`R2-1-ア`

(3)　送達を要する書類

①　送達を要する書類は，名宛人に到達すると訴訟上の重大な効果が発生するものに限られている。

②　具体例

訴状（民訴§138Ⅰ），上訴状（民訴§289Ⅰ，313），判決書（民訴§255Ⅰ），訴えの変更の申立書（民訴§143Ⅲ），独立当事者参加の申出書（民訴§47Ⅲ），期日の呼出状（民訴§94Ⅰ）など

(4)　送達を受けるべき者

送達は，正当に受領をする権限を有する者に宛ててした場合にのみ，有効となる。この送達受領権限のある者を，法文上「送達を受けるべき者」とされている（民訴§101，103ⅠⅡ，105，106，111）（送達名宛人ともいう。）。送達名宛人は原則として当事者本人であるが，次の者も含まれる。

①　訴訟代理人

なお，訴訟代理人がいる場合でも，訴訟書類を当事者本人に送達することは，当事者本人も訴訟行為をすることができるため，認められる（最判昭25.6.23）。

②　法定代理人

訴訟無能力者（未成年者・成年被後見人）に対する送達は，その法定代理人にする（民訴§102Ⅰ）。

`R2-1-オ`
`H26-1-イ`

➡　送達を受領することも訴訟行為であり，訴訟無能力者に宛てて送達す

ることはできないからである。

訴訟無能力者本人宛にされた送達は無効である（大判明36.10.1）。

③　共同代理人に対する送達
　　数人が共同して代理権を行うべき場合には，送達は，その１人にすれば
足りる（民訴§102Ⅱ）。たとえば，共同して親権を行使する父母（民§
818Ⅲ本文）の場合がこれにあたる（父母のいずれか一方にすれば良い）。
④　刑事施設の長
　　刑事施設に収容されている者に対する送達は，刑事施設の長にする（民
訴§102Ⅲ）。

⑤　送達受取人
　　送達受取人は，送達を受け取るために，当事者またはその代理人が受訴
裁判所に届け出る代理人（送達の受領のみの代理人）である。送達受取人
の届出は，当事者等が送達を受けるべき場所を届け出る場合にすることが
できる（民訴§104Ⅰ後段）。

(5)　送達をすべき場所
①　原　則
　　送達は，送達を受けるべき者の住所，居所，営業所または事務所におい
てする（民訴§103Ⅰ本文）。

②　例　外
　㋐　法定代理人・代表者に対する送達は，本人・法人その他の団体の営業
　　所または事務所においてもすることができる（民§103Ⅰただし書）。

　㋑　送達を受けるべき者の住所等が知れないとき，またはその場所におい
　　て送達するのに支障があるときは，送達は，送達を受けるべき者が雇用，
　　委任その他の法律上の行為に基づき就業する他人の住所等（就業場所）
　　においてもすることができる。送達を受けるべき者が，就業場所におい
　　て送達を受けるべき旨の申述をしたときも同様である（民訴§103Ⅱ）。

　㋒　裁判所書記官が，その所属する裁判所の事件について出頭した者に自
　　ら送達をする場合（民訴§100）

　　㋤　刑事施設に収容されている者に対する送達は,刑事施設の長にする(民
　　　　訴§102Ⅲ)。

　　㋥　出会送達をすることができる場合（民訴§105）

(6)　送達場所等の届出制度
　①　送達場所の届出
　　　　当事者,法定代理人または訴訟代理人は,送達を受けるべき場所（国内
　　　に限る）を受訴裁判所に届け出なければならない（民訴§104Ⅰ前段）。
　　　　当事者等が送達場所の届出をした場合,送達はその届出にかかる場所で `H28-1-2`
　　　実施する（同Ⅱ）。審級が変わっても,この届出の効力は維持される。

　②　送達受取人の届出
　　　　送達場所の届出をする場合においては,送達受取人を届け出ることがで
　　　きる（民訴§104Ⅰ後段）。
　　　　例えば,第三者（信頼できる親戚など）を送達受取人として届け出てお
　　　けば,その第三者宛てに書類の送達がされ,その後その第三者から書類を
　　　受け取ることもできる。

　③　送達場所の届出をしない場合
　　㋐　この場合,最初の送達は,住所等または就業場所において実施する(民
　　　　訴§103)。

　　㋑　2回目以降の送達は,原則として,その者に対する直前の送達をした
　　　　場所においてする（民訴§104Ⅲ①）。ただし,直前の送達が郵便局の窓
　　　　口で交付する送達だった場合には,「その送達において送達をすべき場
　　　　所とされていた場所」がその後の送達場所とされている(同Ⅲ②)。また,
　　　　直前の送達が書留郵便等に付する送達の場合には,「その送達において
　　　　あて先とした場所」がその後の送達場所とされている（同Ⅲ③）。

(7)　送達の方式
　①　交付送達
　　　　送達は,原則として,送達をすべき場所において,直接名宛人に対して,
　　　書類の謄本または副本を交付（手渡し）することにより行う（民訴§
　　　101,103Ⅰ,民訴規§40Ⅰ）。これを交付送達という。また,特別な形態
　　　として,次の方式がある。

⑦　出会送達

　　送達を受けるべき者で，日本国内に住所，居所，営業所または事務所を有することが明らかでない場合には，この者に出会った場所で送達することができる。日本国内に住所等を有することが明らかな者，または，送達を受ける場所の届出をした者が書類の受領を拒まなければ，同様に出会った場所で送達をすることができる（民訴§105）。

➡　日本国内の住所等が不明の場合には出会送達可能で拒否すればその場に差置送達（後述）もできる，日本国内に住所等がある場合や送達場所の届出をしている場合には拒否されなければ出会送達でき，拒否されても差置送達はできないということになる（民訴§106Ⅲ）。

④　裁判所書記官送達（送達実施機関参照）

⑦　補充送達

　　就業場所以外の送達をすべき場所において送達名宛人に出会わないときは，使用人その他の従業者，または同居者で，書類の受領について相当のわきまえのある者に対して書類を交付することができる（未成年者であっても書類の受領について相当のわきまえのあるものであれば問題ない）。郵便局の窓口においてこれらの補充送達の受領資格者に対して書類を交付する場合にも，補充送達が認められる（民訴§106Ⅰ）。

➡　自宅に送達される場合の家族が典型例となろう。

　　就業場所において送達名宛人に出会わないときは，名宛人が就業する他人またはその法定代理人，使用人その他の従業者で書類の受領について相当のわきまえのある者が書類の交付を受けることを拒まないときは，これらの者に書類を交付することができる（民訴§106Ⅱ）。

➡　職場である会社に送達される場合の会社の同僚が典型例となろう。なお，就業場所とは，受送達者が現実に業務についている場所をいう（最判昭60.9.17）。

　　補充送達の効力は補充送達受領資格者に書類が交付された時に生じ，その後，その者が送達名宛人にその書類を手渡したか否か，またはその書類の交付があったことを通知したか否かは，当該補充送達の効力に影響を及ぼさない（最判昭45.5.22）。

㋑　差置送達

　　送達を受けるべき者または就業場所以外の場所において補充送達の受領資格者が正当な理由なく書類の受領を拒んだときは，送達をすべき場所に書類を差し置くことができる（民訴§106Ⅲ）。これを差置送達という。すなわち，就業場所においては，就業場所における補充送達の受領資格者が書類の受領を拒んだ場合，差置送達をすることはできない。

➡　自宅に送達されたが奥さんが正当な理由なく拒むなら差し置くことができるが，職場である会社に送達されたが同僚が拒むからといって差し置くことはできない（同僚は受領する義務がないから）。

② 書留郵便等に付する送達（付郵便送達）

㋐　意　義

　　付郵便送達とは，補充送達，差置送達により送達することができない場合に，裁判所書記官が名宛人の住所など一定の場所に対して書類を書留郵便に付して発送する送達である。

㋑　付郵便送達が許される場合

ⓐ　本来の送達場所および就業場所における交付送達，補充送達および差置送達ができなかった場合（民訴§107Ⅰ①）

ⓑ　届けられた送達場所における送達について交付送達等ができなかった場合（同Ⅰ②）

ⓒ　送達場所届出義務が懈怠され，かつ，民事訴訟法104条3項に定める送達すべき場所における交付送達等ができなかった場合（同Ⅰ③）

　　ⓑおよびⓒの場合においては，その後に送達すべき書類についても引き続き付郵便送達によることができる（民訴§107Ⅱ）。

　　なお，裁判所書記官としては，付郵便送達をする要件が備わっていれ〔H28-1-3〕ばこれをしなければならないというわけではなく，再び交付送達をすることもできる。

㋒　付郵便送達の効力

　　この送達においては，裁判所書記官が書類を書留郵便に付して発送し〔H26-1-オ〕た時に送達があったものとみなされる（民訴§107Ⅲ）。書類が到達しなかったとしても送達の効力を発生させるところに，その特徴がある。

③ 公示送達
　㋐ 意　義

R2-1-イ

　　　公示送達とは，裁判所書記官が送達書類を保管し，名宛人が出頭すれ
　　ばいつでもこれを交付する旨を裁判所の掲示場に掲示して行う送達方法
　　をいう（民訴§111）。

　㋑ 公示送達ができる場合
　　　裁判所書記官は，次の場合，申立てにより公示送達をすることができ
　　る（民訴§110Ⅰ）。
　　ⓐ　当事者の住所，居所その他送達をすべき場所が知れない場合
　　ⓑ　書留郵便等に付する送達をすることができない場合
　　ⓒ　外国においてすべき送達について嘱託送達（民訴§108）ができず，
　　　またはこれによっても送達をすることができないと認めるべき場合，
　　　または外国の管轄官庁に嘱託を発した後6か月を経過してもその送達
　　　を証する書面の送付がない場合

　㋒ 公示送達の適用範囲
　　　公示送達の方法（民訴§111）では，送達名宛人が現実にこれを了知
　　することはほとんど期待することができないので，送達名宛人に過大の
　　不利益を与えないよう，了知を前提とする規定の適用は排除される。
　　・　公示送達によって呼出しを受けた場合，当事者が口頭弁論期日に欠
　　　席しても擬制自白は成立しない（民訴§159Ⅲただし書）。
　　・　支払督促は，公示送達によらないでこれを送達することができる場
　　　合に限り許される（民訴§382ただし書）。等

　㋓ 公示送達の手続
　　　公示送達は，原則として，当事者等訴訟上の利益を受ける者の申立て
　　により，裁判所書記官によって行われる（民訴§110Ⅰ）。ただし，例外
　　的に，訴訟の遅滞を避けるため必要なときは，申立てによることなく，
　　裁判所は，職権で，裁判所書記官に対し公示送達をすべきことを命ずる
　　ことができる（同Ⅱ）。
　　　いったん公示送達が認められると，同一の当事者に対する2回目以降
　　の公示送達は，民事訴訟法110条1項4号の場合を除いて，裁判所書記
　　官が職権により行う（同Ⅲ）。

オ　公示送達の効力の発生時期

　　公示送達は，原則として，掲示がされてから2週間（外国ですべき送
達については6週間）が経過することによってその効力を生ずるが，2
回目以降職権によってされる公示送達については，掲示をした日の翌日
に効力を生じる（民訴§112ⅠⅡ）。

カ　公示送達による意思表示の到達

　　公示送達においては，公示による意思表示（民§98）に対する特則が
設けられている。

　　すなわち，民法上の公示による意思表示と民事訴訟法上の公示送達と
では，管轄裁判所や公示の方法等に種々の差異があるため，私法上の意
思表示を記載した訴訟書類が公示送達されても，その意思表示は，相手
方に送達したことにはならない。かといって，別途，公示による意思表
示の手続を踏むことは，当事者に2度の手間を強いることになる。そこ
で，公示送達された書類に私法上の意思表示が含まれている場合には，
その意思表示は，公示送達のための掲示（民訴§111）を始めた日から
2週間を経過した時に相手方に到達したものとみなされる（民訴§113）。

4　責問権

(1)　意　義

　　責問権とは，裁判所または相手方の訴訟行為が違法である場合に，これに
対して異議を述べてその無効を主張する，当事者に与えられた権能をいう。
　　当事者の利益を保護するため，当事者にも訴訟手続が適法に行われるよう
監視する権能を与えたものである。

　　しかし，訴訟手続法規違反の行為がある場合においても，当該行為を基礎
として手続がかなり進んだ後に，責問権の行使があればいつでも当該行為を
無効として扱うとすると，以後の手続がすべて覆されるので，かえって訴訟
手続が不安定になるだろう。そこで，責問権の放棄を認めるとともに，当事
者が遅滞なくこれを行使しないときはその責問権を喪失するものとしている
（民訴§90）。

(2)　責問権の放棄・喪失

①　責問権の放棄・喪失ができるのは，訴訟手続に関する規定のうちでも私
益的な規定（当事者の訴訟追行上の利益の保障を目的とする規定），いわ
ゆる任意規定の違反に限られる。

　　　　たとえば，訴えの提起や訴えの変更の方式に違反した場合，口頭弁論期
　　　日，証拠調べ期日の呼出しの方式に違反がある場合（大判昭14.10.31），宣
　　　誓をさせるべき証人に宣誓させないで尋問した場合（大判昭15.2.27），法
　　　定代理人を証人尋問の手続で尋問した場合（大判昭11.10.6）などがある。

　②　これに対して，裁判の適正のような訴訟制度に対する信用に係る事項に
　　　ついて定めた規定など，公益性の強い規定については，責問権の放棄・喪
　　　失は認められない。
　　　　たとえば，裁判官の除斥（民訴§23），専属管轄（民訴§13，20），裁判
　　　官の交代の場合の弁論の更新（民訴§249Ⅱ），公開主義，判決の言渡し（民
　　　訴§252）などがある。

5　計画審理
(1)　訴訟手続の計画的進行
　　　裁判所および当事者は，適正かつ迅速な審理の実現のため，訴訟手続の計
　　画的な進行を図らなければならない（民訴§147の2）。

(2)　審理の計画
　①　審理計画の策定
　　　　裁判所は，審理すべき事項が多数でありまたは錯綜しているなど事件が
　　　複雑であることその他の事情によりその適正かつ迅速な審理を行うため必
　　　要があると認められるときは，当事者双方と協議をし，その結果を踏まえ
　　　て審理の計画を定めなければならない（民訴§147の3Ⅰ）。
　　　　審理計画の策定が必要な事件とは，例えば，公害訴訟や建築関係訴訟が
　　　これに当たると解されている。

　②　審理の計画の決定事項
　　　　審理の計画においては，以下の事項を定めなければならない（必要的計
　　　画事項；民訴§147の3Ⅱ）。
　　㋐　争点・証拠の整理を行う期間
　　㋑　証人・当事者本人の尋問を行う期間
　　㋒　口頭弁論の終結および判決言渡しの予定時期

　　　そのほか，特定の事項についての攻撃防御方法を提出すべき期間，その
　　他の訴訟手続の計画的な進行上必要な事項について定めることができる
　　（任意的計画事項；民訴§147の3Ⅲ）。

　そして，このうち特定の事項についての攻撃防御方法を提出すべき期間については，裁判所のほか，裁判長も定めることができるとし（民訴§156の2），また，この提出期間を遵守しないときは，一般原則（民訴§157）とくらべて厳しい制裁を課している（民訴§157の2）。

③　計画審理の変更
　裁判所は，審理の現状および当事者の訴訟追行の状況その他の事情を考慮して必要があると認めるときは，当事者双方と協議をし，その結果を踏まえて①の審理の計画を変更することができる（民訴§147の3 Ⅳ）。

④　当事者との協議
　裁判所は，審理の計画の策定・変更にあたっては，当事者双方と協議をしなければならない（民訴§147の3 Ⅰ Ⅳ）が，当事者の同意を得る必要はなく，仮に当事者の反対があっても，裁判所は職権で計画の策定等をすることができることになる。

Topics・本節については，必要的口頭弁論とはなにか，口頭弁論では何が行わ
　　　れるのか等々十分な理解が必要である。また，期日における当事者の
　　　欠席についても頻出論点なのでしっかり勉強しておいてほしい。

1　総　説

1　意　義

　口頭弁論は多義に用いられるが，狭義では，当事者が，口頭で，本案の申立
て，およびそれを基礎づけるための攻撃防御方法として種々の陳述をすること
を意味する（民訴§87，150，155）。

　広義では，当事者の弁論のほかに裁判所の訴訟指揮・証拠調べ・判決の言渡
しなど一切の訴訟行為を含めて用いられる。

2　必要的口頭弁論

> （口頭弁論の必要性）
> **第87条**　当事者は，訴訟について，裁判所において口頭弁論をしなければなら
> ない。ただし，決定で完結すべき事件については，裁判所が，口頭弁論をす
> べきか否かを定める。
> **2**　前項ただし書の規定により口頭弁論をしない場合には，裁判所は，当事者
> を審尋することができる。
> **3**　前二項の規定は，特別の定めがある場合には，適用しない。

(1)　必要的口頭弁論の原則

H26-7-オ
H8-1-1
　裁判所は，訴えや上訴について判決をするためには，必ず口頭弁論を開か
なければならない（民訴§87Ⅰ本文）。これを必要的口頭弁論の原則という。
そして，これは次の2つのことを意味する。

> ①　口頭弁論を経なければ判決をすることができない。
> ②　口頭弁論で陳述されたものだけが訴訟資料となる。

H18-5-1
　しかし，これに対してはそれぞれ次のような例外がある。
　①については，口頭弁論を経ないで判決できる場合がある（民訴§87Ⅲ）。
たとえば，訴訟要件（民訴§140），控訴要件（民訴§290），手形訴訟の要

件（民訴§355 I）を欠く不適法な訴えで，その欠缺が補正できない場合の却下判決，訴訟費用の担保不提供による訴え却下判決（民訴§78），上告審における棄却判決（民訴§319），判決の変更（民訴§256 II）などがあげられる。

また②については，例外として陳述擬制（民訴§158）があげられる。

(2) 任意的口頭弁論

判決に対し，決定で完結すべき事件については，迅速に処理すべきという要請もあり，（手数のかかる）口頭弁論を行うかどうかは，裁判所の裁量に委ねられている（民訴§87 I ただし書）。これを任意的口頭弁論という。決定事件では，(3)の審尋によるほか，書面審理およびその補充としての任意的口頭弁論に基づいて裁判される。そして，口頭弁論が開かれた場合でも，当事者が提出した書面は陳述されなくても裁判資料となる。

`H8-1-2`

(3) 審　尋

審尋とは，当事者その他の利害関係人に対し，無方式で陳述する機会を与える手続をいう。決定手続では，審尋によることが多い。そして，審尋には，次のものがある。

① 口頭または書面によって主張を提出する，口頭弁論に代わる審尋である。この場合には，期日を定めて呼び出すが，手続の公開を要しない。また，当事者の一方だけにその機会を与えてもよい。この審尋には，裁判官の裁量により審尋によるかどうかを決める任意的審尋（民訴§87 II，335など）と必要的審尋（民訴§50 II，199 I，223 II，民保§29など）とがある。また，審尋をしてはならない場合もある（民訴§386 I，民執§145 II など）。

② 当事者や参考人を証拠方法として供述させるという，簡易かつ略式の証拠調べとしての審尋である（民訴§187）。

3　口頭弁論の手続

(1) 口頭弁論の開始

口頭弁論期日は裁判長が指定する（民訴§139，93 I，民訴規§60）。

(2) 訴状陳述，答弁書陳述

最初の口頭弁論期日では，原告が訴状を，被告が答弁書をそれぞれ陳述する。この陳述の意味するところは，「弁論の実施」として後述する。

(3)　争点整理手続と証拠調べ

　　争われている事実関係が単純でない場合は，争点および証拠の整理手続で整理をしたうえで，集中して証拠調べを行う（民訴§182）。適正な判決をするには，各口頭弁論期日の間が空くより，集中して一気に審理する方が良い。また，同じ裁判官が審理・判決を全部担当した方が良い（直接主義；民訴§249）が，裁判官は転勤が多い（地域との癒着を防ぐためと言われている）。以上を踏まえ，審理の充実・迅速のため，争点および証拠の整理をして，その後集中して証拠調べをすることになっているのである。証拠調べは，通常，口頭弁論期日に行う。

(4)　弁論終結と判決の言渡し

　　当事者が主張・立証を十分に尽くし，終局判決をすることができる状態に至れば，口頭弁論が終結される（民訴§243）。もっとも，終結後でも，主張・立証が不十分であると判断されれば，裁判所は，職権で，口頭弁論の再開を命ずることができる（民訴§153）。判決は，口頭弁論終結の際に指定された判決言渡期日に言い渡される（民訴§250，251）。

H31-3-エ

（映像と音声の送受信による通話の方法による口頭弁論等）

第87条の2　裁判所は，相当と認めるときは，当事者の意見を聴いて，最高裁判所規則で定めるところにより，裁判所及び当事者双方が映像と音声の送受信により相手の状態を相互に認識しながら通話をすることができる方法によって，口頭弁論の期日における手続を行うことができる。

2　裁判所は，相当と認めるときは，当事者の意見を聴いて，最高裁判所規則で定めるところにより，裁判所及び当事者双方が音声の送受信により同時に通話をすることができる方法によって，審尋の期日における手続を行うことができる。

3　前二項の期日に出頭しないでその手続に関与した当事者は，その期日に出頭したものとみなす。

➡　裁判所が相当と認めるときは，当事者の意見を聴いて（「当事者の同意を得て」ではないことに注意），テレビ電話会議システムで口頭弁論の期日における手続を行うことができることとなった（民訴§87の2Ⅰ）。

4　適時提出主義と口頭弁論

(1)　口頭弁論の一体性

　　判決までに数回の口頭弁論が実施された場合でも，実施された口頭弁論の全体が，あたかも一期日に全部行われた場合と同様に判決の基礎となる。これを口頭弁論の一体性という。そして，当事者の弁論等はどの期日に行われたものであっても，裁判資料としての価値が同一である（口頭弁論の等価値性）。

(2)　適時提出主義

①　意　義

　　口頭弁論は一体であるが，民事訴訟法では，攻撃防御方法は，訴訟の進行状況に応じ適切な時期に提出しなければならないとされている。いつでも提出できるとすると，訴訟引き延ばしの手段とされてしまい，審理の充実・迅速が害されてしまう。すなわち，充実かつ効率的な審理を実現するためである。これを適時提出主義という（民訴§156）。

②　実効性の確保

（時機に後れた攻撃防御方法の却下等）

第157条　当事者が故意又は重大な過失により時機に後れて提出した攻撃又は防御の方法については，これにより訴訟の完結を遅延させることとなると認めたときは，裁判所は，申立てにより又は職権で，却下の決定をすることができる。

2　攻撃又は防御の方法でその趣旨が明瞭でないものについて当事者が必要な釈明をせず，又は釈明をすべき期日に出頭しないときも，前項と同様とする。

（審理の計画が定められている場合の攻撃防御方法の却下）

第157条の2　第147条の3第3項又は第156条の2（第170条第5項において準用する場合を含む。）の規定により特定の事項についての攻撃又は防御の方法を提出すべき期間が定められている場合において，当事者がその期間の経過後に提出した攻撃又は防御の方法については，これにより審理の計画に従った訴訟手続の進行に著しい支障を生ずるおそれがあると認めたときは，裁判所は，申立てにより又は職権で，却下の決定をすることができる。ただし，その当事者がその期間内に当該攻撃又は防御の方法を提出することができなかったことについて相当の理由があることを疎明したときは，この限りでない。

　　適時提出主義の実効性を確保するシステムとして次のものが用意されている。

⑦　時機に後れた攻撃防御方法の却下

H20-3-エ
H14-5-3
H5-5-3

　　当事者が故意または重大な過失により時機に後れて提出した攻撃防御方法については，これにより訴訟の完結を遅延させることとなると認めたときは，裁判所は，申立てによりまたは職権で，却下の決定をすることができる（民訴§157Ⅰ）。

　　「時機に後れた」とは，民事訴訟法156条にいう「適切な時期」からも相当程度後れて提出され，その時以前に提出することができ，しかも提出する機会もあった場合と解されている。

　　これは，適時提出主義を実現するためのものであるが，「故意または重大な過失」という要件により，提出できなかった当事者の保護にも配慮していると評価することもできよう。ただし，この要件はケースバイケースで柔軟に判断することになる（例えば，本人訴訟か弁護士が代理人かで要件を満たすか否かが変わることになる）。

④　釈明に応じない攻撃防御方法の却下

H11-1-2

　　当事者の提出した攻撃防御方法の趣旨が明瞭でないのに，裁判長の釈明（民訴§149）に応じなかったり，裁判長が期日を定めて釈明のために出頭を命じたにもかかわらず（民訴§151Ⅰ①），期日に出頭しない場合にも，この攻撃防御方法は同様に却下される（民訴§157Ⅱ）。

⑦　審理の計画が定められている場合の攻撃防御方法の却下

　　裁判所は，審理の計画において特定の事項についての攻撃防御方法を提出すべき期間を定める（民訴§147の3）。または裁判長は審理の計画に従った訴訟手続の進行上必要があると認めるときは，当事者の意見を聴いて，特定の事項についての攻撃防御方法を提出すべき期間を定めることができる（民訴§156の2，170Ⅴ）。これらの場合において，当該期間経過後に提出された攻撃防御方法については，審理計画に従った訴訟手続の進行に著しい支障を生ずるおそれがあると認められるときは，当事者が期間内に提出をすることができなかったことについての相当の理由を疎明しない限り，裁判所は，申立てまたは職権で，却下の決定をすることができる（民訴§157の2）。

㊁　説明義務

H13-1-4

　　準備的口頭弁論，弁論準備手続あるいは書面による準備手続を経た場合，準備的口頭弁論等で提出しなかった攻撃防御方法は，準備的口頭弁論等の終了または終結後であっても口頭弁論に提出できるが，相手方の

　　求めがあれば，準備的口頭弁論等において提出できなかった理由を書面
で説明しなければならない（民訴§167，174，178）。
　　そして，この説明義務を果たさない場合には，相手方は，㋐の却下の
申立てをすることができる。また，説明が不合理なものであれば，㋐の
却下の判断資料にもなるだろう。

2　口頭弁論における審理原則

1　双方審尋主義

　　双方審尋主義とは，公平な裁判を確保するためには，当事者双方にその言い
分を十分に尽くす機会を平等に与えなければならないとの建前をいう。当事者
対等の原則，武器平等の原則ともいう。
　　当事者双方を同時に対席させて弁論・証拠調べを行う必要的口頭弁論は，こ
の双方審尋を実現する審理方式である。しかし，この原則は当事者双方に出席・
対席できる機会が与えられれば十分であり，たとえば，期日の適式な呼出しを
受ければ，この機会が与えられたことになる（民訴§94）。

2　公開主義

　　公開主義とは，訴訟の審理・裁判を国民一般が傍聴することができる状態で
行う原則をいう。
　　一連の手続（弁論準備手続，口頭弁論，判決の言渡し等）のうち，口頭弁論
と判決の言渡しが公開される。
　　公開すべき場合に非公開で審理すれば，上告理由となる（民訴§312Ⅱ⑤）。

3　口頭主義

　　口頭主義とは，弁論および証拠調べを口頭で行う原則をいい，口頭で陳述さ
れたものだけが訴訟資料となる。
　　口頭主義は，必要的口頭弁論の原則のうちに表明される（民訴§87）。
　　口頭主義においては，直接主義と相まって，裁判所に新鮮な印象を与え，陳
述の不明瞭も直ちに釈明されるため，当事者の真意の把握に役立つ。一方で，
当事者にとっても，自ら口頭で陳述し，あるいは聴いたものだけが判決の基礎
となることを保障されるというメリットがある。また，公開主義は，口頭で陳
述されてこそ真価を発揮するといえる。しかし，口頭陳述にありがちな不完全
さや不正確さを補う必要があることから，重要な訴訟行為（訴え・上訴・再審
の提起，訴え・上訴の取下げ，訴えの変更等）については書面性が要求される
（民訴§134，143Ⅱ，145Ⅳ，261Ⅲ，146Ⅳ，292Ⅱ，286，313，314，327Ⅱ，

336Ⅲ，343）。

4　直接主義

> （直接主義）
> **第249条**　判決は，その基本となる口頭弁論に関与した裁判官がする。
> **2**　裁判官が代わった場合には，当事者は，従前の口頭弁論の結果を陳述しなければならない。
> **3**　単独の裁判官が代わった場合又は合議体の裁判官の過半数が代わった場合において，その前に尋問をした証人について，当事者が更に尋問の申出をしたときは，裁判所は，その尋問をしなければならない。

(1)　意　義

　　直接主義とは，判決をする裁判官が，自ら当事者の弁論を聴取し，証拠調べをする原則をいう（民訴§249Ⅰ）。

　　これに対し，他者の審理結果の報告に基づいて裁判することを間接主義という。

　　直接主義の方が，事案の事実関係を正確に理解し，真相を把握するのに優れている。判決を下す裁判官が直接当事者と接触し，証拠に触れることができるので，間接主義によるよりも新鮮な印象を得ることが期待できるからである。

(2)　直接主義の原則

①　判決をする裁判官

　　判決は,その基本となる口頭弁論に関与した裁判官がする(民訴§249Ⅰ)。

　　「基本となる口頭弁論に関与」するとは，弁論を終結した口頭弁論期日の審理に関与することをいう。口頭弁論期日が数回以上開かれても，判決をする裁判官は，口頭弁論を終結した期日に関与していなければならないとともに，これに関与してさえすればよい。したがって，たとえば，すべての証拠調べに直接関与しまたは当初もしくは途中の口頭弁論期日の審理に関与していても,口頭弁論を終結した期日の審理に関与していなければ,判決の基本となる口頭弁論に関与したとはいえない。

`H12-4-5`
　　なお，直接主義違反は，絶対的上告理由であり（民訴§312Ⅱ①，最判昭33.11.4），再審事由（民訴§338Ⅰ①）でもある。

② 「判決をする」の意味

　　「判決は，・・・裁判官がする」（民訴§249Ⅰ）とは，裁判官が判決の内容を決めることであり，判決の言渡しのみをすることは含まれない。

　　したがって，判決の言渡しは，基本となる口頭弁論に関与しない裁判官がしてもさしつかえない（最判昭26.6.29）。

(3) 直接主義の例外

① 裁判官の交代（弁論の更新）

　　判決に関与できるのは，判決の基礎に関与した裁判官だけであるから，受訴裁判所の裁判官が交代した場合，直接主義を厳格に貫けば，弁論および証拠調べをはじめからやり直さなければならないことになる。しかし，それでは著しい訴訟の遅延と不経済を生じ，またすでにされている弁論や証拠調べの効力を失わせる理由もない。そこで，法は，当事者をして従前の口頭弁論の結果を陳述させて，口頭弁論を進行させることができるものとし（弁論の更新；民訴§249Ⅱ），直接主義を擬制するものとした。 `H15-5-ウ` `H12-4-2` `H元-2-2`

　　弁論の更新は，直接主義の形式を満足させるための報告であるから，その陳述は概括的で足りる（実務上「従前の口頭弁論の結果を陳述する」などと述べる形式のものが多い。）。また，当事者のいずれか一方のみの陳述で足りる（最判昭31.4.13）。

② 裁判官の交代の意味

　　合議体では，1人の裁判官が交代した場合でも，弁論の更新が必要となる。 `H12-4-3`

　　合議体の事件が単独体の審理に移った場合にその合議体の構成員が単独裁判官として引き続き審理をするときは，弁論の更新は必要ではないが（最判昭26.3.29），単独体の事件を合議体の審理に移した場合は，常に弁論の更新が必要である。

　　なお，口頭弁論を終結した後判決の原本が完成する前に単独制の裁判官が交代した場合や，合議体において判決内容が確定する前に合議体の構成員である裁判官の交代があった場合には，口頭弁論を再開した上で当事者が従前の口頭弁論の結果を陳述することが必要となるが，口頭弁論終結後評議が成立して判決内容が確定した後に裁判官の交代があった場合には，口頭弁論を再開して弁論の更新の手続をする必要はない。 `R3-5-ウ`

③　証人の再尋問

H12-4-1

　　単独の裁判官が代わった場合または合議体の裁判官の過半数が代わった場合において，その前に尋問をした証人について，当事者がさらに尋問の申出をしたときは，裁判所は，その尋問をしなければならない（民訴§249Ⅲ）。

➡　裁判官の交代に伴う更新手続だけでは，証拠調べに関する直接審理は十分ではなく，とりわけ証人尋問については，証言の際の証人の供述態度等証言の信憑性につき新裁判官にはわかりにくいことから，証人の再尋問を認めたものである。

(4)　受命裁判官・受託裁判官による証拠調べ（**民訴§185**）

H12-4-4

　　公開主義および直接主義の要請があるとしても，証拠調べは常に受訴裁判所の法廷内で行えるとは限らない（現場検証など）。そこで，裁判所が相当と認めるときは，受訴裁判所の法廷以外の場所で，受訴裁判所自ら証拠調べを実施し，受命裁判官あるいは受託裁判官に証拠調べをさせ，その結果を当事者が口頭弁論において援用（結果を陳述）した場合には，判決の基礎にできるとしている（民訴§185）。

　　しかし，証人尋問・当事者尋問については，公開主義・直接主義の強い要請から，証人等が受訴裁判所に出頭するについて不相当な時間または費用を要するときなどの一定の場合にだけ受命裁判官または受託裁判官に嘱託できるとしている（民訴§195，210）。

③　弁論の実施

1　本案の申立てと攻撃防御方法

(1)　本案の申立て

　　口頭弁論では，原告が訴状に記載した請求の趣旨を陳述し（たとえば，「『被告は原告に対し，金1,000万円を支払え。』との判決を求める」など），これから始まる訴訟の主題をまず設定する。これに対し，被告が争う場合，「『原告の請求を棄却する。』との判決を求める」などの反対の申立てをする。当事者の本案に関する終局判決を求める陳述を本案の申立てという。

(2)　攻撃防御方法

　　本案の申立てを基礎づける一切の裁判資料を攻撃方法といい，その反対申立てを基礎づける一切の裁判資料を防御方法という。また，まとめてこれらを攻撃防御方法という。そして，そのなかでも重要なのは主張と，立証（証

拠の申出)である。主張には，法律関係に関するものである法律上の主張と，事実関係に関するものである事実上の主張とがある。

(3)　法律上の主張

　　法律上の主張とは，具体的な権利関係の存否についての主張をいう。たとえば，本案の申立てが貸金請求である場合，特定の貸金債権の存在の主張が法律上の主張となる。これに対し，被告が本案の申立てとして請求棄却判決を求める場合，弁済をしたので原告の主張する貸金債権はもはや存在しないとし，弁済による債権消滅を主張するのが被告の法律上の主張となる。

(4)　事実上の主張

　　先の例で，原告による法律上の主張を相手方（被告）が争えば，貸金債権の存在を理由づける事実が主張されなければならない。この場合の具体的な事実の存否についての主張を，事実上の主張という。たとえば，貸金債権の主張が争われれば，この貸金債権を基礎づける事実，すなわち，原則として，金銭消費貸借の合意と金銭の授受という事実を主張することになる（民§587）。これらの債権の発生原因事実を，請求原因事実ともいう。これに対し，たとえば，被告が弁済による貸金債権の消滅を法律上主張する場合，弁済をしたとの主張が被告の事実上の主張となる（民§473）。この事実上の主張は，抗弁と呼ばれる。そして，その事実は，原告の請求原因事実との対比で抗弁事実と呼ばれる。

(5)　事実上の主張に対する相手方の態度

　　原告の事実上の主張に対する被告の態度は，請求原因事実の認否として①その事実は存在しない（否認），②知らない（不知），③認める（自白），④沈黙がある。さらに，被告により抗弁が主張されれば，これに対する原告の態度も上記と同様の選択肢がある。抗弁に対しては再抗弁もある。

①　否　認

　　否認とは，相手方の主張した事実を否定する陳述である。否認には，単に相手方の主張を否定する否認（単純否認）もあるが，理由を付して否認すべきであるとされる（理由付否認；民訴規§79Ⅲ）。そして，理由付否認のなかで，とくに相手方の主張と両立しない事実を積極的に持ち出す否認を積極否認という。たとえば，「金を貸した」との主張に対し，「金は受け取ったが，借りたのではなく，もらったものである」と陳述するのがその例である。

② 不　知

H12-3-4
H9-3-1
H3-5-3

不知とは，相手方の主張した事実を知らない旨の陳述であり，その事実を争ったものと推定される（民訴§159Ⅱ）。

③ 自　白

自白とは，相手方の主張する自己に不利益な事実を認める陳述をいう。自白された主要事実は，証拠調べをしないでそのまま裁判の資料として採用しなければならない（弁論主義の内容②）。間接事実および補助事実は，不要証事実となる。

④ 沈　黙

沈黙とは，一方当事者の事実上の主張について何もはっきりしたことを言わない場合をいう。この場合には，口頭弁論全体からみて争うものと認められない限り，自白したものとみなされる（擬制自白；民訴§159Ⅰ）。

➕アルファ

否認と抗弁

貸金返還請求事件での，原告の金を貸し付けたとの主張に対し，積極否認と抗弁の具体例は次のとおりである。

積極否認：「金は受け取ったが，借りたのではなくもらったものである」
抗弁　　：「金は借りたが，弁済した」

この具体例を前提に，両者の共通点と相違点をあげる。

共通点　　双方とも，相手方の主張を斥けるための，新たな事実の主張である。

相違点　① 積極否認として提出する事実（もらったものである）は，相手方の主張事実（消費貸借として金銭を受領）と両立し得ない事実である。

これに対し，抗弁として提出する事実（弁済）は，相手方の主張事実（金を貸し付けた）と論理的に両立しうる事実である（借りたからこそ弁済する）。

② 積極否認の場合は，否認者の相手方がその主張事実（金を貸した）を立証する必要がある。積極否認の中身である事実（もらったものである）につき，否認者が証明責任を負うわけではない。すなわち，否認は，相手方が証明責任を負う事実を否定

する陳述である。

　これに対し，抗弁として提出する新たな事実（弁済）は，抗弁を主張した者が証明責任を負う。

(6) 証拠の申出

　原告，被告ともに，自己の主張事実を相手方が争えば（前述①否認②不知），証拠の申出をすることになる。そして，その事実の存在を証拠によって理由づけるため証拠調べが行われる。

○　口頭弁論における当事者の訴訟行為

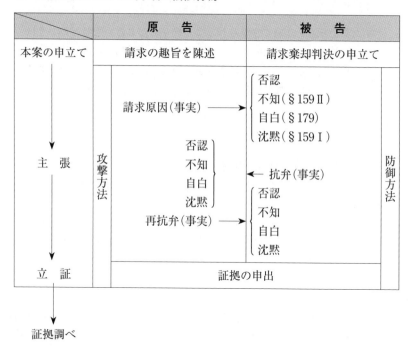

○　期日における当事者の態度

	意　　義	効　　果
①自白	期日における，自己に不利益な相手方の主張を認める陳述	不要証事実となる
②沈黙	争うかどうかの態度を明確にしないこと	擬制自白
③不知	自己の経験していない事実につき，知らない旨の陳述	否認と推定
④否認	相手方の主張を争う陳述	要証事実となる

※　④「否認」と似て非なるものに「抗弁」がある。否認と抗弁とは，ともに原告の請求を理由のないものとするための活動（防御方法）に属し，事実上の主張である点で共通するが，否認では証明責任が原告にあるのに対して，抗弁では被告自身に証明責任がある点で決定的に異なる。

　抗弁についても，相手方（原告）の態度としては上記①から④までがある。

2　口頭弁論の制限・分離・併合

H5-5-5

　裁判所は，弁論の進行を整理するため，口頭弁論の制限・分離・併合を命じ，またはその命令を取り消すことができる（民訴§152Ⅰ）。

H31-3-オ

　これらはいずれも裁判所の裁量による訴訟指揮の裁判（決定）であり，この裁判には不服申立てはできない。当事者の申立ては，職権の発動を促す意味しかないことになる。

(1)　弁論の制限

　弁論の制限とは，数個の弁論・証拠調べ事項がある場合，あるいは請求併合の場合，審理を特定の事項ないし請求に集中することをいう。中間判決をする場合や，弁論の分離が許されない場合に使用される。

(2)　弁論の分離

　弁論の分離とは，併合審理が審理を複雑化させ，訴訟遅延の原因となる場合，それぞれ別個の手続で審理することをいう。

　必要的共同訴訟，独立当事者参加あるいは予備的併合などのように，必ず同時に審判しなければならない場合は，分離を命ずることは許されない。

(3) 弁論の併合

　弁論の併合とは，同一の官署としての裁判所に別々に係属している数個の請求を結合させ，同一の訴訟手続で審理・判決すべきことを命じる措置をいう。

　弁論の併合によれば，原告が最初から訴えを併合（客観的・主観的併合）提起できるにもかかわらず別々に提起した場合などでも，弁論や証拠調期日を共通に行い，裁判の矛盾抵触を防止できることになる。

　弁論の併合前にされた証拠調べの結果は，併合後もそのまま証拠資料となる（民訴§152Ⅱ参照）。しかし，当事者の異なる事件について弁論の併合がされた場合，言い換えれば併合の結果，共同訴訟となるような場合には，併合前に尋問した証人について尋問の機会がなかった当事者が尋問の申出をしたときは，その尋問をしなければならない（民訴§152Ⅱ）。　`H16-3-ア`

➡　併合前に尋問した証人について尋問の機会がなかった当事者の防御権を保障するためである。

3　口頭弁論調書と訴訟記録

(1) 口頭弁論調書

① 意　義

　口頭弁論調書とは，各口頭弁論期日に裁判所書記官が口頭弁論の経過を記載する書面をいう（民訴§160）。

➡　口頭弁論調書が作成されるのは，口頭弁論期日における訴訟手続の経過や内容を明らかにするとともに，これについて確実な証明文書を残し，上訴審での原判決の適否の判断にも役立てるためである。

② 記載事項

　記載事項には，口頭弁論の方式に関する形式的記載事項（民訴規§66）と弁論の要領を中心とする実質的記載事項（民訴規§67）とがある。

③ 証明力

　調書の記載内容のうち，口頭弁論の方式に関する規定（公開されたかどうか，弁論更新の有無など）の遵守は調書によってのみ証明する（民訴§160Ⅲ本文）。調書が滅失したときを除き，他の証拠方法による立証は許されない（同Ⅲただし書）。　`H31-3-イ`

(2) **訴訟記録一般**

① 意　義

訴訟記録とは，特定の訴訟事件に関して審理経過を記録する書類ないしそれらを編綴したものをいう。

裁判所側が作成した書類（口頭弁論調書，証拠調べ調書，判決書，和解調書等）と当事者その他の関係者から裁判所に提出された書類（訴状，準備書面，証拠の申出書等）とがある。

② 保　管

裁判所書記官が保管する（裁§60Ⅱ）。

③ 公　開

R4-2-ア

訴訟記録は公開され，当事者でなくても原則として閲覧できる（民訴§91Ⅰ）。

➡　裁判の公開（憲§82）を担保するためである。

R4-2-イ

しかし，公開を禁止した口頭弁論に係る訴訟記録については，当事者および利害関係を疎明した第三者に限り閲覧の請求をすることができる（民訴§91Ⅱ）。

④ 謄写請求権等

R4-2-ウ
R3-3-ウ
H30-3-ウ

原則として，何人も，裁判所書記官に対し，訴訟記録の閲覧を請求することができる（民訴§91ⅠⅡ）。一方，当事者および利害関係を疎明した第三者に限り，裁判所書記官に対し，謄写請求権，正本・謄本・抄本等の交付請求権を有する（民訴§91Ⅲ）。この訴訟記録の閲覧もしくは謄写，その正本，謄本もしくは抄本の交付，その複製または訴訟に関する事項の証明書の交付の請求は，書面でしなければならない（民訴規§33の2Ⅰ）。そして，例えば，訴訟の当事者は，他の訴訟において行われた証人尋問の口頭弁論調書について，書証の申出をすることができる（民訴§219）。

なお，訴訟記録中の録音テープまたはビデオテープ等（民訴規§68，69）に関しては，当事者または利害関係を疎明した第三者に複製の請求権が認められる（民訴§91Ⅳ）。

R4-2-エ

⑤ 裁判所書記官の処分に対する不服申立て

訴訟記録の閲覧，謄写および複製の請求は，訴訟記録の保存または裁判所の執務に支障があるときは，することができない（民訴§91Ⅴ）。訴訟

記録の閲覧等の請求を拒絶した裁判所書記官の処分に対しては，異議を申し立てることができ，この裁判所書記官の所属する裁判所が決定で裁判をする（民訴§121）。この裁判に対しては，抗告を申し立てることができる（民訴§328Ⅰ）。

(3) 当事者の秘密保護のための訴訟記録の閲覧等の制限

① 第三者に対する秘密記載部分の閲覧等の制限

営業秘密の侵害やプライバシーの侵害を理由とする差止請求訴訟や損害賠償請求訴訟では，審理でその秘密等を特定して主張するので，かえって審理を通じてその秘密等が漏洩してしまうリスクがある（民訴§91ⅠⅡ参照）。そのため，その対策が必要となる。

㋐ 訴訟記録中に当事者の私生活についての重大な秘密が記載（記録）されていて，第三者がその秘密記載部分の閲覧等（後述）を行うことにより，その当事者が社会生活を営むのに著しい支障を生ずるおそれがあること

㋑ 訴訟記録中に当事者が保有する営業秘密（不正競争防止§2Ⅵ）が記載（記録）されていること

当事者から㋐㋑のいずれかの疎明があると，裁判所は，申立てにより，当該訴訟記録中その秘密が記載（記録）された部分の閲覧・謄写や，その正本・謄本・抄本の交付またはその複製（秘密記載部分の閲覧等）の請求をできる者を当事者に限定する裁判（決定）をする（民訴§92Ⅰ）。 `R4-2-オ`

この民事訴訟法92条1項の申立てを却下する裁判に対しては即時抗告をすることができ（同Ⅳ），この申立てについての裁判が確定するまでは，第三者は秘密記載部分の閲覧等の請求ができない（同Ⅱ）。

② 秘密記載部分の閲覧等の請求ができる者を当事者に限定する裁判の取消しの申立て

一方で，秘密記載部分の閲覧等の請求ができる者を当事者に限定する裁判が確定しても，第三者は，㋐㋑の要件を欠くことまたは欠くに至ったことを理由にその取消しの申立てをすることができる（同Ⅲ）。

この取消しの申立てについての裁判に対しては即時抗告をすることができ（①と違い却下する裁判に限られない），取消しの裁判は確定しなければその効力を生じない（同ⅣⅤ）。

③　第三者がその訴訟へ参加した場合

しかし，⑦を理由に当事者から①の申立てがされた後に，第三者がその訴訟への参加をしたときは，原則として，その旨が直ちに申立当事者に通知され（同Ⅵ），裁判所書記官も，原則として，通知がされた日から２週間は訴訟に参加した第三者に秘密記載部分の閲覧等をさせない（同Ⅶ）が，①の申立てをした当事者全員が同意しているときは，その第三者に通知等はされない（同Ⅷ）。

4　当事者に対する住所・氏名等の秘匿

(1)　秘匿決定

申立て等をする者またはその法定代理人の住所，居所その他その通常所在する場所（住所等）の全部または一部が，当事者に知られることによって，当該申立て等をする者またはその法定代理人（秘匿対象者）が社会生活を営むのに著しい支障を生ずるおそれがあることについて疎明があった場合，裁判所は，申立てにより住所等を秘匿する旨の裁判（秘匿決定）をすることができる（民訴§133Ⅰ前段Ｖ）。秘匿対象者の氏名その他当該者を特定するに足りる事項（氏名等）についても同様に，疎明があれば秘匿決定ができる（同Ⅰ後段Ｖ）。

➡　当事者等がDVや犯罪の被害者である場合に，その住所，氏名等の情報を相手方に秘匿したまま民事訴訟手続を進めることができるようになった。

(2)　秘匿事項届出書面

秘匿対象者の住所等または氏名等（秘匿事項）を当事者に秘匿する旨の申立て（秘匿決定を求める申立て）をするときは，秘匿事項等を書面で届け出る必要があり（秘匿事項届出書面；同Ⅱ Ⅲ），秘匿事項届出書面は，上記の裁判（秘匿決定または却下決定）が確定するまで，秘匿対象者以外の者が閲覧・謄写またはその謄本・抄本の交付の請求をすることができない（同Ⅲ）。なお，秘匿決定を求める申立てを却下した決定に対しては，即時抗告ができる（同Ⅳ）。

裁判所は，秘匿決定をする場合には，秘匿対象者の住所または氏名に代わる事項を定めなければならない（同Ｖ前段）。この事項を各手続において記載すれば，当該秘匿対象者の住所または氏名を記載したものとみなされる（同Ｖ後段）。

(3)　訴訟記録中の秘匿事項記載部分

秘匿決定があった場合，秘匿事項届出書面の閲覧等の請求ができる者は秘

匿対象者に限られる（民訴§133の2Ⅰ）。しかし，**訴訟記録等の中に秘匿事項が記載（記録）された部分**や**秘匿事項を推知できる事項が記載（記録）された部分（秘匿事項記載部分）**が存することがありうる。その対策として，裁判所は，申立てにより，秘匿事項記載部分の閲覧等を請求できる者も，秘匿対象者に限定する裁判（決定）をすることができる（同Ⅱ，民訴§132の4Ⅰ）。この申立てを却下する裁判に対しては即時抗告が認められ（民訴§133の2Ⅳ），この申立てについての裁判が確定するまでは，秘匿対象者以外の者は秘匿事項記載部分の閲覧等を請求することができない（同Ⅲ）。

⑷　**送達をすべき場所等の調査嘱託があった場合における閲覧等の制限**

　　裁判所は，当事者またはその法定代理人に対して送達をするため，その者の住所，居所その他送達をすべき場所についての調査を嘱託した場合において，当該嘱託に係る調査結果の報告が記載された書面（回答書）が閲覧されると（つまり，当事者またはその法定代理人の住所等が閲覧されると），当事者またはその法定代理人が社会生活を営むのに著しい支障を生ずるおそれがあることが**明らかである**と認めるときは，裁判所は，決定で，その回答書や，これに基づいてされた送達に関する送達報告書（民訴§109）等の閲覧・謄写またはその謄本・抄本の交付の請求をできる者を当該当事者または当該法定代理人に限ることができる（民訴§133の3前段）。

　　当事者またはその法定代理人を特定するため，その者の氏名その他当該者を特定するに足りる事項についての調査を嘱託した場合も同様に，閲覧等の請求をできる者を限定できる（同後段）。

⑸　**秘匿決定の取消し等**

①　秘匿決定等の取消しの申立て

　　秘匿決定，秘匿事項記載部分の閲覧等を請求できる者を秘匿対象者に限定する決定または調査嘱託に係る回答書等の閲覧等を当事者等に限定する決定（秘匿決定等；民訴§133Ⅳ，133の2Ⅱ，133の3）に係る者以外の者は，訴訟記録等の存する裁判所に対し，その要件を欠くことまたは欠くに至ったことを理由として，その決定の取消しの申立てをすることができる（民訴§133の4Ⅰ）。

②　秘匿決定等に係る者以外の当事者の攻撃または防御に実質的な不利益を生ずるおそれがあるとき

　　秘匿決定等に係る者以外の当事者は，秘匿決定等がある場合であっても，自己の攻撃または防御に実質的な不利益を生ずるおそれがあるときは，訴

訟記録等の存する裁判所の許可を得て，秘匿事項届出書面（民訴§133の2Ⅰ）もしくは秘匿事項記載部分（同Ⅱ）または調査嘱託に係る回答書等（民訴§133の3）の閲覧等を請求できる（民訴§133の4Ⅱ）。秘匿決定等に係る者以外の当事者からこの許可の申立てがあった場合において，その原因となる事実について疎明があったときは，裁判所は，許可をしなければならない（同Ⅲ）。

③　意見聴取

　　裁判所は，①の取消しまたは②の許可の裁判をするときは，次の者の意見を聴かなければならない（民訴§133の4Ⅳ）。

㋐　秘匿決定（民訴§133Ⅰ・Ⅴ）または秘匿事項記載部分の閲覧等を請求できる者を秘匿対象者に限定する決定（民訴§133の2Ⅱ）に係る裁判をするとき ― 当該決定に係る秘匿対象者の意見

㋑　調査嘱託に係る回答書等の閲覧等を当事者等に限定する決定（民訴§133の3）に係る裁判をするとき ― 当該決定に係る当事者または法定代理人

④　不服申立て等

　　①の取消しの申立てについての裁判および②の許可の申立てについての裁判に対しては，即時抗告ができ（同Ⅴ），いずれの裁判も確定しなければその効力を生じない（同Ⅵ）。

⑤　目的外利用等の制限

　　②の当事者またはその法定代理人，訴訟代理人等は，②の許可があったときは，その許可により得られた情報を，正当な理由なく当該手続の追行の目的以外の目的のために利用し，または秘匿決定等に係る者以外の者に開示してはならない（同Ⅶ）。

4　口頭弁論期日における当事者の欠席

　当事者の口頭弁論期日における出席は，必要的口頭弁論の原則からも要請されるところである。しかし，現実にはさまざまな理由から当事者の欠席がみられ，期日の目的を達することができずに，訴訟手続の円滑な進行が害され，相手方当事者や裁判所に無用の負担が生じることがある。そこで，不熱心な訴訟

追行をする当事者に対する対策が必要となる。

1　最初の期日における当事者の一方の欠席
⑴　陳述の擬制

> （訴状等の陳述の擬制）
> **第158条**　原告又は被告が最初にすべき口頭弁論の期日に出頭せず，又は出頭
> したが本案の弁論をしないときは，裁判所は，その者が提出した訴状又は答
> 弁書その他の準備書面に記載した事項を陳述したものとみなし，出頭した相
> 手方に弁論をさせることができる。

　　本条は，欠席した当事者が書面を提出していた場合，その書面に記載され
ている事項を陳述したものとみなし，これと出頭した当事者の現実の弁論と
をつきあわせて審理することを認めるもので，対席的弁論を擬制するもので
ある。ただし，陳述したものとみなすか期日を延期するかは裁判所の裁量に
ゆだねられている。 `H31-3-ア` `H11-1-1` `H7-1-1` `H3-2-3` `H元-3-4`

　　控訴審の場合も同様の扱いをする（民訴§297，158）。また，弁論準備手
続についても同様である（民訴§170Ⅴ，158）。 `H7-1-5`

⑵　陳述を擬制する趣旨

　　最初にすべき口頭弁論の期日に原告が欠席した場合，訴状によって訴訟の主
題が示されないと，審理をスタートさせることができない。そこで，不出頭の
原告が提出した訴状その他の準備書面を陳述したものとみなすことにして，訴
訟の進行を図ることとした。そして，そのこととの均衡上，被告が欠席した場
合にも答弁書その他の準備書面を陳述したものとみなすことにしたものである。

⑶　最初にすべき口頭弁論の期日

　　最初にすべき口頭弁論の期日とは，第1回の期日という意味ではなく，弁
論が実際に最初になされる期日を意味する。したがって，たとえば，第1回
期日を裁判所が職権で延期し，第2回期日に実際に最初に弁論をしたときは，
その第2回期日が最初にすべき口頭弁論期日に当たる。

⑷　書面の提出がない場合

　　最初にすべき口頭弁論期日に当事者が欠席した場合で何らの書面も提出し
ていない場合，公示送達による呼出しを受けたものでない限り，擬制自白が
成立する余地がある（民訴§159Ⅲ）。

(5)　認諾・放棄書面と陳述擬制

H26-2-エ

　　請求の放棄または認諾をする旨の書面を提出した当事者が口頭弁論の期日（最初にすべき口頭弁論期日に限らない）に出頭しないときは，裁判所または受命裁判官もしくは受託裁判官は，その旨を陳述したものとみなすことができる（民訴§266Ⅱ）。

　　請求の放棄・認諾はいわば全面降伏であり，そのために出頭する当事者の負担に配慮した。

2　続行期日における当事者の一方の欠席

(1)　陳述擬制の扱いがないこと

H7-1-3

　　続行期日には，口頭主義の例外となる陳述擬制の扱いはない。

　　欠席者の従来の弁論に，出席者の準備書面に基づく弁論をつき合わせて審理をすすめることになる。

➡　既に訴訟主題は訴訟の場に提示されており，また陳述擬制を認めると口頭主義が形骸化しかねないからである。

(2)　簡易裁判所における特例

H18-1-ア

　　簡易裁判所においては，続行期日においても陳述が擬制される（民訴§277）。

➡　本人訴訟が多く，軽微な事件が多いことから，書面で対応できる簡易な方法を認めたものである。

(3)　審理の現状に基づく判決

H元-2-5

　　当事者双方が欠席した場合の記述を参照。

3　当事者双方の欠席

R4-4-イ
R4-4-オ

　　当事者双方が欠席した場合は（弁論をせずに退廷した場合も含まれる），審理を行うことができないので，期日は終了せざるを得ない。ただし，証拠調べや判決の言渡しは，当事者双方が欠席してもすることができる（民訴§183，251Ⅱ）。

➡　証拠調べについては，証人等が無駄に呼び出されることや，訴訟遅延を避けるためであり，判決の言渡しについては，当事者の関与を要しないからである。

R4-4-ア

　　なお，当事者双方が口頭弁論の期日に出頭しない場合，裁判所は，当事者双方の同意があっても，音声の送受信により同時に通話をすることができる方法によって，口頭弁論の期日における手続を行うことはできない。

(1) 訴えの取下げ擬制

① 新期日指定の申立てを欠く場合の訴えの取下げ擬制

当事者双方が，口頭弁論もしくは弁論準備手続の期日に出頭せず，また
は弁論もしくは弁論準備手続における申述をしないで退廷もしくは退席を
した場合において，一か月以内に期日指定の申立てをしないときは，訴え
の取下げがあったものとみなされる（民訴§263前段）。

`H18-1-イ`
`H7-1-4`
`H元-2-3`

② 連続２回欠席の場合の訴え取下げの擬制

当事者双方が，連続して２回，口頭弁論もしくは弁論準備手続の期日に
出頭せず，または弁論もしくは弁論準備手続における申述をしないで退廷
もしくは退席をした場合も，訴えの取下げがあったものとみなされる（民
訴§263後段）。

`H11-1-3`

➡　①②とも，両当事者は訴訟を進行させる意思がないと評価できるので，
取下げがあったものとみなすことにしたのである。

③ ①②の場合において，控訴審における当事者双方の欠席は，控訴の取下
げとみなされて，第一審判決が確定する（民訴§292Ⅱ，263）。

④ ①②の場合において，期日の呼出しが簡易の呼出しであった場合は，当
事者が期日の呼出しを受けた旨を記載した書面（「期日請書」など）を裁
判所に提出した場合を除き，訴えの取下げの擬制は働かない（民訴§94Ⅱ）。

(2) 審理の現状に基づく判決

本来，裁判所は，訴訟が裁判をするに熟したときに終局判決をすることに
なる（民訴§243Ⅰ）。しかし，当事者の双方または一方が口頭弁論の期日に
出席せず，または弁論をしないで退廷した場合において，審理の現状および
当事者の訴訟追行の状況を考慮して相当と認めるときは，（審理の現状に基
づいて）終局判決をすることができる（民訴§244本文）。

`H11-1-5`
`H元-2-5`

➡　訴えの取下げ擬制だけでは，不熱心訴訟追行の対策として不十分である
し，また，従前の審理を無駄にしないためである。

ただし，当事者の一方が欠席または弁論をしないで退廷した場合は，出頭
した当事者の申出を要件とする（同ただし書）。

➡　審理の現状が出頭している当事者に有利であるとは限らず，そのまま判
決をするとその当事者に不利益が生じる場合もあるから，申出を要すると
されたのである。

第3節　口頭弁論の準備と争点整理

Topics・本節も頻出の論点である。特に準備書面の提出・不提出の効果，また，争点および証拠の整理手続の3つの作業メニューの異同について注意すること。

1　口頭弁論の準備の意義

　充実した審理が迅速に行われるためには，審理の中心的場面である口頭弁論が効率よく行われなければならない。そのためには，当事者双方および裁判所が口頭弁論期日に行われる訴訟行為の内容を事前に知って対応を考慮し，口頭弁論での当事者の攻防がかみ合うようにする必要がある。民事訴訟法では，このために，準備書面，争点および証拠の整理手続，進行協議期日，および当事者照会の各制度を設けている。

2　準備書面

（準備書面）

第161条　口頭弁論は，書面で準備しなければならない。

2　準備書面には，次に掲げる事項を記載する。

　一　攻撃又は防御の方法

　二　相手方の請求及び攻撃又は防御の方法に対する陳述

3　相手方が在廷していない口頭弁論においては，準備書面（相手方に送達されたもの又は相手方からその準備書面を受領した旨を記載した書面が提出されたものに限る。）に記載した事実でなければ，主張することができない。

⑴　**意　義**

　準備書面とは，当事者が口頭弁論において提出しようとする攻撃防御方法や，相手方当事者の攻撃防御方法に対する応答を記載して裁判所へ提出する書面をいう。

　訴状に必要的記載事項（民訴§134Ⅱ）の他に攻撃または防御の方法が記載されている場合は，準備書面を兼ねるものと扱われる（民訴規§53Ⅲ）。控訴状または上告状についても同様である（民訴規§179，186）。また，訴状の送達を受けた被告が最初に提出する準備書面を答弁書という（民訴規§80）。

⑵　記載事項

　準備書面には，次の期日に行う訴訟行為の内容，すなわち攻撃または防御の方法（主張，証拠の申出）ならびに相手方の請求および攻撃または防御の方法に対する陳述を記載する（民訴§161Ⅱ）。準備書面に事実についての主張を記載する場合は，できる限り，請求を理由づける事実，抗弁事実または再抗弁事実（主要事実）の主張とこれらに関連する事実（間接事実）の主張とを区別して記載しなければならない（民訴規§79Ⅱ）。また，相手方の主張する事実を否認する場合には，その理由を記載しなければならない（民訴規§79Ⅲ）。さらに，立証を要する事由ごとに証拠を記載しなければならない（民訴規§79Ⅳ）。

　なお，準備書面には，当事者または代理人が記名押印しなければならない（民訴規§21）。　`H元-3-3`

⑶　提出および送付

　地方裁判所以上の裁判所では，口頭弁論は書面で準備しなければならない（民訴§161Ⅰ，276Ⅰ）。　`H元-3-1`

　準備書面は，記載された事項について相手方が準備をするのに必要な期間を置いて裁判所に提出し，かつ相手方に直送しなければならない（民訴規§79Ⅰ，83）。

⑷　準備書面の提出・不提出の効果

①　不記載・不提出の効果

　準備書面に記載しなかった事実は，相手方当事者が在廷しない場合には主張することができない（記載されていても相手方に送達されておらず，または相手方から受領した旨の書面も提出されていない場合も同様）（民訴§161Ⅲ）。これは，主張を許すと相手方に対して不意打ちになるおそれがあるからである。すなわち，欠席した相手方にとって，予告されていない事項について擬制自白（民訴§159Ⅲ本文）が成立するという不公平が生じることを防止するためである。　`H26-2-ア`　`H14-5-2`　`H元-3-2`

②　提出の効果

　㋐　準備書面を提出しておくと，最初にすべき口頭弁論期日においては，準備書面を提出した当事者が欠席しても，その内容を陳述したものと扱われる（陳述擬制；民訴§158，297）。簡易裁判所の訴訟手続では，続行された口頭弁論期日においても，この取扱いがされる（民訴§277）。

⑦　出頭した者の提出した準備書面に記載のある事項については，欠席者がそれを争う旨を記載した準備書面を提出し，これが陳述したものとみなされない（民訴§158，277）限り，自白したものとみなされる（擬制自白；民訴§159Ⅲ）。

⑦　被告が本案について準備書面を提出した後に，原告が訴えを取り下げるには，被告の同意を要する（民訴§261Ⅱ本文）。

3　争点および証拠の整理手続

　争点の整理のためには，当事者の事実の主張について，それぞれの認否を明らかにしてその対立点を明確にしていくが，その中において，勝敗に直接かかわらないような事実については，主張を撤回したり自白することで，証拠調べで判断すべき真の争点を明らかにしていく。また，証拠についても，各当事者が主張事実の根拠となる証拠を明らかにし，その中において，不必要な証拠については適宜撤回するなどして，証拠調べの対象を限定していくことも必要となる。そこで，民事訴訟法は，このような要請にこたえるため，3種類の手続を用意している。

(1)　準備的口頭弁論

①　意　義

R2-3-イ
　準備的口頭弁論とは，口頭弁論を2段階に区切り，争点および証拠の整理の目的のために利用する場合をいう（民訴§164）。

R2-3-エ
H18-2-1
　準備的口頭弁論は，公開の法廷で行われ，争点および証拠の整理に関係するものである限り，証拠調べを含めて，あらゆる行為をすることができる。

②　準備的口頭弁論の開始

R2-3-ア
H18-2-2
　裁判所は，争点および証拠の整理を行うため必要があると認めるときは，準備的口頭弁論を行うことができる（民訴§164）。
　開始する時期については，格別の制限はない。口頭弁論なので，当事者の意見を聴く必要もない。

③　整理結果の確認

H13-1-1
H13-1-2
　準備的口頭弁論の終了に際しては，その後の証拠調べによって証明すべき事実を裁判所と当事者との間で確認する（民訴§165Ⅰ）。また，裁判長は，相当と認めるときは，準備的口頭弁論を終了するに当たり，当事者に準備的口頭弁論における争点および証拠の整理の結果を要約した書面を提

出させることができる（民訴§165Ⅱ，民訴規§86）。

➡　争点および証拠の整理手続の後の証拠調べにより証明をすべき事実とは何であるかについて，当事者と裁判所の認識を一致させるためにする。効率良く証拠調べをするため，といえよう。

④　当事者の不出頭等による終了

準備的口頭弁論は，当事者が期日に出頭しない場合や準備書面の提出または証拠の申出をしない場合には，裁判所がこれを終了することができる（民訴§166）。 `H13-1-3`

⑤　新たな攻撃防御方法の提出

準備的口頭弁論の終了後に，新たに攻撃防御方法を提出した当事者は，相手方当事者の求めがあるときは，終了前にこれを提出できなかった理由を説明しなければならない（説明義務；民訴§167）。 `R2-3-オ` `H13-1-4`

➡　準備的口頭弁論（整理手続）が行われた以上，攻撃防御方法はその中で提出すべきであり，準備的口頭弁論終了後の提出は，合理的理由がなければ，当事者の訴訟追行上の信義則（民訴§2参照）に反するといえるからである。

このような攻撃防御方法も，口頭弁論に提出することは可能であるが，当該説明が不合理なものであったり，あるいは説明義務を果たさなかった場合には，これらが相手方の民事訴訟法157条による却下の申立ての判断資料となる。

(2)　弁論準備手続

①　意　義

弁論準備手続とは，口頭弁論期日外の期日において，争点および証拠の整理を目的として行われる手続をいう（民訴§168）。

②　弁論準備手続の開始

口頭弁論との先後関係については，正面から定めた規定はないが，まずは訴え提起後すみやかに第1回口頭弁論を開き，争いのある事件とない事件との振り分けを行い，裁判所がその必要があると思われる事件について弁論準備手続を選択し実施することが通常である（民訴§168）。控訴審で弁論準備手続をすることも不可能ではない（民訴§297，168）。 `H4-6-3`

なお，当事者に異議がないときには，口頭弁論を開かずにただちに弁論 `H24-3-ア` `H4-2-1`

準備手続に付することができる（民訴規§60Ⅰかっこ書）。

③　手続の選択

弁論準備手続は，傍聴人が少ない普通の事件，名誉，プライバシー，営業の秘密などにかかわるため当事者が公開の場での争点整理を好まない事件に向いている。

※　現実には，ほとんど弁論準備手続が選択されている。

④　当事者の意思の尊重

R2-3-ア
H28-4-ア

裁判所が弁論準備手続による整理手続を選択する際には可能な訴訟行為が制限されるため，当事者の意見を聴かなければならない（民訴§168）が，同意は不要である。

H18-2-3

また，裁判所は，相当と認めるときは，申立てによりまたは職権で，弁論準備手続に付する裁判を取り消すことができる。ただし，当事者双方の申立てがあるときは，裁判所は弁論準備手続に付する裁判を取り消さなければならない（民訴§172）。

➡　当事者双方の申立てがあるときは，弁論準備手続による争点および証拠の整理という目的の達成はできないと考えられるからである。

⑤　弁論準備手続の主宰者

H24-3-オ

弁論準備手続は受訴裁判所が実施するのが原則であるが，合議体の場合は，受命裁判官に手続を実施させることができる（民訴§171）。

➡　事件を最もよく把握している受訴裁判所または受命裁判官に主宰権を委ねる趣旨である。

⑥　弁論準備手続の期日

R2-3-イ
H24-3-イ
H4-2-2

弁論準備手続の期日は，口頭弁論ではないので法廷以外の準備室，和解室，裁判官室などで実施されるのが通常である。当該期日においては公開の必要はないが，当事者双方の立会（対席）が保障され（民訴§169Ⅰ），裁判所が相当と認める者および当事者が申し出た者の傍聴が許される（同Ⅱ）。なお，当事者が申し出た者については，手続を行うのに支障を生じるおそれがあると認める場合を除き，傍聴を許さなければならない（同Ⅱただし書）。

⑦　弁論準備手続の実施

弁論準備手続において可能な行為は次のとおりである。

⑦　準備書面の提出（民訴§170 I）
　　裁判所は，当事者に準備書面を提出させることができる。

④　口頭弁論の期日外においてすることができる裁判（民訴§170 II）
　ⓐ　証拠の申出に関する裁判
　　　文書の提出命令や検証物提示命令の申立てについての裁判，文書送　`H18-2-4`
　　付嘱託，調査嘱託，証拠調べをする決定，証拠調べの申出を却下する
　　決定等

　ⓑ　ⓐ以外の口頭弁論の期日外においてすることができる裁判
　　　訴訟手続の受継の申立ての却下決定，補助参加の許否の裁判，訴訟　`H24-3-ウ`
　　引受決定，訴えの変更の許否の裁判，訴訟上の救助に関する裁判等

⑦　文書（準文書を含む）の証拠調べ（民訴§170 II，231）　`R2-3-エ` `H31-4-ア` `H28-4-エ` `H16-3-イ`
　➡　争点・証拠の整理に役立つ場合が少なくないからである。

㊤　その他の行為（民訴§170 V）
　　裁判長の訴訟指揮権，釈明権，釈明処分，時機に後れた攻撃防御方法　`H4-2-3`
　の却下，陳述擬制，擬制自白等

　　また，裁判所は，相当と認めるときは，当事者の意見を聴いて，最高　`R2-3-ウ` `H28-4-ウ` `H24-3-エ` `H18-1-ウ` `H13-1-5`
　裁判所規則で定めるところにより，両当事者と裁判所とが同時に通話で
　きるシステム（電話会議システム）を利用して手続を行うことができる
　（民訴§170 III）。
　➡　電話会議システムで弁論準備手続の期日における手続を行う場合，
　　旧法から「当事者が遠隔の地に居住しているときその他」という文言
　　が削除され，また，ただし書も削除されたことから当事者の一方が期
　　日に出頭している必要もなくなった（つまり，両当事者が出頭してい
　　なくても手続を行えることとなった）。遠隔地に居住していなくても
　　電話会議システムで差し支えない事案もあるし，当事者の利便性を向
　　上させ，迅速な手続を実現する観点から，改正されたものである。

⑧　整理結果の確認
　　弁論準備手続の終結に際しては，その後の証拠調べによって証明すべき　`H13-1-1` `H13-1-2`
　事実を裁判所と当事者との間で確認する（民訴§170 V，165 I）。また，
　相当と認めるときは，弁論準備手続を終結するに当たり，当事者に弁論準

備手続における争点および証拠の整理の結果を要約した書面を提出させる
ことができる（民訴§170Ⅴ，165Ⅱ，民訴規§90）。

⑨　当事者の不出頭等による終了

H28-4-イ
H26-2-イ
H13-1-3
H4-2-4

　　弁論準備手続は，当事者が期日に出頭しない場合や準備書面の提出また
は証拠の申出をしない場合には，裁判所がこれを終結することができる（民
訴§170Ⅴ，166）。

⑩　弁論準備手続の結果の陳述

H4-2-5

　　当事者は，口頭弁論において，弁論準備手続の結果を陳述しなければな
らない（民訴§173）。

➡　直接主義，公開主義の要請から，弁論準備手続でなされた主張および
証拠を訴訟資料とするためには，口頭弁論においてその結果を陳述しな
ければならないからである。

⑪　新たな攻撃防御方法の提出

R2-3-オ
H28-4-オ
H14-5-2
H13-1-4

　　弁論準備手続の終結後に新たに攻撃防御方法を提出した当事者は，相手
方当事者の求めがあるときは，終結前にこれを提出できなかった理由を説
明しなければならない（説明義務；民訴§174，167）。

(3) 書面による準備手続

① 意　義

　　書面による準備手続とは，当事者が遠隔地に居住している場合など，当
事者が裁判所に出頭することなく，準備書面の提出等によって行う争点お
よび証拠の整理手続をいう。

② 書面による準備手続の開始

　　裁判所は，当事者が遠隔地に居住しているときその他相当と認めるとき
は，当事者の意見を聴いて，事件を書面による準備手続に付することがで
きる（民訴§175）。

　　開始する時期については，格別の制限はない。

③ 当事者の意思の尊重

　　裁判所が書面による準備手続を選択する際には，当事者の意見を聴かな
ければならない（民訴§175）。

④　書面による準備手続の主宰者

　　この手続は裁判長がするのが原則である（民訴§176Ⅰ）。

➡　当事者と顔を合わせずに整理手続を進めるので，効果を上げるには経験豊富な裁判官が担当するのが望ましいからである。

　　ただし，高等裁判所は，受命裁判官にこの手続を担当させることもできる（民訴§176Ⅰただし書）。

➡　高等裁判所は，経験豊富な裁判官によって構成されているからである。

⑤　書面による準備手続の実施

　㋐　この手続による場合は，民事訴訟法162条の準備書面の提出または　　`H18-2-5`
　　　証拠の申出期間を定めなければならない（民訴§176Ⅱ）

➡　この手続においては，期日が開かれないため，準備書面の提出，証拠の申出について期間を定めないと，手続が進行しないからである。

　㋑　この手続においても電話会議システムの利用が可能である（民訴§　　`R2-3-ウ`
　　　176Ⅲ，民訴規§91）。この場合には，手続の実質は弁論準備手続に近づくことになる。

⑥　整理結果の確認

　　裁判所は，書面による準備手続の終結後の口頭弁論期日（書面による準備手続は両当事者が出頭していないので，終結後の口頭弁論期日となっている）において，その後の証拠調べによって証明すべき事実を当事者との間で確認する（民訴§177）。また，裁判長等は，相当と認めるときは，書面による準備手続を終結するに当たり，当事者に書面による準備手続における争点および証拠の整理の結果を要約した書面を提出させることができる（民訴§176Ⅳ，165Ⅱ，民訴規§92）。

⑦　当事者の懈怠による終了

　　書面による準備手続においては，その懈怠（準備書面の不提出等）の場合に手続を終結する旨の規定はない。そこで，裁判所としては，この場合には，この手続に付する決定を取り消し（民訴§120），別の整理手続を開始することになる。

⑧　新たな攻撃防御方法の提出

　　書面による準備手続の終結後の口頭弁論で証明すべき事実が確認され，

または当事者の提出した整理結果の要約書面が陳述された後になって，新たに攻撃防御方法を提出した当事者は,相手方当事者の求めがあるときは,その陳述または確認前にこれを提出できなかった理由を説明しなければならない（説明義務；民訴§178）。

○　争点・証拠の整理手続の比較

	準備的口頭弁論	弁論準備手続	書面による準備手続
方式	口頭弁論を2段階に区切り，争点・証拠の整理を行う方式である。	争点・証拠の整理を目的とする特別な期日を裁判所が開く方式である。	当事者が裁判所に出頭することなく，準備書面の提出等によって整理を行う方式である。
手続の開始	裁判所が争点・証拠の整理のために必要があると認めたときに開始する（民訴§164）。	裁判所が争点・証拠の整理のために必要があると認めたときに当事者の意見を聴いた上で開始する（民訴§168）。	裁判所が相当と認めるときに当事者の意見を聴いた上で開始する（民訴§175）。
手続の主宰者	受訴裁判所（民訴§164）	受訴裁判所または受命裁判官（民訴§168，171Ⅰ）	裁判長（民訴§176Ⅰ本文）※　ただし，高等裁判所では，受命裁判官も可（同ただし書）
手続においてできること	口頭弁論で行うことのできることで，争点・証拠の整理に必要なあらゆる行為	主なもの① 準備書面の提出（民訴§170Ⅰ）② 口頭弁論期日外においてすることができる裁判・文書の証拠調べ（同Ⅱ）③ 釈明権の行使（同Ⅴ，149Ⅰ）	主なもの① 準備書面の提出② 釈明権の行使（民訴§176Ⅳ，149Ⅰ）※　証拠調べは不可（民訴§176Ⅳ参照）
公開・傍聴	公開（憲§82参照）	原則非公開であるが，裁判所が相当と認める者の傍聴は可（民訴§169Ⅱ本文）	そもそも公開の対象となる期日を予定していない。

手続終了後の攻撃防御方法の提出	相手方の求めがあれば，当事者は，提出できなかった理由を説明する義務を負う（民訴§167，民訴規§87）。	同左（民訴§174，167，民訴規§90，87）	同左（民訴§178，民訴規§94，87Ⅱ）※ ただし，要約書面に記載された事項の陳述（民訴§176Ⅳ，165Ⅱ）または証明すべき事実の確認の後
証拠調べにより証明すべき事実の確認	確認するものとする（民訴§165Ⅰ）。※ 手続の終了時に行う。	確認するものとする（民訴§170Ⅴ，165）。※ 手続の終結時に行う。	確認するものとする（民訴§177）。※ ただし，手続終結後の口頭弁論期日に行う。
電話会議を利用することの可否	不可	可（民訴§170ⅢⅣ）※ ただし，当事者の一方の期日の出頭は必要（同Ⅲただし書），公布後1年以内施行分の改正後は不要	可（民訴§176Ⅲ）

4　当事者照会制度

(1)　意　義

　　当事者照会とは，訴訟係属中に，相手方当事者に対し，主張または立証の準備をするために必要な事項について，書面で回答するよう書面で照会することができるとする制度をいう（民訴§163）。

　　とりわけ医療過誤や労働災害など，情報が一方当事者に偏在している場合には，情報を有する者からの開示をその内容とする本制度は，早期の的確な争点整理を行うための役割を果たすものといえる。

(2)　要　件

H21-2-ア

① 　主体，相手方はいずれも当事者であり，原告，被告を問わない。また，裁判所は関与しない。

② 　照会ができるのは，訴訟の係属中である。

③ 　照会できるのは，主張または立証を準備するために必要な事項である。ただし，具体的または個別的でない照会や意見を求める照会など一定の事由に該当する事項については照会することができない（民訴§163ただし書）。

④ 　照会は，相当の期間を定めて，書面で回答するよう，書面を相手方に送付して行わなければならない。

(3) 回答しない場合の効果

　照会には相手方当事者に対する強制力はない。しかし，適法な照会である以上は，回答する義務がある。

　正当な理由なく回答しなかったり，虚偽の回答をした場合には，そのことによって訴訟が遅延すれば増加した訴訟費用の負担を命じられ（民訴§63参照），また，事実認定に当たって，その事実が提出されれば，弁論の全趣旨（民訴§247）として考慮される可能性がある。

　なお，不回答に対する法律上の制裁はない。

5　進行協議期日

(1) 意　義

　進行協議期日とは，口頭弁論における審理を充実させる目的で，口頭弁論の期日外で裁判所と当事者とが，口頭弁論における証拠調べと争点との関係の確認その他訴訟の進行につき必要な事項を協議するための特別な期日をいう（民訴規§95Ⅰ）。

(2) 手　続

　この期日は，事件の内容にわたる審理ないしその準備をする期日ではない。しかし，訴えの取下げ，請求の放棄・認諾はすることができる（民訴規§95Ⅱ）。

　原則として，双方の当事者の立会いが必要である。しかし，一方の当事者が出頭していれば，電話会議システムを利用してこの期日を実施することも可能である（民訴規§96）。

　期日は裁判所外でもすることができる（民訴規§97）。また，受命裁判官にこの手続を行わせることもできる（民訴規§98）。

第4節　証拠調べ

Topics ・不要証事実（特に自白）は頻出論点である。また，証拠調べの実施に
ついても，当事者尋問・証人尋問・書証等において正確な知識が要求
される。

1　総　説

1　事実認定と証拠

　裁判は，事実に法規を適用し，一定の法的効果を導き出すという過程を経て
実現される。そこで民事裁判が適正であるためには，法規の適用の対象となる
事実が，客観的に確定されることが必要であるが，そのために，その事実は，
当事者の関与の下に提出された証拠に基づいて認定されなければならない。

　このように，裁判所は，当事者間で争いのある事実について，当事者の提出
した証拠に基づいてその存否を認定することになるが，この事実認定の過程は，
適正な手続を経たものでなければならない。そのため，民事訴訟法は，この一
連の過程を証拠調べと呼び，事実認定のための法的規律を行っている。

2　証拠の概念

⑴　証拠の意義

　証拠とは，事実認定の過程において，判決の基礎となる資料を裁判所に提
供することを可能にするものの総称をいう。また，証拠調べとは，裁判官が
心証を形成するために，法定の手続に従い，こうした証拠の内容を五官の作
用によって取り調べる裁判所の訴訟行為をいう。

⑵　証拠は，心証形成の過程に応じて，段階的に，次のような意味において用
いられる。

　① 　証拠方法

　　裁判官が判決の基礎資料を得るために，直接に五官の作用によって取り
調べることのできる有形物であり，証拠調べの対象となるものをいう。こ
れには，人証（証人，当事者本人，鑑定人）と物証（文書，検証物）とが
ある。

　② 　証拠資料

　　証拠調べによって，具体的な証拠方法から得られた内容（証言，当事者

の供述，鑑定意見，文書の内容，検証結果）をいう。

③　証拠原因

　要証事実の存否について裁判官の心証形成の原因となった資料をいう。裁判所が事実認定に採用した証拠資料のほか，弁論の全趣旨も含まれる。

④　証拠能力

　証拠方法として，ある対象を証拠調べの対象として用いることのできる資格をいう。

　民事訴訟では，一般的に証拠能力には制限がない（すなわち，証拠方法は無制限である）。ただし，例外として，忌避された鑑定人(民訴§214Ⅰ)，手形・小切手訴訟における書証以外の証拠方法（民訴§352），少額訴訟における即時に取り調べることができない証拠方法(民訴§371)などがある。

⑤　証拠価値（証拠力）

　証拠調べによって得られた証拠資料の，要証事実の認定に役立つ程度をいう。証拠評価の問題である。

3　証明と疎明

証明と疎明は，裁判官の心証の程度を基準として区別される。

(1)　証　明

　証明とは，要証事実の存否の判断について，裁判官に確信を生ぜしめる状態，またはそのための当事者の証拠提出行為をいう。

　裁判においては，その前提となる事実認定のために，この証明が必要とされている。

(2)　疎　明

　疎明は，一応確からしいとの程度の事実の蓋然性の判断であり，またはこれを生ぜしめる当事者の証拠提出行為をいう。

　疎明は，即時に取り調べることができる証拠（持参文書，在廷証人等）によってしなければならない（民訴§188）。

　疎明は，原則として明文でこれを許容した場合に限られており（民訴§35Ⅰ，44Ⅰ，91Ⅱ，92Ⅰ，198，201Ⅴ，403Ⅰ等），迅速な処理を必要とする事項や手続問題・派生問題について認められている。

② 証明の対象

1 事　実

　訴訟において提出された事実について，当事者がその存否を争った場合に，裁判所が認定を必要とする事実を要証事実といい，これには主要事実，間接事実および補助事実がある。

(1) 主要事実

　権利の発生・変更・消滅という法律効果を直接に基礎づける事実であり，法律効果を定めている法規の要件に該当する事実をいう。

(2) 間接事実

　主要事実を証拠によって直接認定することが困難であるときに，経験則を適用することにより主要事実を推認させる事実をいう。

(3) 補助事実

　証拠の証拠価値（証拠力）を明らかにしたり，証拠の信用性を左右する事実をいう。

2 法　規

　裁判所は，法規を適用する職責を負っているので，職務上当然に，法規の存否およびその適用解釈について知っていることが前提とされている。したがって，法規の存在および内容については証明の対象にはならない。

　しかし，外国法，地方の条例，慣習法については，裁判所が十分に知っているとは限らないので，その適用を求める当事者は，その存在を証明しなければならない場合がある。ただし，法規については裁判所は専門家であるから，その私知を利用することはできるとされている。 `H28-3-オ`

3 経験則

　経験則とは，経験から帰納的に得られた事物に関する知識や法則をいう。

　経験則のうち，特に専門家しか知り得ないような特殊な経験則については，裁判官が知っていることを期待できないので，その適用を求める当事者がその存在を証明しなければならない。

　また，経験則は事実ではないので，自白の対象にはならない。

③　不要証事実

> （証明することを要しない事実）
> **第179条**　裁判所において当事者が自白した事実及び顕著な事実は，証明することを要しない。

1　顕著な事実

H2-5-1

　　顕著な事実には「公知の事実」と「職務上顕著な事実」とがある。これらについては，事実認定の客観性が当初から保障されているので，証明を要しない（民訴§179）。

(1)　公知の事実

　　一般的に知れ渡っている事実をいう。歴史的大事件や大災害などである。

(2)　職務上顕著な事実

　　裁判官がその職務行為の過程で知り得た事実をいう。他の事件につき自らした裁判の内容や，一般的に裁判官として注意すべきとされる公告された事項（破産手続開始決定など）がこれにあたる。

H19-2-エ

　　なお，弁論主義の下では，顕著な事実であっても，それが主要事実であるならば，当事者がこれを口頭弁論において主張しない場合には，裁判所は，裁判の基礎として採用することができない。

2　裁判上の自白

(1)　意　義

　　裁判上の自白とは，当事者が口頭弁論または弁論準備手続において，相手方が主張する自己に不利益な事実を認める陳述をいう。

　　自己に不利益な陳述が先に行われ，後から相手方が有利に援用した場合にも自白は成立する（先行自白：大判昭8.2.9）。

　　裁判上の自白は，弁論主義を採る手続においてのみ成立し，職権探知主義を採る手続においては認められない（人訴§19Ⅰ）。

　　裁判上の自白は，裁判外でなされた自白（裁判外の自白）とは区別しなければならない。前者においては，後述する訴訟法上の効果が生じるが，後者は，自白事実が真実であることを推認させる間接事実であるにすぎない。

なお，訴訟代理人の陳述が自白になる場合であっても，当事者が直ちに取り消し，更正したときは，自白にならない（民訴§57）。

(2)　要　件

①　口頭弁論または弁論準備手続における弁論としての陳述であること

したがって，証拠調べ手続における陳述は自白にはならない。たとえば，当事者尋問での陳述は，証拠資料であって訴訟資料ではないから，自白にはならない。 `H9-3-4` `H3-5-2`

②　相手方の主張と一致した陳述であること

当事者の陳述が一致しているか，一致しているとしても，どの範囲で一致しているか，などが問題となるが，例をあげて検討する。

たとえば，消費貸借契約に基づく貸金返還請求訴訟において，原告が，請求原因事実である㋐消費貸借契約と㋑金員授受を主張したのに対し，被告が答弁すべき陳述にはいろいろある。

まず，請求原因事実の全部（㋐㋑）につき，単に認めるとの答弁をした場合，㋐および㋑の事実につき自白が成立する。

しかし，たとえば「原告から金を受け取ったことはあるが，それはもらったものである」と答弁した場合，㋑金員の授受の点について陳述の一致があるので，この範囲でのみ自白が成立し，㋐金銭消費貸借契約締結の事実については原告が証明しなければならない。このように，相手方の主張事実の一部を認めつつも，全体としてはこれを否定する陳述を理由付否認という。

次に，たとえば「確かに金を借りたが（㋐㋑），すでに返している」と答弁した場合，原告主張の事実全部につき当事者間に陳述の一致があるので，事実の全部に対する自白が成立し，それに加えて，被告が弁済の抗弁を提出したものと考えられる。このような場合を制限付自白という。

③　自己に不利益な事実についての陳述であること

自己に不利益な事実とは，相手方が証明責任を負う事実をいうと解されている（大判昭11.6.9）。

(3)　効　果

自白が成立すると，自白された事実は証明を必要としなくなり（民訴§179），次の効力を生じる。 `H3-5-1`

① 裁判所に対する拘束力

H9-3-3
　　　　裁判所の事実認定を拘束し，証拠調べを不要とする効力（審判排除効）を生ずる。これは，弁論主義に基づくものである。

　　　　このように，裁判所は，当事者の自白によって事実認定権を排除されるため，たとえ証拠調べの結果や弁論の全趣旨から自白された主要事実と異なる心証を得たとしても，自白と異なる認定をすることはできず，自白事実を裁判の基礎としなければならない。

② 当事者に対する拘束力

H28-3-ア
　　　　自白した当事者に対して，自らこれを撤回することは許されないという効力（撤回禁止効）を生ずる。

　　　　したがって，自白をした当事者は，自白の内容と矛盾する事実を主張することができなくなる。

R2-2-ウ
H21-1-ア
H3-5-4
　　　　ただし，次の場合には自白の撤回が認められる。
　　⑦　刑事上罰すべき他人の行為により自白した場合（民訴§338Ⅰ⑤，最判昭33.3.7）
　　④　相手方の同意または異議なき応訴がある場合（最判昭34.9.17）
　　⑨　自白の内容が真実に反し，かつ，自白が錯誤に基づく場合（大判大4.9.29）
　　　　なお，当事者の自白した事実が真実に合致しないことの証明がある場合，その自白は錯誤に出たものと認められる（最判昭25.7.11）。

　　　　こうした①②の自白の効力は，上級審にも及ぶ（民訴§298Ⅰ）。

(4) 裁判上の自白の対象

H23-4-オ
H21-1-イ
H21-1-エ
H21-1-オ
H19-3-1
H15-3-ウ
　　　　自白の対象になるのは具体的事実に限られる。したがって，法規およびその解釈ならびに経験則は，自白の対象にはならない（大判昭8.1.31）。

　　⑦　間接事実
　　　　判例は，間接事実の自白は裁判所を拘束しないし（最判昭31.5.25），自白した当事者を拘束するものでもないとする（最判昭41.9.22）。
　　➡　間接事実が主要事実の証明手段として証拠資料と同様の機能を有するにすぎないのに，こうした間接事実の自白により裁判官を拘束するならば，この間接事実に基づいて推認される主要事実について心証形成を無理強いすることになり，主要事実の認定を自由心証に委ねてい

ることと矛盾する結果となるからである。

イ　補助事実

特に文書の成立の真正についての自白が問題となるが，判例は，書証 **R3-4-イ** の成立の真正についての自白の当事者に対する拘束力を否定し，さらに裁判所に対する拘束力も否定している（最判昭52.4.15，同55.4.22）。

→　イメージとしては，間接事実も補助事実も証拠のようなものであると捉えると，理解しやすいだろう（間接事実は主要事実を推認する，証拠と同様の機能を有する事実であるし，証拠に関する事実である補助事実は，証拠と相まって初めて意味を成す事実といえるから）。

(5) 権利自白

権利自白とは，請求の当否の判断の前提をなす権利・法律関係を直接の対象とする自白をいい，訴訟物たる権利関係自体は争いながらも，その前提となる先決的な法律関係の存否について，相手方の主張を認める陳述をいう。

たとえば，所有権侵害を理由とする損害賠償請求訴訟において，原告の所有権自体については争わないとする陳述などである。

権利自白についても，法律上の自白の成立を認め，拘束力を認めるべきかどうかについては争いがある。

(6) 擬制自白

（自白の擬制）

第159条　当事者が口頭弁論において相手方の主張した事実を争うことを明らかにしない場合には，その事実を自白したものとみなす。ただし，弁論の全趣旨により，その事実を争ったものと認めるべきときは，この限りでない。

2　相手方の主張した事実を知らない旨の陳述をした者は，その事実を争ったものと推定する。

3　第1項の規定は，当事者が口頭弁論の期日に出頭しない場合について準用する。ただし，その当事者が公示送達による呼出しを受けたものであるときは，この限りでない。

① 意　義

擬制自白とは，当事者が，口頭弁論，または弁論準備手続において相手 **H12-3-2** 方の主張した事実を争うことを明らかにせず（沈黙も含む），また弁論の全趣旨からも争っているとは認められない場合に，その事実を自白したも

のとみなされることをいう（民訴§159Ⅰ，170Ⅴ）。

② 要　件
　㋐ 口頭弁論において相手方の主張した事実を争うことを明らかにしないこと

H12-3-1
　　ⓐ 本条が適用される事実は，弁論主義が適用される主要事実である。したがって，法律上の陳述や経験則に関する主張には，本条は適用されない。また，請求の放棄・認諾が擬制されることもない。
　　ⓑ 争うことを明らかにしないとは，相手方の主張事実に対して，何ら陳述しないとか，はっきりした陳述をしないことをいう。不知の場合はその事実を争ったものと推定され，擬制自白とはならない（民訴§159Ⅱ）。

　㋑ 弁論の全趣旨により争ったと認められないこと

H12-3-5
　　弁論の全趣旨とは，口頭弁論の一体性を意味する。すなわち，相手方当事者の主張した事実を争うことを明らかにしたか否かは，当事者の陳述その他の態度を考察して総合的に，口頭弁論終結時の状態で判断することになる。
　　したがって，たとえば自白を擬制して第一審判決がされても，控訴審で争えば擬制自白は成立しない。
　　※ 争う陳述も防御方法であり，時機に後れた攻撃防御方法として却下される（民訴§157）などはありうる。

③ 当事者の欠席の場合

H12-3-3
　　当事者が口頭弁論に出頭しない場合にも，擬制自白は成立する（民訴§159Ⅲ本文）。

H18-1-オ
H9-3-5
H3-5-5
　　ただし，次の場合は擬制自白は成立しない。

　㋐ 欠席した当事者が公示送達の方法による呼出しを受けた場合（民訴§159Ⅲただし書）
　　➡ 実際上このような当事者が相手方の主張した事実を知っていることは考えられず，相手方の主張事実を争う機会が保障されていなかったといえるからである。

　㋑ 欠席した当事者が，簡易の呼出し（電話等）を受けた場合（期日の呼出しを受けた旨を記載した書面を提出していない場合）（民訴§94Ⅱ）

⑨ 出頭した相手方が準備書面により予告していなかった事実である場合（民訴§161Ⅲ）

㋓ 欠席者が，相手方の準備書面によって予告されている事実について，それを争う旨の陳述を記載した書面（答弁書その他の準備書面）を提出して，これを陳述したものとみなされる場合（民訴§158，277）

④ 擬制自白の効果

㋐ 自白が擬制された事実は，不要証事実として取り扱われ，自白の擬制が認められると，本来の裁判上の自白が成立した場合と同様，裁判所は自白が擬制された主要事実を裁判の基礎にしなければならないとの拘束を受ける。

しかし，本来の裁判上の自白とは異なり，当事者に自白の撤回を制限するという拘束力は生じない。

➡ 自白の擬制は，当事者の弁論を一体とみて争うかどうかを判断するものなので，適時提出主義に違反しない限り，控訴審の口頭弁論終結に至るまで当該事実を争うことにより擬制を免れるからである。

㋑ 擬制自白も自白である以上，弁論主義の下でのみ認められるものであり，職権探知主義が行われる場合には，自白を擬制するとの扱いは認められない。

④ 訴えの提起前における証拠収集の処分等

1 提訴前の照会および証拠収集手続

民事訴訟手続において，迅速で充実した計画的な審理による事案解明は極めて重要であるが，それを可能にするためには，提訴を予定している者が，提訴後の主張や立証に必要な情報や証拠をあらかじめ入手できることが必要である。そこで，民事訴訟法は，情報の入手面では，提訴後においてしかできなかった当事者照会を提訴前にもできるようにし，また，証拠収集面でも，同じく提訴前に，文書送付嘱託や調査嘱託等を含む4種類の証拠収集処分をすることができることとした。

2 提訴の予告通知
(1) 提訴予告通知制度

1で述べたように，訴え提起前の手続には，①提訴前の照会と②提訴前の

証拠収集処分とがあるが，いずれの手続も提訴の予告通知，すなわち訴えの被告となるべき者に予告する通知を書面ですることによりはじめて行うことが認められる（民訴§132の2Ⅰ本文）。また，他方で，予告通知を受けた相手方（以下「被予告通知者」という）も，予告通知に対する返答をしたときは，同様にこの照会等をすることができる（民訴§132の3Ⅰ，民訴規§52の3）。

(2)　提訴予告通知等の書面の記載事項

H18-3-2

予告通知書面には，提起しようとする訴えに係る請求の要旨と紛争の要点を記載し（民訴132の2Ⅲ），返答の書面には，これに対する答弁の要旨を記載する。

3　訴え提起前における照会

H18-3-1
H18-3-3

提訴前の照会は，訴えを提起した場合の主張または立証を準備するために必要であることが明らかな事項について，通知をした日から4か月内に限り，相当の期間を定めて，書面で回答するよう，相手方に対して書面で照会することができる（民訴§132の2Ⅰ本文）。被予告通知者も答弁要旨書によって予告通知に対する返答をしたときは，同様の照会をすることができる（民訴§132の3Ⅰ前段）。ただし，①～③の照会はすることができない。

①　民事訴訟法163条各号のいずれかに該当する照会（当事者照会における除外事由）
②　相手方または第三者の私生活についての秘密に関する事項についての照会であって，これに回答することにより，その相手方または第三者が社会生活を営むのに支障を生ずるおそれがあるもの（第三者の私生活についての秘密に関する事項については，相手方がこれに回答することをその第三者が承諾した場合を除く）
③　相手方または第三者の営業秘密に関する事項についての照会（第三者の営業秘密に関する事項については，相手方がこれに回答することをその第三者が承諾した場合を除く）

被予告通知者は，予告通知者に対し回答義務を負うが，裁判所を介さない手続であるため，回答に応じない場合にも直接の制裁を受けることはない。

4　訴え提起前における証拠収集の処分

⑴　訴え提起前における証拠収集処分

訴え提起前における証拠収集処分は，次の４つを内容としている（民訴§
132の４Ⅰ本文）。

① 　文書の所持者にその文書の送付を嘱託すること（文書の送付嘱託）

② 　必要な調査を官公署等に嘱託すること（調査嘱託）

③ 　専門的な知識経験を有する者にその専門的な知識経験に基づく意見の陳
述を嘱託すること

④ 　執行官に対し，物の形状，占有関係その他の現況について調査を命ずる
こと

なお，提訴前の文書提出命令は除かれている。

⑵　裁判所への申立て等

① 　提訴前の証拠収集処分がされるためには，提訴後に立証に必要であるこ
とが明らかな証拠となるべきものであって，申立人が自ら収集することが
困難であると認められることが必要である（民訴§132の４Ⅰ本文）。ただ
し，その証拠の収集に要すべき時間または嘱託を受けるべき者の負担が不
相当なものとなることその他の事情により，相当でないと認めるときは，
提訴前の証拠収集処分は認められない（同Ⅰただし書）。

② 　提訴前の照会と同様，証拠収集処分の申立てには，期間制限がある（相
手方の同意があるときを除き，予告通知がされた日から４か月の不変期間
内にしなければならない）（民訴§132の４Ⅱ）。

③ 　申立ては，申立人もしくは相手方の普通裁判籍所在地または嘱託を受け
る者の所在地等を管轄する地方裁判所にする（民訴§132の５）。

④ 　処分の申立てについての裁判に対しては，不服を申し立てることができ
ない（民訴§132の８）。

⑤ 　申立てに係る裁判に関する費用は，申立人が負担する（民訴§132の９）。

⑥ 　裁判所は，処分をする場合には，文書送付，調査嘱託の報告または意見
陳述をすべき期間を定める等の証拠収集処分の手続を行う（民訴§132の
６）。

⑦　当事者には，事件記録の閲覧等の請求権が認められている（民訴§132
の7）。

(3)　収集された証拠の利用

　　証拠収集処分で得られた結果である送付文書，調査嘱託の報告書，意見陳
述書，現況調査報告書は，将来訴えを提起した後に改めて書証の申出をする
などの証拠申出手続を踏まなければならない。この点で証拠保全の場合と異
なる。

H18-3-5

　　また，証拠収集手続の実施後に訴訟が係属しなかったとしても，申立人に
起訴命令を発することは予定されていない。

5　証拠調べの開始

1　証拠の申出およびその方式
(1)　証拠の申出

（証拠の申出）
第180条　証拠の申出は，証明すべき事実を特定してしなければならない。
2　証拠の申出は，期日前においてもすることができる。

---

① 　意　義

　　証拠の申出とは，裁判所に対して特定の証拠方法を取り調べるよう求め
る当事者の申立てをいう。

② 　職権証拠調べの禁止

　　弁論主義の下では，原則として職権証拠調べは禁止されている。したが
って，当事者の申立てのあった証拠方法についてだけ，裁判所は証拠調べ
を行う。

H27-4-ア

　　民事訴訟において例外的に職権証拠調べが許される場合としては，管轄
に関する事項（民訴§14），調査の嘱託（民訴§186），当事者尋問（民訴§
207 I），鑑定の嘱託（民訴§218），公文書の成立の照会（民訴§228Ⅲ），
検証の際の鑑定（民訴§233），訴訟係属中の証拠保全（民訴§237）等がある。

③ 　証拠の申出の方法

R5-4-ア
H20-3-ア

　　証拠の申出は，証明すべき事実を特定してしなければならない（民訴§
180 I）。また，証明すべき事実と証拠方法との関係を具体的に明示してし

なければならない（民訴規§99Ⅰ）。

　　なお，証拠の申出は，書面または口頭で行う（民訴規§1）。例えば， R3-3-エ
弁論準備手続期日における証人尋問の申出は，口頭ですることができる。

⑵　証拠の申出の方式

　①　証拠の申出は，攻撃防御方法の一種であるから，適時にしなければなら
　　ない（民訴§156）。

　②　証拠の申出は，期日前においてもすることができる（民訴§180Ⅱ）。 H20-3-イ
　　➡　証拠の申出自体が証拠調べの準備行為にすぎないから，形式的に口頭 H6-2-2
　　　弁論主義を貫くと，証拠調べの準備のために期日を1回無駄にすること
　　　になり，ひいては訴訟が遅延することとなるからである。

　③　証拠の申出を記載した書面は，相手方に対して直送しなければならない
　　（民訴規§99Ⅱ）。

2　証拠の申出の撤回

　　証拠の申出は，証拠調べが実施されるまではいつでも撤回することができる。 H31-4-ウ
しかし，証拠調べが開始された後は，相手方の同意がない限り撤回はできない。 H20-3-ウ
　➡　証拠共通の原則が働き，その証拠資料が相手方の有利に用いられる訴訟上 H2-5-3
　　の利益が生じる可能性があるからである。

　　証拠調べ完了後は，裁判所が心証の形成を終えてしまっているので撤回の余
地はない（最判昭58.5.26）。
　　なお，一度撤回した証拠申出をその後に改めて申出をしたときは，訴訟の状 H17-4-エ
況によっては時機に後れた攻撃防御方法の提出として却下されることはありう
るが（民訴§157Ⅰ），訴訟の展開により新たな立証の必要が生じることもある
ので，その再度の申出が全面的に禁止されることはない。

3　証拠の採否
⑴　証拠決定

（証拠調べを要しない場合）
第181条　裁判所は，当事者が申し出た証拠で必要でないと認めるものは，取
　り調べることを要しない。
　2　証拠調べについて不定期間の障害があるときは，裁判所は，証拠調べをし

ないことができる。

証拠の申出に対して，裁判所は，証拠調べをするかどうかを裁量で決定する（民訴§181Ⅰ）。これを証拠決定という。また，証拠調べについて不定期間の障害があるときは，裁判所は，証拠調べをしないことができる（同Ⅱ）。

H26-3-イ

証拠決定は訴訟指揮に関する決定であるから，裁判所はいつでも取り消すことができるし（民訴§120），この裁判に対する独立の不服申立てはすることができない。

(2)　唯一の証拠方法

判例は，当事者が申し出た証拠が争点ごとに審級全体を通じて唯一のものである場合には，この証拠を裁判所は原則として取り調べなければならないとしている（最判昭53.3.23）。

➡　これは，唯一の証拠を排斥しておきながら，当該証拠申出をした当事者に不利に事実を認定することは当事者に不満を残すことになり妥当でないからである。

こうした原則の例外として，唯一の証拠方法であっても取り調べを必要としない場合として，申請者が怠慢なため合理的期間内に証拠調べができないとき（最判昭39.4.3）や，適法な証拠申出ではあるが，立証命題である主張自体が失当で理由がないとき（最判昭38.11.7）などがある。

6　証拠調べの実施

1　概　説

(1)　集中証拠調べ

証人および当事者本人の尋問は，できる限り，争点および証拠の整理が終了した後に集中して行わなければならない（民訴§182）。

これを集中証拠調べといい，集中証拠調べによって，同一期日で尋問が終了するため，裁判所の心証形成が容易になり，充実した審理とこれに基づく迅速な判決の言渡しが促進されることになる。

(2)　直接主義

H2-5-4

直接主義とは，判決をする裁判官（受訴裁判所）が弁論の聴取や証拠調べを自ら直接に行うとする建前をいうが，証拠調べはこの直接主義（民訴§249）および公開主義（憲§82）の要請から，受訴裁判所が法廷において行

うのを原則とする。

　しかし，この例外として，受訴裁判所の法廷外の証拠調べ（民訴§185）や受命裁判官または受託裁判官による法廷外の証拠調べ（民訴§185）が認められている。また，裁判所は，弁論準備手続を受命裁判官に行わせることができる（民訴§171）。こうした例外の場合は，直接主義・公開主義を貫くために，法廷外の証拠調べの結果を口頭弁論において顕出しなければならない（口頭弁論において，証拠調べの結果を陳述することにより証拠資料となる）（民訴§173）。

(3) 参考人等の審尋（決定手続における簡易な証拠調べ）

　裁判所は，決定で完結すべき事件については，簡易な証拠調べとして，参考人（当事者が申し出た者に限られる）や当事者の審尋をすることができる（民訴§187Ⅰ）。

➡　イメージとしては，決定手続の簡易化した証人尋問・当事者尋問と捉えるとわかりやすいだろう。

　なお，この審尋は，相手方がある事件については，手続保障の観点から，当事者双方が立ち会うことのできる審尋の期日においてしなければならない（同Ⅱ）。

(4) 当事者の立会権

（当事者の不出頭の場合の取扱い）
第183条　証拠調べは，当事者が期日に出頭しない場合においても，することができる。

　当事者は，手続保障の観点から，証拠調べに立ち会う権利を有する。したがって，証拠調べをするについて，裁判所はその期日を指定し，当事者を呼び出さなければならない（民訴§94Ⅰ）。

　しかし，呼出にもかかわらず，証拠調べの期日に出頭しない場合でも，証拠調べを実施することができる（民訴§183）。

➡　当事者の一方または双方の不出頭により証人や鑑定人等の第三者が何度も呼び出されるという不都合を避け，かつ訴訟を遅滞させないためである。

R4-4-イ
H31-4-イ
H26-2-ウ
H20-3-オ
H18-1-エ
H11-1-4
H6-2-3
H2-5-2

2　証人尋問

(1)　意　義

　　証人とは，過去の事実について自己が認識した事柄を裁判所において供述すべき，当事者およびその法定代理人以外の者であり，証人尋問は，この証人の証言を証拠資料とする証拠調べをいう。

　　証人と鑑定人との区別については，証人は具体的事実についての認識を報告するのであり，意見を陳述するのではないのに対し，鑑定人はその学識経験に基づいて判断や意見を述べる点にある。この違いから，証人には代替性がないが，鑑定人には代替性があり，勾引は証人については認められるが鑑定人については認められない（民訴§194，216）。

(2)　証人適格

　　証人適格とは，証人となりうる資格をいう。

　　当事者およびその法定代理人(法人その他の団体の代表者または管理人（民訴§37）も含む) 以外の全ての第三者に証人適格が認められる。

➡　当事者およびその法定代理人については，当事者尋問の手続によって尋問することとなるからである。

　　たとえば，法定代理人（法人その他の団体の代表者または管理人）であっても，その訴訟において当事者を代表しない者，判決の効力を受ける第三者（民訴§115Ⅰ②～④など），補助参加人，訴訟代理人などは，証人となりうる。

　　証人適格は，行為能力・訴訟能力等に関係なく認められるから，たとえば幼児も証人能力を有する（最判昭43.2.9）。もっとも証言の証拠価値の点は問題となる（低くなるだろう）。

(3)　証人義務

H10-4-4

　　わが国の裁判権に服する者は，すべて証人義務を負う（民訴§190）。そして，この義務は，出頭義務，宣誓義務，供述義務からなっている。

R5-4-オ
H24-4-オ
H10-4-3
H10-4-5
H9-4-5
H6-2-1

　　この証人義務は，一般的な公法上の義務であるため，正当な理由がないのにこれを拒んだ場合は，次のような一定の制裁が科される。

①　不出頭に対しては訴訟費用の負担を命じ，過料（民訴§192），罰金・拘留（民訴§193）を科することができるほか，勾引をすることもできる（民訴§194）。

② 宣誓拒絶，証言拒絶に対しては，過料等，罰金等が科される（民訴§200，201Ⅴ，192，193）。さらに，宣誓した証人が虚偽の証言（偽証）をすると偽証罪に問われる（刑§169）。なお，宣誓に関しては，宣誓をさせることができない者（16歳未満の者（法定代理人の同意があっても宣誓不可）または宣誓の趣旨を理解することができない者），宣誓を免除することができる者，宣誓を拒むことができる者などの規定が置かれている（民訴§201Ⅱ～Ⅳ）。 `R5-4-エ`

(4) 証言拒絶権

証人は供述義務を負うが，次の事項については証言拒絶権を有する。

① 自己もしくは一定範囲の親族等が刑事訴追や有罪判決を受けるおそれのある事項，またはそれらの者の名誉を害すべき事項（民訴§196①②）

② 監督官庁等の承認（民訴§191Ⅰ）のない場合に公務員が職務上守秘義務を負う事項（民訴§197Ⅰ①）

③ 医師・弁護士等が職務上知った他人の秘密（同Ⅰ②）

④ 技術または職業上の秘密に関する事項（同Ⅰ③）

なお，上記②～④に関しては，黙秘義務を免除された場合は証言拒絶権を有しない（民訴§197Ⅱ）。また，①を含め拒絶理由は疎明しなければならない（民訴§198）。

(5) 証人尋問手続

① 尋問の申出

証人尋問の申出は，証明すべき事実を特定する（民訴§180Ⅰ）ほか，証人を指定して行う（民訴規§106）。これは，鑑定人については，裁判所側が指定するのと異なる（民訴§213）。 `H31-4-エ` `H6-2-4`

➡ 証人が誰であるかについて裁判所は知る由もないので，当事者の指定を要する。一方，鑑定人は，代替性があるし，当事者が指定した者はその当事者に肩入れするかもしれないので，公正を期すため裁判所が指定する，と理解すると良いだろう。

なお，職権で証人尋問をすることはできない。

② 人定質問・宣誓

裁判所が申出を採用したときは，期日を定め，呼出状を送達して証人を呼出し，人違いでないかを確認した後（人定質問），原則として事前に宣誓させたうえで（民訴§201），証人尋問を行う。 `H24-4-エ` `H9-4-2`

③　交互尋問

尋問は，交互尋問方式により行う。すなわち，まずその証人の尋問を申し出た当事者が主尋問を，次に相手方当事者が反対尋問を行い，最後に裁判長が補充尋問を行う（民訴§202Ⅰ）。

裁判長は必要に応じていつでも自ら尋問し，または，当事者に尋問を許すことができる（民訴規§113Ⅲ）。また，陪席裁判官も，裁判長に告げて尋問することができる（同Ⅳ）。

ただし，裁判長は，適当と認めるときは，当事者の意見を聴いて，上記の尋問の順序を変更することもできる（民訴§202Ⅱ）。

④　具体的な尋問方法

H9-4-1
H9-4-4

証人が複数あるときは，各別に隔離して尋問するのを原則とするが，裁判長の判断で，後に尋問すべき証人の在廷を許すことができ（民訴規§120），証人と他の証人との対質を命ずることができる（民訴規§118）。対質とは，同時に複数の証人を在廷させて同一事項について質問し，あるいは証人の1人の供述を聞かせたうえで，他の証人にその真偽を尋ねることである。なお，当事者尋問でも，当事者と他の当事者または証人との対質をすることができる（民訴規§126）。

➡　対質は，同じ経験をしながら供述内容に矛盾点があるときに，弁明をさせるなどして真相をあぶりだすものである。

⑤　口頭陳述の原則

質問に対する証人の陳述は口頭で行うのを原則とし（口頭陳述の原則），書類に基づいて陳述することは，原則としてすることができない（民訴§203）。

➡　これを認めると，証人のそのままの記憶を基にした自由な証言が妨げられるおそれがあり，偽証も容易になるからである。ただし，このようなおそれがないなどの場合には，裁判長の許可を受けて，書類に基づいて陳述することができる。

⑥　裁判所外における証拠調べ

（受命裁判官等による証人尋問）

第195条　裁判所は，次に掲げる場合に限り，受命裁判官又は受託裁判官に裁判所外で証人の尋問をさせることができる。

一　証人が受訴裁判所に出頭する義務がないとき，又は正当な理由により出

頭することができないとき。

二　証人が受訴裁判所に出頭するについて不相当な費用又は時間を要するとき。

三　現場において証人を尋問することが事実を発見するために必要であるとき。

四　当事者に異議がないとき。

　　　直接主義の要請から，尋問は裁判所の法廷で行うのを原則とするが，裁判所は，当事者に異議がないときを含め一定の要件の下で受命裁判官，受託裁判官に裁判所外で証人を尋問させることができるとしている（民訴§195①〜④）。`H10-4-2` `H9-4-3` `H6-2-5`

　　　また，受訴裁判所内で受命裁判官が証人尋問をすることは許されないが，大規模訴訟については，多数の証人尋問の必要性から，当事者に異議がなければこれを認めている（民訴§268）。`H16-3-オ`

⑦　映像等の送受信による通話の方法による証人尋問

　　　裁判所は，遠隔地に居住する証人や当事者と同じ場所で陳述すると圧迫を受け精神の平穏を著しく害される証人（例：犯人が当事者である場合の犯罪の被害者）の尋問を容易にするために，テレビ電話会議システム（映像と音声の送受信）を利用した尋問を認めている（民訴§204，民訴規§123）。

⑧　尋問に代わる書面の提出

（尋問に代わる書面の提出）

第205条　裁判所は，相当と認める場合において，当事者に異議がないときは，証人の尋問に代え，書面の提出をさせることができる。

　　　映像等の送受信による通話の方法による証人尋問も困難で，証人の出頭確保が期待できないような場合の補充手段として認められたものである。すなわち，裁判所が相当と認める場合において，当事者に異議がないときは，証人の尋問に代えて書面を提出させることができる（民訴§205）。同趣旨の規定は，簡易裁判所の訴訟手続に関する特則（民訴§278）としてもおかれているが，当事者に異議がないことを要件としている点，証人尋問に限られ，当事者尋問や鑑定人の意見の陳述については認められていない点で異なる。`H24-4-イ`

3　当事者尋問

(1) 意　義

　　当事者尋問とは，当事者本人またはその法定代理人が経験した事実認識を報告させ，その陳述を証拠資料とする証拠調べをいう。

　　この当事者の陳述は，当事者が主体としてする陳述（いわゆる弁論）とは異なって，訴訟資料とはならない（証拠資料となる）。したがって，訴訟能力を必要とせず，また，相手方当事者の主張事実と一致していても自白（民訴§179）は成立しない。

H29-1-イ
H27-4-エ

　　なお，法定代理人や法人の代表者の尋問も，この手続による（民訴§211本文，37）。また，この場合，未成年者等の当事者本人を重ねて尋問することができる（民訴§211ただし書）。

(2) 当事者尋問の手続

R4-4-ウ
H24-4-ア
H16-3-エ
H11-2-2
H10-4-1
H2-5-5
H元-4

　　当事者尋問は，申立てまたは職権により行われる（民訴§207Ⅰ前段）。

　　宣誓させるか否かは裁判所の裁量により（民訴§207Ⅰ後段），宣誓のうえ虚偽の陳述をしても偽証罪にはならない。しかし，過料の制裁を受ける（民訴§209Ⅰ。ただし，同Ⅲ）。

　　また，証人の場合のような勾引による出頭の現実的強制や，出頭拒絶，宣誓や供述の拒絶に対する過料，罰金等の制裁はない。しかし，正当な理由のない出頭，宣誓，供述の拒絶の場合には，裁判所は，尋問事項に関する相手方の主張（請求ではない）を真実と認めることができる（民訴§208）。

　　なお，尋問手続は，ほぼ証人尋問の手続に準ずる（民訴§210）。

　　証人尋問と当事者尋問を行うときは，まず証人尋問を行う。ただし，適当と認めるときは，当事者の意見を聴いて，まず当事者本人の尋問を行うことができる（民訴§207Ⅱ）。

○　証人尋問と当事者尋問の比較

	証人尋問（民訴§190～206）	当事者尋問（民訴§207～211）
開始	申立て（民訴§180）	申立てまたは職権（民訴§207Ⅰ）
申出の時期	事実審の口頭弁論終結に至るまで（口頭弁論期日，弁論準備手続期日前も含む，民訴§180Ⅱ）することができる。※	同左

正当な理由なく出頭しないとき	① 訴訟費用の負担および過料の制裁（民訴§192Ⅰ） ② 罰金または拘留，情状により併科（民訴§193） ③ 証人の勾引（民訴§194Ⅰ）	裁判所は，尋問事項に関する相手方の主張を真実と認めることができる（民訴§208）。	H31-4-オ H24-4-オ H10-4-3
宣誓	裁判所に宣誓をさせるかどうかの裁量権なし（民訴§201Ⅰ）。	裁判所に宣誓をさせるかどうかの裁量権あり（民訴§207Ⅰ後段）。	H24-4-エ H10-4-4
宣誓をした者が虚偽の陳述をした場合	偽証罪（刑§169）	過料（民訴§209Ⅰ） ただし，訴訟係属中に，その陳述が虚偽であることを認めたときは，裁判所は過料の決定を取り消すことができる（同Ⅲ）。	H10-4-5
尋問に代わる書面の提出	可（民訴§205）	不可（民訴§210参照） ただし，簡易裁判所では可（民訴§278）	R5-4-ウ

※　攻撃防御方法としての一定の制限は受ける（民訴§157，157の2，167，174，178，297，301等）

○　民事訴訟法210条（当事者尋問）により準用される証人尋問の規定

①	195条	受命裁判官等による証人尋問	
②	201条2項	宣誓義務のない者	
③	202条	尋問の順序	
④	203条	書類に基づく陳述の禁止	R5-4-イ
⑤	203条の2	付添い	
⑥	203条の3	遮へいの措置	
⑦	204条	映像等の送受信による通話の方法（テレビ会議システム）による尋問	
⑧	206条	受命裁判官等の権限	

4　鑑　定

(1)　意　義

鑑定とは，裁判官の判断能力を補充するために，特別な学識経験を有する第三者にその専門知識またはこれに基づく事実判断について報告させる証拠調べをいう。

また，この報告を行う者を鑑定人という。

鑑定は明文の規定（民訴§218，233）がある場合を除き，当事者からの申出をもって行われる（通説）。

(2)　鑑定人

鑑定人は，当事者の申出により，裁判所が，鑑定に必要な学識経験を有する者の中から指定する（民訴§212 I，213）。官公署や相当の設備を有する法人に職権で鑑定を嘱託することも可能である（民訴§218）。

鑑定人について，誠実に鑑定をすることを妨げるべき事情があるときは，当事者は鑑定人を忌避することができる（民訴§214）。

➡　鑑定人は，裁判官の認識・判断能力を補助する中立的な立場にあるからである。

また，一定の証言拒絶権および宣誓拒絶権を有する者と同一の地位にある者ならびに宣誓無能力者は鑑定人適格を有しない（民訴§212 II）。

(3)　鑑定義務

鑑定に必要な学識経験のある者は，鑑定をする義務を負う（民訴§212 I）。鑑定義務は，出頭義務，宣誓義務，鑑定意見報告義務をその内容とし，特別の定めがある場合を除き，証人義務に準ずる（民訴§216）。

鑑定義務に違反すると制裁が科せられるが，鑑定人には代替性があるため，勾引は認められない（民訴§216による§194の不準用）。

(4)　鑑定の手続

①　鑑定の申出等

鑑定の申出は，当事者が原則として鑑定事項を記載した書面を提出して行う（民訴規§129 I）。これに対して，裁判所は，鑑定の採否を決め，鑑定人を指定する。

②　鑑定意見の報告

　①の手続を経て，裁判所は，鑑定人を呼出し，宣誓を求めた上で，鑑定意見の報告をさせる。

　鑑定人の宣誓は，宣誓書を裁判所に提出する方法（書面宣誓）で行うこともできる（民訴規§131Ⅱ）。

➡　鑑定人の負担を軽減し，鑑定人を確保するためである。

　鑑定意見の報告は，口頭弁論期日に口頭で，または書面で（鑑定書の提出という形で）される（民訴§215Ⅰ）。

　口頭にせよ，書面にせよ，鑑定意見の報告がされた後，その内容や根拠を明瞭にするため必要があると認めるときは，裁判所は，申立てによりまたは職権で，鑑定人にさらに意見を述べさせることができる（民訴§215Ⅱ）。

　なお，鑑定人が遠隔の地に居住しているときのほか，相当と認められるときにも，テレビ電話会議システムによる鑑定人の意見陳述が認められる（民訴§215の3）。

③　鑑定人質問

　鑑定人が口頭で意見を述べる場合，まず，鑑定人から鑑定事項についての意見の陳述をし，次に，原則として，裁判長，鑑定の申出をした当事者，他の当事者の順で質問をすることができる（民訴§215の2）。　H14-5-1

5　書　証
(1)　意　義

　書証とは，文書に記載されている作成者の意思や認識を裁判所が閲読して，その意味内容を証拠資料とする証拠調べをいう。

　文書は，作成者の意思や認識を文字その他の記号により表現したものであるが，文書に準ずる物件（準文書），すなわち図面，写真，録音テープ，ビデオテープその他の情報を表すために作成された物件で文書でないものについても書証の取調べによる（民訴§231）。　H23-5-オ

　なお，書証は，文書の意味内容を証拠資料とする証拠調べである点で，検証が，文書の存在自体やその外形（形状など）を証拠資料とするための証拠調べであるのと異なる。

(2)　文書の種類
①　公文書，私文書

　公文書は，公務員がその権限に基づいて職務上作成した文書をいい，そ

れ以外の文書を私文書という。

② 処分証書，報告証書

証明しようとする法律行為が，その文書自体によってされている文書を処分証書（手形，遺言書，契約書など）といい，それ以外の作成者の経験を記載したり意見を述べた文書を報告証書という。

③ 原本，正本，謄本，抄本

原本は，その作成者が最初に作った確定的な文書をいい，正本は，原本と同一の効力をもたせるために公証権限を有する公務員が正本と表示して作成した写しをいう。また，謄本は，原本の内容をそのまま写したものであり，抄本は，原本の一部の写しをいう。

(3) 文書の証拠力

① 文書の証拠力の判断

文書の証拠力の判断にあっては，まず当該文書が挙証者の主張する特定人の意思により作成されたか（形式的証拠力ないし文書の真正）が確かめられなければならない（民訴§228Ⅰ）。そして文書の真正が確定されて初めて，その記載内容が要証事実の証明にどれだけ役立つか（実質的証拠力）を問題としうることになる。

例えば，売買契約書なら，第三者が勝手に作成（偽造）したものではなく，売主と買主で作成したものであることが確定しないと，売買契約の事実を証明する証拠にはなりえないということである。

② 文書の成立の真正の推定

文書の成立の真正に関しては，公文書，私文書の双方について，一定の要件の下で成立の真正を推定する規定が設けられている。すなわち，公文書は，その方式，趣旨により公務員が職務上作成したものと認めるべきときは，その成立の真正が推定される（民訴§228Ⅱ）。また，私文書は，本人またはその代理人の署名または押印があるときは，成立の真正が推定される（同Ⅳ）。ただし，本規定にいう私文書における「署名または押印があるとき」とは，署名または押印が本人またはその代理人の意思に基づいて真正に成立したとき，という意味であるところ，文書の印影が本人または代理人の印章によるものであれば，その印影は本人または代理人の意思に基づいて成立したとの事実上の推定が働き，結局，民事訴訟法228条4項と相まって，印影が本物であれば文書全体の成立の真正が推定されるこ

とになる（二段の推定；最判昭39.5.12）。なお，公文書の成立の真否につ　　H30-3-ア
いて疑いがあるときは，裁判所は，職権で，当該官庁または公署に照会を
することができる（民訴§228Ⅲ）。

⑷　書証の申出

（書証の申出）
第219条　書証の申出は，文書を提出し，又は文書の所持者にその提出を命ず
ることを申し立ててしなければならない。
（文書送付の嘱託）
第226条　書証の申出は，第219条の規定にかかわらず，文書の所持者にその文
書の送付を嘱託することを申し立ててすることができる。ただし，当事者が
法令により文書の正本又は謄本の交付を求めることができる場合は，この限
りでない。

　　書証の申出は，弁論主義の下では，当事者の申出によることを原則とする。　　H19-3-5
書証の申出の方法は，以下の３つである。　　　　　　　　　　　　　　　　　H15-3-ア
　　　　　　　　　　　　　　　　　　　　　　　　　　　　　　　　　　　　H5-5-1

① 　所持文書の提出
　　当事者（挙証者）が自ら所持する文書については，それを裁判所に提出
することによって行う（民訴§219前段）。

② 　文書提出命令の申立て
　　相手方当事者または第三者が所持する文書については，それらの者が提
出義務を負う場合には，文書提出命令を申し立てることによって行う（民
訴§219後段）。

③ 　文書送付嘱託の申立て
　　文書の所持者に提出義務がなくても，その任意の協力を得ることができ　　H23-5-ウ
る見込みがあれば，文書送付の嘱託をすることを申し立てることによって　　H23-5-エ
も行われる（民訴§226本文）。　　　　　　　　　　　　　　　　　　　　　H23-5-オ
　　この文書の送付嘱託は，当事者が裁判所から文書の所持者に対して文書　　H21-2-ウ
の提出を依頼するよう求めるものであり，登記所や市町村の保管書類など
について利用される。ただし，当事者が法令により文書の謄本等の交付を
求めることができる場合（登記事項証明書など）は，文書送付嘱託の申立
てをすることはできない（民訴§226ただし書）。

(5) 文書提出義務

H25-4-ア
H25-4-イ
H4-1-1
H4-1-5

　文書提出命令（民訴§223）は，文書の所持者が提出義務を負う場合に限って発令されるが，次に掲げる場合には，文書の所持者は文書の提出義務を負い，その提出を拒むことができない（民訴§220）。

① 引用文書（同①）

　　当事者が訴訟において引用した文書を自ら所持するとき

② 挙証者が所持者に対して「引渡し・閲覧請求権のある文書」（同②）

　【例】　共有物に関する文書（民§262Ⅳ），定款（会社§31）等

③ 「利益文書」（同③前段）および「法律関係文書」（同③後段）

　　「利益文書」とは，挙証者の権利・法的地位を基礎づけるために作成された文書をいう。

　【例】　領収書，挙証者を受遺者とする遺言書等

　　「法律関係文書」とは，挙証者と文書の所持者との間の法律関係について作成された文書をいう。

　【例】　契約書，契約解除通知書等

④ 次を除いて一般的に提出義務が認められる文書（同④）

　㋐ 文書の所持者またはその近親者等が刑事訴追・有罪判決を受けたり名誉を害されるおそれのある事項が記載されている文書（同イ）

　㋑ 公務員の職務上の秘密に関する文書で，その提出により公共の利益を害し，または公務の遂行に著しい支障を生ずるおそれがあるもの（公務秘密文書）（同ロ）

　　※ 裁判所は，公務員の職務上の秘密に関する文書について(5)④に掲げる場合であることを文書の提出義務の原因とする文書提出命令の申立てがあった場合には，その申立てに理由がないことが明らかなときを除き，当該文書が(5)④㋑に掲げる文書に該当するかどうかについて，当該監督官庁の意見を聴かなければならない。この場合において，当該監督官庁は，当該文書が(5)④㋑に掲げる文書に該当する旨の意見を述べるときは，その理由を示さなければならないが，当該監督官庁が

当該文書の提出により次の一，二に掲げるおそれがあることを理由として当該文書が(5)④④に掲げる文書に該当する旨の意見を述べたときは，裁判所は，その意見について相当の理由があると認めるに足りない場合に限り，文書の所持者に対し，その提出を命ずることができる（民訴§223ⅢⅣ）。

 一　国の安全が害されるおそれ，他国若しくは国際機関との信頼関係が損なわれるおそれまたは他国もしくは国際機関との交渉上不利益を被るおそれ

 二　犯罪の予防，鎮圧または捜査，公訴の維持，刑の執行その他の公共の安全と秩序の維持に支障を及ぼすおそれ

㋒　医師等の職務上の守秘義務事項や技術もしくは職業上の秘密事項で黙秘義務が免除されていないものが記載された文書（同ハ）

㋓　専ら所持者の利用に供するための文書（内部文書，自己使用文書。ただし，国または地方公共団体が所持する文書にあっては，公務員が組織的に用いるものを除く）（同ニ）

 ➡　当該文書は，挙証者と当該文書の所持者との間の法律関係について作成された文書として，文書提出義務の対象となることはない（最決平11.11.12，同12.3.10）。

㋔　刑事事件に係る訴訟に関する書類もしくは少年の保護事件の記録またはこれらの事件において押収されている文書（訴訟記録等）（同ホ）

(6)　文書提出命令

文書提出命令の申立ては，①文書の表示，②文書の趣旨，③文書の所持者，④証明すべき事実および⑤文書の提出義務の原因を明らかにして，書面でしなければならない（民訴§221Ⅰ，民訴規§140）。　`H13-2-ア`

上記のうち，①文書の表示，②文書の趣旨を明らかにすることが著しく困難である場合には，文書提出命令の申立ての段階では，文書の所持者がその申立てに係る文書を識別できる事項を明らかにすれば足りる（民訴§222Ⅰ前段）。

 ➡　証拠の偏在という現象のみられる訴訟などにおいては，当事者(挙証者)は見たこともない文書の提出命令を求めることが多いからである。

裁判所は，文書提出命令の申立てにつき，決定手続で審理する。その際，　`H26-3-ウ`

提出を求められた文書が民事訴訟法220条4号イロハニ（上記の(5)④⑦⑦⑦⑦）のいずれかに該当するかの判断をするため必要であれば，文書の所持者にその提示をさせることができる。この場合，何人も提示された文書の開示を求めることはできず（民訴§223Ⅵ），裁判所のみが提示された文書を閲読して提出義務の有無を判断することになる（イン・カメラ手続；民訴§223Ⅵ）。

　審理の結果，申立てに理由があるということになれば，裁判所は決定で所持者に対し提出命令を発する（民訴§223Ⅰ前段）。

　そして，第三者に対して文書提出命令を発令するには，手続保障のため，その前に当該第三者を審尋しなければならない（民訴§223Ⅱ）。

　また，文書に取り調べる必要がないと認める部分または提出義務があると認めることができない部分がある場合には（営業秘密に関する記載が含まれている文書など），裁判所は，その部分を除いた文書の一部の提出命令を発令することができる（民訴§223Ⅰ後段）。

　なお，文書提出命令の申立てを認め，または認めない決定に対しては即時抗告をすることができる（民訴§223Ⅶ）。ただし，証拠調べの必要性がないことを理由として文書提出命令の申立てを却下する決定に対しては，その必要性があることを理由として即時抗告をすることはできない（最決平12.3.10）。そして，そうなると，文書提出命令の申立てについての決定に対しては，文書の提出を命じられた所持者および申立てを却下された申立人以外の者は，抗告の利益を有せず，本案事件の当事者であっても，即時抗告をすることができない（最決平12.12.14）。すなわち，第三者に対してされた文書提出命令に対し，当該文書提出命令の申立人ではない本案事件の当事者は，即時抗告をすることができない。

(7)　文書提出義務に従わない場合の制裁

① 当事者に対する制裁

　⑦　ⓐ当事者が文書提出命令に従わないとき，または，ⓑ相手方（挙証者）の使用を妨げる目的で提出義務がある文書を滅失させ，その他これを使用できないようにしたときは，裁判所は，当該文書の記載（文書の内容と成立の真否）に関する相手方（申立人）の主張を真実と認めることができる（民訴§224ⅠⅡ）。

　　例えば，金銭消費貸借契約があったという事実を証明すべき事実として，借用証書の文書提出命令が発せられたが，相手方がこれに従わない場合，①当該借用証書が存在し，②文書提出命令の申立人の主張する作成者がこの借用証書を作成し，③この借用証書には，元本，利息，弁済

期など文書提出命令の申立人が主張するとおりの記載があることを真実
と認めることができるという意味である。

　ただし，裁判所は，必ず真実と認めなければならないわけではなく，
他の証拠や弁論の全趣旨から真実ではないと判断することもできる。

④　⑦に加えて，相手方が，ⓐ当該文書に記載された内容を具体的に主張　`H25-4-エ`
すること，およびⓑ当該文書により証明すべき事実を他の証拠によって
証明することが著しく困難であるときは，裁判所は，証明すべき事実（要
証事実）に関する相手方（申立人）の主張を真実であると認めることが
できる（民訴§224Ⅲ）。

　これは，上記の例でいえば，金銭消費貸借契約があったという事実を
真実と認めることができるということになる。

➡　文書に記載された内容を具体的に主張できない場合には，文書の記
載に関する主張を真実と認めるという制裁を科すことができない（何
を真実とすれば良いかわからないため）。そうなると，相手方はそも
そも文書提出命令に従わない方が得をすることになる。これは不合理
なので，民事訴訟法224条3項が定められた。

②　**第三者に対する制裁**　　　　　　　　　　　　　　　　　　　　　`H21-2-イ`
　第三者が文書提出命令に従わないときは，決定で20万円以下の過料が科　`H13-2-エ`
される（民訴§225Ⅰ）。　　　　　　　　　　　　　　　　　　　　　　`H4-1-3`

6　検　証

　検証とは，裁判官が，その五官の作用によって事物の性状や現象を直接に知　`H8-4-1`
覚・認識し，その結果を証拠資料とする証拠調べをいう。

　したがって，文書も，その記載内容ではなく，文書の存在自体ないし外形を
証拠資料とする場合には，検証となる。

　検証の手続は書証に準ずる（民訴§232Ⅰ）。

　裁判所または受命裁判官もしくは受託裁判官は，検証をするに当たり，必要　`H27-4-ウ`
があると認めるときは，鑑定を命ずることができる（民訴§233）。

7　調査の嘱託

　調査の嘱託とは，裁判所が内外の官公署，学校，商工会議所，取引所その他　`R2-2-オ`
の団体に嘱託して，必要な調査結果の報告を受ける特別な証拠調べの方法であ　`H27-4-オ`
る（民訴§186）。　　　　　　　　　　　　　　　　　　　　　　　　　　`H23-5-ア`
　　　　　　　　　　　　　　　　　　　　　　　　　　　　　　　　　　`H23-5-イ`
　調査の嘱託は，職権でも可能である。　　　　　　　　　　　　　　　　　`H21-2-エ`

被嘱託者は上記の団体であり，私的団体も含まれるが，自然人は含まれない。

裁判所から調査の嘱託を受けた内国の官公署その他の団体は，それに応ずる一般的な公法上の義務を負うが，違反に対する制裁はない。

H28-3-ウ　裁判所が民事訴訟法186条に基づく調査の嘱託によって得られた調査の結果を証拠とするには，裁判所がこれを口頭弁論において提示して当事者に意見陳述の機会を与えれば足り，当事者の援用を要しない（最判昭45.3.26）。

8　証拠保全

(1)　意　義

R2-4-ア　証拠保全とは，本来の証拠調べの手続を待っていたのではその証拠を使用することが困難ないし不可能となるおそれがある場合に，あらかじめ取調べをしてその結果を保全しておくための民事訴訟の付随的な手続をいう（民訴§234）。

【例】・提訴後の本来の証拠調べまで生存が危ぶまれている者を証人として尋問すること
　　　・保存期間の経過が目前に迫っている診療録を書証として取り調べること
　　　・建築物の瑕疵を改造前に事前に検証によって確定しておくこと

(2)　証拠保全の申立て

H27-4-イ
H21-2-オ
H11-3-1
H8-4-5
　証拠保全は，原則として当事者の裁判所に対する証拠保全の申立てにより開始される（民訴§234）が，**訴訟係属中は職権でも可能である**（民訴§237）。

H11-3-2　申立ては，相手方（本訴訟の相手方当事者）を指定し得ない場合にもすることができるが，その場合には，裁判所は，証拠調べに立ち会うことができない相手方となるべき者のために特別代理人を選任することができる（民訴§236）。

【例】　交通事故でひき逃げされ，加害者が不明な場合

(3)　管轄裁判所

①　訴え提起前

H26-3-オ　尋問を受けるべき者もしくは文書所持者の居所，検証物の所在地を管轄

する地方裁判所または簡易裁判所である（民訴§235Ⅱ）。

② 訴え提起後

当該証拠を使用すべき審級の裁判所である（民訴§235Ⅰ本文）。この裁判所は，受訴裁判所を構成する裁判官が所属している裁判所をいう。したがって，受訴裁判所以外の裁判体が証拠保全手続を行うこともあるし，受訴裁判所が行う可能性もある。

ただし，最初の口頭弁論期日が指定され，または事件が弁論準備手続もしくは書面による準備手続に付された後，口頭弁論の終結に至るまでの間は，受訴裁判所に申立てをしなければならない（民訴§235Ⅰただし書）。

また，訴え提起後でも急迫な場合には，訴え提起前と同様の裁判所に申し立てることができる（民訴§235Ⅲ）。

(4) 証拠保全決定

証拠保全の決定がされるためには，保全の必要性の疎明を要する（民訴規 `H11-3-3` §153Ⅲ）。そして，裁判所は，証拠保全の必要性を認めれば，証拠保全の決定をする。

証拠保全の決定に対しては不服申立てをすることはできない（民訴§238 `R2-3-ウ` Ⅰ）。なお，却下する決定に対しては，抗告をすることができる（民訴§328Ⅰ）。

➡ この違いは，証拠保全の決定がされ，証拠調べがされることは，訴訟係属中に証拠の申出がされ，証拠調べをすることのいわば先取りであり，不服申立てができないのは当然といえるが，証拠保全の申立てが却下されれば，その証拠調べが二度とできなくなるおそれがあるので抗告をすることができる，と理解すれば良い。

(5) 証拠保全の手続

証拠保全決定に基づく証拠調べの手続は，本来の証拠調べ（証人尋問，当 `R2-4-イ` 事者尋問等）の手続と同様である（民訴§234，民訴規§152）。 `H11-3-4`

証拠調べの期日には，申立人と相手方を呼び出して立ち会わせるのが原則 `R2-4-エ` である（民訴§240本文）。しかし，急速を要するときは呼出しを要しない（民訴§240ただし書）。

(6) 証拠保全の記録

証拠保全の記録は本案の訴訟記録がある裁判所の裁判所書記官に送付しな

ければならない（民訴規§154）。そして，この記録は口頭弁論に顕出されることによって本来の証拠調べの結果と同一の効力をもつ。

R2-4-オ　なお，証拠保全手続において尋問した証人について，当事者から口頭弁論における尋問の申出があったときには，裁判所はその尋問をしなければならない（民訴§242）。

➡　証人尋問は，供述をする時の態度など重要な要素について調書を読んでもわかりにくいため，直接主義を貫こうとしていると評価することができよう（同じ趣旨の規定として，民訴§249Ⅲ）。

(7) 証拠保全の費用

H11-3-5　証拠保全に関する費用は，訴訟費用の一部とする（民訴§241）。

第5節　証拠の評価と証明責任

Topics・自由心証主義は，民事訴訟法上重要な基本原則であり，出題の可能性
もある。証明責任については，難しいところであるが，証明責任とは
何かを理解しておいてほしい。

1　自由心証主義

1　意　義
(1)　自由心証主義と法定証拠主義
　　自由心証主義とは，裁判における事実の認定を，審理に現れたすべての資 `H13-3-イ`
料・状況に基づいて，裁判官が自由に形成する心証に委ねる建前をいう。現
行の民事訴訟法（民訴§247）は，この建前を採っている。
　　これに対し，いかなる証拠に基づいていかなる事実を認定すべきかにつき，
あらかじめ証拠法則を定めておき，裁判官がこれに従って事実を認定する原
則を法定証拠主義という。

　　　　証拠法則の例　三人以上の証人の証言が一致した場合は，それを事実と認
　　　　　　　　　　　定しなければならない。

(2)　自由心証主義の守備範囲
①　弁論主義と職権探知主義
　　自由心証主義は，弁論主義による訴訟か，職権探知主義による訴訟かを `H13-3-ア`
問わず機能する建前である。
　➡　自由心証主義は，訴訟において裁判官が事実を認定する際に働く原則
　　　であるところ，弁論主義と職権探知主義の違いは，訴訟資料の収集・提
　　　出の権能と責任が当事者のみにあるか，裁判所にもあるかであり，どち
　　　らも訴訟に顕出された資料・状況に基づいて事実を認定する点で変わり
　　　はないからである。

②　証拠契約との関係
　　証拠契約とは，訴訟物たる権利関係の成立や内容を判定するうえで前提 `H17-1-3`
となる事実の確定方法に関する当事者の合意（一定の事実を認める自白契
約，事実の確定を第三者に委ねる仲裁鑑定契約等）をいうが，こうした証
拠契約も，裁判官の自由心証を害さない限り有効と解されている。

2　自由心証主義の内容

> （自由心証主義）
> **第247条**　裁判所は，判決をするに当たり，口頭弁論の全趣旨及び証拠調べの結果をしん酌して，自由な心証により，事実についての主張を真実と認めるべきか否かを判断する。

H17-1-1

　　すなわち，事実認定の資料となるのは，弁論の全趣旨と証拠調べの結果であるが，それらのしん酌の仕方について裁判官の自由な心証に委ねたのが，自由心証主義である。その内容は次のとおりである。

(1)　証拠方法の無制限

H17-1-5
H13-3-エ

　　　自由心証主義の下では，証拠方法に何らの制限も設けないのが原則である。たとえば，反対尋問の機会がない伝聞証拠（例：証人Aが，Bが○○と言ってましたと証言すること。この場合Aに反対尋問しても○○の真偽はわからない）も，民事訴訟においては証拠能力が否定されない。しかし，手続の明確・迅速の要請，そして訴訟の種類から証拠方法が例外的に限定される場合がある。

　　【例】・代理権の証明には書面が要求される（民訴規§15，23Ⅰ）。
　　　　　・口頭弁論の方式の遵守は口頭弁論調書によってのみ証明できる（民訴§160Ⅲ）。
　　　　　・疎明は，即時に取り調べることができる証拠によってする（民訴§188）。
　　　　　・少額訴訟における証拠調べは，即時に取り調べることができる証拠に限りすることができる（民訴§371）。
　　　　　・手形・小切手訴訟では証拠方法は原則として書証に限られる（民訴§352，367Ⅱ）。

(2)　証拠力の自由評価
　①　証拠力の自由評価
　　　証拠の証拠力（証拠価値）の評価は，裁判官の自由な判断に委ねられる。これが自由心証主義の核心といってよい。ただし，自由な判断といっても，それは，論理法則または経験則に従ってされなければならない。

② 証拠共通の原則

　⑦ 証拠力の自由評価とは，証拠をその提出者にとって有利にも不利にも `H17-1-4` `H13-3-オ`
　　評価できるということを意味する。すなわち，当事者の一方が提出した
　　証拠は，その者に有利な事実認定に用いることができるほか，相手方が
　　証拠調べの結果を援用しなくても，当然に，相手方にとって有利な事実
　　の認定に用いることができる。これを証拠共通の原則という（最判昭
　　28.5.14）。

　⑦ 証拠共通の原則により，証拠調べ開始後の証拠の申出の撤回は，相手
　　方の同意を得ない限り，許されない。
　　➡ 証拠共通の原則を認めると，証拠調べの開始後は相手方に有利な証
　　　拠資料が現れる可能性が生ずるからである。

　⑨ 証拠共通の原則は，弁論主義とは抵触しない。
　　➡ 弁論主義は，訴訟資料の提出の責任が，裁判所との関係で当事者(原
　　　告または被告）にあるとするものであり，いずれの当事者が提出した
　　　かまでを問うものではない。すなわち，すでに証拠が提出された以上，
　　　弁論主義の問題はクリアしている。そして，それをどう評価するかが
　　　自由心証主義の問題なのである。

(3) **弁論の全趣旨**

　弁論の全趣旨とは，口頭弁論に現れた一切の資料・状況をいう。当事者の `H15-5-オ` `H13-3-ウ`
弁論の内容はもとより，釈明処分により得られた陳述・検証・鑑定や調査の
嘱託の結果（民訴§151），当事者または代理人の態度（あやふやな態度，自
白の撤回等），攻撃防御方法の提出の時期等がこれに含まれる。
　そして，証拠調べの結果のほか，弁論の全趣旨も心証形成の材料として用
いられる。弁論の全趣旨は，証拠調べの結果を補充する機能を有するが，証
拠調べなしに弁論の全趣旨から事実を認定せざるを得ない場合もありうる
（最判昭27.10.21）。また，証拠調べをしても，その結果より弁論の全趣旨を
重視してもよい。

(4) **事実上の推定**

　自由心証主義の下では，裁判官は，その自由な判断に従って事実を認定で
きるが，その判断は常に論理法則（正しく思考するためには従わなければな
らない法則で，数学や論理学の法則のようなもの），経験則（個別的経験か
ら帰納的に得られた事物の性状や因果の関係についての知識や法則）に従っ

てされなければならない。そして，この経験則等を用いることにより，ある事実（または証拠）から他の事実の存否を推定することを事実上の推定という。したがって，事実上の推定は，自由心証による事実認定の過程そのものであるといえる。

(5)　自由心証主義と上告

　自由心証主義は，裁判官に無制限の自由を許すものではなく，裁判官は，論理法則，経験則を考慮して，合理的に事実認定をしなければならない。そこで，判決書において当事者の主張事実と認定した事実およびその理由を付すことが要求される（民訴§253Ⅰ②③）。すなわち，事実判断についても判断の根拠を明らかにすることを要するのであって，この根拠の説明を証拠説明という。証拠説明としては，いかなる証拠を根拠としてその事実を認定したかが，判決文上明らかにされなくてはならず，これを欠くときは，上告理由（民訴§312Ⅱ⑥）となる。

②　証明責任

1　証明責任の意義

　事件について適用すべき実体法規の法律要件に該当する事実（主要事実）が存在するならば，裁判所はこの実体法規を適用する。しかし，それらの事実が存在しないならば，裁判所は実体法規を適用することができない。では，証拠調べおよび弁論の全趣旨の結果，裁判所が事実の真偽のいずれにも心証を形成できない場合（真偽不明，ノン・リケットともいう），もはや法を適用することはできず，裁判所は真偽不明を理由に判決を下すことを拒絶することになるのであろうか。しかし，これは法治国家における裁判制度の自己否定を意味し，許されない。そこで，このような真偽不明の場合に，当事者のいずれの有利不利に判断すべきかを定め，裁判を可能にしているのが証明責任のルールである。

　すなわち，証明責任とは，訴訟において裁判所がある事実（主要事実）の存否につきそのいずれとも確定できない場合に，その結果として，判決において，その事実を要件とする自己に有利な法律効果の発生または不発生が認められないことになる一方当事者の危険または不利益をいう。この場合，その当事者がその事実について証明責任を負っているという。

【例】・貸金返還請求事件において，「返還約束をして金銭を交付した」（民§587）という事実が真偽不明なら，返還請求権の発生が認められず，原告の請求棄却となるから，原告はこの事実について証明責任を負う。

・貸金返還請求事件において，返還約束をして金銭を交付したという事実が認定された場合に，「すでに弁済した」（民§473以下）という事実が真偽不明なら，債務の消滅という法律効果を認めることはできないから，この事実については被告が証明責任を負う。

2　証明責任の特質

(1)　証明責任は，１つの事実について一方の当事者のみが負うのであって，一方がその事実の存在，他方がその事実の不存在について同時に負うものではない。

➡　このように解しないと，真偽不明の場合に勝敗がつかないからである。

(2)　証明責任の存在は，訴訟の最初から抽象的に定まっているのであり，訴訟の経過によって，初め原告にあった証明責任が途中で被告に移るということはない。

(3)　証明責任は審理の最終段階（口頭弁論終結時）になってもなお，事実の真偽がいずれとも確信を抱けないときにはじめて働く。したがって，それ以前に裁判官が事実の存否について確信を抱くことができれば，証明責任は問題とならない。すなわち，自由心証主義の働きの尽きたところから証明責任の役割が始まるといってよい。

(4)　**証明責任と弁論主義・職権探知主義との関係**

証明責任は，裁判所が裁判に必要な資料に基づいて事実の存否を判断しても真偽不明の場合に問題となるところ，真偽不明は弁論主義か職権探知主義かは関係なく，生じうるものである。したがって，証明責任は，弁論主義が妥当する手続か，職権探知主義が妥当する手続かに関係なく問題となる。

(5)　**証明責任と主張責任**

弁論主義の下では，判決の基礎となる事実は当事者が主張しない限り採用できない。したがって，ある事実が当事者から主張されない以上，その事実を要件とする法律効果は認められない。その結果，当事者は，自己に有利な法律効果を認めてもらうためには，その法律効果を定める法規の要件事実を主張すべきことになる。これを主張責任という。

すなわち，主張責任の分配は，証明責任の分配と一致するといえる。

3　証明責任の分配

(1)　分配の必要

　　証明責任の分配とは，いかなる事実についていずれの当事者が証明責任を負担するかという問題をいう。

　　民事訴訟において，権利を主張する者が全ての事実（権利が発生したという事実のみならず，それが消滅しなかったという事実まで）を証明しなければならないとすれば，私人の権利行使はほとんど不可能になってしまう。そこで，民事訴訟における証明責任は，両当事者に適切に分配される。

(2)　分配の基準（法律要件分類説）

　　この分配の基準は，実質的には，訴訟追行上の当事者の公平，紛争の迅速な解決，権利をなるべく主張しやすくするのが望ましいとの政策等の考慮に基づくが，一般的には次のとおりである。

　① 　権利の発生を定める規定（権利根拠規定）の要件事実は，その権利を主張する者が証明責任を負う。

　　【例】　売買目的物の引渡しを請求する者は，売買契約の成立について証明責任を負う。

　② 　いったん発生した権利関係の消滅を定める規定（権利消滅規定）の要件事実については，法律効果の消滅を主張する者に証明責任がある。

　　【例】　債務の弁済（民§473以下），免除（民§519），契約の取消し（民§5Ⅱ，9，13Ⅳ，17Ⅳ，95Ⅰ，96），解除（541〜543，610〜612等），消滅時効の完成（民§166〜169）

　③ 　権利根拠規定に基づく法律効果の発生の障害を定める規定（権利障害規定）の要件事実は，その法律効果の発生を争う者に証明責任がある。

　　【例】　虚偽表示（民§94）

4　法律上の推定

(1)　意　義

　　推定とは，一般にある事実から他の事実を推認することをいうが，推定が裁判官の自由心証主義の一作用として経験則を適用して行われる場合を事実

上の推定という（既述）。これに対して，経験則があらかじめ法規（推定規定）になっており，その規定の適用として行われるのを法律上の推定という。法律上の推定には，事実推定と権利推定とがある。

① 事実推定

　事実推定とは，ある実体規定でＡという法律効果の要件事実とされている乙事実につき，他の法規で「甲事実（前提事実）があるときは乙事実（推定事実）があるものと推定する」と定める場合をいう。 `H15-2`

【例】　占有期間の推定（民§186Ⅱ），賃貸借・雇用の更新（民§619Ⅰ，629Ⅰ），嫡出子（民§772Ⅰ）

② 権利推定

　権利推定とは，Ａという権利の発生原因事実たる乙事実とは異なる甲事実につき，「甲事実があるときはＡという権利があるものと推定する」と定める場合をいう。

【例】　占有者の権利（民§188），境界線上の設置物の占有（民§229），共有持分（民§250，762Ⅱ）

(2) **効　果**

　法律上の推定がある場合には，Ａという法律効果（権利推定の場合には，Ａという権利）を主張する者は，その要件事実（権利推定の場合には，発生原因事実）である乙事実を証明してもよいが，通常これよりも証明が容易な甲事実の証明をもってこれに代えることができる。 `H15-2`

　これに対して，相手方としては，甲事実が証明されても，なお乙事実は不存在であることを証明することによって推定を覆すことができる。この点で，推定は「みなす」と規定された場合と異なる。

【例】　民法186条2項を例にとると，Ａは取得時効（民§162）に該当し，甲事実は時効期間の前後の両時点における占有，乙事実は10年または20年の占有の継続ということになる。時効期間の占有の継続の証明は極めて困難であろうが，時効期間の前後の両時点における占有の証明は比較的容易であろう。これに対し，相手方は，占有が継続していないことを，つまり途中で途切れていることを証明すれば，占有継続の推定を破ることができるのである。

5　本証と反証

　本証とは，証明責任を負う当事者が，その事実の存在を証明するために提出する証拠またはこの者の立証活動をいう。また，反証とは，相手方が，その事実の不存在を証明するために提出する証拠またはこの者の立証活動をいう。

　本証はその事実（要証事実）の存在について裁判官に確信を抱かせなければならないのに対し，反証はその事実の不存在（反対事実）について裁判官の確信を抱かせることは必ずしも必要でなく，要証事実についての裁判官の確信を動揺させ，真偽不明の状態に持ち込めばそれで目的を達する。

第6節　訴訟手続の停止

Topics・訴訟手続の中断は，頻出とまではいかないが，何時出題されてもおかしくない論点であり，注意をしておいてほしい。

1　訴訟手続の停止の意義

訴訟手続の停止とは，訴訟係属中に，一定の事由の発生により，法律上，その訴訟手続が進行しない状態になることをいう。

訴訟手続の停止には，中断と中止がある。

なお，訴訟手続の停止は，裁判所が期日の指定をしないとか，また当事者が期日に欠席するなどにより，事実上手続の進行が停止している場合とは異なる。

2　訴訟手続の停止の効果

(1)　停止中の訴訟行為

停止中は，当事者も裁判所も，その事件についての訴訟行為を有効にすることができない。

① 当事者の訴訟行為

停止中の訴訟行為は，相手方との関係で無効である。後に停止が解消されても，遡及して当然に有効とはならない。ただし，相手方が責問権を放棄・喪失（民訴§90）すれば有効となる（大判昭14.9.14）。

② 裁判所の訴訟行為

停止中になされた裁判，証拠調べその他の訴訟行為は，当事者双方との関係で無効である。ただし，当事者の責問権の放棄・喪失があれば，有効となる。

なお，口頭弁論終結後に中断が生じた場合に限り，判決の言渡しだけは例外として許される（民訴§132Ⅰ）。

➡　当事者の利益を害するわけではなく，また口頭弁論終結後はなるべく速やかに判決をさせる趣旨（民訴§251）にも合致するからである。

(2)　期間の進行

停止になれば，期間は進行を開始せず，すでに進行中の期間も進行しなかったことになる。 H25-2-オ

停止解消後には，残存期間ではなく，改めて全期間が進行する（民訴§
132Ⅱ）。

3　訴訟手続の中断

(1)　意　義

訴訟手続の中断とは，訴訟係属中，一方の当事者側の訴訟追行者に交代す
べき事由が生じた場合に，新追行者が訴訟に関与できるようになるまで手続
の進行を停止することをいう。

双方審尋主義の観点から，その当事者側の手続関与の機会を実質的に保障
するための制度である。

H22-3-ウ

訴訟手続の中断は，法定の事由によって当然に発生し，裁判所や当事者の
知・不知を問わない。

(2)　中断事由

次に掲げる事由があるときは，訴訟手続は中断する。

① 　当事者能力の喪失
　⑦　当事者の死亡（民訴§124Ⅰ①）
　　　当事者が死亡したときは，相続人，相続財産の管理人，相続財産の清
　　算人その他法令により，訴訟を続行すべき者が訴訟に関与できるまでの
　　間，訴訟手続は中断する。

H25-2-イ

　　　ただし，訴訟物である権利が一身専属的なものである場合には，手続
　　は中断せず，訴訟は終了する。

　【例】　離婚の訴えや離縁の訴えで当事者の一方が死亡した場合
　　　　　労働契約上の地位を有することの確認を求める訴えで原告が死亡
　　　　　した場合（最判平元.9.22）

　　　また，対立当事者の地位の混同が生じる場合（当事者の一方の唯一の
　　相続人が相手方当事者の場合）も，訴訟は終了し，中断にはならない。

　　　通常共同訴訟の場合は，ある共同訴訟人が死亡しても他の共同訴訟人
　　には影響を及ぼさない（民訴§39）。
　　　必要的共同訴訟では，１人の共同訴訟人が死亡すれば，全員について
　　その効力が生じ全部の手続が中断する（民訴§40Ⅲ）。

④　法人の合併による消滅（民訴§124Ⅰ②）

　　会社，その他の法人が合併により消滅した場合は，一方または双方の法人格が消滅するので，訴訟手続は中断する。

　　なお，合併以外の解散事由による場合は，清算が行われ，法人はその目的の範囲内で存続するから（一般法人§207，会社§476，645），訴訟手続は中断しない。

②　**訴訟能力の喪失，法定代理人の死亡，法定代理権の消滅**（民訴§124Ⅰ③）

　　このような場合は，本人自らが有効に訴訟行為をすることができず，また本人のために訴訟行為をする者も一時的に存在しなくなるから，訴訟手続は中断する。

　　訴訟能力の喪失とは，たとえば，当事者が後見開始の審判を受けた場合 `H29-1-エ` （民§7）とか，未成年者である当事者が営業許可の取消しを受けた場合（民§6Ⅱ）である。

　　法定代理権は，本人の死亡のほか，法定代理人の死亡，法定代理人が後見開始の審判を受けたこと（民§111），親権の喪失（民§834）などによって消滅するが，相手方に通知されない限りその効力を生じないので（民訴§36），通知がされない限り訴訟手続も中断しない。ただし，法定代理人が死亡したり，後見開始の審判を受けた場合には，通知をできる者がいないため，死亡の時点，あるいは後見開始の審判を受けた時点でその効力を生ずると解されている。

　　共同親権の場合は，父母の一方が死亡しても，残りの親権者が一人で法定代理人になることができるので（民§818Ⅲただし書），中断することはない。

　　なお，訴訟代理人の死亡や訴訟代理権の消滅の場合は中断事由とはされ `H22-3-エ` ていない。これは，本人自ら訴訟を追行することができるからである。

③　**訴訟追行資格の喪失**

㋐　受託者等の信託に関する任務の終了（民訴§124Ⅰ④）

　　受託者等がその資格で当事者となっている訴訟の進行中に信託に関する任務が終了した場合（信託§56～58）には，訴訟手続は中断する。

④　資格当事者の資格喪失（民訴§124 I ⑤）

H22-3-イ

一定の資格を有する者で自己の名で他人のために訴訟当事者となるもの（訴訟担当者）の死亡その他の事由による資格の喪失は，中断事由となる。しかし，訴訟担当者でも代位債権者（民§423）のように，自己の権利実現などのために訴訟追行資格を与えられた者は本号に含まれないと解されている。

資格当事者の例としては，破産管財人（破産§80），遺言執行者（民§1012）などがある。

⑤　選定当事者の資格喪失（民訴§124⑥）

選定当事者（民訴§30）の全員が死亡その他の事由により資格を失ったときは，選定者のために訴訟を追行すべき者がいなくなるので，訴訟手続は中断する。

なお，選定当事者の一部の者が資格を喪失したときは，他の選定当事者において全員のために訴訟行為をすることができるので（民訴§30 V），中断事由にはならない。

④　訴訟係属中における当事者の破産および破産手続の終了（破産§44 I，Ⅳ）

⑤　所有者不明土地管理命令等（民訴§125）

所有者不明土地管理命令（民§264の2 I）が発せられたときは，当該所有者不明土地管理命令の対象とされた土地または共有持分および当該所有者不明土地管理命令の効力が及ぶ動産ならびにその管理，処分その他の事由により所有者不明土地管理人（同Ⅳ）が得た財産（所有者不明土地等）に関する訴訟手続で当該所有者不明土地等の所有者（その共有持分を有する者を含む。）を当事者とするものは，中断する。この場合においては，所有者不明土地管理人は，訴訟手続を受け継ぐことができる（民訴§125 I）。
➡　民法264条の4を併せて確認するとよいだろう。

所有者不明土地管理命令が取り消されたときは，所有者不明土地管理人を当事者とする所有者不明土地等に関する訴訟手続は，中断する。この場合においては，所有者不明土地等の所有者は，訴訟手続を受け継がなければならない（民訴§125Ⅱ）。

　民事訴訟法125条１項の規定は所有者不明建物管理命令（民§264の８Ⅰ）が発せられた場合について，民事訴訟法125条２項の規定は所有者不明建物管理命令が取り消された場合について準用される（民訴§125Ⅲ）。

(3) 訴訟代理人がある場合の例外

　(2)で述べた中断事由（ただし④⑤を除く）が生じた当事者側に訴訟代理人がいれば，訴訟手続は中断しない（民訴§124Ⅱ）。
　➡ (2)で述べた中断事由（ただし④⑤を除く）が生じても，訴訟代理権は消滅しない（民訴§58）。これは，訴訟代理人は原則として弁護士であり当事者の保護は充分であることによる。そうであるならば，これらの中断事由が発生しても訴訟代理人は引き続き訴訟追行が可能であり，かつ当事者の保護は充分であるので，これらの中断事由が生じても訴訟代理人があるときは，訴訟手続は中断しないとしたものである。

　このように訴訟手続が中断しない場合には，(2)②の場合を除いて当事者が交代するので，従来から選任されている訴訟代理人は新当事者の代理人として訴訟手続を続行することになる。

(4) 中断の解消

　中断は，当事者側からの受継の申立て，または裁判所の続行命令によって解消し，訴訟手続の進行が再開される。

① 受継

　㋐ 意義
　　受継とは，中断している手続の続行を求める旨の，当事者による申立てのことをいう。

　㋑ 受継申立権者
　　中断事由のある当事者側の新追行者および相手方（民訴§126）である。新追行者は，それぞれの中断事由ごとに法定されている（民訴§124Ⅰ各号，破産§44Ⅱ，127，129）。
　　通常共同訴訟の場合には，共同訴訟人の１人に中断事由が生じても，他の共同訴訟人に影響を及ぼさない（民訴§39）ので，他の共同訴訟人は新追行者の受継の申立てをすることはできない（大判大5.12.22）。
　　なお，相続人は，相続の放棄をすることができる間は，訴訟手続を受け継ぐことができない（民訴§124Ⅲ①）。

H29-1-エ
H25-2-エ
H17-4-ウ
H15-4-エ
H4-3-1

H22-3-オ

H30-1-ア
H25-2-ア

➡　相続の放棄があると，相続時にさかのぼって相続人でなかったことになるからである（民§939）。

⑰　受継の手続

受継の申立ては，新追行者および受継の意思を明示しかつ新追行者の受継資格を明らかにする資料を添付して，書面でしなければならない（民訴規§51）。

申立てをすべき裁判所は，中断当時訴訟の係属する裁判所である（民訴§128Ⅱ参照）。裁判所は，受継申立てのあった旨を相手方に通知しなければならない（民訴§127）。相手方に対しては，この通知によって中断が解消する（民訴§132Ⅱ後段参照）。

なお，訴訟手続の受継の申立てがあった場合には，裁判所は，職権で調査し，理由がないと認めるときは，決定で，その申立てを却下しなければならない（民訴§128Ⅰ）。

② 続行命令

当事者双方が受継申立てを怠る場合には，裁判所は，職権で，訴訟手続の続行を命ずる決定をして，その進行を図ることができる（民訴§129）。

➡　当事者双方が受継の申立てをしなければ，延々係属することになるからである。

4　訴訟手続の中止
⑴　意　義
裁判所または当事者に何らかの障害事由が発生し，訴訟手続の進行が不能または不適当な場合に，法律上当然にまたは裁判所の命令を待って生ずる停止をいう。

⑵　裁判所の職務執行不能による中止
天災その他の事由により，裁判所の職務執行が不能になった場合，当然に訴訟手続は中止する（民訴§130）。

⑶　当事者の故障による中止
当事者に不定期間の故障がある場合（当事者が伝染病で隔離されたり，天災などのために交通が途絶して当分回復の見込みがない場合など），裁判所は，決定でその中止を命ずることができる（民訴§131）。

⑷　**その他の裁量中止**

　他の法令上，訴訟の続行を不適当とするために，裁判所が中止できるとされている場合がある（家事事件§275Ⅰ等）。

第7節　専門委員

Topics ・令和4年の試験までには，出題はなかった。しかし，新しい論点として何時出題されてもおかしくはないので，条文レベルはしっかりマスターしておくこと。

1　専門委員制度の趣旨

　科学技術が高度に発展し，社会生活が複雑化している現代においては，知的財産権，医療過誤，建築関係の紛争など，紛争の内容や争点を十分に理解し，適切妥当な紛争解決基準を見出すのに，法律以外の専門的知見が必要不可欠となる訴訟も多くなっている。そこで，この種の訴訟の審理にあたっては，専門家を訴訟手続に関与させて，その知見を活用することが，審理の充実・促進のために必要であるとして，本制度が設けられた。

2　専門委員制度

⑴　専門委員の関与

　裁判所は，以下の場合に，専門委員を関与させて専門的知見に基づく説明を聴くことができる（民訴§92の2）。

① 　争点もしくは証拠の整理または訴訟手続の進行に関し必要な事項の協議をするにあたり，訴訟関係を明瞭にし，または訴訟手続の円滑な進行を図るため必要があると認めるとき

② 　証拠調べをするにあたり，訴訟関係または証拠調べの結果の趣旨を明瞭にするため必要があると認めるとき

③ 　和解を試みるにあたり，必要があると認めるとき

⑵　当事者の手続保障

① 　専門委員を関与させるためには，裁判所は，⑴①②の場合には，当事者の意見を聴く必要があり，⑴③の場合には，当事者の同意を得なければならない。

➡ 　和解に専門委員を関与させれば和解の内容にかなりの影響力を及ぼすことが推測できるので，当事者の意見を聴くのみでは足りず，同意を要する，と覚えれば良い。

　また，⑴②の場合に，証拠調べの期日において，専門委員が証人，当事者本人または鑑定人に対し直接に問いを発することを裁判長が許すには，当事者の同意を得なければならない。

➡ 専門委員の問いに対する答えは証拠資料となり，訴訟の勝敗に直結することもあるから，当事者の同意を要するとされている。

② 裁判所は，相当と認めるときは，申立てによりまたは職権で，専門委員を手続に関与させる決定を取り消すことができ，当事者双方の申立てがあるときは，これを取り消さなければならない（民訴§92の4）。

③ 当事者は，専門委員の除斥または忌避を申し立てることができる（民訴§92の6Ⅰ）。その専門委員は，その申立てについての決定が確定するまで申立てのあった事件の手続に関与することができない（民訴§92の6Ⅱ）。

(3) その他の制度

① 専門委員の指定

専門委員は非常勤の裁判所職員であり，当事者の意見を聴いて，裁判所が各事件について関与させる専門委員を指定する（民訴§92の5）。

② 電話会議システム

専門委員は，期日に立ち会うのが原則であるが，裁判所は，電話会議システムを用いて専門委員に説明または発問をさせることができる（民訴§92の3）。

➡ 専門委員を頼めるような専門家は，多忙を極めるだろう。

第4章
訴訟の終了

第1節　当事者の行為による訴訟の終了

Topics ・処分権主義とも関連する場面であり重要な論点である。特に訴えの取下げ，訴訟上の和解は頻出の論点なので，常に準備を怠らないでほしい。

1 当事者の自主的な行為による訴訟の終了（裁判によらない訴訟の終了）

　民事訴訟手続は，原告の訴えの提起によって開始され，裁判所の判決言渡しによって終了するのが原則である。しかし，提起された訴えがすべて裁判所の判決によって解決されなければならないわけではない。実際には，かなりの割合で，訴えの取下げ，請求の放棄・認諾，訴訟上の和解等当事者の意思によって，訴訟が終了している。

　このように，民事訴訟法は当事者に対して，単に訴えの提起の局面で訴えの提起をするか否かの自由を与えているだけでなく，いったん手続を提起した後でも，自己の意思で判決によることなく訴訟を終了させる権限を与えている。この権限もまた，専ら当事者の意思によって手続を利用するか否かを決定する処分行為であり，これは訴訟終結の局面における処分権主義の現れであるといえる。

　なお，訴えの取下げ，請求の放棄，認諾，訴訟上の和解等，当事者の意思による訴訟終了行為相互においては，いったん係属した訴訟手続を終結させる点では共通しているが，訴えの取下げが，手続を終了させるにすぎず，実体的な権利関係ないし法律関係そのものには直接に影響を及ぼさないのに対し，請求の放棄・認諾および訴訟上の和解は，実体的な権利・法律関係に影響を及ぼすものである点で異なっている。

② 訴えの取下げ

1 訴えの取下げ

(1) 意 義

　　訴えの取下げは，原告が訴えを撤回する旨の裁判所に対する意思表示をいう。

　　訴えの取下げがあると，裁判所はもはや判決を下す必要はなくなり，いったん生じた訴訟係属も訴えの提起時にさかのぼって消滅する（民訴§262Ⅰ）。

H22-5-オ
H4-4-5

(2) 訴えの取下げの合意

　　訴訟当事者間で，係属中の訴訟についてこれを取り下げる旨の合意が成立する場合がある。この合意にしたがって，原告が任意に訴えを取り下げれば問題はないのであるが，訴えを取り下げない場合の取扱いが問題となる。この場合，この合意の存在によって当事者間では紛争が終了しているから原告は訴えの利益を失い，結局係属中の訴えは不適法却下されるとされている（最判昭44.10.17）。

2 訴えの取下げの要件と方式

（訴えの取下げ）

第261条　訴えは，判決が確定するまで，その全部又は一部を取り下げることができる。

2　訴えの取下げは，相手方が本案について準備書面を提出し，弁論準備手続において申述をし，又は口頭弁論をした後にあっては，相手方の同意を得なければ，その効力を生じない。ただし，本訴の取下げがあった場合における反訴の取下げについては，この限りでない。

3　訴えの取下げは，書面でしなければならない。ただし，口頭弁論，弁論準備手続又は和解の期日（以下この章において「口頭弁論等の期日」という。）においては，口頭ですることを妨げない。

4　第2項本文の場合において，訴えの取下げが書面でされたときはその書面を，訴えの取下げが口頭弁論等の期日において口頭でされたとき（相手方がその期日に出頭したときを除く。）はその期日の調書の謄本を相手方に送達しなければならない。

5　訴えの取下げの書面の送達を受けた日から2週間以内に相手方が異議を述べないときは，訴えの取下げに同意したものとみなす。訴えの取下げが口頭弁論等の期日において口頭でされた場合において，相手方がその期日に出頭

したときは訴えの取下げがあった日から，相手方がその期日に出頭しなかったときは前項の謄本の送達があった日から2週間以内に相手方が異議を述べないときも，同様とする。

(1) 訴えの取下げの要件

① 訴えの取下げの時期

H27-5-イ
H26-5-ア
H9-5-4
H6-4-2
H4-4-1

訴えの取下げは，原則として訴え提起から判決が確定するまでの間，自由に行うことができる（民訴§261Ⅰ）。

したがって，終局判決に至る前にできることはもちろん，終局判決がされた後にもすることができる。

また，事件が上訴審（控訴審・上告審）に移審した後にもすることができる。

② 相手方の同意

H31-5-オ
H27-5-イ
H22-5-エ
H20-4-エ
H14-1-オ
H9-5-2
H元-3-5

被告が原告の請求に対して本案に関する応訴行為を行った場合，すなわち，相手方が本案について準備書面を提出し，弁論準備手続において申述をし，または口頭弁論をした後は，相手方の同意を得なければ訴えの取下げの効果は発生しない（民訴§261Ⅱ本文）。なお，本案とは請求の当否に関する事項をいう。

➡ 被告が本案について争うことを表明したということは，請求棄却判決を得たいという意思の表れと評価でき，そのような被告の勝訴への意思を尊重する必要があるからである。

H26-5-ウ

なお，被告が同意を拒絶した場合，訴えの取下げは無効に確定し，その後被告が改めて同意をしても，当該取下げは効力を生じない（最判昭37.4.6）。

H26-5-エ

反訴についても，訴えに関する規定によるとされ，反訴の取下げは，相手方が本案について準備書面を提出し，弁論準備手続で申述をし，または口頭弁論をした後にあっては，相手方の同意がなければ，その効力を生じない（民訴§146Ⅳ，261Ⅱ本文）。ただし，本訴の取下げ後の反訴の取下げについては，相手方（反訴被告）の同意は不要である（民訴§261Ⅱただし書）。

➡ 反訴は本訴を受けて提起されたものであるのに，本訴を取り下げておきながら反訴の取下げを認めないのは，不公平といえるからである。

なお，本条の規定は，上訴の取下げには適用がない（控訴の取下げにつ

き，最判昭34.9.17，民訴§292Ⅱ，313参照）。すなわち上訴の取下げをす
るのに被上訴人の同意は不要である。

➡　上訴の取下げは，被上訴人が勝訴しているであろう原判決を確定させ
るだけであるから，被上訴人に不利な訴訟行為ではないからである。

③　訴訟行為

訴えの取下げは訴訟行為であるから，原告には訴訟行為を行うための要
件が備わっていなければならない。

㋐　原告は訴訟能力を有していなければならない。

㋑　被保佐人や訴訟行為に補助人の同意を要する被補助人，法定代理人，
訴訟代理人によって行われる場合には特別の授権が必要である（民訴§
32Ⅱ①，55Ⅱ②）。

㋒　訴えの取下げには条件を付することができない（最判昭50.2.14）。
➡　手続の安定を害するからである。

㋓　訴えの取下げは訴訟行為であるから，一般に行為者の意思の瑕疵がた　`H26-5-イ`
だちにその効力を左右するものではない（すなわち，訴訟手続は訴訟行
為が積み重なっていくものであるから安定が要求され，訴訟行為を瑕疵
があるからと後で覆すことは原則認められない）が，詐欺脅迫等明らか
に刑事上罰すべき他人の行為により訴えの取下げがなされるにいたった
ときは，民事訴訟法338条1項5号の法意に照らし，その取下げは無効
となる（最判昭46.6.25）。

(2)　訴えの取下げの方式

訴えの取下げは，原則として裁判所に対して書面で行う（民訴§261Ⅲ本文）。　`H31-5-イ`
➡　訴えの取下げは，訴訟係属を消滅させるという重要な効果を伴うから，　`H20-4-ア`
原告の取下げの意思を明確にしておく必要があるからである。　`H16-2-ア`
　`H16-2-イ`
　`H14-1-エ`
ただし，訴えの取下げが口頭弁論期日，弁論準備手続期日または和解の　`H9-5-3`
期日（**口頭弁論等の期日**）においてされる場合には，口頭で行うことがで
きる（民訴§261Ⅲただし書）。
➡　この場合には，訴えの取下げの意思は直接裁判所（裁判官）に対してさ
れるため，その意思を直接確認することができるからである。

(3)　被告の同意の方式

H4-4-2

　訴えの取下げに相手方の同意を必要とする場合には，訴えの取下げが書面でされたときはその書面を，口頭弁論等の期日において口頭でされたときはその期日の調書の謄本を，相手方に送達しなければならない（相手方が期日に出席した時を除く）（民訴§261Ⅳ，民訴規§95ⅡⅢ）。

➡　相手方に訴えの取下げがあったことを知らせて，それに対して同意を与えるか否かについての態度を決定させるためである。

　訴えの取下げに対する同意は，書面または口頭でしなければならない。

H4-4-3

　また，被告の同意がなく，その態度が不明のときは訴訟手続がいつまでも不安定な状態に置かれるため，法は同意の擬制についての規定を置いている。すなわち，

①　訴えの取下げの書面の送達を受けた日から二週間以内に相手方が異議を述べないときは，訴えの取下げに同意したものとみなされる（民訴§261Ⅴ前段）。

②　訴えの取下げが口頭弁論等の期日において口頭でされた場合において，

H29-3-ア

　㋐　相手方がその期日に出頭したときは訴えの取下げがあった日から

　㋑　相手方がその期日に出頭しなかったときは前項の謄本の送達があった日から

　2週間以内に相手方が異議を述べないときも，同様に訴えの取下げに同意したものとみなされる。

(4)　訴えの取下げ擬制

R4-4-エ
H27-5-ア
H20-4-イ
H18-1-イ
H11-1-3

　当事者が訴訟の追行に不熱心で，双方が口頭弁論期日もしくは弁論準備手続に出頭せず，または出頭しても弁論もしくは弁論準備手続において申述をせずに退席した場合において，1か月以内に期日指定の申立てをしないときは，訴えの取下げがあったものとみなされる。また，当事者双方が連続して2回，口頭弁論もしくは弁論準備手続に出頭せず，または弁論もしくは弁論準備手続において申述をしないで退廷した場合も同様に訴えが取り下げられたものとみなされる（民訴§263）。

➡　これらの場合，両当事者は訴訟を進行させる意思がないと評価できるので，取下げがあったものとみなすことにしたのである。

3　訴えの取下げの効果

> （訴えの取下げの効果）
> **第262条**　訴訟は，訴えの取下げがあった部分については，初めから係属して
> いなかったものとみなす。
> 2　本案について終局判決があった後に訴えを取り下げた者は，同一の訴えを
> 提起することができない。

(1)　訴訟係属の遡及的消滅

　　訴えの取下げが有効にされると，訴えの提起が撤回されたことになり，い H22-5-オ
ったん係属した訴訟手続も，訴えの取下げがあった部分については，初めか H14-1-イ
ら係属していなかったものとみなされる（民訴§262Ⅰ）。 H4-4-5

　　したがって，たとえば終局判決の言渡し後に訴えが取り下げられた場合，
終局判決も効力を失う。

　　ただし，証拠調べ調書等を，他の訴訟において書証として利用することは
可能である。

(2)　再訴の禁止

　　訴えの取下げがされた場合には，請求の放棄の場合と異なり，初めから訴 H20-4-ウ
訟が係属していなかったものとみなされるから，原告は同じ請求について再 H14-1-ウ
度訴えを提起することは妨げられないのが原則である。 H4-4-4

　　しかし，本案について終局判決があった後に訴えが取り下げられた場合に
は，訴えを取り下げた者は，同一の訴えを提起することができない（民訴§
262Ⅱ）。

　➡　これは，国家がせっかく紛争の解決案を示したのに，これを失効させて
　　徒労に帰させたのであるから，二度と同一の紛争の解決を要求しても相手
　　にしないとの取下げ濫用に対する制裁の趣旨である。

　　再訴禁止の効果が発生するためには，訴えの取下げが本案の終局判決の後 H16-2-エ
にされた場合でなければならない。したがって，訴訟判決があった後の訴え
の取下げの場合には再訴禁止の適用がない。

　　また，第一審の本案判決が控訴審で破棄差戻しになり，いまだ第一審の本 H26-5-オ
案判決がされる前に訴えの取下げがあったときは，再訴禁止には該当しない
（最判昭38.10.1）。

　なお，再訴禁止の効力が生じるには，再訴が前訴と同一である場合に限られる。同一とは，単に当事者や権利関係が同一であるというだけでなく，訴えの利益または必要性についても事情が同一であることが必要である。したがって，訴えの取下げ後に相手方の主張が変わり，争いが生じて新たな訴えの必要性があれば，再訴は否定されない（最判昭52.7.19）。

4　訴えの取下げについての調査

　裁判所は，訴えの取下げがあった場合，有効か否かを職権で調査しなければならない。

3　請求の放棄・認諾

1　請求の放棄・認諾の意義

　請求の放棄とは，原告が自らの訴訟上の請求についてその理由がないことを自認して訴訟を終了させようとする裁判所に対する意思表示をいう。また，請求の認諾とは，被告が原告の請求についてその理由があることを自認して訴訟を終了させようとする裁判所に対する意思表示をいう。

　請求の放棄・認諾調書の記載により確定判決と同じ効力を持つ（民訴§267）。

　また，訴訟物たる権利関係の得喪をもたらす点で，訴えの取下げと異なる。

2　請求の放棄・認諾の要件と方式

⑴　要　件

　①　訴訟物たる権利関係が当事者において自由に処分できるものであること

　　請求の放棄の場合は原告に，請求の認諾の場合は被告にそれぞれ訴訟物たる権利関係について実体法上の処分権限がなければならないということである。したがって，通常の財産権に対する訴訟では当事者に管理処分権限が存在するから，請求の放棄や認諾をする権限も認められる。

　　なお，身分法上の争いに関する人事訴訟に関する手続においては，当事者が自由に権利・法律関係を処分することができないから，民事訴訟法の請求の放棄，認諾に関する規定（民訴§266），および訴訟上の和解に関する規定（民訴§267）は適用しないものとされている（人訴§19Ⅱ）。

H16-2-オ

　　ただし，離婚の訴えについては，訴訟上の和解，請求の放棄・認諾について特則が設けられ，一定の要件の下にいずれも可能とされている（人訴§37）。

② 訴訟能力および代理権の欠缺がないこと

　　当事者には訴訟能力が必要である。また，訴訟代理人には訴訟代理権が必要である。特に被保佐人，訴訟行為に補助人の同意を要する被補助人，法定代理人および訴訟代理人が請求の放棄・認諾をするには，特別の授権を要する（民訴§32Ⅱ①，55Ⅱ②）。

③ 訴訟要件の具備

　　請求の放棄・認諾は，判決の代用物であることから，訴訟要件を具備していることを要する。

④ 条件を付すことができないこと

　　請求の放棄・認諾については，請求を無条件に認諾するか放棄するかのいずれかであり，条件を付すことはできない。　`H27-5-オ` `H22-5-イ`

⑵　方　式

　　請求の放棄・認諾は，口頭弁論等の期日（民訴§261Ⅲ），すなわち口頭弁論期日，弁論準備手続期日，和解期日において出頭した当事者がこれを直接行うことができる（民訴§266Ⅰ）。また，請求の放棄または認諾は，当事者の一方が弁論準備手続の期日に出頭し，他の一方がその期日に出頭しないで裁判所および当事者双方が音声の送受信により同時に通話をすることができる方法（電話会議方式）によって手続に関与する場合においても，その期日においてすることができる。　`H29-3-ウ` `H27-5-エ` `H22-5-ウ`

　　さらに，請求の放棄・認諾をする旨の書面を提出した当事者が口頭弁論等に出席しないときは，裁判所または受命裁判官もしくは受託裁判官はその旨の陳述をしたものとみなすことができる（民訴§266Ⅱ）。　`H31-5-ウ` `H26-2-エ` `H16-2-ウ` `H14-1-エ`

➡　請求の放棄・認諾はいわば全面降伏であり，そのために出頭する当事者の負担に配慮したのである。

　　なお，請求の放棄をするにつき，被告の同意は不要である。　`H22-5-エ`

3　請求の放棄・認諾の効果

　　原告によって請求の放棄がされた旨を，また，請求の認諾の場合には被告によって請求が認諾された旨を裁判所書記官が調書に記載することによって訴訟は終了する。調書の記載は確定判決と同一の効果を有する（民訴§267）。そして，これらの調書は，それぞれ放棄調書，認諾調書と称される。　`H14-1-イ` `H14-1-ウ`

　　請求の認諾調書については，請求が給付請求である場合には執行力が与えられて債務名義となり（民執§22⑦），形成訴訟の場合は形成力が付与される。

④　訴訟上の和解

1　訴訟上の和解の意義

　和解とは，紛争当事者が相互に譲歩することによって，その間にある紛争を終結させる行為をいう。和解契約として（民§695），訴訟手続外で行うこともできる（裁判外の和解）。これに対して，和解の締結につき何らかの形で裁判所が関与して行われる和解を裁判上の和解という。裁判上の和解には，訴訟係属中の事件につき裁判所が関与して行われる訴訟上の和解と，訴え提起前に簡易裁判所において和解の申立てをする起訴前の和解（即決和解；民訴§275）がある。

2　訴訟上の和解の要件

①　和解の対象となる権利関係について，当事者が自由に処分することができること

　　人事訴訟では，一般に請求の放棄・認諾の規定と同様に訴訟上の和解についての規定も適用されないのが原則である（人訴§19Ⅱ）。ただし，離婚の訴え，離縁の訴えについては訴訟上の和解（これにより離婚・離縁がされるものに限る）が認められている（人訴§37Ⅰ本文，44）。

➡　協議離婚，協議離縁が認められているため，このように定められている。

②　和解の内容が公序良俗に違反しないこと，その他法令の定めに反しないこと

③　訴訟が係属していること

④　当事者に訴訟能力があること，被保佐人，訴訟行為に補助人の同意を要する被補助人，法定代理人，訴訟代理人には和解を締結する特別の権限が付与されていること（民訴§32Ⅱ①，55Ⅱ②）

H31-5-ア

　　ただし，訴訟上の和解は判決ではないので，原則として訴訟要件は不要である。

⑤　係属する事件の当事者双方が和解の当事者となり，当該訴訟における権利関係についてされること

ただし，当事者の和解に必要かつ相当な場合には，訴訟当事者以外の第三者を和解に加入させたり，訴訟物でない他の法律関係を和解の対象として加えることもできる。

3　訴訟上の和解の手続および方式

(1)　和解の試み等

> （和解の試み等）
> **第89条**　裁判所は，訴訟がいかなる程度にあるかを問わず，和解を試み，又は受命裁判官若しくは受託裁判官に和解を試みさせることができる。

裁判所は，手続のどの段階であっても，訴訟が係属している限り，和解を試みることができ，または受命裁判官・受託裁判官に和解を試みさせることができる（民訴§89Ⅰ）。

したがって，和解は，その審級を問わず上告審でもすることができ，訴状・控訴状・上告状に基づく陳述が無くても可能であり，口頭弁論終結後も，さらに判決言渡し後でもその確定前であれば可能である。

裁判所は，相当と認めるときは，当事者の意見を聴いて，最高裁判所規則で定めるところにより，裁判所および当事者双方が音声の送受信により同時に通話をすることができる方法によって，和解の期日における手続を行うことができる（民訴§89Ⅱ）とされた。この期日に出頭しないで当該手続に関与した当事者も，その期日に出頭したものとみなされる（同Ⅲ）。

➡　つまり，訴訟上の和解の手続を電話会議システムで行うことが認められた。

(2)　和解が行われる期日

和解は，口頭弁論期日，準備的口頭弁論期日，弁論準備手続期日，和解期日等，何らかの訴訟期日に両当事者が出席したうえで，裁判所の意思確認が行われるのが基本である。

しかし，裁判所・受命裁判官・受託裁判官は，相当と認めるときは，裁判所外において和解をすることができる（現地和解；民訴規§32Ⅱ）。境界線や建物の瑕疵が争われている場合には，現場の状況を確認しながら和解を締結することが便宜だからである。

また，民事訴訟は，和解の成立を容易にするために，次のような制度を設

H11-5-2
H11-5-3

H8-1-5

けている。

(3) 和解条項案の書面による受諾

　　当事者が遠隔地に居住しているなどの理由で出頭することが困難な場合に，その当事者が裁判所または受命裁判官，受託裁判官からあらかじめ書面によって示された和解条項案（民訴規§163Ⅰ）を受諾する旨の書面を提出しており，期日に他の当事者が出頭してその和解条項案を受諾したときは，当事者間に和解が調ったものとみなす（民訴§264）とする制度である。

➡　裁判上の和解が成立するためには，必ず当事者が裁判所で行われる期日などに出頭して和解をすることが必要だとすると，当事者がすでに期日前に和解条項案を受諾する旨を表明して実質的に訴訟上の和解が成立している場合にも，必ず当事者は期日に出席しなければならなくなるが，それでは手間がかかり，またその必要性も薄いからである。

(4) 裁判所等による和解条項の裁定

H11-5-4

H29-3-イ

　　裁判所または受命・受託裁判官は，当事者の共同の申立てがあるときは，事件の解決のために適当な和解条項を定めることができる（民訴§265Ⅰ）。この共同の申立ては，書面でしなければならず，その書面には，その和解条項に服する旨を記載しなければならない（同Ⅱ）。その和解条項の定めは，口頭弁論等の期日における告知その他相当と認める方法による告知によってするものとされる（同Ⅲ）。当事者は，この告知前に限り，申立てを取り下げることができ，この場合においては，相手方の同意を要しない（同Ⅳ）。和解条項を定める告知が当事者双方にされたときは，当事者間に和解が調ったものとみなされる（同Ⅴ）。

(5) 調　書

　　訴訟上の和解が適法にされたときには，これを調書に作成する（民訴規§67Ⅰ）。

4　訴訟上の和解の効果

(1) 訴訟終了効

　　和解条項の調書への記載によって訴訟手続が終了する。

(2) 執行力

　　訴訟上の和解が成立してこれが調書に記載されると，確定判決と同一の効力を有する（民訴§267，民訴規§67Ⅰ①）。そして，和解条項のうち，被告

側の給付義務が定められている場合には，執行力が認められ，債務名義となる（民執§22⑦）。

5　訴訟上の和解の効力を争う方法

訴訟上の和解では，訴訟上の和解の締結過程において，当事者の意思表示に瑕疵があった場合の救済方法が問題となる。これは，訴訟上の和解に既判力を肯定するかどうかにもかかわる問題であるが，判例は次のようにいくつかの救済方法を認めている。　　H18-4

(1)　期日指定の申立てを認める（大決昭6.4.22）　　H31-5-エ

和解の瑕疵によって訴訟終了の効果が発生していないとし，もう一度前の訴訟の段階に立ちかえって審理を再開するということである。

(2)　和解無効の確認の訴えを認める（大判大14.4.24）

訴訟手続が，和解でいったんは終了したことを重視するものである。

(3)　請求異議の訴えを許容する（大判昭10.9.3）

和解調書が債務名義となることから，この債務名義としての効力を否定するためには，特に執行に直面する債務者にとっては有意義な方法となる。

<hr>

第2節　終局判決による訴訟の終了

Topics ・判決手続および判決の効力（特に既判力）については十分な準備が必要である。既判力については理解が難しいところでもあるので，問題を多数当たって理解に努めてほしい。

前節で述べたように，訴訟は，訴えの取下げ，請求の放棄・認諾，訴訟上の和解のような当事者の行為によって終了する。しかし，法律が通常の訴訟の終了原因として予定しているのは，判決である。判決のうち，訴訟の全部または一部をその審級につき終了させる効力をもつ判決を，終局判決という。

ここでは主として終局判決について説明するが，その前に裁判および判決一般について述べることにする。

1　裁　判

1　裁判の意義
裁判とは，訴訟事件を解決するための裁判所の公権的な法律判断の意思表示をいう。

訴え提起によって開始された訴訟に対する最も基本的な訴訟終了の方法は，一般的に裁判と呼ばれる終局判決による訴訟の終了である。この終局判決を中心として，広く裁判機関の判断や，意思表示を含んだ訴訟行為が裁判である。

2　裁判の種類
(1)　判決，決定，命令
裁判は，その主体および成立手続等の差異により，判決，決定，命令に区別される。判決は，内容的には重要な事項である場合に用いられる裁判であり，決定，命令は，訴訟指揮上の措置や，付随的事項を簡易迅速に解決するために用いられる裁判である。

① 主体からみれば，判決と決定は裁判所としての裁判であり，命令は，裁判長，受命裁判官，受託裁判官などの資格で，裁判官が行う裁判である。

② 裁判の成立手続からみれば，判決が特に慎重であるのに対し，決定，命令は簡易迅速に行われる。

すなわち，判決は原則として口頭弁論に基づき，必ず判決書を作成して言い渡す（調書判決および少額訴訟を除く）という厳格な告知方法をとる。

H14-4-イ

これに対し，決定，命令は，口頭弁論を経るか否かは，裁判所の裁量に委ねられ（民訴§87Ⅰ），言渡しは必要ではなく，相当と認める方法で告知すれば足りる（民訴§119）。

判決に対する上訴は，控訴または上告であるのに対し，決定，命令に対する上訴は，抗告または再抗告である。

決定，命令は，判決とは異なり，判事補が単独ですることができる（民訴§123。ただし民保§36，32）。

裁判書には，判決では裁判官の署名押印が必要であるが（民訴規§157Ⅰ），決定・命令の場合は記名押印だけで足りる（民訴規§50）。

判決の言渡期日の日時は，原則として，あらかじめ，裁判所書記官が当事者に通知するものとされる（民訴規§156）。しかし，裁判所は，決定をする場合でも，あらかじめ，決定を告知する日を定めなければならないものではない。 `R3-5-イ`

③　判決と決定のその他の比較

⑦　仮執行の宣言は，財産権上の請求に関する判決について付すことができるが（民訴§259ⅠⅡ），決定は告知により，確定を待たずに直ちに効力が生じることから（民訴§119），仮執行の宣言を付することはできない。 `H14-4-ア`

④　判決に計算違い，誤記その他これに類する明白な誤りがあるときは，裁判所は，いつでも更正決定をすることができるが（民訴§257Ⅰ），この規定は，決定にも準用されている（民訴§122）。 `R3-5-オ` `H14-4-ウ`

⑤　決定に対し適法に抗告がなされた場合，原裁判を下した裁判所は，抗告に理由があると認めるときはその裁判を更正しなければならないが（再度の考案；民訴§333），判決においては，この再度の考案の制度はない。 `H14-4-エ`

➡　この違いは，決定や命令は充分な資料で慎重に判断したわけではないから判断ミスをしているかもしれないが，判決は充分な資料を用いて慎重に判断しているから，再度の考案を認めても判断が変わる可能性はかなり低く，それならさっさと上訴裁判所に事件を送付するべきである，と考えると覚えやすいだろう。

民事訴訟では，判決が重要な事項を裁判するので，判決手続を中心に規定され，それ以外の手続派生的な事項を扱う決定および命令は，その性質に反

しない限り，判決に準じて取り扱われる（民訴§122）。

(2)　中間的裁判と終局的裁判

　　終局的裁判は，事件処理との関係で，これを完結するものである。終局判決，訴状却下命令などがこれである。これに対し，中間的裁判は，その審理中に問題となった事項をまず解決して，終局的裁判の準備をするものである。中間判決，攻撃防御方法の却下決定などである。

　　中間的裁判に対しては，原則として独立の不服申立ては許されない。

➡　中間的裁判は，終局的裁判を準備するためにされる裁判であるから，終局的裁判と何らかの関係があるので，上級審が終局的裁判の当否を判断するにあたり，中間的裁判の当否も判断することにしたものである。

② 　判　　決

1　判決の種類

(1)　終局判決と中間判決

①　終局判決

（終局判決）

第243条　裁判所は，訴訟が裁判をするのに熟したときは，終局判決をする。

2　裁判所は，訴訟の一部が裁判をするのに熟したときは，その一部について終局判決をすることができる。

3　前項の規定は，口頭弁論の併合を命じた数個の訴訟中その一が裁判をするのに熟した場合及び本訴又は反訴が裁判をするのに熟した場合について準用する。

　　終局判決とは，当該審級において事件の全部または一部を完結する判決である。

R3-5-ｱ

　　裁判所は，訴訟の全部または一部が裁判をするのに熟したときは，終局判決をする（民訴§243ⅠⅡ）。訴訟が裁判をするに熟したかどうかを判断して口頭弁論を終結することは，裁判所が自由裁量によって決することであり（最判昭22.12.5），当事者が審理の続行を求めたとしても，訴訟が裁判をするのに熟したと判断したときには，口頭弁論を終結し，終局判決をすることができる。

　　終局判決は，判断の内容に応じて本案判決と訴訟判決に分けることができる。また，事件を完結する範囲に応じて，全部判決，一部判決，追加判

決に分けられる。

　なお，終局判決は，その審級で事件を完結するものであり，確定判決でなくてもよいから，上級審の破棄差戻判決，破棄移送判決も終局判決である。

② 中間判決

> **（中間判決）**
> **第245条**　裁判所は，独立した攻撃又は防御の方法その他中間の争いについて，裁判をするのに熟したときは，中間判決をすることができる。請求の原因及び数額について争いがある場合におけるその原因についても，同様とする。

⑦ 意　義

　中間判決とは，終局判決の前提として，審理中に生じた実体上または訴訟上の争点について解決し，審理を整理する判決をいう。 H18-5-2

　中間判決は，その性質上，本来的には終局判決前にされるが，中間判決をしないで，終局判決の理由中で争点について判断することも可能である。中間判決をするかどうかは，裁判所の裁量に委ねられている。

④ 効　力

　裁判所は，中間判決をした場合，その主文で示した判断を前提として終局判決をしなければならない（理由中の判断には拘束力はない）。一方，当事者も中間判決の直前の口頭弁論終結前に提出できた訴訟資料を，その後の口頭弁論で提出できない。もっとも，中間判決後に新たに生じた事由により，異なった判断を求めることはできる。

　中間判決には，終局判決本来の効力である既判力，執行力などは生じない。したがって，中間判決に対しては独立して上訴することができず，中間判決に対する不服は終局判決を待って，これに対する控訴または上告とともに主張し，上級審の判断を受けることができるにとどまる（民訴§283，313）。 H2-3-1

⑦ 中間判決の対象
　ⓐ 独立の攻撃防御方法

　当事者の提出した攻撃防御方法のうちで，他と独立して判断でき，法律効果を生ずるものは中間判決の対象となる。

【例】・所有権確認訴訟において，その所有権の取得原因として売買または予備的に取得時効を主張する場合，売買または取得時効の主張は，おのおの独立した攻撃方法である。

・債務の弁済を求める訴訟における契約の無効，債務の弁済などの抗弁は，独立した防御方法である。

ⓑ　中間の争い

訴訟審理中，訴訟手続上の先決事項に関して生じた争いも中間判決の対象となる。

【例】・訴訟要件の存否，訴え取下げの効力など

ⓒ　請求の原因および数額に関する争いのうち，原因についての判断（原因判決）

請求が数額について争われている権利関係を主張する場合，数額の判断をさしおいて，最初にその原因たる権利関係を認める判断も中間判決の対象となる。

【例】・不法行為による損害賠償請求において，損害の額についての審理を後に残し，請求権の存在について主張を認める場合

(2)　全部判決，一部判決，追加判決

①　全部判決

全部判決とは，同一訴訟手続で審理されている請求の全部を，判決をするに熟したときに，同時に完結させる終局判決をいう（民訴§243Ⅰ）。

同一訴訟手続で数個の請求が審理される場合としては，数個の請求が1個の訴えに含まれている場合（民訴§136），本訴と反訴が併合審理されている場合（民訴§146），裁判所が同一当事者間の数個の訴訟の弁論の併合を命じた場合（民訴§152）などがある。この場合，その全請求に対して一個の判決がされたとき，その判決は一個の全部判決である。そして，各請求についての判断は，その確定の時期および上訴の効力について同一に定まる。

②　一部判決

H7-2-1

ⓐ　全部判決に対して，同一訴訟手続で審理されている請求の一部を他の部分とは独立して行う終局判決をいう（民訴§243ⅡⅢ）。

　なお，一部判決の後，残部について審理が続行されるが，これを完結する判決を残部判決という。

➡　一部判決が認められるのは，当事者はそれだけ早く判決を取得し利用することができるし，また一部判決の上手な利用は訴訟審理の整理と集中化に役立つからである。

　また，一部判決をするか否かは，裁判所の自由裁量に委ねられる（民訴§243Ⅱ）。

　一部判決は，併合された数個の請求の一部，反訴が提起された場合の本訴または反訴の一方についてもすることができる。

　一部判決については，これを残部判決と切り離して，独立して控訴を提起することも認められる。　H2-3-4

㋑　一部判決ができない場合

　一部判決は，他の部分とは独立して確定し，上訴の対象となる。

　したがって，併合された数個の請求の一部と残部との間に密接な関係があるため，上訴との関係で一部判決と残部判決との間に内容上矛盾の生ずるおそれがある場合には，一部判決をすることは許されない。

【例】・請求の予備的併合での主位的請求を棄却する一部判決（最判昭38.3.8）
　　　・同一の権利関係を目的とする本訴と反訴（債務の不存在確認の本訴と給付の反訴）
　　　・合一確定の必要がある必要的共同訴訟（民訴§40）や，同一審判の申出がある通常共同訴訟（民訴§41）

③　追加判決

　追加判決とは，裁判所が請求の一部の判断を脱漏した場合，その部分を後でする判決をいう。

　裁判の脱漏とは，裁判所が終局判決によって判断すべき事項の一部について裁判をし漏らすことをいい，裁判所が全部判決をするつもりで誤って請求の一部について判断を漏らした場合である。

　脱漏した部分は，なおその裁判所に係属中であるから（民訴§258Ⅰ），申立てまたは職権により，脱漏部分について追加判決をしなければならない。

(3)　本案判決と訴訟判決

①　本案判決

　　本案判決とは，訴えによる請求の当否，または上訴による不服の主張の当否について裁判する終局判決をいう。これには，請求を理由ありとして認容する請求認容判決と，理由なしとして棄却する請求棄却判決がある。

②　訴訟判決

　　訴訟判決とは，訴えまたは上訴につき，訴訟要件または上訴の要件が欠けている場合に，これらを不適法として却下する終局判決をいう。

(4)　給付判決，確認判決，形成判決

　　これらは，本案につき請求認容判決をする場合に，請求の種類に応じて分類される判決である。

①　給付判決

　　給付判決は，給付訴訟において原告の請求を認容する判決である。

　　被告が当該給付をすべき義務を負う旨の確定と，請求権の内容に応じた給付をすべき旨を被告に命ずる給付命令を内容とする。

　　被告が給付命令に従わない場合には，強制執行による実現手段が用意されている。

②　確認判決

　　確認判決とは，確認の訴えにつき，原告の請求を内容とする本案判決である。給付の訴え，形成の訴えにつき原告の請求を棄却する本案判決も確認判決である。

　　確認判決には，積極的確認判決と消極的確認判決がある。

③　形成判決

　　形成判決とは，形成の訴えにつき，原告の請求を認容する本案判決であり，既存の権利関係の変更や，新たな法律状態を創設させる。

2　訴訟要件

(1)　意　義

　　訴訟要件とは，請求の当否につき，本案判決（「本案審理」ではなく）をするのに必要な要件をいう。

(2) **訴訟要件の種類**

　どのような事由が訴訟要件なのかは，法律上統一的な規定はなく，争いもあるところであるが，代表的なものを次の３つに分類して挙げる。

① 　裁判所に関するもの
　㋐　請求と当事者が日本の裁判権に服すること
　㋑　裁判所が管轄権を有すること

② 　当事者に関するもの
　㋐　当事者が実在すること
　㋑　当事者が当事者能力を有すること
　㋒　当事者が訴訟能力を欠く場合には法定代理人によって代理されていること
　㋓　訴訟代理人によるときは訴訟代理人が代理権を有すること
　㋔　当事者が当事者適格を有すること
　㋕　訴え提起，訴状送達が有効であること
　㋖　原告が訴訟費用の担保を提供する必要がないか，または必要な場合はその担保を供したこと（民訴§75）

③ 　訴訟物に関するもの
　㋐　二重起訴の禁止に触れないこと（民訴§142）
　㋑　訴えの利益があること
　㋒　再訴の禁止（民訴§262Ⅱ）に触れないこと
　㋓　請求の併合や訴訟中の新訴提起の場合には，その要件を備えること（民訴§136，146Ⅰ等）

(3) **訴訟要件の調査**
① 　調査の開始
　本案の審理・判決は，裁判所の責務である以上，訴訟要件の存否につき職権で調査を開始する（職権調査事項）のが原則である。もっとも，訴訟要件には，被告からの申立てをまってはじめて調査を開始すれば足りるもの（抗弁事項）がある。たとえば，仲裁合意の存在，訴訟費用の担保の不提供，不起訴の合意の存在などである。

② 　訴訟要件の判断の基準時
　訴訟要件は本案判決の前提要件であるから，訴訟要件を具備しているか

否かを判断する基準時は，事実審の口頭弁論終結時である。

したがって，当初は備わっていなくても基準時までに備わっていれば本案判決をすることができるし，当初は備わっていても基準時に備わっていなければ本案判決をすることはできない。

例外として，管轄権の存否は，訴え提起の時を標準として判断される（民訴§15）。

③　訴訟要件の調査の順序

訴訟要件の調査の順序については法定されておらず，本案の調査に先だって行われる必要はなく，両者は並行して行われる。

なお，訴訟要件相互間の調査の順序については，結論の出やすい一般的抽象的な要件から，本案と関連する個別具体的要件へと進むべきものとされている。

④　訴訟要件の存否と裁判所の措置

㋐　訴法要件に欠缺がなければそのまま本案につき審理を続けて本案判決をするが，訴訟要件の存否につき争いがあれば，中間判決（民訴§245）または終局判決の理由中で，訴訟要件を具備している旨判示する。

㋑　訴訟要件の欠缺が明らかとなった場合は，それ以上本案につき審理をすることはできず，訴え却下の終局判決をする。ただし，管轄違いの場合は，却下しないで管轄裁判所へ移送する（民訴§16Ⅰ）。

訴訟要件の欠缺が補正できる場合（訴訟能力や代理権の不存在等）にはその補正を命じるが，明らかに補正の見込みがない場合（出訴期間を徒過した訴え（例：占有回収の訴え，民§201Ⅲ）等）には，口頭弁論を経ないで訴え却下の判決をすることができる（民訴§140）。

㋒　訴訟要件の欠缺にもかかわらずなされた本案判決は違法であり，当事者は上訴して争うことができる。ただし，任意管轄違反の場合は，争えない（民訴§299）。判決が確定すると，再審事由（民訴§338Ⅰ）に該当する場合以外は争えない。

(4)　**訴えの利益**

①　訴えの利益の意義

訴えの利益とは，審判対象である特定の請求について本案判決をすることが，特定の紛争解決にとって必要かつ有効・適切であることを検討する

ための基準をいう。そして，訴えの利益の存在は，訴訟要件の一つである
と解されている。

② 訴えの利益の一般的要件

　　訴えの利益は，個々の具体的な事案においてその有無が判断される性質
のものであるが，給付，確認，形成の訴えの類型いかんを問わず共通して
求められる要件がある。

　㋐ 請求が，裁判所の処理に適する具体的な権利関係その他の法律関係の
存否の主張であること

　　民事訴訟は，請求の当否を法律的に判断することによって紛争の解決
を図ろうとするものであるから，原告の主張は法律的にその当否を判断
できる法律関係の主張でなければならない。したがって，単なる事実の
存否の確認を民事訴訟の対象とすることはできない。

　㋑ 当事者間に訴訟を利用しないという特約のないこと

　　不起訴の合意があるときは，被告がその合意の存在を主張・立証すれ `H19-1-イ`
ば，訴えの利益を欠くものとして，訴え却下判決がされる。

　㋒ その他，特に起訴の障害となる事由のないこと

　　原告が，同一請求についてすでに勝訴の確定判決を得ている場合は，
訴えの利益は認められない。ただし，時効の完成猶予および更新のため，
起訴以外に方法がない場合や，判決原本が滅失して執行正本が得られな
い場合などは，例外として訴えの利益が認められる。

　　また，訴え以外に法律上の手段が認められ，その手段によるべきこと
が求められている場合には，その訴えは訴えの利益を欠く。たとえば，
訴訟費用額確定手続（民訴§71～73）などの手続がある場合は，訴えの
利益を欠くことになる。

③ 各種の訴えに特殊な要件
　㋐ 現在の給付の訴え

　　履行期の到来した給付請求権を主張する訴えであるから，訴えの利益 `R4-3-ア`
があるのが原則である。訴え提起前の協議において被告が既に履行期に
ある請求権の存在を認め，訴え提起後もこれを争わないことが明らかな
ときでも，その請求権に係る給付の訴えに，訴えの利益が認められるこ
とになる。

そして，給付判決を取得しても，給付の実現が不可能または著しく困難な場合であっても，給付の訴えの利益を欠くことにはならない。

H19-1-ア

【例】・所有権保存登記およびその後順次経由された所有権移転登記の抹消登記手続請求訴訟において，最終登記名義人を被告とする請求についてすでに敗訴の判決があった場合でも，その余の被告らに対する請求は，訴えの利益を失うものではない（最判昭41.3.18）。

R4-3-エ
H19-1-ウ

なお，債務名義となる執行証書（民執22⑤）をもっていても，訴えの利益は否定されない（大判大7.1.28，大判昭18.7.6）。

➡　給付請求権につき，既判力のある確定判決を得る利益があるからである。

① 将来の給付の訴え

R4-3-オ

将来の給付の訴えは，口頭弁論終結時までに履行を求めることができる状態にならない給付請求権を主張するものであり，あらかじめその請求をしておく必要がある場合に限って訴えの利益が認められる（民訴§135）。

あらかじめその請求をする必要がある場合とは，たとえば，履行期に即時に給付がされないと，債務の本旨に従った給付にならない定期行為の場合（民§542Ⅰ④）や，履行遅滞による損害が重大な場合（扶養料の請求等）などである。

また，義務者が現在すでに義務の存在・内容を争っているなど，履行期が到来しても，そのときに任意の履行が期待できないおそれがある場合もあげられる。具体的には，土地・建物の明渡義務の存在が争われているときは，口頭弁論終結後明渡し済みに至るまでの賃料相当額の支払を訴求できる。さらには，本来の給付請求の履行や，執行が将来不能になる場合に備えて，あらかじめその請求に代償請求を併合することも許される。

⑦ 形成の訴え

この訴えは，要件が法律で定められているので，その要件を備えた訴えであれば，原則として訴えの利益がある。

㋑ 確認の訴え

確認訴訟の場合は訴えの利益が最も問題となるので，項を改めて述べる。

④　確認の利益（確認の訴えの利益）

　　確認の利益は，原告の権利または法律的地位に危険・不安定が現存し，かつ，その危険・不安定を除去する方法として原告・被告間に当該請求について判決をすることが有効かつ適切である場合に認められる。

　　これを次の観点から検討する。

⑦　確認の訴えの対象は，原則として，現在の権利または法律関係でなければならない

【例】・建物賃貸借における敷金返還請求権は，賃貸借終了後，建物明渡しがされたときにおいて，それまでに生じた敷金の被担保債権一切を控除し，なお残額があることを条件として，その残額につき発生するものであるが，敷金返還請求権は，賃貸借契約終了前においても，このような条件付の権利として存在するものということができるので，建物賃貸借契約継続中に賃借人が賃貸人に対して敷金返還請求権の存在の確認を求める訴えは，現在の権利または法律関係の確認を求める訴えであって，確認の対象において欠けるところはない（最判平11.1.21）。　H30-2-オ H23-3-ウ

　　　・共同相続人間において具体的相続分（民法903条1項に定める相続分）は，遺産分割手続における分配の前提となるべき計算上の価額またはその価額の遺産の総額に対する割合を意味するものであって，それ自体を実体法上の権利関係であるということはできず，遺産分割審判事件における遺産の分割や遺留分侵害額請求に関する訴訟事件における遺留分の確定等のための前提問題として審理判断される事項であり，このような事件を離れて，これのみを別個独立に判決によって確認することが紛争の直接かつ抜本的解決のため適切かつ必要であるということはできない。したがって，共同相続人間において具体的相続分についてその価額または割合の確認を求める訴えは，確認の利益を欠く（最判平12.2.24）。　H30-2-イ

ⓐ　過去の法律関係の存否を問題とすることは，原則として許されない。
　➡　法律関係は，刻々変化するものであり，過去の法律関係を確定しても，現在の紛争が解決されるとは限らないからである。

ⓑ　過去の法律関係の確認でも，現在の権利関係の基礎にある過去の基本的な法律関係を確定することが，現存する紛争の直接かつ抜本的な

解決のために有効かつ適切である場合には，確認の利益が認められる。

【例】・株主総会決議不存在・無効確認の訴え（会社§830），父母の両者または子のいずれか一方の死亡後における親子関係存否確認の訴え（最判昭45.7.15），遺言の無効確認の訴え（最判昭47.2.15），ある財産が遺産に属する旨の確認の訴え（最判昭61.3.13，最判平元.3.28）

・特定の財産が特別受益財産（民§903Ⅰ）であることの確認の訴えには，確認の利益はない（最判平7.3.7）。

➡　ある財産が特別受益財産にあたることを確定したとしても，この財産の価格，相続財産の全範囲およびその価格が定まらなければ具体的相続分または遺留分を確定することはできないので，特定の財産が民法903条1項における特別受益財産に当たることの確認を求める訴えは，相続分または遺留分をめぐる紛争の直接かつ抜本的解決にはならないからである。

ⓒ　将来発生する権利または法律関係の確認の訴えは認められない（通説）。

➡　将来の権利関係は，変動する可能性があるからである。

ⓓ　単なる事実の存否を問題とすることは許されない。

一定金額を弁済した事実の確認を求める訴えは，不適法であり，却下される（最判昭39.3.24）。ただし，規定上事実の確認を特別に認める場合として，証書真否確認の訴えがある（民訴§134の2）。法文上「法律関係を証する書面」とは，その内容によって直接に法律関係の存否を証明できるものをいい（例：契約書，遺言書，定款等），「真否」とは，その書面が，作成者と主張される者の意思に基づいて作成されたか否かの事実をいう。

この訴えは，原告の法的地位の危険・不安定がもっぱらその書面の真否にかかっている場合にのみ認められる。書面の真否だけでなく，書面でされた法律行為の効力に争いがある場合は，権利関係自体の確認訴訟による。

ⓔ 確認の対象は，原告の権利あるいは原告・被告間の法律関係に限られない。

当事者の一方と第三者との間に存する法律関係の存否でも，それを確認することによって被告に対する関係で，原告の法律上の地位の安定が得られるならば，確認の対象とすることができる。

【例】・土地所有者から別個にその土地の使用権を取得したと主張する者に対して，土地利用権の確認を求める場合（大判昭5.7.14）
・原告たる登記簿上の２番抵当権者が，１番抵当権者を被告として１番抵当権の被担保債権の消滅の確認を求める場合（大判昭15.5.14）

④ **確認訴訟によることの適否**

確認の利益が認められるためには，他の法的手段でなく確認の訴えを選択したことが適切であることが必要である。

【例】・本案の判断の前提問題として判断されるべき手続問題は，当該訴訟内で確認すれば足りるから，別訴で確認する利益はない。したがって，別の訴訟事件における訴訟代理人の訴訟代理権の不存在の確認を求める訴え（最判昭28.12.24）や，訴訟代理権を証する書面の証書真否確認の訴え（最判昭30.5.20）などは，認められない。
・原則として，給付の訴えを提起する場合は，その請求権の確認の 〔H30-2-エ〕
利益は認められていない。そして，判例は，債務不存在確認訴訟 〔H23-3-オ〕
の係属中に，相手方がその債務の支払いを求める反訴を提起した場合についても，本訴は確認の利益を欠くことになるとしている（最判平16.3.25）。
➡ 給付訴訟が認められるということは，給付請求権が存在するということになる。すなわち，給付請求は確認請求を包含しているといえるから，あえて確認訴訟を提起することは認められない，と覚えると良いだろう。

なお，所有権に基づく物権的請求権による給付の訴えが認められる場 〔R4-3-イ〕
合でも，所有権の存否の判断はその判決の理由中の判断となり，既判力を有しないから，例えば，甲土地が原告の所有であることの確認を求める本訴に対し，甲土地が被告の所有であることを前提としてその所有権

に基づき甲土地の返還を求める反訴が提起された場合でも，所有権確認を求める本訴には，訴えの利益が認められる（最判昭29.12.16参照）。

ⓦ　即時確定の利益があること

H23-3-イ

確認の利益が認められるためには，原告の法的地位に危険や不安定が現存し，これを解消するために，当該請求につき確認判決を得ることが必要かつ適切であることが必要である。

通常は，被告が原告の法的地位を否定する場合などがそうであるが，被告が原告の法的地位を争っていない場合でも，時効の完成猶予および更新や戸籍などの公簿の記載の訂正のために確定判決を必要とする（最判昭62.7.17）など，特別の事情がある場合には，確認の利益が認められる。

また，原告の法的地位は，法的保護に値するほどに具体的・現実的なものでなければならないので，次の場合には確認の利益は認められない。

【否定例】・推定相続人が，被相続人と第三者との間の土地売買契約の無効確認を被相続人の生前に提起する場合（最判昭30.12.26）
　　　　　・遺言者の生前中に，その唯一の推定相続人が提起する遺言無効確認の訴え（最判平11.6.11）

R4-3-ウ

　　　　　・現に生存している遺言者が提起した遺言無効確認の訴え（最判昭31.10.4）

(5)　**当事者適格**
①　意　義

当事者適格とは，訴訟物たる特定の権利または法律関係について，本案判決を求め（原告適格），または求められ（被告適格）うる資格のことをいう。

形式的には，自己の名で訴えまたは訴えられた者は当事者である。しかし，そういった当事者を名宛人として本案判決をすることが，常に必要かつ有効適切であるとは限らない。たとえば，管理処分権を奪われ，かつそれが他人の名において行使される場合は，権利の帰属主体であっても当事者と認めるにふさわしくない。そこで，当事者になった者のうち，本案判決をするのが紛争解決にとって必要かつ有効適切であるような関係にある者を選別する必要があり，この選別基準が当事者適格の有無である。

H28-2

【例】・共同相続人のうち自己の相続分の全部を譲渡した者は，遺産確認の訴えの当事者適格を有しない（最判平26.2.14）。

- 共同相続人のうちの一人は，遺言執行者を被告とし，遺言の無効を主張して，相続財産につき共有持分権を有することの確認を求めることができることになる（最判昭31.9.18参照）。
- 権利能力のない社団は，構成員全員に総有的に帰属する不動産について，その所有権の登記名義人に対し，当該社団の代表者の個人名義に所有権移転登記手続をすることを求める訴訟の原告適格を有する（最判平26.2.27）。
- 甲土地の所有者Xが乙土地に隣接する乙土地の所有者Yに対し提起した甲土地と乙土地の筆界についての筆界確定の訴えにおいては，Yが甲土地の一部分であって甲土地のうち当該筆界の全部に接続している部分を時効取得したとしても，Xは当事者適格を失わない（最判平7.3.7）。

② 当事者能力と訴訟能力との関係

当事者適格とは，特定の請求との関係で定まるものであるのに対し，当事者能力や訴訟能力は，個々の事件を離れた一般的抽象的能力である点で異なる。

③ 正当な当事者

当事者適格を有する者を，正当な当事者という。原則的には，実体法上 **H28-2-エ** の権利義務の帰属主体が正当な当事者となる。たとえば，給付の訴えでは，自己の給付請求権を主張するものが正当な原告であり，原告によってその義務者と主張される者が正当な被告である。しかし，この原則には次の例外がある。

㋐ 第三者の訴訟担当の場合
㋑ 固有必要的共同訴訟の場合
㋒ 第三者に判決効が拡張される場合（人事訴訟など）

④ 第三者の訴訟担当

実体法上の権利義務の帰属主体に代わり，第三者が当事者適格を持つ場合がある。これを第三者の訴訟担当という。

この第三者の受けた判決の効力は，権利義務の帰属主体に及ぶ（民訴§115Ⅰ②）。しかし，本人は当事者として表面に出てこないから，第三者は代理人ではない。

第三者の訴訟担当には，法律が定めている法定訴訟担当と，権利義務の主体の意思に基づく任意的訴訟担当とがある。

⑦　法定訴訟担当

【例】・破産財団に関する訴訟についての破産管財人（破§80）
・債務者の債権を差し押さえた差押債権者（民執§155，157）
・債権者代位権に基づき債務者の権利を代位行使する債権者（民§423）
・質入債権について取立訴訟をする債権質権者（民§366）

⑪　任意的訴訟担当

任意的訴訟担当とは，権利関係の主体が，訴訟追行権を第三者に授与し，第三者がその授権に基づいて当事者適格を有する場合をいう。

法律上これを認めたものとして，選定当事者（民訴§30）がある。

しかし，これを無制限に認めると，弁護士代理の原則（民訴§54）や訴訟信託の禁止（信託§10）を回避潜脱することを認めることにもなるので，これを一般的に認めることはできない。

3　判決の対象

（判決事項）
第246条　裁判所は，当事者が申し立てていない事項について，判決をすることができない。

(1)　処分権主義

民事訴訟の対象である私人間紛争においては，私的自治の原則の下，私人間の自主的な紛争解決が認められている。そして，この私人間の紛争が訴訟の場に持ち込まれたときも，その解決は当事者の意思を尊重した自主的な解決に近づけることが望ましい（私的自治の原則の訴訟の場への反映）。そこで，訴訟手続の開始や，審判範囲の特定，さらには訴訟の終結などについて当事者の決定権限と責任を認め，裁判所はそれに拘束されることとしている。これを処分権主義という。

①　訴訟手続の開始

民事訴訟は，裁判所に対する私人の申立てがある場合にのみ開始される（「訴えなければ裁判なし」）。

ただし，当事者の申立てをまたずにできる場合として，次の例外がある。
・訴訟費用の裁判（民訴§67）

H11-4-3
H11-4-5

・仮執行宣言（民訴§259）

② 審判範囲（民訴§246）

　　裁判所は，その申立ての範囲内の事項についてのみ審理・判決することができる。

　　ただし，裁判所が，当事者の申立ての内容や範囲に拘束されない場合として次の例外がある。

・境界確定訴訟などの形式的形成訴訟

③ 訴訟の終結（民訴§261〜267）

　　訴訟当事者は，その意思によって，いったん開始した訴訟手続を終了させることができる。

(2) 処分権主義と弁論主義

　弁論主義も処分権主義も，私的自治の原則が訴訟の場へ反映されたものである点では同じである。しかし，それぞれ妥当場面が異なり，弁論主義は「弁論」の場面での反映であるのに対し，処分権主義は前述したとおり，訴訟の開始，審判範囲の特定，訴訟の終結の場面での反映である点において両者は異なる。

(3) 申立事項と判決事項

　裁判所は，当事者の申し立てた事項に限って判決しなければならず，その範囲を超えて判決をしたり，当事者の申し立てていない事項につき判決をすることはできない（民訴§246）。すなわち，申立事項と判決事項は一致しなければならない。

　このように，民事訴訟では，どの範囲でどのように紛争解決を求めるかについて当事者の意思による処分を認め，裁判所がそれに拘束されることとして，この場面においても処分権主義を採用しており，この原則は民事訴訟法246条に規定されている。

➡　その趣旨として，原告の意思の尊重と，被告に対する不意打ち防止が挙げられている。この2つを意識しつつ(4)を読んでもらいたい。

(4) 民事訴訟法246条の適用範囲（判決できる範囲と限度）

　民事訴訟法246条の適用範囲は，訴訟物，原告が求める審判の種類，形式（給付・確認・形成判決のいずれを求めるか），申立事項の範囲の3つの面から検討を要する。

① 訴訟物

裁判所は，原告の申立てと異なる訴訟物については判決できない。

【例】・民法770条4号による離婚請求を同条同項5号による離婚請求として認容する場合（最判昭36.4.25）。
➡ 離婚訴訟においては，訴訟物は，離婚原因ごとに異なる。
・土地の賃借人が当該土地の賃借権に基づき当該土地上の工作物の撤去を求める訴訟において，裁判所が当該賃借人の主張しない占有権を理由として請求を認容することは，当事者の申し立てていない事項について判決をした違法がある（最判昭36.3.24）。

② 求める審判の種類・形式及び順序

㋐ 裁判所は，原告が請求の趣旨の欄において表示し，求める審判の種類・形式に拘束される。

【例】・原告が申し立てた給付の訴えに対し，確認判決をしたり，確認の訴えに対し給付判決をすることはできない。

㋑ 請求の予備的併合の場合に，予備的請求の方から先に判決することはできない。

【例】・売主が，売買契約の有効を前提として代金支払請求を先順位の請求（主位請求）とし，売買契約が無効とされる場合を考慮して目的物の返還請求を後順位の請求（副位請求）として予備的に請求した場合，裁判所は，予備的請求の方から先に判決することはできない。

③ 申立事項の範囲

原告の申し立てた範囲を超えて，原告に有利な判決をすることは認められない。したがって，原告が求める金額以上の金額を認容することは不適法である。

このように，裁判所は当事者の要求を超えるものを認容することは許されないが，当事者の要求以下のものを認容することは一部認容判決として許される。

➡ たとえば，原告の元本200万円の返還請求に対して150万円の元本債権しかないことが判明した場合，原告の合理的意思（通常の意思）は，

200万円が認容されないのであれば，認容される額（150万円）について
認容判決を求めるということにあるといえるからである。また，150万
円の認容判決をしても，被告に不意打ちになるわけでもない。

一部認容判決が許される例としては，次のとおりである。

- 残代金の支払いと引換えに所有権移転登記を請求する訴訟において，　　`H22-4-ア`
原告主張の残代金より多額の残代金の支払いと引換えに請求を認容す
ることは許される（大判大10.12.3）。
- 名誉棄損を理由とする謝罪広告の請求に対して，広告文の内容を原告
の求める表現より弱めたうえで請求認容判決をすることができる。
- 登記の全部抹消を求める請求に対して一部抹消（更正）を命ずる判決
をすることができる（最判昭38.2.22）。
- 一定の額（100万円）を超えて債務を負担していない旨の確認を求め　　`H31-2-エ`
る訴訟においては，特定される債務の総額（200万円）から原告の自　　`H22-4-ウ`
認する額（100万円）を差し引いた残額（100万円）の債務不存在の確　　`H18-5-3`
認を求める訴えだと解し，裁判所は，原告の主張する残債務額（100
万円）を超えて債務が存在すると判断する場合には，実際の残債務額
（150万円）を確定したうえで，原告の主張する額（100万円）よりも
多額の残債務額（150万円）を認容することができる（最判昭40.9.17）。
- 無条件の給付請求に対して被告が留置権の抗弁や同時履行の抗弁を提
出する場合には，請求棄却判決をすべきではなく，引換給付判決をす
べきである（同時履行の抗弁につき大判明44.12.11，留置権の抗弁に
つき最判昭47.11.16）。
- 引換給付判決

    引換給付判決とは「被告は，原告から金×××円の支払を受けるの　　`H31-2-イ`
と引換えに，原告に○○○を引き渡せ」とする判決であり，無条件の
給付に対して，原告の反対給付の履行と引換えに被告に給付を命じる
点で，一部認容判決に属する。引換給付判決の例としては他に次のも
のがあげられる。
- 建物収去土地明渡請求訴訟において，被告が建物買取請求権を行使し，　　`H22-4-エ`
代金の提供があるまで建物の引渡しを拒む旨の抗弁を提出したとき
は，裁判所は建物の価格を確定のうえ，建物代金の支払いと引換えに
建物の引渡しを命ずる判決をすべきである（最判昭33.6.6）。

4　判決の成立と確定

(1)　判決の成立

①　判決内容の確定

判決は，基本となる口頭弁論に関与した裁判官によってされなければならない（民訴§249Ⅰ，民訴規§157Ⅰ，直接主義）。したがって，口頭弁論終結後，判決内容が未確定のうちに受訴裁判所の構成に変更が生じたときには，口頭弁論を再開し，当事者が従前の口頭弁論の結果を陳述し，事件の内容を明らかにしなければ，判決をすることができない（民訴§249Ⅱ）。

判決内容の確定後においては，判決に関与した裁判官が死亡，退官，転任等によって判決原本に署名することができなくなっても，合議体であれば，他の裁判官がその理由を付記して署名押印すれば足りるから（民訴規§157Ⅱ），判決の成立は妨げられない。

②　判決書の作成

㋐　判決原本の作成

判決内容の確定後，裁判所は調書判決の場合を除き，それを書面にしなければならない。この書面を判決書の原本という。判決書は原則として，判決の言渡し前に作成しなければならない（民訴§252）。

㋑　判決書の記載事項

判決書に記載される事項には，法律上記載が要求される事項（必要的記載事項）と事務処理の便宜上記載される事項（任意的記載事項）とがある。必要的記載事項は，当事者・法定代理人，主文，事実，理由，口頭弁論の終結日および裁判所である（民訴§253）。

ⓐ　主　文

主文は，判決の結論部分を表示する部分である。終局判決にあっては，訴状の請求の趣旨に対応する。

訴えが不適法なときは「原告の訴えを却下する」と記載する。また，請求が理由のないものであるときは「原告の請求を棄却する」と記載する。請求に理由がある場合には，原告の求めている請求の趣旨に対応する判断を示す。たとえば，「被告は原告に対し金○○○円を支払え」「別紙目録記載の土地が原告の所有に属することを確認する」「原告と被告を離婚する」と記載する。

ⓑ　事　実

　　事実とは，口頭弁論に現れた当事者の申立て，主張等を要約して記載し，事件の事実的内容を明らかにする部分である。事実の記載にあたっては，請求の内容を明らかにし，かつ主張については，判決主文が正当であることを示すのに必要な限りで摘示しなければならず，かつそれで足る（民訴§253Ⅱ）。

ⓒ　理　由

　　理由とは，事実の部分において明らかにされた資料に基づき，「主文」中の判断に至った判断過程を示す部分であり，どの事実をいかなる証拠から認定したか，また認定された事実にいかなる法規を適用した結果として主文の判断が導かれたかを明らかにする。理由を付さないか，または理由に食い違いがあると，上訴理由となる（民訴§312Ⅱ⑥）。

ⓓ　口頭弁論の終結日

　　判決の既判力の標準時は，事実審の口頭弁論終結時である。そこで，いつ口頭弁論が終結したかを判決において明確にする趣旨である。

ⓔ　裁判所の表示（民訴§253Ⅰ⑥）および裁判官の署名押印（民訴規§157）

③　調書判決

　　実質的に争いのない事件については，判決およびその言渡しの方式を簡易にするのが合理的と考えられる。そこで，裁判所は，判決書を作成しないで，迅速に判決を言い渡すことができるとされている（民訴§254Ⅰ）。そして，このようにして判決を言い渡したときは，裁判所は裁判所書記官に，当事者および法定代理人，主文，請求ならびに判決理由の要旨を，判決を言い渡した期日の口頭弁論調書に記載させ（民訴§254Ⅱ），判決書に代える（調書判決）。

　　調書判決は，次の２つの請求認容判決の場合に可能である。

㋐　被告が，口頭弁論において原告の主張した事実を争わず，その他何らの防御の方法をも提出しない場合（民訴§254Ⅰ①）

㋑　公示送達による呼出しを受けた被告が口頭弁論の期日に出頭せず，陳述擬制（民訴§158）を受ける準備書面をも提出していない場合（民訴§254Ⅰ②）

④　判決の言渡しと送達
⑦　判決の言渡し

（判決の発効）
第250条　判決は，言渡しによってその効力を生ずる。
（言渡期日）
第251条　判決の言渡しは，口頭弁論の終結の日から 2 月以内にしなければな
らない。ただし，事件が複雑であるときその他特別の事情があるときは，こ
の限りでない。
2　判決の言渡しは，当事者が在廷しない場合においても，することができる。
（言渡しの方式）
第252条　判決の言渡しは，判決書の原本に基づいてする。

H7-2-2

判決の効力は，言渡しによって生ずる（民訴§250）。
判決言渡しの期日は，口頭弁論の終結から 2 か月以内に開かなければ
ならない（民訴§251 I）。ただし，この規定は訓示規定と解されている。

H18-5-4

判決の言渡しは公開の法廷において（裁§70），裁判長が判決書の原
本に基づき主文を朗読して行う（憲§82 I，民訴§252，民訴規§155）。

R4-4-オ
R3-5-エ
H26-2-オ
H24-5-ア
H22-3-ア
H7-1-2

判決の言渡しは，当事者が在廷しない場合にも（民訴§251 II），また，
訴訟手続の中断中においてもすることができる（民訴§132 I）。
➡　判決の言渡しは当事者の訴訟行為を要しないし，できるだけ早く言
い渡すべきだからである。

④　判決の送達

H7-2-3

判決の言渡しの後，裁判長は遅滞なく判決原本を裁判所書記官に交付
し，裁判所書記官は，これに言渡しおよび交付の日を付記して押印しな
ければならない（民訴規§158）。裁判所書記官は，判決書の正本，また
は調書判決の場合の調書の謄本（民訴§254 II，255 II）を作成して当事
者に送達しなければならない（民訴§255）。この送達は，付記された交
付の日または判決言渡しの日から 2 週間以内にしなければならない（民
訴規159 I）。
なお，上訴期間は，当事者が送達を受けた日から起算される（民訴§
285，313）。

⑤　判決の更正

> （更正決定）
> **第257条**　判決に計算違い，誤記その他これらに類する明白な誤りがあるとき
> は，裁判所は，申立てにより又は職権で，いつでも更正決定をすることがで
> きる。
> **2**　更正決定に対しては，即時抗告をすることができる。ただし，判決に対し
> 適法な控訴があったときは，この限りでない。

㋐　意　義

　判決の内容を変えるのではなく，判決の表現において，誤記等がある
場合に，これを訂正することを判決の更正という。そして，裁判所は上
訴によらず，決定で訂正することができるが，これを更正決定という。

㋑　要　件

　判決の更正ができるのは，判決に計算違い，誤記，その他これに類す　H18-5-5
る明白な誤りがある場合（明渡請求訴訟で，原告が物件の表示を誤った
ため，主分でも表示を誤った場合など）である（民訴§257Ⅰ）。
　なお，誤りが，裁判所の過失によるか，当事者の誤った陳述によるかは
問わない。

㋒　効　果

　更正決定があると，判決は最初から更正された通りに言い渡されたこ
とになる。すなわち更正決定は判決と一体をなすという効力を生ずる。
したがって，判決に対する上訴期間は，更正決定に影響されない。

㋓　手　続

　裁判所は，当事者の申立てまたは職権によりいつでも更正決定をする　H24-5-オ
ことができる（民訴§257）。上訴提起後または判決確定後でもすること　H7-2-4
ができる。
　更正決定に対しては，即時抗告ができる（民訴§257Ⅱ本文）。しかし，　H18-5-5
判決に対して適法な控訴があったときには，控訴審の判断を受ければ足
りるから，即時抗告は許されない（同Ⅱただし書）。

⑥　判決の変更

（変更の判決）

第256条　裁判所は，判決に法令の違反があることを発見したときは，その言渡し後1週間以内に限り，変更の判決をすることができる。ただし，判決が確定したとき，又は判決を変更するため事件につき更に弁論をする必要があるときは，この限りでない。

2　変更の判決は，口頭弁論を経ないでする。

3　前項の判決の言渡期日の呼出しにおいては，公示送達による場合を除き，送達をすべき場所にあてて呼出状を発した時に，送達があったものとみなす。

---

⑦　意　義

判決の変更とは，判決をした裁判所が判決に法令違反があったことを発見したときにおいて，自ら判決を変更して法令違反を除去することをいう。

判決には，判決を下した裁判所が自ら言い渡した判決を，自分で自由に取り消したり，内容を無視したりできない効力（自己拘束力）があるが，判決の更正・変更は，これに対する例外である。判決の変更は，上訴を防ぎ上訴審の負担軽減を図ることを目的とする。

⑦　要　件

ⓐ　判決に法令違反があること

事実誤認の誤りは変更理由とはならない。

H24-5-エ

ⓑ　判決言渡し後1週間以内にされること

この期間内であっても，不控訴の合意や，上訴権の放棄などによって判決が確定すれば変更することはできない。

ⓒ　判決を変更するためにさらに口頭弁論を開く必要がないこと

➡　口頭弁論を開く必要があるなら，むしろ上訴によるべきだからである。

⑦　手　続

判決の変更は，もっぱら職権によって行う。当事者には申立権がないので，上訴による救済を求めるしかない。

判決の変更も，判決によって行われる（変更判決）。変更判決も言渡

しが必要であり，言渡しも1週間の期間内にする必要がある。その場合，変更判決の言渡し期日の呼出しは，通常の方式では間に合わないおそれがあるので，公示送達の場合を除いて，呼出状が当事者に発送されたときに，送達されたものとみなされている（民訴§256Ⅲ）。

⑦　判決の無効（無効判決）

　無効判決とは，判決として存在しており，当該審級を終了させるが，重大な瑕疵があるため判決としての本来的効力（既判力，執行力，形成力等）の全部または一部を発揮できないものをいう。

　たとえば，裁判権に服しない者に対する判決，実在しない当事者（死者等）に対する判決などである。

　このような判決も，有効であるかのような外観があるため，上訴によって排除することができる。

(2) 判決の確定

① 確定の概念

　判決は，その訴訟手続内で取消しまたは変更のための不服申立ての方法が存在しなくなったとき（不服申立ての手段が尽きたとき）に確定する（形式的確定力）。

② 確定の時期

　㋐ 下級審判決の場合

　　ⓐ 当事者が上訴期間（民訴§285，313）を徒過した場合には，その期間満了のときに確定する（民訴§116Ⅰ）。

　　　ただし，上訴を提起した場合でも，上訴期間経過後に上訴の取下げがあった場合や上訴が不適法として却下された場合には，（上訴の提起はなかったことになるから）上訴期間満了の時に遡って判決は確定する。

　　ⓑ 上訴期間や異議申立期間が経過する以前に，敗訴の当事者が上訴権や異議申立権を放棄したときは（民訴§284，313，358），その放棄時に確定する。

　　ⓒ 上訴を提起しない旨の合意が当事者間にあるときは，判決言渡しの時に確定する。

　　　㋑　上級審の場合
　　　　ⓐ　控訴審の判決も上告期間の満了の時に確定する。

　　　　ⓑ　上告審の判決は，それ以上の不服申立ての方法が存在しないから，言渡しと同時に確定する。なお，上告棄却の判決が確定すると原判決はそのときに共に確定する。

　　　　ⓒ　飛躍上告の合意（民訴§281Ⅰ）があるときは，上告期間の徒過時に，判決は確定する。

　　③　判決の確定証明
　　　　判決の正本だけでは，判決の確定は明らかにならない。そこで，当事者（利害関係を疎明した第三者も）は，第一審裁判所の裁判所書記官に申請して，確定証明書の交付を受けることができる（民訴規§48Ⅰ）。

　　④　定期金賠償確定判決の変更を求める訴え
　　　　口頭弁論終結前に生じた損害につき定期金による賠償を命じた確定判決について，口頭弁論終結後に，後遺障害の程度，賃金水準その他の損害額の算定の基礎となった事情に著しい変更が生じた場合には，その判決の変更を求める訴えを提起することができる（民訴§117Ⅰ）。判決確定後に生じた事実が判決時の予測に反することがあるのは避けがたく，確定判決で認められた賠償額を是正する必要があるためである。

　　⑤　確定判決に対する不服申立て
　　　　判決が確定した場合，その効力を否定するには，再審の訴えによることが必要である（民訴§338）。しかし，当事者の一方が，相手方の権利を害する意図の下に，相手方が訴訟手続に関与することを妨げるなどの不正行為を行い，その結果本来であればあり得べきではない内容の確定判決を取得して執行し，損害を与えた場合には，相手方は，再審の訴えを提起することができるときであっても，別訴で不法行為に基づき当該損害の賠償を請求することができる（最判昭44.7.8）。

5　判決の効力
(1)　判決の自己拘束力と羈束力
　　①　自己拘束力
　　　　判決はひとたび言い渡されると，判決をした裁判所自身も撤回したり変

更したりすることが許されない。これを自己拘束力という。

➡　判決がむやみに取り消されたり変更されたりしたのでは，権利の確定を通して紛争を最終的に解決するという民事訴訟の目的を達成する上から好ましくないからである。

　この自己拘束力は，確定前でも生じるし，終局判決だけではなく中間判決にも生ずる。

　ただし，これには判決の更正（民訴§257Ⅰ）と判決の変更（民訴§256Ⅰ）という二つの例外がある。

　また，決定・命令には，再度の考案（民訴§333），訴訟指揮の裁判の取消し（民訴§120）など，この効力がない場合がある。

② 　羈束力

　羈束力とは，同一手続の中で，ある裁判所のした裁判が他の裁判所を拘束することをいう（ただし，自己拘束力を羈束力と呼ぶこともある）。

　たとえば，移送を受けた裁判所に対する拘束（民訴§22Ⅰ），上級審の判断の下級審に対する拘束（民訴§325Ⅲ，裁§4），事実審の判決において適法に確定した事実認定の判断の上告審に対する拘束（民訴§321Ⅰ）などである。

⑵　**確定判決の効力**

　判決が確定すると，既判力，執行力（給付判決），形成力（形成判決）が生ずる。これらを判決の本来的効力という。これに対し，参加的効力（民訴§46）や法律要件的効力（民§147Ⅱ，169）などのように，一定内容の判決がされたことに付随して認められる付随的効力がある。ここでは，判決の本来的効力について解説する。

6　既判力

⑴　**概　説**

① 　既判力の意義

　民事訴訟制度の目的である紛争の終局的解決を得るためには，紛争の蒸し返しを禁ずる必要がある。そこで，当事者および裁判所は，前の確定判決でされた判断と矛盾する主張および裁判をすることはできない。この確定判決の判断内容に与えられた拘束力を既判力という。

② 既判力の根拠

既判力の根拠については諸説分かれているところであるが，次の2点から根拠づけられることに留意しておいてほしい。

㋐ 既判力の必要性

民事訴訟の制度目的として，確定判決の内容を法的に安定させ，紛争の蒸し返しを防止するために，既判力が必要である。

㋑ 既判力の正当性

当事者にとっても，訴訟手続において十分争う機会が与えられた（手続保障）うえでの裁判であれば，その判断内容に拘束されても仕方がないのであり（自己責任），そこに既判力による拘束力を正当化する根拠が認められる。

(2) **既判力を有する裁判**

① 本案判決

確定した本案の終局判決において，給付判決，確認判決，形成判決（ただし，争いあり），そして，給付，確認，形成の請求棄却判決には，既判力が生ずる。

中間判決は，当該審級の終局判決を準備するためのものであり，審級限りの自己拘束力はあるが既判力はない。

② 訴訟判決

R2-5-エ
H26-4-ア

訴訟判決の既判力は，訴え却下の事由ごと，すなわち個々の訴訟要件ごとに生ずる。訴訟要件不存在一般に生ずることはない。したがって，ある訴訟要件を欠くことを理由に訴え却下判決がされ，確定しても，その後その訴訟要件を具備すれば，同一の訴えを提起することができる。

③ 確定判決と同一の効力を有するもの

確定判決と同一の効力が認められるものにも既判力が生ずるとされているが，請求の放棄・認諾調書，裁判上の和解調書（民訴§267）については見解が分かれる。

④ 決　定

決定については，原則として既判力は生じない。しかし，決定で完結すべき事件で，実体関係につき終局的判断をしている場合には既判力が生ずるとされている。

なお，支払督促には，既判力は認められない。

⑤　外国判決

　　わが国で，その効力を承認された外国裁判所の確定判決は，既判力を有する。

(3)　既判力の作用

　　既判力は，後訴との関係で作用する。そして，この作用には，消極的作用と積極的作用の両面がある。

①　後訴における作用

　㋐　消極的作用

　　　当事者は，既判力の生じた判断に反する主張・証拠申出をすることができず，裁判所も，既判力に反した当事者の主張・証拠の申出を排斥しなければならない。

　　【例】・貸金返還請求訴訟で，500万円支払えとの判決が確定した場合，基準時前に弁済していたとか，消滅時効が完成していたとかの主張は，後訴において消極的作用により排斥される。

　㋑　積極的作用

　　　既判力の生じた判断を前提として，後訴裁判所は判決しなければならない。

　　【例】・前訴の所有権確認訴訟で原告Aが勝訴したのち，後訴で移転登記をAが請求した場合，積極的作用によりAの所有権が前提とされ，特段の事情がなければ，後訴もAの請求が認容される。

　㋒　前訴の訴訟物に対する既判力が，後訴に及ぶ関係(既判力の作用場面)

　　　既判力は原則として判決主文の判断，すなわち訴訟物について生ずる(民訴§114Ⅰ)。そして，前訴における訴訟物に対する既判力が，後訴に及ぶ関係は，次の3つに類型化されると解されている。

ⓐ　両訴訟の訴訟物が同一の場合

H25-5-オ

【例】・前訴の所有権確認請求で敗訴した原告が，再び同一目的物の所有権確認請求をする場合
　　　前訴の請求棄却の既判力により，口頭弁論終結時（基準時）後の新事由がない限り，後訴も請求棄却となる。

H25-5-ア
H16-4-ア

・前訴で100万円の貸金返還請求で勝訴した原告が，再び同一の100万円の貸金返還請求をする場合
　　　直ちには既判力の問題とはならず，勝訴判決を得ている者がする再訴として訴えの利益で処理される。すなわち，原則として訴えの利益は認められないとして再訴は却下される。
　　　ただし，例外として，時効の完成猶予および更新のためや，判決原本が滅失した場合などは，例外として訴えの利益は認められ，再訴は適法となる。

ⓑ　前訴と後訴の訴訟物が矛盾対立関係にある場合

H16-4-イ

【例】・前訴で100万円の貸金返還請求で敗訴した被告が，同一債務の不存在確認の訴えを提起する場合
　　　前訴の既判力により，基準時後の新事由がない限り，後訴も請求棄却になる。

ⓒ　前訴の訴訟物が後訴の訴訟物の先決関係（前提関係）にある場合

【例】・前訴の所有権確認請求で原告が勝訴した後，後訴で移転登記を原告が請求した場合
　　　前訴の既判力ある判断を前提として，後訴の請求を審理する。

②　既判力の双面性
　既判力は，その効力の及ぶ当事者相互間に，有利にも不利にも働く。

H29-4-ア

【例】・前訴で建物の所有権確認で勝訴した原告は，後訴で前訴被告から建物収去土地明渡しを請求された場合，前訴の事実審口頭弁論終結の時より前に建物を譲渡した事実を主張するなどしてその建物の所有者でないと主張できない。

(4) 既判力の職権調査性と既判力の抵触

　既判力が及んでいるかどうかは，職権調査事項である。したがって，当事者が既判力を援用しない場合でも，裁判所は職権で指摘して判決の基礎とすることができる。また，後訴の既判力が前訴の既判力に抵触する場合，前訴および後訴のうち，後で確定した判決を，再審の訴え（民訴§338）により取り消すことができる。

H25-5-エ
H21-4-オ

7　既判力の限界

　既判力は，紛争の蒸し返しを防止し，再審理を許さない強力な効力を有するので，その限界を明確にしておく必要がある。そこで，その限界を3つの側面から検討する。

(1) 既判力の時的範囲（限界）

① 既判力の基準時（標準時）

　民事上の権利関係は，刻々と変化するものであり，時間の経過とともに発生，変更，消滅しうるので，どの時点における権利関係の存否について既判力が生ずるのかを明確にする必要がある。このために存在するのが既判力の基準時である。

H21-4-ア
H13-4-ア

　そして，この既判力の基準時は，事実審の口頭弁論終結時であるとされる。これは，当事者は事実審の口頭弁論の終結時までは自由に訴訟資料を提出することができ，裁判所もこれに基づいて判決を下すことになるからである。

　ところで，この既判力の基準時というのは，あくまでも，事実審の口頭弁論の終結時点における権利関係を基準に判決をするというものであって，基準時後において生ずる権利関係までをも拘束するものではない。

　つまり，貸金返還請求訴訟において，基準時の時点においては，貸金が存在していたとしても，基準時後に被告が弁済した場合，弁済したという事実にまで既判力が及ぶものではない。

　この基準時後の事態の変化を，基準時後の新事由と呼ぶものとすると，既判力は，基準時後の新事由については及ばない。

　なお，たとえば，土地の所有権確認訴訟で敗訴した原告が，改めて同じ土地の所有権確認訴訟を提起した場合，裁判所は，訴えを却下するのではなく，新事由の存否を判断し，新事由があればそれを基礎に本案判決を下し，新事由がなければ請求棄却の本案判決を下す。

　この場合には，既判力の基準時が，後訴の事実審の口頭弁論終結時まで移動することになるからである。

② 既判力の遮断効（失権効）

H16-4-ウ
H13-4-イ
H13-4-エ

基準時における判断と矛盾する主張は，既判力の消極的作用により遮断され，後訴で取り上げられて再審理されることはない。たとえば，金1,000万円の請求権があるとして請求が認容されると，後訴において，基準時前に弁済したとか，債務の不成立，錯誤，完成していた消滅時効の援用等に基づき債務が不存在であったとの主張は取り上げられない。これを既判力の遮断効（失権効）という。

H8-2-1

なお，既判力で遮断される主張は，前訴でその主張をしていたかどうかを問わず，また，主張しなかったことに過失があったか否かを問わない。

③ 時的限界の具体例

㋐ 形成権の行使と遮断効

既判力の基準時前にすでに発生していた取消権等の実体法上の形成権は，その行使が形成権者の意思に委ねられており，行使がされてはじめて法律関係は変動することから，たとえ既判力の基準時後に行使しようとも既判力により遮断される事はないのではないかが問題となる。

ⓐ 取消権

H26-4-ウ
H19-4-ア
H13-4-ウ
H8-2-2

前訴判決の基準時前に生じていた取消事由に基づいて，基準時後に取消権を行使しても，既判力によって遮断される（通説，最判昭55.10.23）。

取消しと無効とを比較すると，より重大な意思表示の瑕疵である無効主張が遮断されるのに，取消権が基準時後にも行使できるのは権衡を欠くからである。

ⓑ 相殺権

H19-4-イ
H13-4-オ

前訴判決の基準時前に生じていた相殺権に基づいて，基準時後に相殺権を行使したときは，既判力によって遮断されない（通説，最判昭40.4.2）。

相殺は，前訴の訴訟物とは直接に関係のない別個の債権を持ち出してこれを犠牲に供するものであり，債権の消滅という不利益を伴うものであるから，これを行使するか否かは，債権者の自由というべきだからである。

ⓒ　建物買取請求権

　　建物収去土地明渡請求訴訟で，被告が建物買取請求権を行使せず請求認容判決が確定した後であっても，被告は建物買取請求権を行使することができる（通説，最判平7.12.15）。

　　建物買取請求権は建物収去土地明渡請求権に付着した瑕疵ではなく別個の独立した権利であり，相殺権に近く，また，（借地人が保護されること，）建物が取り壊されず保護されることから，判決確定後もその行使を認めるべきだからである。

➡　例えば，売買代金支払請求訴訟で，売買契約において詐欺があったことによる取消権は，売買代金支払請求権に付着した瑕疵ということになると思われる。このような権利は前訴の基準時前に行使すべきということである。

(2)　**既判力の客観的範囲**

　　既判力の客観的範囲とは，判決が確定した場合，判決のどの部分に既判力が生じるかという問題である。

（既判力の範囲）
第114条　確定判決は，主文に包含するものに限り，既判力を有する。
2　相殺のために主張した請求の成立又は不成立の判断は，相殺をもって対抗した額について既判力を有する。

①　判決主文中の判断

㋐　既判力は，原則として判決主文中に表示された判断事項に限って生ずる（民訴§114Ⅰ）。そして，判決主文（民訴§253Ⅰ①）とは，訴状における請求の趣旨に対応し，訴訟物がその内容をなすのであるから，既判力は訴訟物について生ずるといってよい。ただし，主文中の表示は簡潔なため，どのような事項を判断しているかは，判決理由・事実を参照しなければならない場合が多い。

㋑　一部請求

　　既判力は，訴訟物について生ずるとされることから，一部請求において，判決確定後の残部請求の可否が問題となる。判例に沿って，一部の明示がある場合と，ない場合とに分けて検討する。

ⓐ 明示がある場合で，確定判決が請求認容判決の場合

R2-5-ウ
H26-4-エ

一部請求を認め，既判力はこれについての判断にのみ生じ，残部請求について既判力は及ばない。したがって，残部請求は適法となる。

ⓑ 明示がある場合で，確定判決が請求棄却（または一部認容）である場合

H29-4-エ
H24-2-ウ

残部請求について既判力は及ばないので，残部請求は適法となるはずである。しかし，請求棄却で敗訴した原告が残部請求の訴えを提起することは，特段の事情がない限り信義則に反して許されない（最判平10.6.12）。

➡ 数量的一部請求を棄却する判決は，債権の全部について行われた審理の結果に基づいて，後に残部として請求しうる部分が存在しないとの判断を示すものだからである。

例えば，1000万円のうちの200万円と明示して提起された明示的一部請求訴訟の場合，裁判所は債権全額がいくら現存するか審理した上で，200万円以上あれば全部認容し，200万円未満であれば一部認容（150万円存在するなら150万円認容）し，0円であれば請求棄却判決をする。すなわち，一部認容でも請求棄却でも残額は0円ということになるのである。

ⓒ 明示がない場合（黙示の一部請求の場合）

債権全額が訴訟物となり，全部請求とみられるので，債権全額について既判力が生じ，後訴は許されない。

ⓦ 特定債務の不存在確認訴訟

R2-5-オ

【例】・原告の被告に対する債務の上限額（例えば，500万円）を明示した，特定債務（貸金債務）の不存在確認訴訟において，当該500万円の貸金債務のうち200万円を超える債務の不存在を確認し，その余の請求を棄却する判決が確定した場合には，当該確定判決は，当該500万円の貸金債務のうち200万円の債務の存在と300万円の債務の不存在について既判力を有する。

② 判決理由中の判断

R2-5-イ
H29-4-オ
H16-4-エ

ⓐ 原則として判決理由中の判断には既判力は生じない。

これは，当事者はその請求についての結論がどうなるかだけを念頭に

おいて訴訟活動をすれば足りるのであり，請求の前提となる個々の攻撃防御方法がその場限りのものとして（つまり手段的に）処理されるようになれば，当事者は結論だけで勝敗をつければよく，自由な訴訟活動を展開できるからである。また，裁判所としても実体法上の論理的順序にこだわらず，訴訟物についての判断を最も直接かつ迅速に得られるように訴訟指揮をすることができるからである。

　例えば，貸金返還請求訴訟において，被告が債務の不成立を主張し予備的に消滅時効の完成を主張した場合，どちらが認められても請求棄却であるから，被告としてはどちらが認められていても良いので，裁判所は判断しやすい方から審理して(つまり，債務の不成立について審理せず，消滅時効の完成を認定して)請求棄却判決をすることができるのである）。

(イ)　中間確認の訴え

　判決理由中の判断に既判力が生じないということになれば，たとえば　H25-5-ウ所有権に基づく妨害排除請求や（移転）登記請求にあっては，訴訟物は妨害排除請求権または（移転）登記請求権であって，そこに既判力は生ずるが，その基にある所有権には既判力は生じないということになる。これでは所有権の存否について後訴で争うことができることになり，審理の努力を無駄にすることにもなりかねないので，中間確認の訴え（民訴§145→後述）が用意されている。中間確認の訴えの申立てがあれば，所有権の存否にも既判力が生ずることになる。

(ウ)　相殺の抗弁

　被告が相殺の抗弁を提出し，裁判所が判決理由中の判断で，その効果　R2-5-アについて判断したときは，相殺をもって対抗した額の限りで反対債権(自　H29-4-イ働債権）の存否についても既判力が生ずる（民訴§114Ⅱ）。　H16-4-オ

H8-2-3

　相殺の抗弁について，このように例外的に取り扱うのは，相殺の抗弁に既判力を生ずるとしておかないと，反対債権が二重に行使されることを阻止できないからである。

　たとえば，反対債権は存在しないと判断されて請求が認容されたとしよう。この後，被告が別訴で原告となり，反対債権で訴求すると，反対債権につき相手方も裁判所も二重の審理を強いられることになる。しかも，別訴で反対債権があると判断されると矛盾する判断に至ることも起こりうる。

　また，逆に，反対債権が存在すると判断され，相殺により請求が棄却されたとしよう。その後，被告が別訴で原告となり，反対債権で訴求す

ると，反対債権は二重に使用されることになってしまう。

㋔　相殺の抗弁の既判力の特殊性

＜相殺の抗弁に既判力が生ずる場合＞

　相殺の抗弁に既判力が生ずるのは，原告の請求の当否を判断するために，反対債権の存否を実質的に判断する必要がある場合に限られる。

　したがって，時機に後れた攻撃防御方法として却下された場合や，民法509条で相殺が許されない場合，あるいは相殺適状にない場合などにおいては，相殺の抗弁が審理されていない以上，既判力は生じない。

＜相殺の抗弁の既判力が生ずる範囲(1)＞

　反対債権の不存在を理由に，相殺の抗弁が排斥された場合には，反対債権の不存在に既判力が生ずる。また，相殺の抗弁が認められ，原告の請求を棄却した場合にも，反対債権の不存在につき（反対債権は相殺により消滅したため）既判力が生ずる。

＜相殺の抗弁の既判力が生ずる範囲(2)＞

　既判力が生ずる反対債権の不存在における金額は，相殺をもって対抗した額に限られる。

　対抗した額であるから，主張はしたが一部しか認められなかった場合でも，主張して対抗した金額全額に既判力が生ずる。

　ただし，対抗した額よりも，反対債権の方が大きい場合には，超過する部分には既判力は生じない。

H24-2-エ

　なお，明示的一部請求訴訟において，被告から相殺の抗弁が提出され，その抗弁に理由がある場合には，まず一部請求された債権の総額を確定し，その額から自働債権の額を控除した残存額を算定した上，①原告が求める一部請求額が残存額の範囲内であるときはその請求額を認容し，②残存額を超えるときはその残存額の限度で認容する（最判平6.11.22；外側説）。

　　【例】・貸金債権1000万円のうち一部の請求であることを明示して200
　　　　　万円の支払を求める訴えが提起され，相手方が120万円の売買
　　　　　代金債権を自働債権として相殺の抗弁を主張したとする。①裁
　　　　　判所が審理の結果，貸金債権が総額500万円存在し，売買代金
　　　　　債権は120万円全額存在すると判断した場合には，500万円－

120万円＝380万円となり，200万円は380万円以下であるので200万円を認容することになる。ところが，②裁判所が審理の結果，貸金債権が総額300万円存在し，売買代金債権は120万円全額存在すると判断した場合には，300万円－120万円＝180万円となり，200万円は180万円を超えるので180万円認容することになるのである。

＜相殺の抗弁の審理の順序＞

　相殺の抗弁に既判力が生ずる関係で，訴求債権の審理から始まり，それが存在すると判断されたときに，相殺の抗弁が判断される。

　もし訴求債権が存在していないとすると，反対債権は不当に消滅することになるからである。

　したがって，相殺の抗弁は，通常，予備的抗弁として位置づけられている。つまり，弁済など別の抗弁も主張されているときは，その抗弁を先に審理する必要がある。相殺の抗弁は，認められて勝訴しても反対債権を失うことになり，実質的には勝利とはいえないからである。

＜相殺の抗弁と上訴の利益＞

　相殺の抗弁が認められ，請求棄却を得た被告は，判決主文では請求棄却であり被告に不利益はないのであるが，相殺の抗弁には既判力が生ずるため，訴求債権が他の理由で存在しないことを争う実益がある。したがって，例外として上訴の利益が肯定される。

㋔　相殺の再抗弁

　被告の相殺の抗弁に対して，原告が相殺の再抗弁をすることはできない（最判平10.4.30）。

➡　仮定の上に仮定が重なり，審理の錯綜を招くこととなる一方，原告は，訴えの追加的変更等により債権を行使することができ，不都合はないからである。

(3) 既判力の主観的範囲（人的限界）

> （確定判決等の効力が及ぶ者の範囲）
> **第115条**　確定判決は，次に掲げる者に対してその効力を有する。
> 一　当事者
> 二　当事者が他人のために原告又は被告となった場合のその他人
> 三　前二号に掲げる者の口頭弁論終結後の承継人
> 四　前三号に掲げる者のために請求の目的物を所持する者

① 当事者（民訴§115Ⅰ①）－相対性の原則

　　既判力が及ぶ者には，それを受けるだけの手続的保障（訴訟で充分争う機会，という意味で理解しておけば良い）が与えられていなければならない。そうでなければ，裁判を受ける権利を奪うことになるからである。したがって，既判力は，対等な手続上の地位を保障され，自らの権利を主張し得る機会があった当事者間に及ぶのが原則である。これを既判力の相対性という。

　　しかし，民事訴訟では，例外的に当事者でない者にも既判力を及ぼしている。それらの場合について検討する。

② 訴訟担当の場合の利益帰属主体（民訴§115Ⅰ②）

H21-4-ウ

　　他人のために当事者となった者が受けた判決の既判力は，その他人である権利の帰属主体にも及ぶ。

　　これは，利益帰属主体は，自ら当事者として訴訟を追行したのと同様に，手続上の地位を保障されていたからである（つまり，訴訟担当者が利益帰属主体の代わりにしっかり訴訟で争ってくれていたから，ということ）。

【例】・債権者代位訴訟において，代位者（債権者）が受けた判決の効力は，被代位者（債務者）に及ぶ（大判昭15.3.15）。
　　　・破産財団に属する財産に関する訴訟において，破産管財人が受けた判決の効力は，破産者に及ぶ。
　　　・選定当事者が受けた判決の効力は，選定者に及ぶ。

③ 口頭弁論終結後の承継人（民訴§115Ⅰ③）

H21-4-イ
H8-2-4

　　口頭弁論終結後の承継人とは，既判力の基準時後に訴訟物である権利・法律関係に関する地位を，前主である当事者または訴訟担当の場合の利益帰属主体から承継した第三者をいう。

⑦　承継の態様等

　　第三者については，訴訟係属についての善意・悪意を問わず，また，前主が勝訴者であるか，敗訴者であるかを問わない。

　　承継の態様は，一般承継であるか，特定承継であるかを問わない。

　　承継の原因は，当事者間の法律行為であるか，競売などの国家行為であるかを問わない。

④　承継の時期

　　承継の時期は，口頭弁論終結後である。口頭弁論終結後とは，既判力の基準時（事実審の口頭弁論終結時）後のことである。

➡　既判力の基礎となる訴訟資料・証拠資料の提出が，事実審の口頭弁論終結時までに限定されるので，既判力の拡張を受ける承継人の範囲も，その時点を基準としたものである。

　　したがって，上告審係属中の承継人も，口頭弁論終結後の承継人に該当する。

　　なお，口頭弁論終結前の承継人については，既判力が拡張されることなく，訴訟承継の問題として取り扱われる。

⑤　承継の概念

　　この承継の概念の説明の仕方については争いがあるが，通説は，承継人を，当事者から当事者適格を承継した者と説明している。

　　たとえば，所有権に基づく建物収去土地明渡請求訴訟の基準時後に被告から建物を譲り受けた者も承継人となる。なお，現在では，当事者適格の承継の概念に代えて，紛争の主体たる地位の移転という概念を，承継人の範囲に関する基準として提唱する説が近時の多数説となっている。

④　請求の目的物の所持者（民訴§115Ⅰ④）

　　当事者または当事者の承継人のために，請求の目的物を所持する者に対して既判力は及ぶ。　`H21-4-エ`

　　具体的には，受寄者，管理人，同居者，家族などが例としてあげられる。

　　承継人と異なり，所持を開始した時期と口頭弁論終結の前後は，問題とならない。

　　これに対し，**賃借人や質権者のように，自己の法律上の利益のために占有をする者は，ここにいう所持人には該当しない。**

⑤　訴訟脱退者

H8-2-5

　第三者が当事者となったために（民訴§47，50，51），訴訟から脱退した者にも既判力は及ぶ（民訴§48）。

⑥　一般第三者への拡張

　人事訴訟や会社関係訴訟においては，法律関係を画一的に処理する必要のある場合があり，その場合には，判決の効力が一般の第三者にも及ぶ（人訴§24Ⅰ，会社§838）。

⑷　反射効

H29-4-ウ

　当事者の一方と実体法上の従属関係にある第三者がいる場合に，その当事者が受けた判決の既判力が当該第三者に有利または不利に影響を及ぼす場合に，これを判決の効力とみて反射効と呼ぶことがある。例えば，債権者と主債務者との間で主債務者勝訴の判決（主債務は存在しない）が確定した場合，この判決と民法448条から，債権者は保証人との間でも主債務が存在しない（つまり，保証債務も存在しない）ことを争えないのではないか，すなわち，主債務者勝訴の判決の既判力が保証人にも拡張されるのではないかという場合である。この論点について判例は，法理上の根拠に乏しいとして，反射効否定説に立っている（最判昭31.7.20）。

【参考判例】
・債権者から保証人に対する保証債務履行請求訴訟における保証人がすでに保証人敗訴の確定判決を受けているときは，保証人敗訴の判決確定後に主債務者勝訴の判決が確定しても，同判決が保証人敗訴の確定判決の基礎となった事実審口頭弁論終結の時までに生じた事実を理由としてされている以上，保証人は当該主債務者勝訴の確定判決を保証人敗訴の確定判決に対する請求異議の事由（民執§35Ⅱ）にする余地はない（最判昭51.10.21）。
　➡　主債務者勝訴判決を援用して，保証人敗訴の確定判決に対する請求異議事由とするのを認めることは，実質的には保証人敗訴の確定判決の効力により保証人が主張することのできない事実に基づいて再び債権者の権利を争うことを容認するのとなんら異なるところがないといえるからである（同判例）。

8　執行力と仮執行宣言
⑴　執行力
　執行力とは，確定判決や和解調書などに掲げられた給付義務を，強制執行

手続を利用して実現することができる効力をいう。

そして，執行力を有する文書一般を，債務名義という（民執§22）。

　執行力の時的限界と客観的範囲については，既判力に準ずる。また，主観的範囲についても，既判力に準ずる（民執§23ⅠⅢ）。

(2)　仮執行宣言

①　意　義

　仮執行宣言とは，未確定の終局判決に対し，確定判決と内容上，同一の執行力を付与する形成的裁判をいう（民訴§259）。 H12-1-ウ

　敗訴者が上訴をすると，判決の確定が防止され，権利の実現が遅れることになる。そこで，これに対抗して，未確定の終局判決にも執行力を付与し，勝訴者に権利を早期に実現する道を開くものである。

②　要　件

㋐　財産権上の請求に関する判決であること

　財産権上の請求であれば，仮執行宣言が取り消された場合でも，原状回復が比較的容易であり，あるいは金銭賠償で解決がつくからである。ただし，財産権上の請求であっても，登記訴訟のような意思表示を求める請求にあっては，原状回復が困難であること，また，執行力は確定が要件とされている（民執§174Ⅰ）ことから，仮執行を付すことはできない（多数説，最判昭41.6.2）とされている。

㋑　仮執行をする必要性があること

　仮執行宣言を付すか否かは，裁判所の裁量による。判決が上級審で取り消される可能性，勝訴者が即時に判決内容を実現する必要性，仮執行によって敗訴者に回復し難い損害を生じさせないかなどとともに，担保を条件とするか，仮執行免脱宣言をすべきか否かなどを考慮して総合的に判断される。

　ただし，手形・小切手訴訟の判決では，職権で必ず仮執行を宣言しなければならず（民訴§259Ⅱ），また少額訴訟の認容判決でも，職権で必ず仮執行を宣言しなければならない（民訴§376）。 H19-5-ウ

　➡　両訴訟手続とも，請求権の簡易迅速な実現を目的としているから。

③　手続・方式

　仮執行宣言は，申立てまたは職権で付され，判決主文に掲げられる（民訴§259Ⅳ）。そして，仮執行宣言は，裁判所の裁量により，担保を条件と H5-5-2

し，あるいは無担保で付することができる。また，裁判所は，申立てによりまたは職権で，担保提供を条件として，仮執行の免脱（仮執行を免れさせる）を宣言することができる（同Ⅲ）。

④　仮執行の効力

仮差押え，仮処分という民事保全と異なり，保全の段階にとどまるものではなく，他の債務名義と同様，権利の終局的実現（たとえば金銭の交付）まで進む。

⑤　執行の停止

仮執行宣言付判決に対して上訴や異議があると，執行の停止が可能となる（民訴§403）。

⑥　仮執行の宣言の失効

仮執行宣言は，その宣言または本案判決を変更する判決の言渡しがあると，変更の限度で失効する（民訴§260Ⅰ）。また，仮執行により債権者（原告）が既に金銭の給付等を受けている場合において，本案判決が変更されたときには，裁判所は，被告の申立てにより，被告が給付したものの返還（原状回復）と，被告の被った損害の賠償を原告に命じなければならない（同Ⅱ）。

⑦　仮執行宣言に対する不服申立て

H2-3-2

仮執行宣言は，訴訟費用の裁判と同様，本案判決に付随してなされる裁判であり，独立して控訴を申し立てることはできない。

9　形成力

通常，私法上の法律関係に変動を生じさせる形成権は，その行使を私人に委ねている。しかし，法的安定性の要請が強く，広く第三者との関係でも画一的に確定させる必要がある法律関係については，特に判決による法律関係の変動の宣言が必要とされる。このような，法律関係の変動を宣言する判決を形成判決といい，形成判決が確定することによって，その内容どおりに法律関係の変動を生ぜしめる効力を形成力という。たとえば，離婚判決による離婚，株主総会決議取消し判決による取消しなどがその例である。

第5章
複雑訴訟形態

第1節　複数請求訴訟

Topics・請求の客観的併合にはどういったものがあるかを理解し，特に訴えの
変更および反訴については頻出論点であり，その要件に踏み込んでし
っかり勉強しておくこと。

1　総　説

1　訴えの併合の意義

同一当事者間で複数の紛争がある場合，それらを別々の訴訟手続で審理する
ならば，個々の事件の審理そのものは単純化され，促進されることになる。し
かし，これを一つの訴訟手続で処理できれば，当事者にとって便宜であるし，
審理の重複や裁判の矛盾を避けることができることもある。そこで，現行法は，
同一訴訟手続内において，複数の請求を併合して審判することを認めている。

もっとも，無制限に訴えの併合を認めると，審理が複雑さを極め，訴訟の遅
延や混乱のおそれもある。そこで，各類型ごとに合理的な併合要件を定める一
方，裁判所の訴訟指揮による弁論の制限・分離および一部判決などによる審判
を分離する途を認めている。

2　固有の訴えの客観的併合，訴えの変更，反訴，中間確認の訴え，弁論の併合

同一当事者間で，複数の請求が審理される状態を，訴えの併合（請求の客観
的併合）という。訴えの併合には，当事者の行為として，固有の訴えの客観的
併合（民訴§136），訴えの変更（民訴§143），反訴（民訴§146），中間確認の
訴え（民訴§145）があり，裁判所の行為として弁論の併合（民訴§152）があ
る。

また，当初から複数の請求について審判が開始されるもの（請求の原始的複
数）としては，固有の訴えの客観的併合が，ある請求について審理が進んだ段
階で他の請求について審判が開始するもの（請求の後発的複数）としては，訴
えの変更，反訴，中間確認の訴え，弁論の併合がある。

2　固有の訴えの客観的併合

1　意　義

　同一の原告が，同一の被告に対し，当初から1つの訴えをもって複数の請求をする場合を，固有の訴えの客観的併合という。これは，1つの訴状に複数の請求を記載することにほかならない。

2　要　件

　固有の訴えの客観的併合が許されるためには，次の要件を満たしていることが必要である。

(1)　複数の請求が同種の訴訟手続によって審判されるものであること（民訴§136）

　民事訴訟手続は，通常訴訟，手形・小切手訴訟，少額訴訟，人事訴訟などに分かれるが，これら異種の手続で審理される請求の併合を認めると，弁論や証拠調べの基本原理の違いがあるため，いずれの手続で審理されるか混乱が生ずるから，明文の規定がある場合を除き（人訴§17ⅠⅡ），請求の併合は許されない。

(2)　各請求について受訴裁判所に管轄権があること

　受訴裁判所は，他の裁判所が専属管轄権を有する場合を除き（民訴§13），1つの請求について管轄権を有すれば，他の請求についても管轄権を有することになる（民訴§7）。

(3)　法律上併合が禁止されておらず，また，請求間の関連性を要求されている場合にはその要件を満たすこと

　なお，民事訴訟法は，請求間の関連性を要求していない。

3　併合の態様
(1)　単純併合

　単純併合とは，複数の請求すべてについて審判を求める併合態様をいう。裁判所は，各請求について必ず判決しなければならない。

　建物明渡請求と明渡しまでの賃料相当額の損害金請求のように請求内容が相互に関連する場合に限らず，貸金請求と売買代金請求のように相互に無関係な請求の併合でも構わない。

　➡　被告として訴えられた以上は，他の請求も同時に審理してもらう方が便

宜だからである。

　なお，物の給付を請求するとともに，その執行不能に備えてその価格相当額の請求（代償請求）を併合する場合も，代償請求は将来の給付の訴えとなり，単純併合となる。

(2)　予備的併合

　予備的併合とは，法律上両立し得ない複数の請求に順序を付け，先順位の請求が認容されることを解除条件として，後順位の請求について審判を求める併合態様をいう。

　併合される請求が2つの場合には，先順位の請求を主位的請求，後順位の請求を予備的請求という。

　たとえば，売主は，売買契約の有効を前提として代金支払請求を主位的請求とし，売買契約が無効とされる場合を考慮して，目的物の返還を予備的請求として予備的併合を求めることができる。

　裁判所は，主位的請求を認容するときは予備的請求について審判する必要はなくなるが，主位的請求を排斥するときは予備的請求についても審判しなければならない。

(3)　選択的併合

　選択的併合とは，同一の目的を有し法律上両立することができる数個の請求のうち，1つが認容されることを他の請求の審判申立ての解除条件とする併合態様をいう。

　たとえば，所有権に基づく返還請求と，占有権に基づく返還請求をする場合があげられる。

　裁判所は，数個の請求のうちの1つの請求を認容する場合には，残余の請求については審判する必要がなくなるが，原告を敗訴させるには，全ての請求について審判しなければならない。

4　併合訴訟の審判
(1)　併合要件の調査

　併合要件は，職権で調査しなければならない。要件が欠ける場合は，併合そのものが許されないだけであるから，訴えを却下するのではなく，必要に応じて弁論を分離し，あるいは管轄裁判所に移送することにより，各請求ごとに別個の訴えが提起されたものとして取り扱われる。

(2)　審理の共通

H20-2-イ

　　　　併合された請求は，同一の訴訟手続で審理，裁判される。したがって，争点整理，弁論および証拠調べは，全ての請求のための共通の判断資料となる（最判昭41.4.12）。

　　　　ただし，併合の態様により，次のとおりの違いが生ずる。

①　単純併合

　　　　裁判所は，全ての請求について判決しなければならない。したがって，一部の請求について判決を脱漏すれば，追加判決をする（民訴§258Ⅰ）。

　　　　弁論の分離や一部判決は可能であり，それをするかどうかは裁判所の裁量に委ねられる（通説）。

②　予備的併合・選択的併合

H20-2-エ

　　　　弁論の分離や一部判決は許されない。

　➡　以後の手続を二分すると，訴訟追行上の不便や判断の不統一を招くことになるからである。

③　訴えの変更

1　概　念

(1)　意　義

　　　　訴えの変更とは，訴訟係属中に，原告が，当初からの手続を維持しつつ，当初の審判対象を変更することをいう（民訴§143）。

　　　　訴えの変更は，原告が当初提起した請求では不十分または不適当な場合に，従前の審理を生かして（従前の訴訟手続を利用しつつ）新請求について審判することを可能にする制度であり，権利の迅速な保護ならびに訴訟経済の観点から望ましいとの理由で，認められている。

(2)　訴えの変更に当たるか

①　当事者の変更を伴う場合

　　　　当事者の変更においては，新当事者の手続的保障が重要な問題となり，客体のみの変更とは別個の規律に従うので，訴えの変更（民訴§143）からは除外される。

②　攻撃方法の変更にすぎない場合

　　　　訴えの変更にはならない。

たとえば，建物の所有権確認訴訟において，取得原因を承継取得（売買）から原始取得（時効取得）に変更することは，訴えの変更にならない（最判昭29.7.27）。また，売買契約の無効を主張して提起した所有権移転登記の抹消を求める訴訟において，その主張を詐欺による取消しに変更することは，訴えの変更にならない。

③　請求の拡張と請求の減縮

　　数量的に可分な請求について，その数額を増加または減縮するとき，これらを請求の拡張または請求の減縮という。そして，請求の拡張については，訴えの変更にあたるとされる。また，請求の減縮については訴えの一部取下げと理解されている（通説，最判昭27.12.25）。

2　訴えの変更の態様
(1)　追加的変更と交換的変更
① 追加的変更

　　追加的変更とは，旧請求を維持しつつ，新請求を追加する場合をいう。

【例】・土地所有権確認請求に，土地明渡請求を加える場合

　　なお，一部請求の訴訟物を「請求された当該債権の一部」と考える見解によれば，請求金額の増額は，新たな訴訟物についての請求（新請求）を追加するものであり訴えの追加的変更といえる。 `H20-1-イ`

　　追加的変更をした後の併合態様は，単純併合，予備的併合，選択的併合となる。

② 交換的変更

　　交換的変更とは，旧請求と交換して新請求を提起する場合をいう。

【例】・特定物の引渡請求訴訟の途中で，目的物の滅失が判明したために，損害賠償請求に変更する場合

　　交換的変更については，新請求を追加して，その訴訟係属後に旧請求を取り下げるか，または放棄するものと判例は理解している（最判昭32.2.28）。

(2)　請求の趣旨の変更と請求の原因の変更

　　訴えの変更は，請求の趣旨を変更する場合，請求の原因を変更する場合，その両方を変更する場合に分けられる。請求の原因においては，訴訟物が変更されるものが訴えの変更となる。

　　請求の趣旨の変更の例
　　・給付訴訟から確認訴訟への変更や，同一債権の数量の拡張の場合

　　請求の原因の変更の例
　　・請求金額を変更せずに，債務不履行に基づく損害賠償請求を不法行為に基づく損害賠償請求に変更する場合

3　訴えの変更の要件

> （訴えの変更）
> **第143条**　原告は，請求の基礎に変更がない限り，口頭弁論の終結に至るまで，請求又は請求の原因を変更することができる。ただし，これにより著しく訴訟手続を遅滞させることとなるときは，この限りでない。

　　訴えの変更により請求の併合が生ずるから，請求の併合の一般的要件が必要となるほか，以下の要件が必要となる。

(1)　請求の基礎に変更がないこと（民訴§143Ⅰ本文）

　　訴えの変更により，審理の対象がそれまでとは無関係のものに変更されれば，被告はそれまでの防御活動が無駄になるだけでなく，新たな防御活動を急に始めなければならなくなり，非常に迷惑であろう。

　　この要件は，被告の利益のために必要な要件であるから，請求の基礎に変更があっても，被告が明示に同意し，あるいは異議をとどめないで応訴する場合は，訴えの変更が許される（最判昭29.6.8）。また，被告が防御のためにした陳述に基づいて，訴えの変更をする場合も同様である（最判昭39.7.10）。

H17-2-エ
H14-2-イ
(2)　著しく訴訟手続を遅滞させないこと（民訴§143Ⅰただし書）

　　この要件は，訴訟手続の長期化に伴う審理の非効率化を防止するという公益に係る要件である。
　　したがって，請求の基礎に変更がなく，あるいは被告の同意もしくは応訴

がある場合でも，この要件を欠くときは，訴えの変更は許されない（通説，最判昭42.10.12）。

(3) 事実審の口頭弁論終結前であること（民訴§143 I 本文）

訴状送達により発生する訴訟係属以前は，訴えの変更によることなく，訴 H17-2-ウ 状の補充・訂正の方法により，請求の趣旨および原因の記載を変更することができる。

請求の基礎に変更がない範囲では，控訴審においても，相手方の同意なし H17-2-オ に訴えの変更をすることができる（民訴§297）。 H14-2-ウ

➡ 請求の基礎が同一であるならば，新請求についても事実上第一審の審理を受けているといえ，被告の審級の利益を害しているとはいえないからである。

なお，上告審は法律審であるから，口頭弁論が開かれたときでも，原則として訴えの変更はできない。

4 訴えの変更の手続

> （訴えの変更）
> **第143条**
> 2　請求の変更は，書面でしなければならない。
> 3　前項の書面は，相手方に送達しなければならない。
> 4　裁判所は，請求又は請求の原因の変更を不当であると認めるときは，申立てにより又は職権で，その変更を許さない旨の決定をしなければならない。

(1) 方 式

請求の変更は，書面でしなければならない（民訴§143 II）。 H17-2-イ

➡ 新請求を持ち出す点で，訴えの提起に準ずるからである。 H14-2-エ

ただし，判例は，請求の原因のみの変更は，法律の文言どおり（同II），書面によることを要しないとしている（最判昭35.5.24）。

また，簡易裁判所では，口頭による訴えの提起が認められていることから R3-3-ア （民訴§271），訴えの変更も，書面ではなく口頭ですることができる。

(2)　**書面の送達**

訴えの変更の書面は，相手方に送達されなければならない（民訴§143Ⅲ）。

➡　訴えの変更の書面は，訴状に準ずるものだからである。

この書面が，被告に送達されたときに，新請求について訴訟係属が生ずる。

時効の完成猶予や法律上の期間遵守の効果は，この書面を，裁判所に提出したときに生ずる（民訴§147）。

(3)　**訴えの変更に対する処置**

訴えの変更の有無または許否について疑いが生ずれば，職権で調査するが，その後の取扱いは次のとおりである。

①　裁判所が訴えの変更はないと考える場合

そのまま審理を続行するが，当事者がこれを争う場合には，中間判決（民訴§245）または終局判決の理由中において，その判断を示す。

②　訴えの変更にあたるが，許されないと認める場合

H14-2-オ
H5-5-4

申立てによりまたは職権で，変更を許さない旨の決定をする（民訴§143Ⅳ）。

この決定は中間的裁判であり，本案との関連が密接で，口頭弁論中にされる裁判なので，独立した不服申立て（民訴§328Ⅰ）は許されず，旧請求についての終局判決に対する上訴とともに上級審の判断に服する（民訴§283本文）。

③　訴えの変更が適法であると判断する場合

それにしたがって審理を進める。ただし，被告が争う場合には，決定で処理しうるが（民訴§143Ⅳの類推），新請求について本案判決がされれば争うことはできない。

5　訴えの変更の効果

追加的変更の場合であれ，交換的変更の場合であれ，旧請求についての従前の審理の結果は，すべてそのまま新請求についての裁判資料となる。自白については，新請求についての判断資料となるとされる。

4　反　訴

1　反訴の概念

(1)　意　義

　反訴とは，係属中の訴訟（本訴）手続内で，被告が原告に対して提起する訴えをいう（民訴§146Ⅰ）。

　したがって，反訴請求が本訴の係属する裁判所の管轄に属さない場合であっても，他の裁判所の専属管轄に属さないものであるときは，本訴の係属する裁判所に反訴を提起することができる。 `H9-1-1`

　原告に請求の併合や訴えの変更が認められていることとの公平のために，また，本訴請求と関連した請求である場合には，審理の重複や判断の不統一を避けることが期待できることから認められたものである。

　この場合，反訴を提起する者を反訴原告といい，その相手方を反訴被告という。

(2)　反訴の態様等

　本訴請求についての裁判内容を条件とするか否かにより，2つの態様がある。

① 　単純反訴
　　条件を付さない反訴である。

【例】・家屋明渡請求に対する賃借権確認の反訴
　　　・占有の訴えに対する所有権に基づく反訴（最判昭40.3.4）

② 　予備的反訴
　　本訴請求の却下または棄却を解除条件とする反訴である。

【例】・売買代金請求の本訴に対し，被告が売買契約の無効を主張しながら，仮に有効ならば目的物の引渡請求をする場合

　反訴に対して，原告が再反訴を提起することも可能である（東京地判昭29.11.29）。

　なお，手形訴訟および少額訴訟においては，反訴は禁じられている（民訴§351，369）。 `H17-2-ア`

2 要 件

> （反訴）
> **第146条** 被告は，本訴の目的である請求又は防御の方法と関連する請求を目的とする場合に限り，口頭弁論の終結に至るまで，本訴の係属する裁判所に反訴を提起することができる。ただし，次に掲げる場合は，この限りでない。
> 一　反訴の目的である請求が他の裁判所の専属管轄（当事者が第11条の規定により合意で定めたものを除く。）に属するとき。
> 二　反訴の提起により著しく訴訟手続を遅滞させることとなるとき。

　反訴によっても請求の併合が生ずるので，請求の併合の一般的要件が必要となるほか，以下の要件が必要となる。

(1) 反訴請求が，本訴請求またはこれに対する防御方法と関連するものであること

H5-1-4

　　訴えの変更について，請求の基礎の同一性が要求されることと対応する。ただし，これよりは少し広い。

　➡　原告は訴えの変更だけでなく，複数請求訴訟を提起することもできるため，公平の観点から訴えの変更よりも広く認められている。

　【例】・本訴請求と関連する反訴
　　　　交通事故に基づく損害賠償請求の本訴に対する，同一事故に基づく損害賠償請求の反訴
　　　・防御方法と関連する反訴
　　　　代金支払請求の本訴に対し，防御方法として反対債権による相殺の抗弁を主張し，反対債権のうち対当額を上回る部分の支払請求の反訴を提起する場合

　なお，防御方法と関連した反訴は，その防御方法自体が許されない場合は不適法となる。たとえば，相殺が禁止されている場合（民§509）には，反対債権の給付を求める反訴は許されない。

　この関連性の要件は，公益的な要件ではないので，この要件を欠いても（訴えの変更における請求の基礎と同様），相手方である本訴原告の同意または異議なき応訴があれば，反訴は適法となる。

　　占有の訴えに対して本権をもって抗弁とすることは認められないが，本権に基づく反訴を提起することは，民法202条2項に反することなく適法とされている（最判昭40.3.4）。

(2) 反訴の提起により著しく訴訟手続を遅滞させないこと（民訴§146Ⅰただし書②）

　　訴えの変更の場合と同様の趣旨である。

H17-2-エ

(3) 本訴が事実審に係属し，口頭弁論終結前であること（民訴§146Ⅰ）

　　法律審である上告審での反訴提起は，許されない（最判昭43.11.1）。

H17-2-ウ
H9-1-3

　　反訴提起後に本訴が却下され，または取り下げられても，反訴は影響を受けない。しかし，本訴が取り下げられれば，被告は原告の同意なしに反訴を取り下げることができる（民訴§261Ⅱただし書）。

H20-2-オ
H9-1-5
H5-1-5

　➡　反訴は本訴を受けて提起されたものであるのに，本訴を取り下げておきながら反訴の取下げを認めないのは，不公平といえるからである。

(4) 反訴請求が，他の裁判所の専属管轄に属しないこと（民訴§146Ⅰただし書①）

　　任意管轄に関する限り，本訴の受訴裁判所に反訴請求について管轄権が認められる。しかし，専属管轄の定めのある場合には，公益上の理由から別個の管轄は認められない。なお，他の裁判所に専属的合意管轄（民訴§11）があっても差し支えない。

　　なお，簡易裁判所に係属する事件について，被告が反訴で地方裁判所の管轄に属する請求をした場合において，相手方（反訴被告，本訴原告）の申立てがあるときは，その簡易裁判所は，決定で，本訴および反訴を地方裁判所に移送しなければならない（民訴§274Ⅰ）。

(5) 控訴審における反訴については，反訴被告（本訴原告）の同意があること（民訴§300Ⅰ）

　　反訴被告が異議なく本案について弁論したことは，同意とみなされる（民訴§300Ⅱ）。

H28-5-イ
H17-2-オ
H9-1-4
H5-1-3

　➡　(1)のとおり，反訴は請求の基礎の同一性よりも広く認められるため，実質的に反訴請求について第一審が欠けるおそれがある。そこで，反訴被告の審級の利益を考慮し，同意を要するとされているのである。

3　反訴の手続

(1)　反訴の提起

H30-4-イ
H17-2-イ
H5-1-2

　　反訴の提起は，本訴に準じて行われる（民訴§146Ⅳ）。すなわち，本訴と同じく，簡易裁判所における場合を除いて（民訴§271），書面（反訴状）によらなければならない（民訴§134）。

(2)　審判手続

　　反訴の要件を欠くときは，終局判決で反訴を却下する（最判昭41.11.10）。反訴が適法であれば，本訴と反訴の併合審理となる。

　　予備的反訴のように性質上分離できない場合を除き，弁論の分離や一部判決もできる（民訴§152Ⅰ，243Ⅲ）。

5　中間確認の訴え

1　概　念

(1)　意　義

　　中間確認の訴えとは，訴訟係属中に，その請求の当否の判断に対し先決関係にある法律関係の存否について，原告または被告が追加的に提起する確認の訴えをいう（民訴§145）。

　　中間確認の訴えは，原告が提起する場合には訴えの追加的変更の性質を有し，被告が提起する場合には反訴としての性質を有する。

(2)　既判力との関係

　　たとえば，所有権に基づく土地引渡請求が認容され，引渡請求権の存在が既判力によって確定されても，所有権の帰属の判断は，判決理由中の判断であるから既判力を生じない。しかし，これでは所有権の帰属をめぐって争いが再燃する可能性がある。そこで，このような事態を避けるために，中間確認の訴えが設けられている。

2　要　件

　　中間確認の訴えによっても，請求の併合が生ずるので，請求の併合の一般的要件が必要となるほか，以下の要件が必要となる。

(1)　事実審の口頭弁論終結前であること

　　控訴審において，原告が中間確認の訴えを提起する場合，被告の同意は不要である。その均衡上，控訴審で被告が提起する場合，相手方（原告）の同

意（民訴§300）は不要であるとされている（通説）。

(2)　**本来の請求の当否の判断について，先決関係にある法律関係に当事者間で争いがあること**

(3)　**確認請求であること**

(4)　**他の裁判所の専属管轄に属しないこと（民訴§145Ⅰただし書）**

3　手続・審判

(1)　中間確認の訴えの提起

　　中間確認の訴えは，新請求の定立を内容とするものであるから，簡易裁判所における場合を除いて，書面によってしなければならず，また，この書面は相手方に送達される（民訴§145Ⅳ，143ⅡⅢ）。

　　この書面が被告に送達されたときに，中間確認の訴えの訴訟係属が生ずる。

　　また，時効の完成猶予や法律上の期間遵守の効果は，この書面を裁判所に提出したときに生ずる（民訴§147）。

(2)　審　判

　　中間確認の訴えによって定立された請求と，本来の請求は，併合して審理される。

　　弁論の分離や一部判決は許されない。

➡　判断の統一がはかれず，中間確認の訴えの制度目的が実現されないからである。

　　なお，本訴の却下・取下げ等により，先決関係について判断する必要がなくなった場合は，独立の訴えとして扱われる（通説）。

第2節　多数当事者訴訟

Topics ・共同訴訟は頻出論点である。特に，各共同訴訟の比較に留意して勉強
しておくこと。

■ 総　説

　民事訴訟法は，1人の原告と1人の被告との間で訴訟が進められることを基
本形としている。しかし，社会生活や経済取引が複雑化している現在，紛争に
関係のある者は，原告・被告といった2人の当事者だけではなく，1つの訴訟
手続に，3人以上の者が原告・被告として，または原告・被告以外の第三者と
して関与する場合もある。このように，多数の当事者の紛争が訴訟に持ち込ま
れた場合の訴訟形態を，多数当事者訴訟という。

■ 共同訴訟

1　共同訴訟の意義
　共同訴訟とは，1つの訴訟手続に複数の原告または被告が関与する訴訟形態
をいう。
　そして，この場合の複数の原告または被告を，共同訴訟人という。

　前に学んだように，1人の原告が1人の被告に対して，1つの訴えで複数の
請求について審判を申し立てることを，訴えの客観的併合というが，これに対
して，共同訴訟は，訴えの主観的併合である。

2　共同訴訟の目的
　共同訴訟においては，主体が異なる複数の事件が，同一の手続で併合審理さ
れ，事実上または法律上手続の進行がそろい，攻撃防御方法が共通することに
なる。したがって，共通の争点につき，審理の重複を避けることができ，当事
者と裁判所の時間・労力・費用を節約できる。また，判断の抵触を避けること
もできる。このように，共同訴訟の目的としては，多数の事件の統一的解決を
図ることができるということをあげることができる。

3　共同訴訟の発生原因
　共同訴訟には，訴え提起の当初から共同訴訟である場合（原始的共同訴訟）と，
訴訟係属後に共同訴訟となる場合（後発的共同訴訟）がある。後者の例として

は，共同訴訟参加（民訴§52），訴訟承継（民訴§49～51），裁判所による弁論の併合などがあげられる。

4　共同訴訟の種類

共同訴訟は，各共同訴訟人につき，合一確定の必要がない通常共同訴訟と，各共同訴訟人につき，合一確定が要請される必要的共同訴訟とに分けられる。そして，必要的共同訴訟は，全員が共同で訴え，または訴えられなければならない固有必要的共同訴訟と，共同で訴え，または訴えられる必要はないが，共同で訴え，または訴えられた以上は，その間に合一的な解決が必要となる類似必要的共同訴訟とに分けられる。また，通常共同訴訟の一種ではあるが，実体上両立し得ない2人以上の被告に対する請求についての同時審判申出共同訴訟（民訴§41）もある。

5　通常共同訴訟

(1)　意　義

通常共同訴訟とは，各共同訴訟人と相手方との間の複数の請求相互間に，民事訴訟法38条の関連性がある場合に，本来個別に訴訟を提起し審判されても差し支えのない数個の請求につき，便宜上共同訴訟とすることが認められる場合をいう。

通常共同訴訟においては，同一手続内で併合審理され，攻撃防御方法も共通するなど，手続が共通に進行するのが通常であることから，事実上，審理の重複と判断矛盾の回避が期待できる。

(2)　主観的併合要件

（共同訴訟の要件）

第38条　訴訟の目的である権利又は義務が数人について共通であるとき，又は同一の事実上及び法律上の原因に基づくときは，その数人は，共同訴訟人として訴え，又は訴えられることができる。訴訟の目的である権利又は義務が同種であって事実上及び法律上同種の原因に基づくときも，同様とする。

共同訴訟が認められるためには，併合して審理するだけの妥当性・合理性が必要とされる。そこで，各共同訴訟人の請求，またはこれに対する請求が相互に一定の共通性・関連性を有すること（民訴§38）が要求される。

民事訴訟法38条は，次の3つを列挙するが，このうち，いずれかに該当し

なければならない。

① 訴訟の目的である権利または義務が共通であるとき（同条前段）

【例】・数人の連帯債務者に対する支払請求
　　　・数人に対する同一物の所有権確認請求

② 訴訟の目的である権利または義務が同一の事実上および法律上の原因に
　基づくとき（同条前段）

【例】・同一事故に基づく，数人の被害者による損害賠償請求
　　　・主たる債務者と保証人に対する支払請求

③ 訴訟の目的である権利または義務が同種であって，事実上および法律上
　同種の原因に基づくとき（同条後段）
　　この場合には，請求相互間の関連性はかなり希薄である。

【例】・同種の売買契約に基づく数人の買主に対する代金支払請求
　　　・同一家主の数軒の各借家人に対する家賃支払請求

　なお，上記の主観的併合要件に関し，次の点に注意すること。

㋐ ①および②の場合には，１人について管轄のあるところに他も併合し
　て提起できる（併合請求の裁判籍：民訴§７ただし書）。③の場合には
　認められない。

㋑ これらの主観的併合要件は，職権調査事項ではなく，被告が異議を述
　べずに応訴すれば責問権を喪失する（大判大6.12.25）。
　➡ これらの要件は，無関係な者の紛争までもが，併合審判を強制され
　　ることのないようにするためのものだからである。

(3) 客観的併合要件
　共同訴訟においては請求が複数になるから，訴えの客観的併合を伴うこと
になるので，客観的併合の要件も満たさなければならない（民訴§136）。し
たがって，各請求が同種の訴訟手続で処理されるものでなければならないし，
共通の管轄がなければならない。なお，こちらは職権調査事項である。

⑷　通常共同訴訟の審判

（共同訴訟人の地位）

第39条　共同訴訟人の一人の訴訟行為，共同訴訟人の一人に対する相手方の訴訟行為及び共同訴訟人の一人について生じた事項は，他の共同訴訟人に影響を及ぼさない。

①　共同訴訟人独立の原則

　　共同訴訟人独立の原則とは，各共同訴訟人は，他の共同訴訟人に制約されることなく，それぞれ独立に相手方に対する訴訟を追行する，という建前をいう（民訴§39）。

　　したがって，

・各自独立に，請求の放棄・認諾，和解，訴えの取下げ，上訴，自白などができ，その効果もその行為者と相手方との間にしか及ばない。 `R5-2-ア` `H22-2-イ` `H14-3-イ`

・1人について中断・中止の事由が生じても，他の者に影響を与えない。 `H14-3-オ`

・裁判所は，ある共同訴訟人の訴訟についてだけ弁論を分離し（民訴§152），また一部の者につき一部判決をすることもできる。 `H14-3-ア` `H8-3-1`

　　このように，通常共同訴訟においては，裁判の統一の法律上の保障はない。

②　共同訴訟人独立の原則の修正

　　共同訴訟人独立の原則を貫徹すると，事実上，審理の重複と判断矛盾の回避が期待できるとする共同訴訟の利点を生かせない。そこで，この建前を緩和することが考えられる。

⑦　証拠共通の原則

　　共同訴訟人の1人が提出した証拠は，他の共同訴訟人の援用がなくても，その者についても共通の資料とすることができる（最判昭45.1.23）。 `R5-2-イ` `H22-2-ア` `H14-3-エ`

　➡　自由心証主義の下では，歴史的に1つしかない事実については，その認定判断（心証）も1つしかありえないからである。 `H8-3-4`

④　主張共通の原則

　　共同訴訟人の1人による事実の主張が，援用がなくても他の共同訴訟人のために効力を生じるかについては争いがあるが，判例はこれを否定している（最判昭43.9.12）。 `H14-3-ウ`

6　必要的共同訴訟
(1)　意　義
　　必要的共同訴訟とは，判決が各共同訴訟人ごとに区々になること（異なる内容となること）が許されず，合一確定が要請される共同訴訟をいう。

　　必要的共同訴訟は，訴訟を共同にする必要があるかによって，固有必要的共同訴訟と類似必要的共同訴訟とに分かれる。

(2)　固有必要的共同訴訟
①　意　義
H8-3-2
　　固有必要的共同訴訟とは，利害関係人の全てが訴え，または訴えられなければ，当事者適格が認められない共同訴訟をいう。

②　具体例
　　どういった場合が固有必要的共同訴訟にあたるかについては，法律に規定があるのは稀であり，多くの場合解釈に委ねられるが，基本的に次の類型があるとされる。

⑦　他人間の権利関係に変動を生じさせる形成の訴え

【例】・夫婦を共同被告とする，第三者の提起する婚姻無効または取消しの訴え
　　　・取締役解任の訴えは，その取締役と会社を共同被告としなければならない（会社§855，854）。

④　共同の職務執行が要求される場合

【例】・同一の選定者グループから選定された数人の選定当事者の訴訟（民訴§30）

⑰　共同所有関係に関する訴訟
　　これについては見解が錯綜しているが，判例が固有必要的共同訴訟を認めるものとしては次の場合がある。
　　・共有関係そのものを対外的に主張する場合には，画一的処理の要請から，共有者全員が原告にならなければならない（共有関係自体の確認請求）（最判昭46.10.7）。

・共有者全員を被告とする，共有物の分割請求訴訟（民§258）

(3)　類似必要的共同訴訟

① 意　義

　単独で訴え，または訴えられることが認められるが，判決効拡張による
判決の矛盾を回避するため，一旦共同訴訟とされた以上は，合一確定が要
請される共同訴訟をいう。〔H8-3-2〕

② 具体例

【例】・数人の株主が提起する株主総会決議取消しまたは無効の訴え（会社
　　　§830，831）
　　・数人が提起する会社設立無効の訴え（会社§828）

➡　これらは，判決の効力（既判力）が第三者に拡張される場合である。
したがって，もし，各共同訴訟人についての勝敗がばらばらであると，
自分の受けた判決の効力と，他の共同訴訟人に対する判決から拡張され
てくる効力とが矛盾することになり，混乱が生じる。そこで合一確定が
要請されるのである。

(4)　必要的共同訴訟の審判

（必要的共同訴訟）

第40条　訴訟の目的が共同訴訟人の全員について合一にのみ確定すべき場合に
は，その一人の訴訟行為は，全員の利益においてのみその効力を生ずる。

2　前項に規定する場合には，共同訴訟人の一人に対する相手方の訴訟行為は，
全員に対してその効力を生ずる。

3　第1項に規定する場合において，共同訴訟人の一人について訴訟手続の中
断又は中止の原因があるときは，その中断又は中止は，全員についてその効
力を生ずる。

　必要的共同訴訟においては，判決の合一確定が要請されるので，共同訴訟
人独立の原則は修正され，共同訴訟人間において，訴訟資料の統一と訴訟進
行の統一をはかることが要求されている。

① 共同訴訟人の1人がした訴訟行為は，全員の利益においてのみその効力
を生ずる（民訴§40Ⅰ）。

すなわち，有利な行為は，共同訴訟人の1人がしても全員のために効力が生ずるが，不利な行為は全員がそろってしない限り，効力を生じない。したがって，

- 1人でも相手方の主張を争えば，全員が争ったことになる。

H8-3-4

- 証拠の提出は有利な行為として他の共同訴訟人のためにも効力を生じるので，結果として他の共同訴訟人に不利益となったとしても資料とすることが許される。
- 1人がした自白や請求の放棄・認諾は，効力を生じない。

H8-3-3

- 訴えの取下げは，類似必要的共同訴訟の場合には単独でできるが，固有必要的共同訴訟の場合には，全員が共同してしなければならない。

➡　類似必要的共同訴訟の場合に単独でできるのは，元来単独で訴えまたは訴えられることが認められるものだからである。

R5-2-オ

- 相手方のする訴えの取下げは，同意を必要とする場合には，全員の同意を必要とする（民訴§261 II，大判昭14.4.18）。
- 1人が出席すると，欠席による不利益（民訴§263等）を免れる。

H22-2-ウ

②　相手方の訴訟行為は，1人に対してされても，全員に対して効力を生じる（民訴§40 II）。

相手方の便宜を図るためである。したがって，相手方の訴訟行為が，全員にとって有利か不利かを問わない。

たとえば，期日に共同訴訟人のうち1人でも出席していれば，準備書面に記載のない事実でも主張できる。

H22-2-エ

③　共同訴訟人の1人について手続の中断または中止の原因があるときは，全員についての訴訟の進行が停止される（民訴§40 III）。

H8-3-1

④　弁論の分離や一部判決は認められない。

⑤　判決の確定も，全員について上訴期間が経過するまで生じない。

R5-2-ウ

⑥　1人が上訴すれば，全員に対する関係で原判決の確定が遮断され，訴訟は全体として上訴審に移審し，上訴審の判決の効力は上訴をしなかった共同訴訟人にも及び，共同訴訟人全員が上訴人になる。ただし，類似必要的共同訴訟における住民訴訟および株主代表訴訟につき，上訴しなかった者は上訴人とはならないとする判例がある（住民訴訟；最判平9.4.2，株主代表訴訟；最判平12.7.7）。

7　同時審判申出共同訴訟

(1)　意　義

　　同時審判の申出とは，共同被告の一方に対する訴訟の目的である権利と，共同被告の他方に対する訴訟の目的である権利とが，法律上併存し得ない関係にある場合において，弁論および裁判の分離の禁止を求める原告の申出をいう（民訴§41Ⅰ）。

R5-2-エ
H22-2-オ
H20-2-ア

　　たとえば，代理人と契約をしたが，無権代理の疑いがあるとする。この場合，本人に対する契約の履行の請求と，無権代理人に対する責任追及（民§117）をする訴訟は通常共同訴訟となるが，これでは判断が区々となり，いずれの請求に対しても敗訴する危険がある。そこで，このように複数の被告に対する請求が，実体上両立し得ない関係にある場合に，同時審判を保障することにより，事実上裁判の統一を図ろうとするのが本制度の趣旨である。工作物の占有者に対する損害賠償請求と，所有者に対する損害賠償請求（民§717Ⅰ）の場合も例としてあげられる。

(2)　審　判

① 　審判形態は，弁論および裁判を分離しないで併合して行うというにとどまり，通常共同訴訟として，共同訴訟人独立の原則が適用される。したがって，たとえば，共同被告の一方が請求の認諾をしたり，原告が，共同被告の一方に対し，訴えの取下げをしたりすることもできる。また，共同被告の一方またはこれに対する控訴の提起も，その当事者間の訴訟についてのみ，確定遮断および移審の効力が生ずる。

② 　この制度を利用すると，同一手続で審理・判決がされることになるので，事実上裁判の統一がはかられる。

③ 　同時審判の申出は，原告にのみ認められている。この申出は，控訴審の口頭弁論終結時までできる（民訴§41Ⅱ）。また，原告の利益保護のための制度であるから，事実審の口頭弁論終結時まではいつでも申出を撤回できる（民訴規§19Ⅰ）。

④　控訴され，各共同被告に係る控訴事件が同一の控訴裁判所に別々に係属するに至ったときでも，弁論と裁判は併合される（民訴§41Ⅲ）。

○　共同訴訟の比較

	意　義	弁論分離	一部判決	共同訴訟人独立の原則	証拠共通の原則
通常共同訴訟	本来別々の訴えとして提起できるが，併合要件を満たす場合に認められる。 例：主債務者と保証人に対する支払請求，買主と転得者に対する売買無効による所有権移転登記抹消請求	○	○	○	○
固有必要的共同訴訟	一定の範囲の者全員が，共同して原告または被告となる必要がある共同訴訟 例：筆界確定の訴え（注3），共有物分割の訴え，共有権確認の訴え	×	×	×（注1）	○
類似必要的共同訴訟	一定の範囲に含まれる者は，共同して原告または被告となる必要がある共同訴訟だが，全員が訴訟当事者となる必要はないもの 例：株主総会決議の取消しの訴えなどの会社関係訴訟				
同時審判申出共同訴訟	通常共同訴訟のうち共同被告の一方に対する請求と他方に対する請求が実体法上両立しえない関係にある場合，原告の申出によって弁論および裁判の分離を禁止した共同訴訟（同時審判の申出は，控訴審の口頭弁論の終結時までできる）	×	×	△（注2）	○

※ この表における弁論分離，一部判決とは，共同訴訟人の一部について，弁論を分離することまたは一部判決をすることを指す。

(注1)① 1人の訴訟行為は，全員の利益においてのみその効力を生ずる（民訴§40Ⅰ）。したがって，1人のした自白，請求の放棄・認諾，訴えの取下げは効力を生じない（民訴§40Ⅰ）。ただし，訴えの取下げについては，類似必要的共同訴訟の場合，単独でできる。

② 相手方の訴訟行為は1人に対してされても全員に対して効力を生じる（同Ⅱ）。ただし，裁判所の訴訟行為は全員に個別にされる必要がある。

③ 共同訴訟人の1人について訴訟手続の中断または中止の原因があるときは，全員について訴訟の進行が停止される（同Ⅲ）。

④ ⑦ 全員について上訴期間が経過するまで，判決は確定しない。

⑦ 1人が上訴すれば，全員に対する関係で判決の確定が遮断され，共同訴訟人全員が上訴人の地位につく（最判昭58.4.1）。

ただし，判例は住民訴訟（類似必要的共同訴訟）の場合につき，共同訴訟人全員につき確定遮断効は生じるが，上訴しなかった者は，上訴人とならないとする（最判平9.4.2）。また，株主代表訴訟の場合も同様である（最判平12.7.7）。

(注2) あくまで通常共同訴訟であるから，弁論と裁判の分離が禁止される以外は，共同訴訟人独立の原則が適用される。

(注3) ただし，共有者のうち訴えを提起することに同調しない者がある場合，隣地所有者に加えて非同調者をも被告として訴えを提起することができる（最判平11.11.9）。

3 選定当事者

1 意 義

共同訴訟人となるべき多数者の中から代表者を選んで，この者が全員のために当事者として訴訟を追行することができることとしたのが，選定当事者の制度である（民訴§30）。

選定された代表者であり，訴訟追行を担当する者を，選定当事者という。また，選定当事者を選んだ者を選定者という。

選定当事者の制度は，明文の規定によって認められている任意的訴訟担当の一場合である。

　共同訴訟人が多数いると，弁論が複雑化したり，審理の足並みがそろわなくなり，また煩雑な送達事務のため費用もかさむ。このような場合，この選定当事者の制度が利用されることになる。この制度により，訴訟関係が，簡略化されることが期待できるが，この制度を利用するかどうかは当事者の自由である。

2　要　件

(1)　多数者が存在すること

　　２名以上いることが必要である。

　　選定されるのは，原告側でも被告側でもよい。

(2)　多数者が共同の利益を有すること

　　「共同の利益を有する」とは，多数者相互間に共同訴訟人となりうる関係があり，かつ，各人のまたはこれに対する請求が主要な攻撃防御方法を共通にする場合を意味する（大判昭15.4.9，最判昭33.4.17）。

　　【例】・公害訴訟における多数の被害者

(3)　選定当事者が，共同利益者の中から選定されること

　　これ以外の第三者を選任できるとすると，弁護士代理の原則（民訴§54）を潜脱するおそれがあるからである。

3　選定行為

(1)　選定当事者の資格は，訴訟上，書面で証明しなければならない（民訴規§15後段）。

(2)　選定は多数決で行うことはできない。

　　選定は，各自が，自分の利益について訴訟追行権を授与するものだからである。したがって，全員が共同して同一人を選定する必要はなく，多数者に賛成しない者は，自分で訴訟することも，別人を選定することもできる。

　　また，選定当事者は，１人でも数人でもよい。

(3)　選定の時期は問われない。

　　訴え提起前（民訴§30Ⅰ）でも，訴訟係属後（民訴§30Ⅱ）でも可能である。

　　また，訴訟中に当事者が他の当事者を選定すると，選定者は自動的に訴訟から脱退する（民訴§30Ⅱ）。

　　係属中の訴訟の原告または被告と共同の利益を有する訴訟外の第三者は，その原告または被告を，自己のためにも選定当事者とすることができる（追加的選定；民訴§30Ⅲ）。この場合，原告は，口頭弁論の終結に至るまで，その選定者のために請求を追加することができ，被告が選定された場合は，原告は，その選定者に係る請求の追加をすることができる（民訴§144ⅠⅡ）。

4　選定当事者の地位

(1)　選定当事者は，選定者全員および自己のために訴訟追行権を取得する。

　　選定当事者は，当事者であって訴訟代理人ではないので，一切の訴訟行為をすることができ，訴訟委任による代理人のような制限（民訴§55Ⅱ参照）はない。

(2)　選定当事者の資格は，死亡，後見開始や選定の取消し等によって喪失する。

　　選定者は，いつでも選定の取消しができる（民訴§30Ⅳ）。取消しと同時に，他の者を選定すれば，選定当事者の変更（民訴§30Ⅳ）となる。選定の取消しまたは変更は，相手方に通知しなければ，効力を生じない（民訴§36Ⅱ）。

(3)　同一の多数者（同一の選定者グループ）から数人が選定されたときは，その数人による訴訟は固有必要的共同訴訟となり，合一確定の要請による制約（民訴§40）を受ける。

(4)　選定者に実体上の地位の変動（死亡，訴訟能力の喪失等）があっても，選定当事者の資格に影響はないと解されている（民訴§58類推）。

　　訴訟中に，数人の選定当事者のうちの一部の者が死亡，その他の事由で資格を喪失したときは，残りの者が訴訟を追行することができる（民訴§30Ⅴ）。また，全員が資格を喪失したときは，選定者全員または新しく選定された者において訴訟を承継し，これらの者が受け継ぐまで訴訟手続は中断する（民訴§124Ⅰ⑥）。ただし，訴訟代理人がいる場合には中断しない（同Ⅱ）。

5　選定者の地位

(1)　訴訟係属後の選定の場合，選定者は当該訴訟から脱退する（民訴§30Ⅱ）。

(2)　選定当事者の受けた判決の効力は，選定者にも及ぶ（民訴§115Ⅰ②）。

4　当事者の変更

1　当事者の変更の意義

　従来の原告または被告に入れ替って，新しい当事者が訴訟を追行する場合を，当事者の変更という。この中には，訴訟係属中に紛争の主体たる地位が，当事者から第三者に移転したことにより，この第三者が新たな当事者となって従前の訴訟を続行する場合と，ある請求について当事者とすべき者を誤ったときに，これを補正するために行われる場合とがある。前者を訴訟承継，後者を任意的当事者変更と呼ぶ。前者は，当事者の変更が直接法律に基づくものであるが，後者は直接法律に基づかない場合である。

2　訴訟承継

(1)　意　義

　訴訟承継とは，訴訟係属中における当事者の死亡や，係争物の売買などによって，係争権利関係をめぐる前主の実体法上の地位が，相続人や譲受人等の承継人に移転する場合に，新たな紛争主体となった第三者に，従来の訴訟における当事者としての地位を認めて，承継時における前主の訴訟上の地位を承継させ，審理を続行して，承継人との関係でも，一挙に紛争の処理を図る制度をいう。

　訴訟承継には，承継原因の発生により，法律上当然に当事者が交替する当然承継と，承継人または前主の相手方当事者の申立てに基づいて当事者が交替する，参加承継・引受承継とがある。

(2)　訴訟承継制度の趣旨

　訴訟係属中，実体関係の変動（当事者の死亡・係争物の譲渡など）により，紛争の主体たる地位が当事者から第三者に移転した場合，従来の当事者（死者・係争物の譲渡人など）との間で訴訟を続行しても，紛争の解決は得られない。かといって，従来の訴訟を終了させて，相続人または係争物の譲受人等との間で別訴の提起を強制することになれば，これまでの訴訟追行の結果を無視することになって，訴訟経済に反するのみならず，相手方・第三者間の公平にも反する（有利な地位にあった当事者の既得的地位を不当に奪い，反対に不利な地位にあった承継人を不当に救うことになる。）。

　また，口頭弁論終結後の承継人については，その者に判決の既判力が及ぶとし（民訴§115Ⅰ③），その者との間でも紛争解決をはかろうとしていることからすれば，その前の段階である訴訟係属中に紛争の主体たる地位を承継

した者に，その段階までの訴訟状態の有利もしくは不利な地位を引き継がせるのが合理的である。このように，訴訟係属中の当事者の死亡や，係争物の譲渡等を訴訟手続に反映させて，新当事者は，それまでの訴訟状態の下で，前当事者の地位をそのまま承継することとして，訴訟の続行を図ったのが，訴訟承継の制度である。

　なお，当事者が死亡した場合において，訴訟物である権利義務が一身専属 `H15-4-ア` 的なものであるときは，その当事者の地位は相続の対象とならないため承継することはできず，当該訴訟は当事者の死亡と同時に終了し，訴訟の承継は生じない（最判昭51.7.27）。

(3) 訴訟承継の効果

　訴訟の承継があれば，承継人は旧当事者が追行した訴訟の結果をそのまま `H30-1-エ` 承継し，その結果に拘束される。したがって，たとえば，①時効の完成猶予・ `H25-2-ウ` 法律上の期間遵守の効力は維持されるし（民訴§49），②従前の弁論や，証拠 `H15-4-オ` 調べの結果は，新当事者を拘束する。また，③新当事者は，自白の撤回を自由にすることができず，④すでに時機に後れた攻撃防御方法は提出できない。
　➡　新当事者は，前主の訴訟追行によって手続保障が充足されているといえるし，また，相手方が承継時まで訴訟行為を積み重ねてつかんだ既得の地位を保護する必要があるからである。

3　当然承継

(1) 当然承継の意義

　当然承継とは，承継原因の発生により，法律上当然に当事者が交替する場合をいう。これにより，従前の当事者の地位を，承継人が，実体的にも手続的にも引き継ぐことになる。

(2) 当然承継の原因

　いかなる事由が当然承継に該当するかについては，明文の規定はないが，訴訟手続の中断と受継に関する規定（民訴§124）から推知することができる。
　➡　当然承継の原因が生じ，当然に当事者が変動する場合には，新当事者の裁判を受ける権利を保障するために手続の中断を，そして新当事者による手続続行のために受継を規定しているからである。

　もっとも，訴訟手続の中断・受継は，訴訟手続の進行面における制度であり，訴訟上の地位における制度である訴訟の承継とは別個の概念である。し

たがって，中断が生じても，訴訟承継はない場合があるし(訴訟能力の喪失，法定代理権の消滅等)，反面，訴訟承継があっても中断を生じない場合もある（民訴§30Ⅴ，124Ⅱ）。

(3) 当然承継と訴訟の続行

① 訴訟手続の中断を伴う場合

承継人または相手方による受継申立て，または裁判所の続行命令によって訴訟の続行が図られる（民訴§126，129）。

② 訴訟手続が中断しない場合

訴訟代理人がある場合には，手続は中断せず（民訴§124Ⅱ），この場合には，訴訟代理人が旧当事者の名で訴訟を追行することになるが，実質的には承継人が当事者となり，その訴訟代理人は，承継人の代理人として訴訟を追行することになるので，判決も，実質上承継人に対してされたものである。ただし，当事者の表示が変更されないまま，旧当事者の名で判決がされたときは，判決を更正すべきであるし，承継人に対しまたは承継人のために強制執行するためには，承継執行文の付与を受けなければならない（民執§23Ⅰ③，27Ⅱ，29；大判昭4.7.10）。

4 参加承継・引受承継

(1) 参加承継・引受承継の意義

H15-4-イ

参加承継とは，訴訟係属中に係争物の特定承継があった場合に，それによって新たに紛争主体となった承継人が参加の申立てをし，承継人が被承継人の訴訟追行上の地位を承継することをいう。また，引受承継とは，係争物の特定承継があった場合に，承継人に対して前主の相手方当事者から訴訟引受の申立てをし，承継人が被承継人の訴訟追行上の地位を承継することをいう。

(2) 参加承継・引受承継の原因

承継の原因としては，たとえば，原告側に権利の譲渡があった場合や，被告側に債務の引受けがあった場合が典型例であるが，承継が生ずるのは，このように訴訟物自体が譲渡される場合に限らない。たとえば，建物収去土地明渡請求訴訟では，原告の土地譲渡または被告の建物の譲渡により承継が生ずる。そこで，訴訟物より広い概念として，「係争物」の譲渡があった場合に承継が生ずると説明される。また，「譲渡」とは，任意処分に限らず，法律の規定（民§499の代位）や執行処分に基づく移転でもよい。

(3) 参加承継・引受承継がされる場合

　　係争物の譲渡により，紛争主体たる地位に移転があれば，承継人は訴訟を
承継し（参加承継），または従来の当事者の相手方は，承継人に対し訴訟を
承継させることができる（引受承継）。権利承継か義務承継かにかかわらず，
自ら進んで訴訟を承継するのが参加承継であり，相手方から承継人を訴訟に
引き入れて承継させるのが引受承継である。

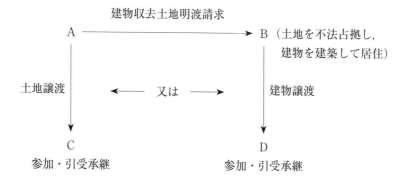

(4) 参加承継・引受承継の手続

　① 参加承継

　　承継人は，独立当事者参加の形式で当事者になることができる（民訴§
49 I，47 I，51前段）。 `H15-4-ウ`

　　審理の方式も，独立当事者参加による。したがって，**必要的共同訴訟の
手続法理が妥当する**（民訴§47Ⅳ，40 I Ⅱ Ⅲ）。

　　参加があれば，前主である当事者は，相手方の承諾を得て脱退すること
ができる（民訴§49，51，48）。 `H30-1-オ`

　② 引受承継

　　従来の当事者（前主）の相手方は，承継人に対し訴訟引受の申立てがで
きる（民訴§50）。

　　申立ては，事実審の口頭弁論終結前に限られる（最判昭37.10.12）。

　　申立てについては，裁判所は前主および承継人を審尋したうえで，決定
で裁判する（民訴§50 I Ⅱ，51後段）。引き受けさせる決定に対しては，
独立して不服を申し立てることができない（大決昭16.4.15）。 `H30-1-ウ` `H30-1-エ` `H2-3-3`

　　審理の方式としては，従前の当事者間の訴訟と，承継人に対する訴訟の
共同訴訟（通常共同訴訟）となるが，**同時審判の申出がされた共同訴訟と
同様の法理が準用され**（民訴§50Ⅲ），**同時審判が保障されている**。

　また，引受があれば，前主である当事者は相手方の承諾を得て脱退することができる（民訴§50Ⅲ，51，48）。

5　任意的当事者変更

　任意的当事者変更とは，訴訟係属後，原告が当初の被告以外の当事者適格を有する者（適格者）に訴えを向けかえ，または当初の原告以外の適格者が，原告と入れ替わって訴訟を追行することをいい，直接法律に基づかないで当事者を変更する場合をいう。

　たとえば，未成年者である本人を原告としたところ，法定代理人自らが原告として提訴したことが判明したので原告を変更する場合（未成年者→法定代理人），ある取引をめぐり会社の代表者個人を提訴したところ，審理の結果，会社との取引であることが判明したので被告を変更する場合（代表者→会社）などがあげられる。

　任意的当事者変更は，変更の前後を通じて当事者の同一性がない場合であり，前後を通じて同一性のある当事者の表示の訂正とは異なる。

　任意的当事者変更は，従来の手続を利用すべきとの要請と，新当事者の手続保障という要請との緊張関係の調整を要する問題であり，これを認めるか，認めるとしてもいかなる要件のもとに認めるか，またこれにどのような効果を認めるか問題となっている。

⑤　訴訟参加

　訴訟参加とは，訴訟外の第三者が，すでに係属している他人間の訴訟に加入して，その訴訟手続に関与し，自己の名において訴訟行為をすることをいう。

　訴訟参加には，第三者が当事者として参加する当事者参加と，当事者とはならずに，既存の当事者の訴訟行為を補助する補助参加がある。また，当事者参加には，独立当事者参加と共同訴訟参加とがある。

1　補助参加
(1)　意　義

　補助参加とは，他人間に係属中の訴訟の結果について利害関係を有する第三者が，当事者の一方を補助し，勝訴させることによって自己の利益を守るために訴訟に参加する形態をいう。

　参加する第三者を補助参加人，補助される当事者を被参加人，被参加人の相手方を相手方と呼ぶ。

　例えば，債権者・主債務者間の主債務請求訴訟への保証人の補助参加，特定物の買主がその物の真の所有者と主張する第三者から引渡請求訴訟を提起され，売主が買主に補助参加する場合などがあげられる。

　また，補助参加人は，自らの利益を守るために訴訟を追行する者である。したがって，代理人と異なり，自らの名と費用において訴訟を追行する。しかし，相手方との間に自己の請求を立てて，これについて審判を求めるものではない。この点で，共同訴訟人や当事者参加人と異なる。

(2)　要　件

①　他人間の訴訟であること　　　　　　　　　　　　　　H21-3-ア

⑦　訴訟がいかなる審級にあるかは問わない。上告審でも可能である。また，確定後でも，参加申出とともに再審の訴えを提起して，訴訟を再開させることができる。

④　他人間の訴訟に介入する者であるから，相手方の補助参加人になることはできない。しかし，共同訴訟の場合，利害関係さえあれば，共同訴訟人の1人は，他の共同訴訟人の側に，または相手側に補助参加することができる（最判昭51.3.30）。

②　訴訟の結果について利害関係を有すること（民訴§42）（参加の理由，参加の利益とも呼ばれる）

⑦　「訴訟の結果」とは，本案判決の主文に包含される訴訟物である権利関係の存否だけではなく，その判決理由中で判断される事実や法律関係の存否も含まれると解する見解（東京高決昭49.4.17等）が近時有力となっている。

④　「利害関係」は，法律上のものでなければならず，敗訴すれば気の毒　　H23-2-ア
だとか，敗訴すれば扶養を受ける地位が侵害されるなどの感情的，経済的理由では不十分である。

　また，判決効が第三者に及ぶからといって，それだけでは当然には参加の利益は充足されない（たとえば，もっぱら当事者のために目的物を所持する受寄者，同居人には補助参加の利益は認められない（民訴§115Ⅰ④））。

(3) 補助参加の手続

① 補助参加の申出

H27-2-ア
H23-2-イ
H21-3-イ
H5-4-1

補助参加の申出は，参加の趣旨（どの訴訟の，どちらの当事者に参加するか）および理由（利害関係を示す事情）を示して，補助参加により訴訟行為をすべき裁判所に，書面または口頭によって行う（民訴§43Ⅰ，民訴規§1Ⅰ）。

参加の申出が書面でされたときは，補助参加の申出書は，当事者双方に送達される（民訴規§20Ⅰ）。

H5-4-3

参加の申出は，補助参加人としてすることができる訴訟行為とともにすることができる（民訴§43Ⅱ）。

② 参加の許否

> （補助参加についての異議等）
> **第44条** 当事者が補助参加について異議を述べたときは，裁判所は，補助参加の許否について，決定で，裁判をする。この場合においては，補助参加人は，参加の理由を疎明しなければならない。
> 2　前項の異議は，当事者がこれを述べないで弁論をし，又は弁論準備手続において申述をした後は，述べることができない。
> 3　第1項の裁判に対しては，即時抗告をすることができる。

H27-2-ウ
H23-2-イ

当事者が補助参加について異議を述べた場合に限り，裁判所は補助参加の許否について決定で裁判をする（民訴§44Ⅰ）。この裁判に対しては，即時抗告をすることができる（同Ⅲ）。補助参加の許否について，第一次的には当事者の意思に委ねるものであるといえる。

H21-3-ウ
H5-4-5

当事者は，異議を述べずに弁論し，または弁論準備手続において申述した後は，異議権を失う（民訴§44Ⅱ）。

H27-2-イ
H5-4-2

当事者が異議を述べた場合には，補助参加人は参加の理由を疎明しなければならない（民訴§44Ⅰ後段）。

H27-2-エ
H5-4-4

また，補助参加について異議があった場合でも，補助参加を許さない裁判が確定するまでの間は，補助参加人は，訴訟行為をすることができる（民訴§45Ⅲ）。補助参加人の訴訟行為は，補助参加を許さない裁判が確定したときでも，当事者が援用すれば，効力を生ずる（民訴§45Ⅳ）。

➡ 補助参加人が訴訟行為をしているために，被参加人自身は訴訟行為を

していない場合があるからである。

⑷　補助参加人の地位

①　独立性

補助参加人は，代理人とはちがい，当事者に由来しない独自の権能をもって訴訟に関与するのであり，当事者からは独立した地位を有する。したがって，

　㋐　訴訟について，原則として，一切の訴訟行為をすることができる。　H22-1-ア

　㋑　期日の呼出しや訴訟書類の送達も，当事者とは別にされなければならない。

　㋒　被参加人が期日に欠席しても，補助参加人が出席すれば，欠席の効果は生じない。

②　従属性

補助参加人は，自身の請求を定立して主張・立証を行う存在ではなく，訴訟の当事者ではない。したがって，

　㋐　補助参加人は証人・鑑定人になることができる。　H26-3-ア

　㋑　参加人に手続の中断事由が生じても，手続は停止しない（ただし，争いあり）。

　㋒　判決の名宛人とはならない。

⑸　補助参加人の訴訟行為

> （補助参加人の訴訟行為）
>
> **第45条**　補助参加人は，訴訟について，攻撃又は防御の方法の提出，異議の申立て，上訴の提起，再審の訴えの提起その他一切の訴訟行為をすることができる。ただし，補助参加の時における訴訟の程度に従いすることができないものは，この限りでない。
>
> **2**　補助参加人の訴訟行為は，被参加人の訴訟行為と抵触するときは，その効力を有しない。

①　原　則（独立性のあらわれ）

補助参加人は，攻撃防御方法の提出，異議の申立て，上訴の提起，その他被参加人がすることができる一切の訴訟行為をすることができる（民訴§45Ⅰ）。　H23-2-ウ H21-3-エ

② 制　限（従属性のあらわれ）

H23-2-オ
㋐ 被参加人がすでにすることができなくなった行為

参加の時点での訴訟状態に従って，被参加人がすでにすることができなくなった行為は，補助参加人もすることができない（民訴§45Ⅰただし書）。

【例】・時機に後れた攻撃防御方法の提出，自白の撤回，中間判決（民訴§245）によって確定した事項を争う行為
・補助参加人の上訴期間は，被参加人の上訴期間内に限られる（最判昭37.1.19，同50.7.3）。

H23-2-エ
㋑ 被参加人の行為と抵触する行為

補助参加人の訴訟行為と，被参加人の訴訟行為とが矛盾・抵触するときは，補助参加人の行為はその限りで効力を生じない（民訴§45Ⅱ）。

【例】・被参加人が自白している以上，補助参加人が争っても否認の効力は生じない。
・被参加人が上訴権を放棄し，またはその上訴を取り下げたときは，参加人は上訴できない。

H21-3-エ
H5-1-1
㋒ 訴訟そのものの設定・変更・消滅行為，被参加人に不利な訴訟行為

補助参加人は，既存の訴訟を前提とし，被参加人を勝訴させるために訴訟行為ができるだけであるから，このような行為はできない。

【例】・訴えの取下げ，訴えの変更，反訴の提起，請求の放棄・認諾，訴訟上の和解，上訴権の放棄，上訴の取下げ

㋓ 被参加人の形成権の行使

補助参加人は，私法上許されている場合（民§423，457Ⅱ等）を除いて，取消し，解除，相殺，時効の援用などの私法上の権利を，訴訟上行使することはできないとするのが有力な見解である。

なお，被参加人が，訴訟外ですでに取消しなどの意思表示をしている場合に，補助参加人がこれらの事実を主張し，または抗弁として提出することができることに問題はない。

⑹　補助参加人に対する判決の効力

　既判力は，原則として当事者間にのみ生ずる（民訴§115Ⅰ①）。したがって，既判力は補助参加人には及ばない。

　しかし，**補助参加訴訟で下された判決は，一定の要件の下で補助参加人にも効力が及ぶ**（民訴§46）。これは，**参加的効力**と呼ばれ，参加人が被参加人と共同して訴訟を追行した以上，被参加人敗訴の責任を衡平に分担するべきとする考慮に基づくものであり，既判力とは異なった効力であると解されている（最判昭45.10.22）。

　参加的効力と既判力の相違点は，次のとおりである。

① 被参加人が敗訴した場合にのみ問題となる。

② 補助参加人と被参加人との間にのみ及び，補助参加人と相手方との間には及ばない。

　たとえば，債権者・保証人間の保証債務請求訴訟で主債務者が被告である保証人側に補助参加し，主債務の不存在を主張したが，認められることなく被告（保証人）敗訴に終わった場合，主債務者は，後日保証人から求償請求を受けたときには，もはや主債務の存在を（存在していないとして）争うことはできない。これに対し，債権者からあらためて主債務請求の訴えを提起されたときは，主債務者は補助参加訴訟の判決が不当だとして，主債務の存在を（存在していないとして）争うことができる。補助参加人には既判力が及ばないからである。

③ 判決理由中の判断にも及ぶ。

④ 一定の場合に，効力を受けない除外事由が定められている（民訴§46）。　H27-2-オ
　㋐ 補助参加時の訴訟の程度に従い，補助参加人が訴訟行為をすることができなかったとき
　㋑ 補助参加人の訴訟行為が被参加人の訴訟行為と抵触したため，効力を生じなかったとき
　㋒ 被参加人が補助参加人の訴訟行為を妨げたとき
　㋓ 補助参加人がすることができない訴訟行為を，被参加人が故意または過失によってしなかったとき

⑤ 職権調査事項ではなく，当事者の援用をまって考慮される。

2　訴訟告知

(1)　訴訟告知の意義

　　訴訟告知とは，訴訟の係属中，当事者からその訴訟に参加することのできる第三者に，訴訟係属の事実を通知することをいう。告知する者を告知者，告知される者を被告知者という。

　　この告知により，被告知者は訴訟に参加する機会が与えられ，その助力により，告知者は自己に有利な訴訟の展開を期待できる。また，敗訴した場合にも，被告知者に参加的効力を及ぼすことにより，被告知者にその責任を分担させることができる。

(2)　訴訟告知の要件（民訴§53）

`R4-1-ア`
①　訴訟が係属中に限られる。上告審においても可能である。

②　告知できる者は，訴訟当事者，補助参加人，およびこれらの者から告知を受けた第三者である。

`R4-1-エ`
③　告知を受けるのは，当事者以外の第三者であって訴訟に参加できる第三者（補助参加のみならず，独立当事者参加や共同訴訟参加も含む）である（民訴§53ⅠⅡ）。訴訟告知を受けた者は，その訴訟に補助参加の申出をしなくても，更に訴訟告知をすることができる（同Ⅱ）。

(3)　訴訟告知の手続

`R4-1-イ`
　　訴訟告知は，告知の理由（被告知者がその訴訟に参加する理由を有する事由）および訴訟の程度（訴訟の進行状況）を記載した書面を，受訴裁判所に提出してする（民訴§53Ⅲ）。

(4)　訴訟告知の効果

`R4-1-ウ`
`H21-3-オ`
　　訴訟告知は，参加の機会を与えるにすぎないので，被告知者が当然に告知者の補助参加人になるわけではない。また，被告知者は，告知を受けても，参加するか否かは自由であり，義務ではない。訴訟告知をした当事者に対し，訴訟に参加するか否かを回答する義務も負わない。しかし，被告知者が参加しなかったり，あるいは遅れて参加した場合でも，告知を受けて参加できたときに参加したものとして，判決の参加的効力を受ける（民訴§53Ⅳ）。

`R4-1-オ`
　　一方の当事者から訴訟告知を受けた者がその訴訟に補助参加の申出をした場合，他方の当事者は，その補助参加について異議を述べることができる（民

訴§44Ⅰ）。

3　独立当事者参加

> （独立当事者参加）
> **第47条**　訴訟の結果によって権利が害されることを主張する第三者又は訴訟の
>   目的の全部若しくは一部が自己の権利であることを主張する第三者は，その
>   訴訟の当事者の双方又は一方を相手方として，当事者としてその訴訟に参加
>   することができる。
> 2　前項の規定による参加の申出は，書面でしなければならない。
> 3　前項の書面は，当事者双方に送達しなければならない。
> 4　第40条第1項から第3項までの規定は第1項の訴訟の当事者及び同項の規
>   定によりその訴訟に参加した者について，第43条の規定は同項の規定による
>   参加の申出について準用する。

(1)　意　義

独立当事者参加とは，訴訟の係属中，第三者が独立の当事者として，新た
に訴訟に参加する形態をいう。

訴訟は，通常は，二当事者が対立する構造として把握できるが，現実の紛
争には，同一権利関係をめぐって3人以上の者が互いに対立し，また牽制し
あって争うこともある。そこでこのような場合にふさわしい訴訟構造として，
三者間に1個の訴訟が形成されるとし，三者間に矛盾のない解決を図る制度
が設けられた。これが独立当事者参加である。

(2)　参加の要件

① 他人間に訴訟が係属すること

H25-1-ウ

上告審は法律審であり，事実審ではないから，上告審で参加することは
できない（最判昭44.7.15）。この点は，補助参加と異なる。

② 参加の利益があること

参加が認められるのは次の2つの場合であり，いずれの理由を主張して
もよい。

㋐ 詐害防止参加

第三者が，訴訟の結果によって権利が害されることを主張する場合に
認められる（民訴§47Ⅰ前段）。

たとえば，A・B間に，偽造文書に基づく登記であり無効であるとしてB名義の所有権移転登記の抹消登記手続を求める訴訟が係属する場合において，Bが口頭弁論期日に出頭せず，準備書面も提出していないときは，Bの債権者で当該不動産について強制競売の申立てをし，強制競売開始決定を得た第三者は，「訴訟の結果によって権利が害されることを主張する第三者」に当たり，A・B間の訴訟に当事者として参加することができる（最判昭42.2.23）。

④　権利主張参加（民訴§47Ⅰ後段）

第三者が訴訟の目的の全部または一部が自己の権利であることを主張する場合に認められる参加である（民訴§47Ⅰ後段）。

本訴の（原告の）請求と，参加人の請求が論理的に両立しない関係にある場合である。

たとえば，所有権に基づく土地明渡請求訴訟に対して，参加人が，同一物に対する自己の所有権を主張し，原告に対しては所有権確認請求，被告に対しては所有権確認及び土地明渡請求を定立して参加する場合である。

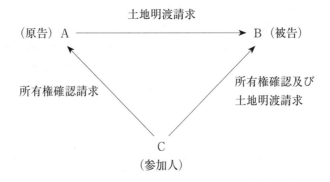

③　当事者の双方または一方を相手方として，自己の請求の審判を求めること

参加人は，自己の請求について審判を申し立てなければならない。

第三者は，係属中の訴訟の当事者双方に対して，自己の請求を提示して参加申出をするのが通常であるが，当事者の一方に対してのみ請求を定立する参加形態も認められている（片面的独立当事者参加；民訴§47Ⅰ）。

➡　当事者の一方が参加人の権利を争わない場合もあるので，そのような

場合にまで原告被告双方に対する請求を定立させる必要はないからである。

(3) 参加の手続

参加申出の方式は，補助参加の申出に準ずる（民訴§47Ⅳ）。

H25-1-ア
H25-1-イ

もっとも，訴え提起の実質を有するから，参加の申出は書面でしなければならない（民訴§47Ⅱ）。この書面は，当事者双方に送達しなければならない（同Ⅲ）。また，訴え提起と同一の効果，たとえば時効の完成猶予の効力が生ずる（民訴§147類推）。

独立当事者参加の要件は，補助参加とは異なり，口頭弁論に基づいて調査する。

(4) 参加訴訟の審判

必要的共同訴訟に関する審判の規定（民訴§40Ⅰ～Ⅲ）が準用される（民訴§47Ⅳ）。

① 40条1項の準用

二当事者間の訴訟行為で，他の1人に不利益をもたらすものは，二当事者間でもその効力を生じない。

【例】・被告が原告に対し，請求の認諾や自白をしても，参加人が争う限り，その効力を生じない。

② 40条2項の準用

1人が1人に対してした訴訟行為は，原則として他の1人に対してもしたことになる。

【例】・1人に対する上訴は，他の1人に対しても上訴した効力を生じる。

③ 40条3項の準用

1人に対して訴訟手続の中断・中止の事由があれば，訴訟手続全体が停

H25-1-エ

止される。

(5) 二当事者訴訟への還元

独立当事者参加訴訟は，次の理由により二当事者訴訟へ還元される。

① 原告の訴えの取下げ

　　参加後も，原告は訴えを取り下げることができる。取下げには被告の同意（民訴§261Ⅱ参照）のみならず，参加人の同意も必要である（最判昭60.3.15）。

　　取下げ後は，参加人の原告・被告双方に対する共同訴訟が残ることになる。本訴が，不適法却下された場合も同様である。

② 参加の取下げ

　　参加人は，訴えの取下げに準じて参加申出の取下げができる。すなわち，原告および被告が応訴していればその同意が必要である。

　　参加の取下げにより，本訴が残ることになる。参加の申出を却下する判決が確定した場合も，同様である。また，原告および被告の一方に対する請求のみ取り下げることもでき，この場合には本訴ともう一方の当事者に対する請求が残ることになる（片面的独立当事者参加がされたのと同じ状態になる）。なお，この場合でも，原告および被告の同意を得ることを要すると解されている。

③ 脱　退

H25-1-オ

　　第三者の参加によって，従来の原告または被告が訴訟にとどまる必要がなくなる場合がある。この場合，原告または被告は，訴訟から脱退できる（民訴§48）。

　　脱退をする場合には，相手方の承諾が必要であるが（民訴§48前段），参加人の承諾は不要であるとするのが有力説であるが，争いがある。

　　参加人と残存当事者間に下された判決の効力は，脱退者に対しても及ぶ（民訴§48）。脱退者にいかなる性質および内容の効力が及ぶかについては，議論があるところである。

4　共同訴訟参加

(1)　意　義

　　共同訴訟参加とは，訴訟の目的が，当事者の一方と第三者について合一にのみ確定すべき場合に，その第三者が原告または被告の共同訴訟人として訴訟に参加することをいう（民訴§52）。

(2)　**要　件**

① 　訴訟が係属中であること

訴訟が係属中であること
参加は，上告審でもできる。

② 　訴訟の目的が，当事者の一方と参加人について合一にのみ確定すべき場合であること

この参加は，判決の既判力が参加人にも及び，その参加人が同時に訴え，または訴えられれば類似必要的共同訴訟となる場合に認められる。たとえば，株主代表訴訟における原告側に他の株主が参加する場合が，これにあたる。

また，例外的ではあるが，固有必要的共同訴訟でありながら，共同訴訟 H20-2-ウ
人となるべき者が脱落していた場合に，当該脱落者がこの参加をすることによって，その瑕疵を治癒することができる（大判昭9.7.31）。

③ 　参加人が相手方に対し，本訴請求またはその請求棄却と同一内容の主張をする当事者適格を有すること

この参加は，別訴の提起に代わるものだからである。適格を有しない者は，補助参加はできても，共同訴訟参加はできない。

(3)　**手　続**

参加申出の方式は，補助参加の申出に準じる（民訴§52Ⅱ，43Ⅰ，47Ⅱ）。

第6章
上訴，再審

第1節　総　説

Topics　・上訴と異議の違いには注意しておくこと。

1　裁判に対する不服申立て
⑴　通常の不服申立て
①　上　訴
　民事訴訟法は，手続を第一審限りとせず，不利な裁判を受けた当事者が，その裁判の確定前に，上級裁判所に不服申立てをすることを認めている（民訴§281以下）。この不服申立てを上訴という。

②　異　議
　異議は，判決に対する不服申立てではあるが，判決をした裁判所に対する口頭弁論による審理の要求という意味を持つ不服申立てをいう（民訴§361，379）。
　異議は，各略式手続に組み込まれた不服申立方法として通常の不服申立てに属するが，上級裁判所に対する不服申立てでない点で，上訴とは異なる。
　なお，受命裁判官または受託裁判官の裁判に対する不服申立て（民訴§329）や，裁判所書記官の処分に対する不服申立て（民訴§121）もまた異議と呼ばれている。

⑵　特別の不服申立て
①　再　審
　再審は，確定した裁判の取消しを求める不服申立てをいう（民訴§338）。各訴訟手続の通常の流れの外にある制度として，特別の不服申立てに属する。確定した裁判に対する不服申立てである点で，上訴と区別される。確定遮断効をもたない。

②　特別上訴

特別上訴には，特別上告（民訴§327），特別抗告（336）がある。

再審と同様，確定した裁判に対する不服申立てである点で，上訴と区別される。確定遮断効をもたない。

2　上訴制度

(1)　上訴の概念

上訴は，裁判が確定する前に，上級裁判所に対し，その裁判の取消し，変更を求める不服申立てをいう。上訴が申し立てられると，事件は上訴審へ移審し（移審効），裁判の確定が遮断される（遮断効）。

(2)　上訴の種類

①　控訴・上告

控訴は，第一審の終局判決に対する上訴であり（民訴§281），上告は，原則として第二審の終局判決に対する上訴である（民訴§311）。

上告審においては，控訴審までに認定された事実を前提として，それに対する法律の適用面だけが問題とされる。そこで，第一審，控訴審を事実審と呼ぶのに対し，上告審は法律審と呼ばれる。

現行の上訴制度においては，事件の審理は3つの審級で行われるが，このような制度を三審制という。この三審制によれば，当事者は事件につき，三つの審級において審理を受ける機会を保障されることになるが，これを当事者の権利（利益）とみて，審級の利益という。

②　上告受理の申立て

最高裁判所への上告の制限を補完するものとして，上告受理の申立てが認められているが（民訴§318），受理の決定があると，上告があったものとみなされるので，上告に準ずる上訴といえる。

➡　最高裁判所の負担を緩和するため，本制度が設けられた。

③　抗　告

抗告は，決定および命令に対する上訴である。抗告には，控訴，上告に対応して，最初の抗告と再抗告がある。

高等裁判所の決定および命令に対しては，最高裁判所への特別抗告（民訴§336）と許可抗告（民訴§337）のみが可能である。

(3) **上訴の要件**

① 意　義

　　上訴審による裁判を受けるための要件を，上訴の要件といい，各上訴に共通の上訴の要件は，次のとおりである。なお，原裁判に不服を有する当事者が，その不服につき上級審の審判を求める権利を上訴権という。

　㋐　原裁判に対する不服申立てが許され（民訴§283ただし書参照），その原裁判に適した上訴が申し立てられたこと

　㋑　上訴の提起行為が所定の方式に従い，かつ有効であること

　㋒　上訴期間が経過していないこと

　㋓　上訴人が上訴の利益（不服の利益）を有すること
　　　上訴の利益については，控訴の利益において述べる。

　㋔　不上訴の合意や上訴権の放棄がないこと

② 違式の裁判（上記㋐の要件について）

　　違式の裁判とは，裁判所がするべき裁判の形式を誤ってした裁判をいう。たとえば，判決事項につき決定・命令で裁判をし，逆に，決定事項につき判決で裁判をした場合である。

　　この場合の上訴方法が問題となるが，民事訴訟法328条2項は，判決事項につき，決定または命令で裁判されたときは，この裁判に対して抗告を申し立てることができると規定する。これは，違式の裁判がされたときには，当事者は現になされた裁判の形式に対応する上訴によって不服申立てをすることができるとしたものと解されている。

　　したがって，決定事項につき判決で裁判されたときは，控訴または上告を申し立てるべきことになる（最判平7.2.23）。

Topics ・控訴は一定のサイクルで出題される論点なので，いつ出題されてもいいように準備を怠らないこと。

1 控訴の意義

1 控訴の概念

控訴とは，第一審の終局判決に対する第二審（控訴審）への上訴をいう（民訴§281 I）。

控訴審においては，事実上，法律上の両面から，不服の主張の当否を，審理判断する。控訴の理由は，第一審判決の事実認定の不当または法令違反であるが，第一審裁判所と同様，事実問題の審理をも担当する審級（第二の事実審）である点で，法律問題の審査しかしない上告審（法律審）とは異なる。

上告審において，たとえ口頭弁論が開かれた場合でも，既判力の基準時が事実審の口頭弁論終結時とされるのは，その時点が事実審理の行われる最終時点であるからである。

控訴を提起した当事者を控訴人，その相手方を被控訴人という。

2 控訴の対象となる裁判

(1) 控訴の対象

控訴の対象となるのは，簡易裁判所または地方裁判所の第一審の終局判決である（民訴§281 I）。

なお，高等裁判所の第一審終局判決に対しては，上告しか許されない（民訴§311 I）。

(2) 中間判決に対する控訴の可否

中間判決等の中間的裁判は，終局判決ではないので，これに対して独立に控訴することはできず，終局判決とともに控訴裁判所の判断を受けることになる（民訴§283本文）。

なお，中間的裁判のうち，不服申立てができない裁判（民訴§10Ⅲなど）は，元々控訴が考えられず，また，抗告という不服申立てが認められる裁判（民訴§328 I）については，抗告審において独立に判断を受けるので，これらの裁判については，いずれも控訴をすることはできない（民訴§283ただし書）。

本案に付随する裁判である訴訟費用の負担の裁判（民訴§67 I）に対しては，独立して控訴を申し立てることはできない（民訴§282）。

H6-4-1
H2-3-5

➡　訴訟費用の裁判の当否の判断のためには，結局本案の請求の当否に関する判断もしなければならなくなり，本末転倒であり，裁判所の負担も大きくなるからである。

3　控訴権

控訴権とは，第一審判決に対して不服のある当事者が，その不服の当否につき，控訴審の審理判決を求める権能をいう。

控訴権は，第一審判決の言渡しにより発生するが，その要件として不服（控訴）の利益が要求される。

4　控訴の要件

(1)　控訴の利益が存在すること

控訴をすることができるのは，原判決が控訴人にとって不利益である場合である。これを控訴の利益という。控訴人にとって不利益でなければ，控訴を認める必要がないからである。

控訴の利益は，当事者の申立てと判決とを比較して，後者が前者よりも小であるときに認められる（形式的不服説：通説：大判昭18.12.23，最判昭31.4.3）。したがって，**申立てを全部認容された当事者**には，原則として，**控訴の利益はない**。

ただし，次の場合には，例外として控訴の利益が認められる。

H28-5-オ

①　請求の予備的併合において，主位的請求棄却，予備的請求認容の判決を受けた原告には，控訴の利益がある。また，この場合，予備的請求が認容された点について，被告にも控訴の利益がある。

②　請求棄却を申し立てた被告が，訴え却下の判決を受けた場合には，被告に控訴の利益がある（最判昭40.3.19）。
➡　訴え却下では再訴の可能性があり，被告にとって，請求棄却判決の方が，終局的な争訟の解決をもたらすからである。

③　被告は，予備的相殺の抗弁による請求棄却の判決に対して，控訴の利益がある。
➡　被告にとって，他の抗弁で勝訴するのとは異なり，自己の反対債権を失う点で不利益だからである。

④ 原告は，明示しないでされた一部請求を全部認容する判決に対して，控 **H20-1-エ**
訴の利益を有すると解される。

　➡ 控訴を認めないと，反訴や別訴提起の機会を失うこととなる場合には，
例外的に，全面勝訴した原告にも，請求を拡張するための控訴提起が認
められるところ，明示しないでされた一部請求を全部認容する判決が確
定すると，別訴で残額請求をすることができなくなるからである（最判
昭32.6.7）。

⑤ 離婚訴訟において請求棄却の判決を得た被告は，控訴の利益を有する。

　➡ 請求棄却の判決を得た被告には，原則として控訴の利益は認められな
いが，離婚訴訟においては，判決が確定すると，その後に被告が別の離
婚原因によって離婚訴訟を提起することができなくなってしまう（人訴
§25Ⅱ参照）からである。

(2) 不控訴の合意のないこと

　不控訴の合意とは，当事者双方とも控訴をしない旨の合意である（民訴§
281Ⅰただし書）。終局判決後に限られるか，その前でも合意できるかについ
て見解が分かれるが，通説は終局判決前でも合意できるとしている。また，
上告をする権利を留保してすることもでき，これを飛躍上告の合意という。
飛躍上告の合意は，終局判決後に限られるとされる。

　なお，当事者の一方だけが控訴しない旨の合意は，その内容が著しく不公
平であるから無効である（大判昭9.2.26）。

(3) 控訴権が消滅していないこと

① 控訴権の喪失

　控訴権は，控訴期間の徒過により消滅する。

② 控訴権の放棄

　控訴権は，放棄することができる（民訴§284）。　　　　　**H6-4-4**
　控訴権の放棄には，相手方の同意は不要である。
　控訴権の放棄は，控訴提起前には第一審裁判所に，控訴提起後には訴訟
記録のある裁判所に申述してする（民訴規§173Ⅰ）。
　また，控訴権の放棄は，第一審判決言渡し後，控訴審の判決言渡しのあ **R4-5-ア**
るまでの間に限られる（通説）。

　➡ 判決内容がまだわからないうちに当事者の一方のみが控訴権を放棄す
るとなると，当事者間で不公平となるから。また，当事者間で社会的経

済的な力の差（大企業と従業員等）や法的知識の差があると，事前に放棄を強いられるおそれも考えられよう。なお，終局判決の言渡し前でも，当事者双方が控訴をしない不控訴の合意はすることができると解されている（民訴§281）。

なお，控訴提起後の控訴権の放棄の申述は，控訴の取下げと一緒にしなければならない（民訴規§173Ⅱ）。

➡　放棄がされても，形式的には控訴そのものは訴訟係属の状態にあるので，控訴審の手続を終了させるためである。

② 控訴の提起

1 控訴提起の方式・手続

(1) 控訴状の提出

R4-5-イ
R3-3-オ
H28-5-エ
H10-3-1
H4-6-4

控訴の提起は，控訴期間内に，控訴状を第一審裁判所に提出してしなければならない（民訴§286Ⅰ）。口頭ですることはできない。

つまり，簡易裁判所の終局判決に対する控訴は簡易裁判所に，地方裁判所の終局判決に対する控訴は地方裁判所に控訴状を提出しなければならない。

➡　判決の確定証明書の交付（民訴規§48参照）を容易にしたり，第一審裁判所による控訴の適法審査（民訴§287）を可能にするためである。

(2) 控訴期間

R4-5-イ
H7-2-5
H4-6-2

控訴期間は，判決書または判決書に代わる調書（民訴§254Ⅱ）の送達を受けた日から2週間の不変期間である（民訴§285本文）。

ただし，判決言渡し後，送達前に提起された控訴も適法である（民訴§285ただし書）。

➡　判決は言渡しによって効力を生ずるので，言渡し前にされた控訴は無効である（最判昭24.8.18）。

(3) 控訴裁判所

控訴裁判所は，地方裁判所の第一審判決については高等裁判所，簡易裁判所の判決については地方裁判所である（裁§16①，24③）。

(4) 控訴状の記載事項

H4-6-1

控訴状の必要的記載事項は，当事者（および法定代理人）と第一審判決の表示およびこれに対して控訴を申し立てる旨の表示である（民訴§286Ⅱ）。

不服申立ての範囲や不服の理由も記載することができるが（民訴規§179, 53），これらの事項を記載しなかったときは，控訴人は，控訴の提起後50日以内に，これらを記載した書面を控訴裁判所に提出しなければならない（控訴理由書の提出；民訴規§182）。

➡ 控訴期間は 2 週間ほどしかなく，完璧に理由を書くことは難しい場合もあろう。

(5) 控訴提起後の手続

① 第一審裁判所の適法性審査

　控訴状の提出を受けた第一審裁判所は，控訴が不適法で，その不備を補正することができないことが明らかであるときは（控訴期間徒過後の控訴提起など），決定で，控訴を却下しなければならない（民訴§287Ⅰ）。

　その場合を除いて，第一審裁判所の裁判所書記官は，控訴裁判所の裁判所書記官に訴訟記録を送付しなければならない（民訴規§174）。

② 控訴裁判所の裁判長による控訴状審査

　控訴裁判所の裁判長は，訴状の審査に準じて，控訴状の審査を行う（民訴§288）。

➡ 第一審裁判所は，控訴状の審査権を持たない。この点で上告提起の場合と異なる（民訴§314Ⅱ参照）。

　すなわち，控訴状に必要的記載事項がない場合，または控訴提起の手数料の納付がない場合には，控訴裁判所の裁判長は補正を命じ，控訴人が補正に応じないときは，命令で，控訴状を却下する（民訴§288, 137）。

③ 控訴状の送達不能による控訴状却下

　裁判長の控訴状審査を受けた後，控訴状は，被控訴人に送達される（民訴§289Ⅰ）。しかし，控訴状の送達ができない場合（被控訴人の住所が誤っているなど）および，控訴状の送達に必要な費用の予納がない場合には，裁判長は補正を命じ，控訴人が補正に応じないときは，命令で，控訴状を却下する（民訴§289Ⅱ, 137）。

④ 期日呼出費用不納付による控訴却下決定

　控訴人が，期日の呼出しに必要な費用の予納を命じられたにもかかわらず，その費用の予納をしないときは，控訴裁判所は，決定で，控訴を却下することができる（民訴§291Ⅰ）。

⑤ 口頭弁論を経ない控訴却下判決

H28-5-ア
H10-3-2

控訴が不適法で，その不備を補正することができない場合，控訴裁判所は，口頭弁論を経ないで，判決で，控訴を却下することができる（民訴§290）。

2 控訴提起の効果（控訴不可分の原則）

判決は，適法な上訴が提起されると，事件についての移審の効果（移審効）と，原裁判についての確定遮断の効果（遮断効）（民訴§116Ⅱ）が生じる。

この移審効および遮断効は，控訴人の不服申立ての範囲にかかわらず，控訴の対象になった判決全部について発生する。これを控訴（上訴）不可分の原則という。

この控訴不可分の原則の結果，原判決中，不服申立てのない部分は，確定が遮断され控訴審に移審するが，現実の控訴審判の対象にならないということになる。したがって，その部分を，現実の控訴審判の対象にするには，控訴人の控訴申立ての拡張や，被控訴人の附帯控訴が必要になる。

3 控訴の取下げ

(1) 意 義

H9-5-4

控訴の取下げとは，控訴の申立てを撤回することをいう。控訴の取下げにより，訴訟は，はじめから控訴審には係属しなかったものとみなされる（民訴§292Ⅱ，262Ⅰ）。

控訴の取下げがあった場合，原判決は，控訴期間の徒過によって確定する。

控訴の取下げは，訴えそのものを撤回する訴えの取下げ（民訴§262Ⅰ）とは異なる。

(2) 控訴の取下げの時期

控訴の取下げができるのは，控訴提起後，控訴審の終局判決の言渡しがあるまでである（民訴§292Ⅰ）。

➡ 訴えの取下げが終局判決の確定まで可能である（民訴§261Ⅰ）のと異なり，控訴審の終局判決後に控訴の取下げを許さないのは，当事者が原判決と控訴審判決と選択することができるような結果となることを回避するためである。

(3) 被控訴人の同意の要否

H28-5-ウ
H10-3-4

控訴の取下げには，相手方の同意を要しない（民訴§292Ⅱによる§261Ⅱの不準用）。被控訴人が附帯控訴をしていても，被控訴人の同意は要しない。

➡　控訴の取下げをしても，控訴をしていない被控訴人には不満のない第一
審が確定するだけのことであり，相手方に不利益を与えないからである。

⑷　控訴の取下げの擬制

控訴審の口頭弁論期日に両当事者とも欠席した場合などにおいて，控訴の
取下げが擬制されることがある（民訴§292Ⅱ，263）。

4　附帯控訴

> （附帯控訴）
> **第293条**　被控訴人は，控訴権が消滅した後であっても，口頭弁論の終結に至
> るまで，附帯控訴をすることができる。
> 2　附帯控訴は，控訴の取下げがあったとき，又は不適法として控訴の却下が
> あったときは，その効力を失う。ただし，控訴の要件を備えるものは，独立
> した控訴とみなす。
> 3　附帯控訴については，控訴に関する規定による。ただし，附帯控訴の提起は，
> 附帯控訴状を控訴裁判所に提出してすることができる。

⑴　意　義

附帯控訴とは，控訴審の手続を利用して，被控訴人が，自己のために原判
決の取消し，変更を求める申立てである。

控訴人は，控訴提起後，不服申立ての範囲を拡張することができ，また不
服申立ての範囲でのみ原判決の変更がされるので（民訴§304），原判決より
も不利な判断を受けることがない（不利益変更禁止の原則）。これに対し，
被控訴人は，相手方の控訴により，自己に有利な原判決変更の可能性のない
まま，応訴を余儀なくされることになる。そこで，当事者間の公平をはかる
見地から，自らの上訴権が消滅した被控訴人にも，控訴審を利用して，自己
に有利な原判決変更の可能性を与えたのが附帯控訴の制度である。

⑵　要　件

附帯控訴は，控訴審の手続を利用して審理されるので，主たる控訴が提起
され，現に係属中であることが必要である。また，附帯控訴は，相手方の控
訴提起後，口頭弁論の終結に至るまで提起することができる（民訴§293Ⅰ）。
控訴期間の経過や控訴をする権利の放棄による自己の控訴権の消滅後であっ
ても，可能である（この場合にこそ附帯控訴をする意味があるともいえる）。
また，附帯控訴は控訴ではないので，第一審で全部勝訴し，原判決に対し

R4-5-エ
H10-3-5
H6-4-3
H4-6-5

不服の利益を有しない被控訴人も，附帯控訴の方式により，請求を追加（訴えの変更または反訴の提起）することができる（通説，最判昭32.12.13）。

(3) 手　続

附帯控訴には，控訴に関する規定が準用されるが（民訴§293Ⅲ，民訴規§178），**附帯控訴状は，控訴裁判所に提出することもできる**（民訴§293Ⅲただし書）。

➡　控訴審理が相当進んだ段階で提起されることもあるからである。

(4) 効　果

附帯控訴の提起があると，控訴審判の範囲が拡張され，控訴裁判所は，控訴人にとって，原判決よりも不利な判決を下すことができることになる。

附帯控訴は，控訴に附帯するものであるから，控訴が取り下げられ，または不適法として却下されると，附帯控訴もまた効力を失う（附帯控訴の附従性；民訴§293Ⅱ本文）。

ただし，その場合でも，附帯控訴が，控訴の要件を具備するものであるときは，独立の控訴としての効力を認められる（独立附帯控訴；民訴§293Ⅱただし書）。

3　控訴審の審判

1　審理の構造
(1) 続審主義

第一審でされた訴訟行為は，控訴審においても効力を有する（民訴§298Ⅰ）。そこで，控訴審では，当事者に第一審における口頭弁論の結果を陳述させ（弁論の更新），第一審で提出された訴訟資料を，控訴審判決の基礎資料とするとともに（民訴§296Ⅱ），控訴審で新たに提出された資料を加えて（民訴§297），それらを基礎として審判がされる。この控訴審理のしくみを，続審主義という。

(2) 更新権

続審主義の下では，当事者は，第一審で提出しなかった攻撃防御方法を控訴審で提出することができる（民訴§297，156）。これを更新権という。しかし，この更新権も無制限ではなく，攻撃防御方法の提出が時機に後れたものかどうかは，第一審および第二審を通じて判断される。

2 口頭弁論

(1) 必要的口頭弁論

控訴審では，控訴が不適法で，その不備を補正できない場合を除き（民訴 〔H10-3-3〕 §290参照），必ず口頭弁論を開かなければならない（民訴§87Ⅰ）。

しかし，審理の直接の対象は不服の当否であることから，口頭弁論も当事 〔R4-5-ウ〕 者が第一審判決の変更を求める限度においてのみ行われる（民訴§296Ⅰ）。 例えば，主位的請求を棄却し予備的請求を認容した第一審判決に対し，被告 のみが控訴し，原告が控訴も附帯控訴（民訴§293）もしないときは，予備 的請求に対する第一審判決の当否のみが控訴審の審判の対象となる（最判昭 54.3.16）。

(2) 説明義務

第一審において，争点および証拠の整理手続（準備的口頭弁論，弁論準備 手続，書面による準備手続）を経た場合，控訴審において新たな攻撃防御方 法を提出した当事者は，相手方当事者の求めがあるときは，その手続におい て，当該攻撃防御方法を提出できなかった理由を説明しなければならない（民 訴§298Ⅱ）。

(3) 攻撃防御方法等の提出期間

裁判長は，当事者の意見を聴いて，攻撃防御方法等の提出期間を定めるこ とができる。そして，この期間経過後に提出する当事者は，裁判所に対し， 期間内に提出できなかった理由を説明しなければならない（民訴§301）。

(4) 第一審訴訟手続の準用

第一審の訴訟手続の規定は，原則として，控訴審の訴訟手続にも準用され 〔H4-6-3〕 る（民訴§297）。

3 終局判決

控訴裁判所は，控訴または附帯控訴に対し，終局判決で裁判をしなければな らない。なお，控訴裁判所は，金銭の支払請求を認容する判決をする場合，申 立てがあるときは，原則として無担保で仮執行宣言を付さなければならない（民 訴§310）。

➡ 第一審判決では「担保を立てて，又は立てさせないで」となっている（民 訴§259Ⅰ）。第一審，控訴審を経て認められた権利が上告審でひっくり返る ことは少ないからであろう（実際にもごくわずかのようである）。

(1) 控訴却下判決

H28-5-ア

　　控訴要件の不備が明らかになり，その不備が補正できないときは，口頭弁論を経ないで，判決により控訴を不適法として却下することができる（民訴§290）。

(2) 控訴棄却判決

　　控訴による不服申立てを，理由なしとして原判決を維持する場合には，判決で控訴を棄却する（民訴§302Ⅰ）。

　　原判決の理由が不当であっても，控訴審の口頭弁論終結時の資料で判断して，原判決の結論を維持することができる場合も，やはり控訴を棄却する（民訴§302Ⅱ）。

➡　判決理由中の判断には，既判力が生じないからである（民訴§114Ⅰ）。控訴棄却の判決が確定すると，原判決も確定する。

(3) 控訴認容判決

① 原判決の取消し

　　控訴裁判所は，申し立てられた不服に理由があり，原判決を不当とするとき（民訴§305），または，第一審の判決の手続が法律に違反する（民訴§306）ときには，原判決を取り消さなければならない。

　　なお，控訴審においては，第一審裁判所に任意管轄違反があっても，判決は取り消されない（民訴§299Ⅰ）。

② 控訴審と処分権主義

（第一審判決の取消し及び変更の範囲）

第304条　第一審判決の取消し及び変更は，不服申立ての限度においてのみ，これをすることができる。

　　控訴裁判所は第一審の当否について審理を行うが，控訴裁判所が具体的に審判することができるのは控訴（附帯控訴）をした当事者が申し立てている不服の範囲に限られ，その限度を超えて第一審判決を不利益に変更したり，利益に変更することは許されない（民訴§304）。これは，当事者の申立てがない事項について判断することができないとする**処分権主義**（民訴§246）の控訴審における現れである。

㋐ 不利益変更禁止の原則

相手方から控訴や附帯控訴がない限り，控訴人に不利益に第一審判決 `H15-5-イ`
を変更することはできない。これを不利益変更禁止の原則という。

たとえば，売買代金請求訴訟で1000万円請求して，第一審が600万円
を認容したとする。そこで，原告のみが，さらに全額の認容を求めて控
訴したところ，控訴裁判所は，請求の全部を理由がないと考えたとする。
この場合，控訴裁判所は，控訴を棄却するだけであって，第一審判決の
原告勝訴部分（600万円の認容）を取り消して，請求全部を棄却するこ
とはできない。

控訴審における審理の対象は，不服を申し立てた400万円の限度に限
られるからである。

このように，不利益変更禁止の原則は，控訴人にとって不意打ちとな
らず，上訴権を保障する役割を果たすことになっている。

なお，被控訴人が，控訴や附帯控訴をしている場合には，その部分だ
け審理の範囲が拡張されるので，控訴人にとって第一審判決よりも不利
な控訴審判決が出されることはある。

㋑ 利益変更禁止の原則

当事者の申立ての範囲を超えて，第一審判決よりも有利な裁判をする
ことはできない。これを利益変更禁止の原則という。

たとえば，売買代金請求訴訟で1000万円請求して第一審が600万円を `R4-5-オ`
認容したとする。そこで，原告が請求棄却された400万円のうち300万円
の認容を求めて控訴したところ，控訴裁判所は，棄却された400万円全
てについて第一審判決が不当であったと判断したとする。この場合，控
訴裁判所は，400万円全額を認容する判決をすることはできない。

控訴審における審理の対象は，不服を申し立てた300万円の限度に限
られるからである。

③ 控訴認容後の手続

控訴裁判所は，控訴に理由があるときは，第一審判決を取り消すが，そ
の場合，訴えに対する応答として，自判，差戻し，または移送の判決をし
なければならない。

　⑦　破棄自判

　　控訴審は，事実審である。したがって，控訴裁判所は，第一審判決を取り消した場合，すでに審理が尽くされたときなど，事件について更に弁論をする必要がない場合には，自ら訴えに対する判決をするのが原則である（民訴§307ただし書，最判昭58.3.31）。

　④　破棄差戻し

　　訴えを不適法として却下した第一審判決を取り消す場合，控訴裁判所は，必ず事件を第一審裁判所に差し戻さなければならない（必要的差戻し；民訴§307本文）。

　➡　審級の利益を保障するためである。

　　控訴裁判所は，第一審の本案判決を取り消す場合，事件につき更に弁論をする必要があるときは，事件を第一審裁判所に差し戻すことができる（任意的差戻し；民訴§308Ⅰ）。

　➡　審級の利益を保障するためである。

　　差戻判決が確定すると，第一審手続が続行されるが，第一審裁判所は，控訴審の判断に拘束される（裁§4）。

H7-4-5

　⑦　必要的移送

　　控訴裁判所は，専属管轄違反を理由に第一審判決を取り消すときは，第一審裁判所に差し戻すのではなく，直接管轄裁判所に移送しなければならない（民訴§309）。

　➡　第一審裁判所に差し戻しても，結局管轄裁判所に移送することになるが，その過程を経る意味はないからである。

第3節　上　告

Topics・上告だけが問われる可能性はかなり低い。最低限の知識を身につけて
　　　　おくこと。

1　意　義

　　上告とは，控訴審の終局判決に対してなされる法律審への上訴をいう。

　　上告裁判所は，高等裁判所が第二審としてした終局判決に対しては最高裁判
所，地方裁判所が第二審としてした終局判決に対しては高等裁判所である（民
訴§311Ⅰ）。ただし，高等裁判所が第一審として裁判する場合や飛躍上告の合
意がある場合（民訴§311Ⅱ，281Ⅰただし書）には，第一審判決に対して，控
訴審を省略して直ちに上告できる。

　　上告をする者を上告人，その相手方を被上告人という。

　　上告および上告審手続には，別段の定めがないかぎり控訴審の規定が準用さ
れる（民訴§313）。

　　上告審は，控訴審と異なり法律審であり，原判決が法令に違反していないか
どうかという問題だけを審理の対象とする。事実関係については原裁判所が適
法に確定したところに拘束される（民訴§321Ⅰ）。

2　上告理由

　　最高裁判所に対する上告の場合には，憲法違反（民訴§312Ⅰ）と絶対的上
告理由（同Ⅱ）が上告理由となり，高等裁判所に対する上告の場合は，さらに
判決に影響を及ぼすことが明らかな法令違反（同Ⅲ）も上告理由となる。

　　絶対的上告理由とは，手続上の過誤のうち，重大な手続法違反の場合には判
決への影響を問うことなく，当然に上告理由となるものである（民訴§312Ⅱ
①〜⑥）。なお，再審事由（民訴§338Ⅰ）には絶対的上告理由と同じものがあ
るが，民事訴訟法312条2項に列挙されていない再審事由も上告理由となる（最
判昭38.4.12）。

3　上告の提起

(1)　上告状の提出

　　上告の提起は，原判決またはこれに代わる調書の送達を受けた日から2週　`H6-4-5`
間の不変期間内に（民訴§313，285），上告状を原裁判所に提出してしなけ
ればならない（民訴§314Ⅰ）。

(2)　上告理由書

上告人が，上告状に上告理由を記載していない場合，上告提起通知書（民訴規§189Ⅰ）の送達後50日以内に，上告理由書を原裁判所へ提出しなければならない（民訴§315Ⅰ，民訴規§194）。

(3)　原裁判所の審査

上告の提起があれば，原裁判所の裁判長は上告状を審査し，上告状に不備があれば補正を命じ，上告人がそれに応じなければ，上告状を却下する（民訴§314Ⅱ，288）。

上告状が適式であっても，上告が不適法でその不備が補正できない場合，または適法な上告理由書が提出されない場合に該当することが明らかであるときは，原裁判所が決定で上告を却下する（民訴§316Ⅰ）。

上告が適法であれば，事件は上告裁判所へ送付され（民訴規§197），上告審に移審する。

(4)　上告審の審査

上告裁判所は，民事訴訟法316条1項（原裁判所による上告の却下）に該当すると認めるときは，決定で上告を却下することができる(民訴§317Ⅰ)。

上告裁判所である最高裁判所は，上告理由が明らかに憲法違反（民訴§312Ⅰ）または絶対的上告理由（同Ⅱ）に該当しないと認めるときは，決定で上告を棄却することができる（民訴§317Ⅱ）。

4　上告受理の申立て

前述したように，最高裁判所への上告理由は，憲法違反と絶対的上告理由に限られ，法令違反は上告理由とならない。最高裁判所の負担軽減のためである。しかし，法令違反を理由とする上告が全く許されないわけではなく，原判決に最高裁判所などの判例と相反する判断がある事件，その他法令の解釈に関する重要な事項を含むものと認められる事件については，当事者は，上告審として事件を受理するよう申し立てることができる（民訴§318Ⅰ）。これを上告受理の申立てという。

上告受理の申立ての手続については，上告の提起に準ずる（民訴§318Ⅴ）。すなわち，上告受理の申立ては，上告受理申立書を原裁判所へ提出することによって行う（民訴§314Ⅰ）。

上告受理の適法な申立てがあると，最高裁判所は，上告審として事件を受理する決定をする（民訴§318Ⅰ）。上告受理決定があると，上告があったものとみなされる（民訴§318Ⅳ）。

5　上告審の審理

　上告審の審理は，職権調査事項を除いて（民訴§322），上告理由に基づき，不服申立ての限度で行われる（民訴§320）。

　判決をする場合には口頭弁論を経るのが原則であるが，上告審は法律審であることから，原則として書面審理となり，必ずしも口頭弁論を開いて審理する必要はない。上告裁判所は，提出された上告状，上告理由書，答弁書等から，上告に理由がないと認めたときは，口頭弁論を開かずに判決で上告を棄却する（民訴§319）。これに対して，上告を認容する場合には，原則どおり，必ず口頭弁論を開かなければならない。

6　上告審の終了

(1)　裁判によらない訴訟の終了

　上告審においても，訴えの取下げ，請求の放棄・認諾，訴訟上の和解のほか，上告の取下げが認められる（民訴§313,292）。

(2)　上告棄却

　上告に理由がないときは，上告が棄却される（民訴§319）。上告理由自体が正当であっても，他の理由から控訴審と同一の結論が導かれる場合にも上告が棄却される（民訴§313，302Ⅱ）。

(3)　上告認容

　上告理由を認める場合，すなわち，上告理由とされた憲法違反または絶対的上告理由にあたる事由があるとき，または高等裁判所が上告裁判所である場合において，これらに加えて，判決に影響を及ぼすことが明らかな法令違反があるときは，上告を認容して原判決を破棄する（通常の破棄：民訴§325Ⅰ）。

　さらに，最高裁判所による審理の結果，上告理由とされた憲法違反または絶対的上告理由にあたる事由がない場合であっても，原裁判所の判決に，判決に影響を及ぼすことが明らかな法令違反があるときは，原判決を破棄することができる（特別破棄：民訴§325Ⅱ）。

　原判決が破棄された場合，次の措置がとられる。

①　破棄差戻し（移送）

　事件についてさらに事実審理をする必要がある場合には，事件を原裁判所に差し戻す（破棄差戻し）か，または原裁判所と同等の他の裁判所へ移

送（破棄移送）する（民訴§325ⅠⅡ）。

② 破棄自判

　事件が，原判決の確定した事実に基づいて裁判するのに熟するときは，上告裁判所が自ら事件について裁判をする（民訴§326）。

　上告審は法律審であり，事実審理を行わないので，控訴審の場合と異なり破棄差戻しが原則となる。

　また，事件の差戻しまたは移送を受けた裁判所は，その審級の手続に従い，新たに口頭弁論を開いて裁判をしなければならない（民訴§325Ⅲ前段）。この場合，事件につき裁判をするにあたり，上告裁判所が破棄の理由とした事実および法律上の判断に拘束される（民訴§325Ⅲ後段，裁§4）。

➡ 控訴裁判所が同一の判断や処置に固執すると，何度差し戻しても事件に決着がつかないからである。

　なお，原判決をした裁判官が，差戻し後の審判に関与することは，禁止されている（民訴§325Ⅳ）。

7　特別上告

　最高裁判所は，違憲審査権を有する終審裁判所であるが（憲§81），通常の上訴では，最高裁判所の判断が受けられない場合もある。そこで，この場合にも最高裁判所の憲法判断を受けることを保障するため，憲法問題を理由とする最高裁判所への不服申立てを認めたのが特別上告（特別抗告も同様）である。これは，本来の上訴ではなく，裁判の確定を遮断する効力はない。

　特別上告は，高等裁判所が上告審としてした終局判決に対して認められる（民訴§327Ⅰ）。特別上告の理由は，その判決に憲法の解釈の誤りがあること，その他憲法違反があることに限られる。

　特別上告の手続には，上告に関する規定が準用される（民訴§327Ⅱ，民訴規§204）。

第4節　抗　告

Topics ・控訴との比較で勉強しておくこと。抗告手続における再度の考案は大事な概念である。

1　意　義

抗告とは，決定および命令に対する上訴をいう。

抗告を提起する者を抗告人，これを受ける者を相手方という。

本案の審理と密接な関係にある決定・命令の場合は，終局判決に対する上訴によって争うことになる（民訴§283，313，例：証拠申立却下決定，訴え変更申立て却下決定等）。これに対して，本案との関係がそれほど密接でない場合で，手続安定のため迅速に決着をつけるのが合理的であると考えられる裁判（例：移送の決定，忌避申立て却下決定等）にも控訴・上告審で解決しようとすると，審理を煩雑にし，手続が遅延する原因ともなる。そこで，終局判決に対する控訴・上告制度とは別に，簡易・迅速な手続による抗告制度が設けられた。

2　種　類

(1)　即時抗告と通常抗告

これは，抗告期間の定めの有無による分類である。

R3-2-オ
H23-1-エ

即時抗告は，法律が特に認めた場合に限られ，迅速な確定の必要性から，裁判の告知を受けた日から1週間の不変期間内にしなければならない（民訴§332）。これに対し，通常抗告は，抗告期間の定めはなく，その取消しを求める利益がある限り，いつでもすることができる。

即時抗告は，原裁判の執行停止の効力を有する（民訴§334Ⅰ）。これに対し，通常抗告には，執行停止の効力はないが，抗告裁判所または原裁判機関が，執行の一時停止を命ずることができる（民訴§334Ⅱ）。

(2)　最初の抗告と再抗告

決定・命令に対して最初にされる抗告を最初の抗告（単に抗告と呼ばれる），最初の抗告についての裁判に対してされる法律審への抗告を再抗告という。最初の抗告は控訴に，再抗告は上告に対応する。

3　抗告のできる裁判

抗告は，すべての決定・命令に対してできるわけではなく，法律が特に認めた場合に限りすることができる。

(1) 抗告が許される場合

① 口頭弁論を経ないで訴訟手続に関する申立てを却下した決定または命令（民訴§328Ⅰ）

【例】：訴訟引受けの申立て（民訴§50Ⅰ），証拠保全の申立て（民訴§234）

「口頭弁論を経ないで」とは，抗告の対象となる裁判は，必要的口頭弁論に基づくことを要しない裁判でなければならないことを意味する。必要的口頭弁論に基づくことを要する裁判は，終局判決の前提として本案審理と密接不可分の関係にあるため，終局判決と一体で不服を申し立てさせるのが適当だからである。

② 本来，決定・命令により裁判することができない事項についてされた決定・命令（違式の決定・命令；民訴§328Ⅱ）

③ 法律上個別的に認められている場合

たとえば，移送（民訴§21），除斥または忌避（民訴§25Ⅴ），補助参加（民訴§44Ⅲ）があるが，現行法上はすべて即時抗告である。

(2) 抗告が許されない場合

一般的には抗告ができる場合でも，抗告が許されない裁判がある。

① 不服申立てが明文で禁止されている裁判（例：証拠保全の決定；民訴§238，反訴の提起に基づく移送の決定；民訴§274Ⅱ）

② 抗告以外の不服申立方法が認められている裁判（例：保全命令に対する保全異議；民保§26）

③ 最高裁判所および高等裁判所の決定または命令

➡ 裁判所法上，最高裁判所は上告事件と特別抗告事件についてのみ管轄権を行使するから（裁§7），高等裁判所のした決定または命令に対して抗告をすることができないし（ただし許可抗告参照），最高裁判所は最上級裁判所であるから，その決定または命令に対して抗告をすることができないのは当然だからである。

④ 受命裁判官または受託裁判官の裁判（民訴§329Ⅰ）

4　抗告手続

⑴　抗告の提起

　（最初の）抗告については，控訴の規定が準用される（民訴§331本文）。したがって，抗告は，抗告状を原裁判所に提出して行う（民訴§331，286）。

　抗告状に，原裁判の取消し・変更を求める事由を具体的に記載しなかったときは，抗告の提起後14日以内に，これらを記載した書面（抗告理由書）を，原裁判所に提出しなければならない（抗告理由書提出義務；民訴規§207）。

⑵　原裁判所における手続

①　適法性審査

　抗告が不適法であり，補正できないことが明らかである場合，原裁判所は決定で抗告を却下する（民訴§331，287Ⅰ）。

②　再度の考案

　抗告が適法である場合，原裁判所または原裁判をした裁判長は，抗告を理由があると認めるときは，原裁判を更正（取消し，変更）しなければならない（民訴§333）。これを再度の考案という。この再度の考案は，自ら抗告の当否を審査する機会を与えることにより，抗告審手続を省略し，簡易迅速に抗告事件を処理することを認めるものであり，その限度で，裁判の自己拘束力が排除される。

　再度の考案に基づく決定がされると，抗告事件はその目的を達し，抗告手続は終了する。

　再度の考案の結果，抗告に理由がないと認めるときは，原裁判所は，意見を付して事件を抗告裁判所へ送付しなければならない（民訴規§206）。これにより移審の効果が生じる。

⑶　抗告提起の効力

　決定・命令は，原則として，告知によって直ちにその効力が生じる（民訴§119）が，即時抗告を提起すると確定遮断の効力が生じ，執行力は当然に停止される（民訴§334Ⅰ）。これに対し，通常抗告の場合は，抗告裁判所または原裁判をした裁判所もしくは裁判官は，抗告について決定があるまで，原裁判の執行停止その他の処分を命ずることができるにとどまる（民訴§334Ⅱ）。

(4)　抗告審の審理

　　抗告審においては，厳格な二当事者対立構造をとらない。原裁判の変更で不利益を受ける者が相手方となるが，相手方の存在しない場合もある（例：民訴§192）。

　　抗告審は決定手続であり，口頭弁論は任意的である（民訴§87Ⅰただし書）。口頭弁論を開かない場合，抗告裁判所は，抗告人その他の利害関係人を審尋することができる（民訴§335）。

5　再抗告

　　抗告裁判所が地方裁判所である場合，その裁判に対しては，憲法違反または法令違反を理由として，再抗告を申し立てることができる（民訴§330）。

　　高等裁判所の裁判に対しては，一般の抗告ができないので（裁§7②），再抗告できるのは，地方裁判所が抗告裁判所としてした決定だけである。すなわち，簡易裁判所が第一審裁判所である場合に限られる。高等裁判所が抗告審としてした決定に対しては，許可抗告が認められるだけである（ただし特別抗告の申立ては可）。

　　再抗告は上告に類似するので，上告に関する規定が準用される（民訴§331ただし書，民訴規§205ただし書）。

6　特別抗告，許可抗告

(1)　特別抗告

　　通常の不服申立てのできない決定・命令に対して，憲法違反を理由として認められる最高裁判所に対する不服申立てである（民訴§336Ⅰ）。すなわち，地方裁判所または簡易裁判所の決定・命令で不服申立てのできないもの，ならびに高等裁判所の決定および命令に対して認められる。

　　この抗告は，裁判の告知を受けた日から5日の不変期間に限って許される（民訴§336Ⅱ）。

　　特別抗告の手続には，原則として特別上告に関する規定が準用される（民訴§336Ⅲ）。

(2)　許可抗告

①　制度趣旨

　　従来，高等裁判所の決定・命令に対しては，特別抗告を除き，最高裁判所に抗告することができなかった（裁§7②）。このため，高等裁判所の見解が異なった場合，最高裁判所による法令解釈統一の機会がなかった。そこで，高等裁判所の決定・命令に対しても，その高等裁判所が許可した

場合に限り，最高裁判所に抗告できることにした（民訴§337）。これが許可抗告である。

② 許可抗告の対象となる裁判

　許可抗告の対象となる裁判は，高等裁判所がした決定・命令であるが，以下のものは除かれる（民訴§337Ⅰ）。

　㋐ 高等裁判所が再抗告審としてした決定・命令

　㋑ 許可抗告申立てに対する決定・命令

　㋒ その裁判が，地方裁判所の裁判であるとした場合，抗告をすることができない性質のもの

③ 許可抗告理由

　許可されるのは，高等裁判所の裁判が最高裁判所などの判例と相反すると判断される場合，その他法令解釈に関する重要な事項を含むと認められる場合である（民訴§337Ⅱ）。許可があれば，抗告があったものとみなされる（民訴§337Ⅳ）。憲法違反は，許可抗告理由から排除される（民訴§337Ⅲ）。

第5節　再　審

Topics ・出題された知識を中心に，条文をしっかり読み込んでおきたい。

1　再審の意義

　再審とは，確定した終局判決に重大な瑕疵がある場合に，その判決の取消しと，事件についての再審判を求める非常の不服申立方法をいう。

　確定判決の既判力を尊重し，法的安定性を図ることは重要なことである。反面，判決に重大な瑕疵がある場合にまで，判決の取消し変更を許さないとすることは，裁判の適正に対し著しい不信感が生じ，司法に対する信頼の確保の点からも好ましくない。そこで，例外的に救済措置を講ずる必要がある。これが再審の制度である。

2　再審事由

① 　法律に従って判決裁判所を構成しなかったこと。

② 　法律により判決に関与することができない裁判官が判決に関与したこと。

③ 　法定代理権，訴訟代理権または代理人が訴訟行為をするのに必要な授権を欠いたこと。

④ 　判決に関与した裁判官が事件について職務に関する罪を犯したこと。　※

⑤ 　刑事上罰すべき他人の行為により，自白をするに至ったことまたは判決に影響を及ぼすべき攻撃もしくは防御の方法を提出することを妨げられたこと。　※

⑥ 　判決の証拠となった文書その他の物件が偽造または変造されたものであったこと。　※

⑦ 　証人，鑑定人，通訳人または宣誓した当事者もしくは法定代理人の虚偽の陳述が判決の証拠となったこと。　※

⑧ 　判決の基礎となった民事もしくは刑事の判決その他の裁判または行政処分が後の裁判または行政処分により変更されたこと。

⑨ 　判決に影響を及ぼすべき重要な事項について判断の遺脱があったこと。

⑩ 　不服の申立てに係る判決が前に確定した判決と抵触すること。

※ 　④〜⑦の場合においては，罰すべき行為について，有罪の判決もしくは過料の裁判が確定したとき，または証拠がないという理由以外の理由により有罪の確定判決もしくは過料の確定裁判を得ることができないとき（例えば，被告人の死亡や公訴時効の完成で有罪確定判決が得られない場合）に限り，再審の訴えを提起することができる（民訴§338Ⅱ）。

3　再審手続

⑴　再審期間

当事者の救済が特に必要とされる，代理権の欠缺（③の前段）および確定 H30-5-ア
判決との抵触（⑩）を理由とする場合を除いて（これらの場合はいつでも提
起できる（民訴§342Ⅲ）），㋐出訴期間や㋑除斥期間の定めがある（同ⅠⅡ）。

㋐　再審の訴えは，当事者が判決の確定した後再審の事由を知った日から30
日の不変期間内に提起しなければならない。

㋑　判決が確定した日（再審の事由が判決の確定した後に生じた場合にあっ
ては，その事由が発生した日）から5年を経過したときは，再審の訴えを
提起することができない。

⑵　再審の訴えの提起

①　管轄裁判所

再審の訴えを提起すべき裁判所は，不服の申立てにかかわる判決（原確
定判決）を下した裁判所の専属管轄である（民訴§340Ⅰ）。すなわち，判
決を言い渡した裁判所に提起する。しかし，第一審では本案判決，控訴審 H31-1-エ
では控訴を却下する判決（訴訟判決），さらに上告棄却の判決があれば，
いずれの確定判決にも再審の訴えを提起することができてしまうので，混
乱回避のため，上級裁判所が併せて管轄するとされている（同Ⅱ）。なお，
控訴審判決が本案判決のときは，第一審判決に対し再審の訴えを提起する
ことができない（民訴§338Ⅲ）。

②　訴えの提起

再審の訴訟手続には，各審級の訴訟手続に関する規定が準用される（民
訴§341，民訴規§211Ⅱ）。

再審の訴状には，当事者および法定代理人のほか，不服申立てに係る判
決の表示，それに対して再審を求める旨，および不服の理由を記載しなけ
ればならない（民訴§343①～③）。

③　再審の訴えを提起した当事者は，不服の理由を変更することができる（民 H30-5-イ
訴§344）。

(3)　当事者

H26-4-オ

　　　　原告適格を有するのは，不服申立ての対象となる確定判決によって不利益な効力を受ける者であり，被告適格を有するのは，その確定判決を取り消されることによって不利益を受ける者である。

　　　　口頭弁論終結後の承継人は，再審の訴えの原告適格を有する（最判昭46.6.3）。

(4)　再審の審判

①　再審の訴えの適否の審判

H30-5-ウ

　　　　⑦再審の訴えが不適法であるときは，決定で，これを却下しなければならない（民訴§345Ⅰ）。訴えが適法であるときは，再審事由の存否について審理を行う。その結果，①再審事由がない場合には，再審の請求を決定で棄却し（同Ⅱ），⑦再審事由がある場合には，相手方を審尋した上で（民訴§346Ⅱ），再審開始決定をしなければならない（同Ⅰ）。

➡　　相手方は，再審開始については重大な利害関係を有するが，再審の請求が棄却される場合には，ほとんど害はないので，再審開始においては相手方の審尋を要するが，再審請求棄却においては相手方を審尋する必要はない。

　　　　また，⑦①⑦の決定に対しては，即時抗告をすることができる（民訴§347）。

②　本案の審判

　　　　再審開始の決定が確定すると，裁判所は，不服申立ての限度で，本案について審理および裁判をする（民訴§348Ⅰ）。本案の審理は，前の訴訟の弁論の再開続行である。したがって，事実審の場合は，当事者は，新たな攻撃防御方法を提出できる。

H30-5-オ

　　　　本案について審理した結果，原判決と異なる結論になると判断したときは，裁判所は，不服申立ての限度で原判決を取り消し，これに代わる新たな判決を下す（民訴§348Ⅲ）。これに対し，原判決を正当とするときは，再審請求を棄却しなければならない（同Ⅱ）。

(5)　再審判決に対する不服申立て

　　　　再審判決に対しては，その判決をした裁判所の審級に対応する不服申立てが可能である。例えば，地方裁判所が控訴審としてした判決に対する再審事件の終局判決に対しては，高等裁判所に上告をすることができる（最判昭42.7.21）。

4　再審の申立て（準再審）

　即時抗告をもって不服を申し立てることができる決定・命令が確定した場
合，これに再審事由があるときは，再審の申立てをすることができる（民訴§
349Ⅰ，民訴規§212）。これを準再審という。例えば，確定した訴状却下命令(民
訴§137）に対しては，再審の申立てをすることができる。

第7章
特別な訴訟手続

第1節　大規模訴訟に関する特則

Topics・証人尋問等および合議体の構成について条文レベルで勉強しておくこと。

1　大規模訴訟の意義

大規模訴訟とは，当事者が著しく多数で，かつ，尋問すべき証人または当事者本人が著しく多数である訴訟をいう（民訴§268）。大規模訴訟としては，公害訴訟，環境訴訟，薬害訴訟等をその典型例としてあげることができる。

2　大規模訴訟に関する特則

大規模訴訟では，争点・証拠の整理および証拠調べの双方について，極めて長期間を要することとなる場合が多く，裁判による救済の迅速な実現が著しく困難になる。そこで，このような事態に対処するため，民事訴訟法は，証人等の尋問および合議体の構成について，次のような特則を設けている。

(1)　受命裁判官による証人等の尋問

H16-3-オ

従来，旧法下では，受命裁判官による証拠調べは，裁判所外で行う場合に限定され（旧民訴§265），しかも，受命裁判官による証人尋問・当事者尋問の実施要件も，厳格に規定されていた（旧民訴§279，342）。しかし，大規模訴訟では，多数の証人・当事者本人の尋問を，迅速に行うことができるようにするため，当事者に異議がないときは，裁判所内で，受命裁判官が，証人・当事者本人尋問を行うことができるとされている（民訴§268）。

(2)　合議体の構成

裁判所法上，地方裁判所における合議体の裁判官の員数は3人であるが（裁§26Ⅲ），大規模訴訟においてはこれを5人とすることができる（民訴§269Ⅰ）。争点・証拠の整理や証拠調べの分担を行い，効率的かつ迅速な裁判を実現するためである。なお，判事補は，同時に3人以上合議体に加わり，または裁判長となることができない（同Ⅱ）。

第2節　簡易裁判所の訴訟手続

Topics・出題が予想される重要論点である。しっかり準備しておくこと。

1　序　説

　簡易裁判所は，少額軽微な事件を対象に，国民が利用しやすい簡易な手続で，迅速に解決するために設けられた第一審裁判所である（民訴§270）。訴訟手続は，基本的には地方裁判所と同一であるが，簡易裁判所の訴訟手続を利用しやすいものにするため，地方裁判所の第一審手続に対する特則が定められ，あるいは裁判事務に国民の良識を反映させる司法委員の制度も設けられている。

2　簡易裁判所の事物管轄

　訴訟の目的の価額（訴額）が140万円以下の請求は，簡易裁判所に管轄権がある（裁§33Ⅰ①）。なお，訴額が140万円以下の不動産に関する訴訟は，簡易裁判所と地方裁判所とが競合して管轄権を有する（裁§24①）。

➡　本特則は，訴額が140万円以下の事件であるために法律の素人である一般市民の**本人訴訟**が多くなると想定される（訴額によってはプロに依頼すると費用倒れになることもありうる）関係で，当事者本人の負担を軽くし，**簡易迅速に事件を解決**するため，**手続が簡略化**されている。このことをしっかり頭にたたき込んで，以下を読んでいただきたい。

3　簡易裁判所の訴訟手続の特則

(1)　訴え提起手続の簡素化（民訴§134の特則）

①　口頭提起

> （口頭による訴えの提起）
> **第271条**　訴えは，口頭で提起することができる。

　また，当事者双方は，任意に裁判所に出頭し，直ちに口頭弁論の開始を求めることができる。この場合，訴えの提起は，口頭の陳述によってする（民訴§273）。なお，請求または請求の原因の変更や，反訴の提起も，口頭ですることができる（民訴§146Ⅳ）。

R3-3-ア
H30-4-イ

②　「紛争の要点」の明示

　地方裁判所では，訴状に請求の趣旨および請求の原因を記載しなければならない（民訴§134Ⅱ②）。これに対し，簡易裁判所においては，請求の

原因に代えて紛争の要点を明らかにすれば足りる（民訴§272）。法的知識の十分でない原告本人による訴え提起を，容易にする趣旨である。紛争の要点とは，権利関係やこれに関する紛争の実情を指す（請求の趣旨は明らかにしなければいけない）。

　なお，紛争の要点を明らかにすることにより，請求が特定されればよいが，紛争の要点だけでは，請求が特定されない場合もありうる。この場合，裁判所としては，補正を命じた上での訴状却下命令（民訴§137）をすることはできないものの，積極的に釈明権を行使するなどして，訴え提起後，できるだけ早期に請求を特定する必要はある。

(2)　複雑困難な訴訟の地方裁判所への移送

①　不動産訴訟の必要的移送

　簡易裁判所は，不動産に関する訴訟につき，被告の申立てがあるときは，訴訟の全部または一部を，その所在地を管轄する地方裁判所に移送しなければならない（民訴§19Ⅱ）。

➡　不動産に関する訴訟は，地方裁判所と簡易裁判所の競合管轄である（裁§24①，33Ⅰ①）ことから，原告が訴え提起による裁判所の選択権を有することに対応し，被告に地方裁判所への移送申立権を認めたものである。

　ただし，このような理由から，被告がこの移送の申立てをできるのは，被告が本案について弁論をするときまでである。

②　反訴提起に基づく必要的移送

R5-1-オ
H15-1-エ
H6-3-4

　簡易裁判所に係属する事件について，被告が，反訴で，地方裁判所の管轄に属する請求をした場合において，相手方（反訴被告，本訴原告）の申立てがあるときは，その簡易裁判所は，本訴および反訴を，地方裁判所に移送しなければならない（民訴§274Ⅰ）。

➡　反訴の相手方が反訴事件について，地方裁判所において審理を受ける権利を尊重するとともに，本訴・反訴を同一の訴訟手続で審理することにより，審理の重複や矛盾判断を回避する趣旨である。

　この移送決定に対しては，不服申立てはできない（民訴§274Ⅱ）。

➡　反訴を提起した反訴原告（本訴被告）も地方裁判所で審理を受けることができ，不満はないはずだからである。

③　裁量移送

　　簡易裁判所は，訴訟がその管轄に属する場合でも，相当と認めるときは，申立てまたは職権で，訴訟の全部または一部を，その所在地を管轄する地方裁判所に移送することができる（民訴§18）。　H30-4-ア

➡　地方裁判所の自庁処理（民訴§16Ⅱ）と反対の意味で同趣旨の規定であり，簡易裁判所の裁判官は，例えば事件が複雑で手に余ると判断した場合，地方裁判所に移送してしまうことができるのである。

⑶　**審理手続の簡素化**

①　書面による準備の省略

> （準備書面の省略等）
> **第276条**　口頭弁論は，書面で準備することを要しない。
> **2**　相手方が準備をしなければ陳述をすることができないと認めるべき事項は，前項の規定にかかわらず，書面で準備し，又は口頭弁論前直接に相手方に通知しなければならない。
> **3**　前項に規定する事項は，相手方が在廷していない口頭弁論においては，準備書面（相手方に送達されたもの又は相手方からその準備書面を受領した旨を記載した書面が提出されたものに限る。）に記載し，又は同項の規定による通知をしたものでなければ，主張することができない。

　　簡易裁判所においては，口頭弁論は，書面で準備する必要はない（民訴§276Ⅰ）。ただし，相手方が準備なしには応答できない事項（その時の具体的状況から，相手方にとって想定外の攻撃防御方法，例えば，相殺の抗弁などがこれに該当するとされる）については，準備書面を提出するか，口頭弁論前，直接相手方に通知しなければならない（同Ⅱ）。また，相手方が口頭弁論に欠席した場合は，相手方が準備なしには応答できない事項は，準備書面に記載し，または上記の通知をしたものでなければ，主張することができない（同Ⅲ）。　H3-2-2

②　陳述擬制の拡張

> （続行期日における陳述の擬制）
> **第277条**　第158条の規定は，原告又は被告が口頭弁論の続行の期日に出頭せず，又は出頭したが本案の弁論をしない場合について準用する。

H18-1-ア
　　　　　訴訟手続において陳述擬制が許されるのは，最初の口頭弁論期日に限られるのが原則であるが（民訴§158），簡易裁判所においては，続行期日においても，陳述擬制が認められる（民訴§277）。

　➡　当事者本人（特に被告）は軽微な事件のために毎回出頭するのは大変だろうということが配慮されたものである。

　③　書面尋問

（尋問等に代わる書面の提出）

第278条　裁判所は，相当と認めるときは，証人若しくは当事者本人の尋問又は鑑定人の意見の陳述に代え，書面の提出をさせることができる。

H24-4-イ
H16-3-ウ
H6-3-5
H3-2-4
　　　　　一般規定として，民事訴訟法205条が存在するが，簡易裁判所において書面尋問をする場合には要件が緩和されており，当事者の異議の有無を確認することは要件とされておらず，また被尋問者も拡大されている。

　　なお，証人が提出した書面については，あくまで証人の尋問に代わるものであるから，その取調べは，書証によるのではなく，証人尋問の方法にしたがって取り調べることになる。

　④　口頭弁論調書の簡略化

H6-3-1
　　　　　口頭弁論調書は，裁判官の許可があれば，証人等の陳述，検証結果の記載を省略できる（民訴規§170Ⅰ）。また，その場合，裁判官の命令や当事者の申出があるときは録音テープ等に証人等の陳述検証結果の記録をしなければならない（同Ⅱ）。

⑷　司法委員の立会

H30-4-オ
H3-2-5
　　　　　簡易裁判所は，必要があると認めるときは，和解を試みるについて司法委員に補助をさせ，または審理に立ち会わせて，事件につき，その意見を聴くことができる（民訴§279）。簡易裁判所は，その取り扱う事件から，一般市民にとって親しみやすいことが要請されているので，裁判に一般市民の健全な常識や感覚を反映するため，簡易裁判所特有の制度として司法委員の制度が採用されている。なお，当事者の申立ては要件ではなく，共同の申立てがあっても立ち会わせなければならないということはない。

⑸　判決書の簡素化

H30-4-エ
　　　　　判決書の記載事項については，民事訴訟法253条を基本としながらも，こ

れを簡素化している。すなわち，判決書に事実および理由を記載するには，請求の趣旨および原因の要旨，その原因の有無ならびに請求を排斥する理由である抗弁の要旨を表示すれば足りる（民訴§280）。

(6) 和解に代わる決定
① 和解に代わる決定の意義
　　簡易裁判所においては，金銭の支払請求を目的とする訴えについては，請求認容判決をすることができる場合であっても，事案の実情に応じて，分割払いの定め等を付したうえで，その支払を命ずる旨の和解に代わる決定をすることができる。

　　すなわち，金銭の支払の請求を目的とする訴えについては，裁判所は，被告が口頭弁論において原告の主張した事実を争わず，その他何らの防御の方法をも提出しない場合（つまり，金銭債務があることは認めますという場合）において，被告の資力その他の事情を考慮して相当であると認めるときは，原告の意見を聴いて，③の期間の経過時から5年を超えない範囲内において，当該請求に係る金銭の支払について，その時期の定めもしくは分割払の定めをし，またはこれと併せて，その時期の定めに従い支払をしたとき，もしくはその分割払の定めによる期限の利益を②の定めにより失うことなく支払をしたときは訴え提起後の遅延損害金の支払義務を免除する旨の定めをして，当該請求に係る金銭の支払を命ずる決定をすることができる（民訴§275の2Ⅰ）。

② 失権条項
　　和解に代わる決定における分割払の定めをするときは，被告が支払を怠った場合における期限の利益の喪失についての定めをしなければならない（同Ⅱ）。

③ 異議の申立て
　　和解に代わる決定に対しては，当事者は，その決定の告知を受けた日から2週間の不変期間内に，その決定をした裁判所に異議を申し立てることができる（同Ⅲ）。この期間内に異議の申立てがあったときは，和解に代わる決定は，その効力を失う（同Ⅳ）。 **H29-3-オ**

④ 和解に代わる決定の効力
　　異議を申し立てることができる期間内に異議の申立てがないときは，和解に代わる決定は，裁判上の和解と同一の効力を有する（同Ⅴ，267）。

4　訴え提起前の和解

（訴え提起前の和解）

第275条　民事上の争いについては，当事者は，請求の趣旨及び原因並びに争
いの実情を表示して，相手方の普通裁判籍の所在地を管轄する簡易裁判所に
和解の申立てをすることができる。

2　前項の和解が調わない場合において，和解の期日に出頭した当事者双方の
申立てがあるときは，裁判所は，直ちに訴訟の弁論を命ずる。この場合にお
いては，和解の申立てをした者は，その申立てをした時に，訴えを提起した
ものとみなし，和解の費用は，訴訟費用の一部とする。

3　申立人又は相手方が第1項の和解の期日に出頭しないときは，裁判所は，
和解が調わないものとみなすことができる。

4　第1項の和解については，第264条及び第265条の規定は，適用しない。

⑴　意　義

　　訴え提起前の和解とは，訴訟係属を前提としない，簡易裁判所の専属管轄
に属する裁判上の和解をいう（民訴§275）。

　　指定した最初の期日で和解が成立することが多いことから，即決和解とも
いわれるが，訴訟となるのを未然に防ぐという目的を有する。

　※　現実には，申立ての前に既に和解が成立しており，その内容どおりの和
解調書を作成してもらうために利用されることが多いようである。訴え提
起前の和解は対象に制限がないため，執行証書（民執§22⑤）でカバーで
きない権利について簡易に債務名義を作成できることが大きなメリットと
いえる（執行証書では金銭や有価証券に限られている）。

⑵　和解の申立て

H17-5-ア
H17-5-イ
H11-5-1
H8-5-1

　　和解の申立ては，請求の趣旨および原因ならびに紛争の実情を表示して行
う（民訴§275Ⅰ）。管轄は，相手方の普通裁判籍の所在地を管轄する簡易裁
判所である（同Ⅰ）。請求金額の如何を問わない（1億円でも簡易裁判所で
ある）。

⑶　和解の手続

　　裁判所で和解が調えば，裁判所書記官は，これを調書に記載しなければな
らない（民訴規§169）。

H29-3-エ
H17-5-ウ

　　和解が調わなかったときは，その旨を調書に記載して，手続は終了する。
申立人または相手方が和解期日に出頭しないときは，裁判所は和解が調わな

いものとみなすことができる（民訴§275Ⅲ）。ただし，当事者の一方または双方が出頭しない場合でも，和解成立の見込みがあれば，期日の続行はできると解されている。

⑷　通常訴訟への移行

　和解が調わない場合において，期日に出頭した当事者双方の申立てがあるときは，裁判所は，直ちに訴訟の弁論を命ずる（民訴§275Ⅱ）。この場合，和解の申立てをした者は，その申立てをした時に，訴えを提起したものとみなされる（同Ⅱ）。この場合，裁判所は管轄権を有する必要があるが，他の裁判所の専属管轄に属する請求でない限り，両当事者の合意があれば，その裁判所が管轄権を有する。　`H17-5-エ`

➡　なぜ訴え提起前の和解の申立てをした時とみなされるかについては，和解の費用もまとめて訴訟費用とするためと理由づけすれば良いだろう。

⑸　適用除外

　訴え提起前の和解には，和解条項案の書面による受諾に関する民事訴訟法264条，および裁判所等が定める和解条項に関する民事訴訟法265条は，いずれも適用されない（民訴§275Ⅳ）。

➡　これらの制度は，当事者の出頭の必要性を緩和し（民訴§264の場合），あるいは裁判所と当事者との間で信頼関係が形成された場合（民訴§265の場合）に適用されることを前提としているが，訴え提起前の和解は，最初の期日で和解が成立することが多いからである。

⑹　効　果

　訴え提起前の和解が調ったときは，その旨が調書に記載される（民訴規169）。そして，調書に記載されたときには，確定判決と同一の効力を有する（民訴§267）。　`H17-5-オ`

第3節　少額訴訟

Topics・今後も繰り返し出題が予想される論点である。しっかり準備をする必要がある。手形訴訟との比較にも注意したい。

1　制度趣旨

　　簡易裁判所の管轄に属する事件においても，特に少額であり，しかも複雑困難でない事件については，一般市民が，訴額に見合った経済的負担で，迅速かつ効果的な解決を裁判所に求めることができるよう，少額訴訟手続が設けられている。簡易裁判所の訴訟手続の特則のさらなる特則といえよう。

2　少額訴訟の要件

（少額訴訟の要件等）

第368条　簡易裁判所においては，訴訟の目的の価額が60万円以下の金銭の支払の請求を目的とする訴えについて，少額訴訟による審理及び裁判を求めることができる。ただし，同一の簡易裁判所において同一の年に最高裁判所規則で定める回数を超えてこれを求めることができない。

2　少額訴訟による審理及び裁判を求める旨の申述は，訴えの提起の際にしなければならない。

3　前項の申述をするには，当該訴えを提起する簡易裁判所においてその年に少額訴訟による審理及び裁判を求めた回数を届け出なければならない。

(1)　請求適格

`H13-5-ア`

　　少額訴訟の対象は，訴訟の目的の価額が60万円以下の金銭支払請求を目的とする訴えに限られる（民訴§368Ⅰ本文）。

　　また，金銭支払請求に限られ，物の引渡請求や作為・不作為請求，金銭債務の不存在確認請求などは，含まれない。

　　なお，訴えの提起は，口頭ですることができる（民訴§271）。

(2)　少額訴訟の申述

`H13-5-イ`

　　原告は，訴え提起の際に，少額訴訟による審理・裁判を求める旨の申述をしなければならない（民訴§368Ⅱ）。この申述がなければ，事件は，簡易裁判所の通常手続によって審判される。

(3)　利用回数の制限

　　同一の原告が，同一の簡易裁判所において，同一の年に10回を超えて少額
訴訟手続を利用することはできない（民訴§368Ⅰただし書，民訴規§223）。

➡　制度の利用を広く一般市民に確保するためであり，貸金業者のような特
　　定の者の反復利用を許さないためである。

　　したがって，原告は，訴え提起にあたって，その年に，その裁判所でそれ
までに少額訴訟による審理・裁判を求めた回数を届け出なければならない
（民訴§368Ⅲ，民訴規§223）。

3　審理に関する特則

(1)　反訴の禁止

（反訴の禁止）
第369条　少額訴訟においては，反訴を提起することができない。

異議後の手続においても同様である（民訴§379Ⅱ，369）。　　　　　　　　`H21-5-エ`

➡　一期日審理の原則に適合しないからである。　　　　　　　　　　　　`H19-5-ア`

なお，補助参加，請求の主観的・客観的併合や，訴えの変更は可能である。　`H17-2-ア`

(2)　一期日審理の原則

　　少額訴訟においては，特別の事情がある場合を除き，最初にすべき口頭弁　`H21-5-オ`
論期日において，審理を完了しなければならない（民訴§370Ⅰ）。また，当
事者は，最初にすべき口頭弁論の期日前またはその期日において，すべての
攻撃防御方法を提出しなければならない（同Ⅱ本文）。これを一期日審理の
原則という。ただし，特別の事情があるときは，口頭弁論を続行することが
できる（同Ⅱただし書）。

(3)　証拠調べの特則

（証拠調べの制限）
第371条　証拠調べは，即時に取り調べることができる証拠に限りすることが
　できる。

---

①　証拠調べは，一期日審理の原則から，即時に取り調べることができる証　`H30-4-ウ`
　拠に限られる（民訴§371）。したがって，証人や当事者本人は口頭弁論期　`H19-5-イ`
　　　　　　　　　　　　　　　　　　　　　　　　　　　　　　　　　　　`H14-5-5`
　　　　　　　　　　　　　　　　　　　　　　　　　　　　　　　　　　　`H13-5-ウ`

日に在廷する必要がある。なお，簡易裁判所の通常の訴訟手続においては，証拠調べについてこのような制限はない。

② 証人尋問は，証人の宣誓を省略してすることができる（民訴§372Ⅰ）。

H21-5-イ
③ 証人尋問・当事者尋問は，一般の交互尋問による必要はなく，裁判官が相当と認める順序でする（民訴§372Ⅱ）。異議後の手続においても同様である（民訴§379Ⅱ）。
➡ 少額訴訟は本人訴訟の場合が多いが，素人が的確に尋問することはできないので，臨機応変に対応できるようにするためである。異議後の手続でも本人訴訟なのは変わらないだろう。

④ いわゆる電話会議の方法により証人を尋問することもできる（民訴§372Ⅲ，民訴規§226Ⅰ）。

⑤ 調書には，証人等の陳述の記載を要しないが（民訴規§227Ⅰ），尋問前に裁判官の命令または当事者の申出があるときは，裁判所書記官は，当事者の裁判上の利用に供するため，録音テープ等に証人等の陳述を記録しなければならない（民訴規§227Ⅱ）。

4　通常訴訟手続への移行
(1)　被告の移行申述権
H19-5-オ
被告は，訴訟を通常の手続に移行させる旨の申述をすることができる（移行申述権）。ただし，被告が最初にすべき口頭弁論の期日において弁論をし，またはその期日が終了した後は，することができない（民訴§373Ⅰ）。この弁論は，本案の弁論に限らない。訴訟は，この申述があった時に通常の手続に移行する（同Ⅱ）。
➡ 原告に通常手続か少額訴訟手続かの選択権が認められるので，公平の観点から被告に移行申述権が認められている。加えて，少額訴訟は様々な制約があるので，被告の意思を尊重する必要があるためである。

なお，この申述は，期日においてする場合を除き，書面でしなければならない（民訴規§228Ⅰ）。

H21-5-ア
H21-5-ウ
(2)　裁判所の移行決定
裁判所は，次の①〜④の場合には，訴訟を，通常の手続により審理・裁判

する旨の決定（移行決定）をしなければならない（民訴§373Ⅲ）。この決定に対しては，不服申立ては許されない（同Ⅳ）。また，移行決定は，終局判決に対して異議を申し立てた後の手続においては，することができない。

① 少額訴訟の要件（請求適格，利用回数の制限）を満たさない場合

② 相当の期間を定めて命じたにもかかわらず，原告が利用回数の届出をしないとき

③ 公示送達によらなければ，被告に対する最初にすべき口頭弁論の期日の呼出しをすることができないとき

④ 少額訴訟手続による審理及び裁判をするのが相当でないと認められる場合

5　少額訴訟の判決

(1)　判決の言渡し

少額訴訟の判決の言渡しは，相当でないと認める場合を除き，口頭弁論の終結後直ちにする（民訴§374Ⅰ）。言渡しは，判決書の原本に基づかないですることができる（調書判決の制度；同Ⅱ）。この場合，裁判所は，裁判所書記官に，口頭弁論調書に，主文，請求，理由の要旨などを記載させなければならない（同Ⅱ，254Ⅱ）。この調書の謄本は，当事者に送達しなければならない（民訴§374Ⅱ，255）。 `H24-5-ウ` `H13-5-エ`

➡ 簡易迅速な解決のために一期日審理の原則を採用しているのに，判決の言渡しは2か月ほど後（民訴§251）では，少額訴訟の利点が減殺されてしまうので，原則として直ちに言い渡すことにして，調書判決の制度を採用したのである。

(2)　判決による支払の猶予

裁判所は，請求認容判決をする場合において，被告の資力その他の事情を考慮して特に必要があると認めるときは，①判決の言渡しの日から3年を超えない範囲内において，認容する請求に係る金銭の支払について，支払の猶予，もしくは分割払いの定めをすることができ，または①と併せて，②猶予された期限に支払をしたとき，もしくは期限の利益を喪失することなく分割払をしたときは，訴え提起後の遅延損害金の支払義務を免除する旨の定めをすることができる（民訴§375Ⅰ）。

➡ 被告の任意の履行を促す趣旨である。和解に代わる決定（民訴§275の2）と類似の制度である。

また，判決により分割払いの定めをするときは，期限の利益喪失の定めを

しなければならない（同Ⅱ）。

　そして，以上の裁判に対しては，不服を申し立てることができない（同Ⅲ）。

➡　和解に代わる決定（民訴§275の２）とは異なる。原告は少額訴訟を選択した時点で判決による支払猶予を覚悟できるはずであり，一方，被告は判決による支払猶予によって不利益はないから，と覚えておけば良い。

　判決による支払の猶予は，異議後の手続でも可能である（民訴§379Ⅱ）。

➡　異議の前と後で被告の資力等の事情は変わらないと思われる。

(3)　少額訴訟判決に基づく強制執行

H19-5-ウ

　裁判所は，請求認容判決については，職権で，担保を立てて，または立てないで，仮執行宣言をしなければならない（民訴§376Ⅰ）。なお，執行文は不要である（民執§25ただし書）。

6　少額訴訟判決に対する不服申立て

(1)　控訴の禁止

> （控訴の禁止）
> 第377条　少額訴訟の終局判決に対しては，控訴をすることができない。

H13-5-オ

　少額訴訟では，簡易・迅速な紛争解決という理念を実現するためにさまざまな特則を設けているが，通常の手続と同様に上級審への不服申立てを認めると，紛争解決の終了までに相当の時間と費用がかかり，少額訴訟手続を新設した趣旨が損なわれかねない。そこで，少額訴訟においては，異議の申立て（民訴§378）による同一審級での再審理を許すとともに，控訴を禁止することとした。

(2)　異議申立て

　少額訴訟の終局判決に対する不服申立てとしては，その判決をした簡易裁判所に対する異議の申立てだけが許される（民訴§378Ⅰ）。

　異議申立期間は，判決書または調書の送達を受けた日から２週間の不変期間である（同Ⅰ）。

　なお，異議申立権は申立て前までは放棄することができる（民訴§378Ⅱ，358）。また，異議は原則として相手方の同意を得て，異議審の終局判決言渡し前までは取り下げることができる（民訴§378Ⅱ，360）。

➡　相手方も請求について通常の手続により審理を受け，有利な内容の異議

審の判決を受けられる可能性があるが，異議した者が制限なく取り下げると，一方的にその可能性が奪われてしまうからである。

⑶　異議後の手続

少額訴訟の終局判決に対して適法な異議があったときは，訴訟は，口頭弁論の終局前の程度に復し，**通常の手続**によって審理・裁判をする（民訴§379Ⅰ）。

この手続においては，一期日審理の原則および証拠の制限の適用はなくなる。

➡　少額異議判決に対しては原則として不服申立ては認められていないため，慎重に審理する必要があるからである。

しかし，反訴の禁止，証人・当事者尋問における尋問順序，判決における H21-5-イ 支払猶予は，異議前の少額訴訟手続における場合と同じである（民訴§379Ⅱ，369，372Ⅱ，375）。

異議後の判決における原判決の認可・変更・取消し等の裁判については，手形判決に対する異議後の手続と同様の取扱いを受ける（民訴§379Ⅱ，362，363）。

また，異議後の終局判決に対しても，控訴は禁止される。したがって，この場合，特別上告を除き，不服を申し立てることはできない（民訴§380ⅠⅡ）。

第4節　督促手続

Topics・かなりの頻度で出題されている論点である。手続を正確に勉強することを心がけてほしい。

1　意　義

督促手続とは，金銭その他の代替物または有価証券の一定数量の給付を目的とする請求につき，債権者に簡易迅速に債務名義を取得させる略式手続をいう。

請求の存否について争いがなければ容易に債務名義を取得できることから，請求の存否については争いがないが，債務者の怠慢等により任意の履行が望めない場合に多く利用される。

なお，督促手続の申立人を債権者，その相手方を債務者という。

2　支払督促の要件

（支払督促の要件）
第382条　金銭その他の代替物又は有価証券の一定の数量の給付を目的とする請求については，裁判所書記官は，債権者の申立てにより，支払督促を発することができる。ただし，日本において公示送達によらないでこれを送達することができる場合に限る。

(1)　請求適格

H7-5-1
H5-6-2
H元-5-1
H元-5-2

支払督促の対象は，金銭その他の代替物または有価証券の一定の数量の給付を目的とする請求に限られている（民訴§382本文）。

➡　この種の請求は，仮に誤って執行されても，債務者に対して金銭賠償で原状回復できるからである。

(2)　送達可能であること

R5-5-イ
H16-5-オ
H3-4-3

支払督促は，債務者に対し，日本国内において公示送達によらないで送達することが可能な場合に限られる（民訴§382ただし書）。

➡　債務者に異議申立ての機会を実質的に保障するためである。

3　支払督促の申立て

R5-5-ア
H29-5-ア
H12-5-ア
H12-5-イ
H5-6-1

(1)　管　轄

請求の価額にかかわらず，以下の簡易裁判所の裁判所書記官に対してすることができる（民訴§383）。

① 債務者の普通裁判籍の所在地を管轄する簡易裁判所
② 事務所または営業所を有する者に対する請求で，その事務所または営業所における業務に関するものについては，その事務所または営業所の所在地を管轄する簡易裁判所
③ 手形または小切手による金銭の支払の請求およびこれに附帯する請求については，手形小切手の支払地を管轄する簡易裁判所

(2) 申立ての方式

支払督促の申立てには，その性質に反しない限り，訴えに関する規定が準用される（民訴§384）。したがって，申立ては，書面または口頭により行う（民訴§134，271）。申立書には，訴状に準じ，当事者及び法定代理人，請求の趣旨，請求の原因を記載しなければならない（民訴§134Ⅱ）。なお，請求の原因に代えて紛争の要点を明らかにすれば足りる，とする簡易裁判所の訴訟手続に関する特則（民訴§272）は準用されないとされている。

➡ 請求の原因については，支払督促は，簡易裁判所の裁判所書記官に申し立てるが，訴額の制限はなく，例えば1億円でも利用でき，督促異議があれば地方裁判所での訴訟となることから考えれば，覚えやすいだろう。

H29-5-イ
H20-5-ア
H3-4-1

(3) 手形・小切手による金銭の支払請求の場合

手形・小切手による金銭の支払請求についての支払督促に対して，適法な督促異議の申立てがあった場合，当該請求は，通常訴訟へ移行する（民訴§395）。

この場合において，債権者が，督促異議によって移行する訴訟について，手形訴訟による審理及び裁判を求めたいときは，その旨の申述は，支払督促の申立ての際にしなければならない（民訴§366Ⅰ）。

4 支払督促の申立てに対する処分

(1) 申立ての却下

簡易裁判所書記官は，申立てが管轄違いであったり（移送はしない），民事訴訟法382条の要件を欠いたり，または申立ての内容，特に，請求の趣旨，原因の表示から請求が不存在，履行期未到来もしくは公序良俗・強行法規違反であることが明らかな場合は，申立てを却下する（民訴§385Ⅰ）。

R5-5-ウ
H20-5-イ
H7-5-2
H3-4-2

裁判所書記官の却下処分は，相当と認める方法で告知することによってその効力を生ずるが（民訴§385Ⅱ），これに対しては，告知の日から1週間の不変期間内に異議の申立てができる（同Ⅲ）。ただし，この異議の申立てについての裁判に対しては，不服申立てはできない（民訴§385Ⅳ）。

H29-5-ウ
H16-5-ア
H元-5-3

(2)　支払督促の発付

H16-5-ウ
H12-5-ウ
H7-5-3
H元-5-4

　　申立てを認容すべきときは，簡易裁判所書記官は支払督促を発する（民訴§382）。支払督促は，その支払督促の申立ての主張自体に理由があるかどうかのみを審査し，**相手方である債務者を審尋しないで発する**（民訴§386Ⅰ）。

➡　相手方は督促異議をすれば支払督促を失効させることができるからである。

(3)　支払督促の記載事項

　　支払督促には，①金銭その他の代替物または有価証券の一定数量の給付を命ずる旨，②請求の趣旨および原因，③当事者および法定代理人を記載し，かつ，債務者が支払督促の送達を受けた日から2週間以内に督促異議の申立てをしないときは，債権者の申立てにより，仮執行の宣言をする旨を付記しなければならない（民訴§387）。

(4)　支払督促の送達

H5-6-4
H3-4-4

　　支払督促は，債務者のみに送達され（民訴§388Ⅰ），債権者には支払督促を発した旨を通知すれば足りる（民訴規§234Ⅱ）。債権者は内容を知っており，通知されればその後の手続を進めることができるからである。

　　支払督促の効力は，債務者に送達された時に生ずる（民訴§388Ⅱ）。

H20-5-ウ

　　なお，債権者が申し出た場所に，債務者の住所，居所，営業所もしくは事務所または就業場所がないため，支払督促を送達することができないときは，裁判所書記官は，その旨を債権者に通知しなければならず，債権者が通知を受けた日から2か月の不変期間内に，他の送達場所の申出をしないときは，支払督促の申立てを**取り下げたものとみなされる**（民訴§388Ⅲ）。

(5)　支払督促の更正

　　支払督促に計算違い，誤記その他これらに類する明白な誤りがあるときは，裁判所書記官は，申立てによりまたは職権で，いつでもその処分を更正することができる（民訴§389Ⅰ，74Ⅰ）。

5　仮執行宣言

(1)　仮執行宣言の申立て

R5-5-エ
H29-5-エ
H16-5-イ
H5-6-3

　　債務者が支払督促の送達を受けた日から2週間以内に督促異議の申立てをしないときは，債権者は支払督促に仮執行宣言を付するよう申し立てることができる（民訴§391Ⅰ本文）。ただし，債権者が仮執行宣言の申立てをすることができる時から30日以内にその申立てをしないときは，支払督促は，そ

の効力を失う（民訴§392）。

　なお，この2週間の経過によって，督促異議の申立権は消滅するわけではなく，仮執行宣言が発付されるまでは，債務者は，仮執行宣言前の督促異議の申立てをすることができ，督促異議があれば，支払督促は失効する（民訴§390）。この場合，裁判所書記官は，仮執行宣言をすることができない（民訴§391Ⅰただし書）。

(2) 申立てに対する処分

　債務者から督促異議の申立てがされず，仮執行の宣言を求める申立てを認容すべきときは，支払督促に手続の費用額を付記して仮執行の宣言をする（民訴§391Ⅰ）。この仮執行宣言付支払督促は，当事者双方に送達され（民訴§391Ⅱ本文），公示送達も可能である。ただし，債権者の同意があるときは，当該債権者に対しては，仮執行宣言を記載した支払督促を送付すれば足りる（同Ⅱただし書）。仮執行宣言付支払督促は債務名義になるので，債権者にも送る必要がある（民執§22④）。

　仮執行の宣言の申立てを却下する書記官の処分は，相当と認める方法で告知することによってその効力を生ずるが（民訴§391Ⅲ，385Ⅱ），却下処分に対しては，その告知を受けた日から1週間の不変期間内に，異議を申し立てることができる（民訴§391Ⅲ，385Ⅲ）。また，この異議の申立てについての裁判に対しては，即時抗告をすることができる（民訴§391Ⅳ）。

➡　支払督促の申立ての却下（民訴§385）のときとは違い，即時抗告が認められる。

(3) 仮執行宣言付支払督促の効力

　仮執行宣言付支払督促に対して，仮執行宣言後の督促異議の申立てがないときや，その督促異議の申立てを却下する決定が確定したときは，この支払督促は，確定判決と同一の効力を有する（民訴§393，396）。

　なお，支払督促は，裁判所書記官の処分であり，裁判所の裁判ではないので，確定しても，執行力を有するだけで，既判力は認められない。したがって，支払督促に関する瑕疵は，再審ではなく，請求異議の訴えで争われることになる（民執§35Ⅰ後段）。　`H16-5-エ`

　なお，仮執行宣言付支払督促に表示された当事者に対しては，執行文の付与を受けることなく強制執行を実施することができる（民執§25ただし書）。　`H20-5-エ`

6　督促異議

⑴　意　義

督促異議とは，支払督促の対象である請求について，督促手続を排し，通常訴訟手続による審判を求める申立てをいう。

督促異議は，支払督促に不服である旨を陳述すれば足り，上訴の場合のように，不服申立ての限度あるいは理由などを開示する必要はない。

➡　支払督促は，債権者の一方的な申立てに基づいて発せられているので，債務者の手続保障のため，簡易に訴訟へ移行させる手段を認める必要があるからである。

⑵　督促異議の申立て

督促異議の申立ては，書面または口頭で（民訴規§1），支払督促を発した裁判所書記官の所属する簡易裁判所にする（民訴§386Ⅱ）。

H12-5-エ

督促異議は，支払督促送達後，それが失効しない限り，いつでも申し立てることができるが，仮執行宣言付支払督促が送達された後2週間の不変期間を経過すると，支払督促は確定するから，それ以後の申立ては認められない（民訴§393，396）。

⑶　督促異議の却下

H7-5-4

簡易裁判所は，督促異議を不適法であると認めるときは，督促異議に係る請求の価額にかかわらず（1億円でも），決定で，その督促異議を却下しなければならない（民訴§394Ⅰ）。この決定に対しては，即時抗告をすることができる（同Ⅱ）。

⑷　督促異議の効果

① 支払督促の失効

H7-5-5
H元-5-5

仮執行宣言前に適法な督促異議の申立てがあったときは，支払督促は，その督促異議の限度で効力を失う（民訴§390）。これに対し，仮執行宣言後に適法な督促異議があれば，支払督促の確定は遮断されるが，仮執行宣言の効力は当然には停止・失効しない。したがって，債務者が執行を免れるためには，執行停止の裁判を得なければならない（民訴§403Ⅰ③④，404Ⅱ）。

R5-5-オ
H29-5-オ
H20-5-オ
H12-5-オ
H5-6-5
H3-4-5

② 通常訴訟への移行

適法な督促異議の申立てがあったときは，請求の価額に従い，支払督促の申立ての時に，その簡易裁判所またはその所在地を管轄する地方裁判所へ訴えの提起があったものとみなされる（民訴§395）。

○　**督促手続概略**

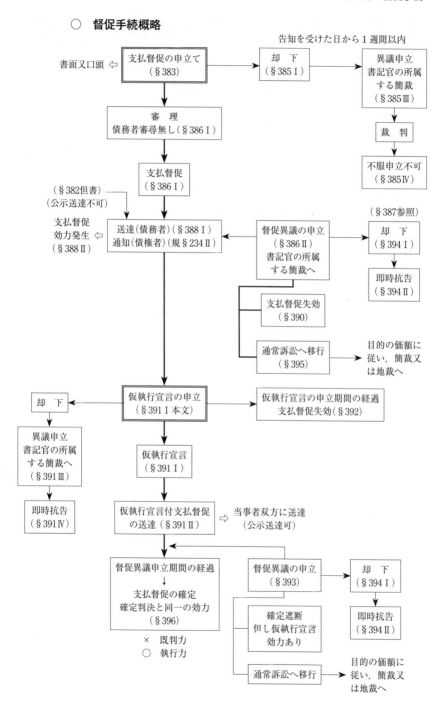

告知を受けた日から1週間以内

書面又口頭 ⇦ 支払督促の申立て（§383）→ 却下（§385Ⅰ）→ 異議申立書記官の所属する簡裁（§385Ⅲ）

審理　債務者審尋無し（§386Ⅰ）

裁判

支払督促（§386Ⅰ）

不服申立不可（§385Ⅳ）

（§382但書）（公示送達不可）

支払督促効力発生 ⇦ 送達（債務者）（§388Ⅰ）通知（債権者）（規§234Ⅱ）

督促異議の申立（§386Ⅱ）書記官の所属する簡裁へ

（§387参照）

却下（§394Ⅰ）

即時抗告（§394Ⅱ）

支払督促失効（§390）

通常訴訟へ移行（§395）→ 目的の価額に従い，簡裁又は地裁へ

却下 ← 仮執行宣言の申立（§391Ⅰ本文）→ 仮執行宣言の申立期間の経過　支払督促失効（§392）

異議申立書記官の所属する簡裁へ（§391Ⅲ）

即時抗告（§391Ⅳ）

仮執行宣言（§391Ⅰ）

仮執行宣言付支払督促の送達（§391Ⅱ）⇨ 当事者双方に送達（公示送達可）

督促異議申立期間の経過↓支払督促の確定確定判決と同一の効力（§396）

督促異議の申立（§393）→ 却下（§394Ⅰ）

× 既判力　○ 執行力

確定遮断但し仮執行宣言効力あり

即時抗告（§394Ⅱ）

通常訴訟へ移行 → 目的の価額に従い，簡裁又は地裁へ

第5節　手形・小切手訴訟

Topics・他の略式訴訟と同様に，繰り返しの出題が予想される。**少額訴訟との相違にも注意して勉強する必要がある。**

1　意　義

　手形訴訟とは，手形による金銭の支払の請求のために，債権者に簡易迅速に債務名義を取得させることを目的とする特殊な訴訟手続をいう。この手形訴訟の手続は，小切手訴訟にも準用される（民訴§367）。

　手形は，金銭の支払を目的とする有価証券であり，最終的に支払がされないときに，迅速かつ効率的に権利の救済を図ることが，制度の機能と信用を維持するうえで必要である。そこで，実体法上も人的抗弁の制限など種々の工夫がされているが，訴訟手続においても，通常手続よりも簡略な手続で債務名義を取得させることを目的として，手形訴訟の制度が設けられた。

　なお，手形訴訟によるか，通常訴訟によるかは，原告の自由な選択に任される。

2　手形訴訟の提起

（手形訴訟の要件）
第350条　手形による金銭の支払の請求及びこれに附帯する法定利率による損害賠償の請求を目的とする訴えについては，手形訴訟による審理及び裁判を求めることができる。
2　手形訴訟による審理及び裁判を求める旨の申述は，訴状に記載してしなければならない。

(1)　請求適格

H4-5-3

　手形訴訟を提起できるのは，手形による金銭の支払の請求およびこれに附帯する法定利率による損害賠償の請求を目的とする訴えに限られる（民訴§350）。

　金銭以外の給付を目的とすることや，手形による金銭債権の確認の訴えは認められない。

　「手形による金銭の支払請求」とは，手形の権利として手形に表章されている金銭債権のことである。

　「附帯する法定利率による損害賠償の請求」は，いわゆる遅延損害金といわれるもので，法定利率（民§404）の範囲内で請求する場合に限って，手

形訴訟により求めることができる。

(2) 申立て

訴状には，手形訴訟による審理および裁判を求める旨の申述を記載しなければならない（民訴§350Ⅱ）。

(3) 管　轄

土地管轄および事物管轄ともに，通常手続の場合と同一である。　　　H元-6-1

具体的には，被告の普通裁判籍または手形の支払地を管轄する地方裁判所（訴額140万円超）または簡易裁判所（訴額140万円以下）に提起する（民訴§4Ⅰ，5②，裁§33Ⅰ①，24①）。

(4) 他の手続からの移行

① 訴え提起前の和解の手続からの移行

訴え提起前の和解手続において，和解が調わないことにより，提起があったものとみなされる訴えについては（民訴§275Ⅱ後段），手形訴訟による審理および裁判を求める旨の申述は，和解手続から訴訟手続への移行の申立ての際にしなければならない（民訴§365）。

② 督促手続からの移行

支払督促に対する督促異議により，提起があったものとみなされる訴えについては，手形訴訟による審理および裁判を求める旨の申述は，支払督促の申立ての際にしなければならない（民訴§366Ⅰ）。

3 手形訴訟の審理

(1) 審　理

手形訴訟を受理したときは，裁判長は，ただちに口頭弁論期日を指定し，当事者を呼び出さなければならない（民訴規§213Ⅰ）。

手形訴訟においては，やむを得ない事由がある場合を除き，最初にすべき口頭弁論期日において審理を完了しなければならない（一期日審理の原則；民訴規§214）。

口頭弁論の期日を変更し，または弁論を続行するときは，次の期日は，やむを得ない事由がある場合を除き，前の期日から15日以内の日に指定しなければならない（民訴規§215）。

(2) 証拠の制限

> （証拠調べの制限）
> **第352条**　手形訴訟においては，証拠調べは，書証に限りすることができる。
> 2　文書の提出の命令又は送付の嘱託は，することができない。対照の用に供すべき筆跡又は印影を備える物件の提出の命令又は送付の嘱託についても，同様とする。
> 3　文書の成立の真否又は手形の提示に関する事実については，申立てにより，当事者本人を尋問することができる。
> 4　証拠調べの嘱託は，することができない。第186条の規定による調査の嘱託についても，同様とする。
> 5　前各項の規定は，裁判所が職権で調査すべき事項には，適用しない。

H19-5-イ
H14-5-4
H10-5
H6-5-3
H4-5-2

手形訴訟の本案審理では，証拠調べは原則として書証（手形・契約書等）に限って許される（民訴§352Ⅰ）。しかも，書証の申出も，挙証者自らが所持する文書を提出する場合に限られ，文書提出命令（民訴§219，223）や送付嘱託（民訴§226）によることはできない（民訴§352Ⅱ）。また，取調べの手続も，証拠調べの嘱託や調査の嘱託はすることができない（同Ⅳ）。

ただし，例外的に，文書の成立の真否（本物か偽造か）または手形の提示に関する事実（手形の振出人に対して支払のため現実に提示したか等）については，当事者本人を尋問することができる（民訴§352Ⅲ）。この場合，職権による当事者尋問は許されない。

➡　これらの事実は，文書のみで立証することは困難であることが多いし，また，当事者尋問は，通常即時に行うことができるからである。

以上の証拠制限は，職権調査事項（訴訟能力，管轄の存否等）には及ばない（民訴§352Ⅴ）。

(3) 反訴の禁止

H19-5-ア
H4-5-1

> （反訴の禁止）
> **第351条**　手形訴訟においては，反訴を提起することができない。

➡　反訴の提起を認めると訴訟が複雑なものとなり，手形に関する事件の簡易迅速な処理という手形訴訟の目的の達成の妨げとなってしまうし，反訴の提起も手形債権でなければならないので，反訴の禁止によって被告が不

利益を受けることは少ないと考えられるからである。

4 手形訴訟の判決

審理が裁判をするのに熟すれば，弁論を終結して終局判決（手形判決という）をする。

(1) 請求の全部または一部が，手形訴訟による審理および裁判に適しないことによる訴え却下判決（民訴§355Ⅰ）

口頭弁論を経ないで，判決で，訴えを却下する。

この判決に対しては，不服申立てをすることが許されず，控訴の提起も異議の申立てもできない（民訴§356，357）。

➡ 通常訴訟による訴え提起が可能だからである。

H6-5-5
H元-6-3

この判決を受けた原告が，判決書の送達を受けた日から2週間以内に同一の請求について通常訴訟手続による訴えを提起したときは，時効の完成猶予または法律上の期間遵守に関して，手形訴訟提起の時に訴えが提起されたものと扱われる（民訴§355Ⅱ）。

(2) 一般の訴訟要件の欠缺による訴え却下の判決

この判決に対しては，控訴することができる（民訴§356ただし書）。

(3) 請求の全部または一部を認容もしくは棄却する判決（本案判決）

この判決に対しては，控訴ではなく（民訴§356本文），異議の申立てが認められる（民訴§357）。

請求認容の判決には，職権で，しかも，原則として無担保の仮執行宣言を付さなければならない（民訴§259Ⅱ）。

H4-5-5
H19-5-ウ
H4-5-4

5 通常訴訟への移行
(1) 手形判決前の移行申述

原告は，いったん手形訴訟を選択しても，口頭弁論の終結に至るまで，被告の承諾を要しないで，訴訟を，通常の手続に移行させる旨の申述をすることができる（民訴§353Ⅰ）。被告には，移行の申述はできない。

H19-5-オ
H6-5-1
H元-6-2

➡ 手形訴訟は原告が迅速に債務名義を取得するための手続であるが，手形訴訟において認められている証拠方法（民訴§352）では主張事実の証明が難しいことが判明するなど，手形訴訟を提起した後に通常訴訟による審理を欲するような場合もあるからである。被告も通常の訴訟手続きであれ

ば制限なく訴訟行為ができ，不利益はない。

原告から移行の申述がされると，ただちに通常の手続に移行し（民訴§353Ⅱ），手形訴訟に伴う証拠制限（民訴§352）や反訴禁止（民訴§351）のない通常訴訟手続として審理が続けられる。

⑵　手形判決に対する異議（6参照）

6　手形判決に対する異議

⑴　異議の申立て

異議とは，手形判決に対する不服申立てであり（民訴§357），これにより，不服のある当事者は，同一審級で，通常訴訟によりあらためて請求の審判を求めることができる（民訴§361）。原告と被告の双方に異議申立権がある。

`H6-5-2`　この異議の申立ては，手形訴訟の判決書または調書判決（民訴§254Ⅱ）の送達を受けた日から2週間の不変期間内に，手形判決をした裁判所に書面で行わなければならない（民訴§357，民訴規§217Ⅰ）。

⑵　異議の取下げ

`H6-5-4`
`H元-6-4`　異議は，通常の手続による第一審の終局判決があるまで，取り下げることができる（民訴§360Ⅰ）。

この異議の取下げをするには，相手方の同意を要する（民訴§360Ⅱ）。

➡　相手方も請求について通常の手続により審理を受け，有利な内容の異議審の判決を受けられる可能性があるが，異議した者が制限なく取り下げると，一方的にその可能性が奪われてしまうからである。

異議の取下げの方式については，訴えの取下げに関する規定が準用される（民訴§360Ⅲ）。

異議の取下げがあると，初めから異議の申立てがなかったものとみなされ（民訴§360Ⅲ，262），異議の申立てに伴う全ての効果が遡及的に消滅する。したがって，異議申立期間が徒過することにより，手形判決が確定する。

⑶　異議申立権の放棄等

異議申立権は，その申立て前に限って放棄することができる（民訴§358）。

➡　相手方の同意を要しない異議申立権の放棄を異議申立後に認めると，異議の取下げに相手方の同意を要するとする民事訴訟法360条2項の趣旨を損なうことになるからである。

放棄は，裁判所に対し，書面または口頭で，申述をもってする（民訴規§218Ⅰ，同１Ⅰ）。

⑷　異議の却下

異議が不適法で，その不備を補正することができないときは，裁判所は，口頭弁論を経ないで，判決で，異議を却下することができる（民訴§359）。この判決に対しては，控訴をすることができる。

⑸　異議の申立ての効果

適法な異議の申立てにより，手形判決の確定は遮断されるが（民訴§116），手形判決が失効するわけではないので，仮執行宣言による執行力は当然にはなくならない（民訴§403Ⅰ⑤参照）。

⑹　異議後の訴訟手続

適法な異議の申立てがあれば，訴訟は，口頭弁論の終結前の程度に復し，通常手続による審理が続行される（民訴§361）。　　　　　　　　　H元-6-5

裁判所は，審理が熟すれば終局判決をする（新判決）。新判決では手形判決の認可または取消しを宣言する（民訴§362Ⅱ）。この新判決に対しては，通常手続により控訴ができる。

⑺　事件の差戻し

控訴裁判所は，異議を不適法として却下した第一審判決を取り消すときは，事件を第一審裁判所に差し戻さなければならない。ただし，さらに弁論をする必要がないときは，自判することができる（民訴§364）。

○　手形訴訟と少額訴訟の比較

	手形訴訟	少額訴訟
訴 訟 物	手形による金銭の支払の請求，およびこれに附帯する法定利率による損害賠償請求（民訴§350Ⅰ）	60万円以下の金銭の支払の請求（民訴§368Ⅰ本文）
管 轄	訴額が140万円以下の場合は簡易裁判所，140万円を超える場合は地方裁判所（裁§33Ⅰ①，24①）	簡易裁判所（民訴§368Ⅰ本文）
審 理	①　一期日審理の原則（民訴規§214） 　※　やむを得ない事由がある場合は続行可 ②　証拠調べの制限 原則：書証に限る（民訴§352Ⅰ） 例外：文書の成立の真否または手形の提示に関する事実については，申立てにより，当事者尋問をすることができる（同Ⅲ）。 ③　反訴の可否 不可（民訴§351） 　※　手形訴訟が通常の手続に移行したときは，移行の事由（原告の移行申述による移行（民訴§353Ⅰ），異議による移行（民訴§357））を問わず反訴を提起することができる。 ④　通常手続への移行 原告による移行申述（民訴§353Ⅰ）	①　一期日審理の原則（民訴§370） 　※　特別の事情がある場合は，続行可 ②　証拠調べの制限 即時に取り調べることができる証拠に限る（民訴§371）。 ③　反訴の可否 不可（民訴§369） 　※　少額訴訟の終局判決に対する異議により移行した通常の手続においても，反訴を提起することはできない（民訴§379Ⅱ，369）。 　※　被告の移行申述または裁判所の移行決定によって移行した通常の手続においては，反訴を提起することができる（民訴§373）。 ④　通常の手続への移行 ⑦　被告による移行申述（民訴§373Ⅰ） ①　裁判所による移行決定（同Ⅲ）

判　決	①　言渡し 　　原則として,口頭弁論の終結の日から2か月以内にしなければならない(民訴§251Ⅰ)。 ②　仮執行宣言 　　職権でする(民訴§259Ⅱ)。 ※　原則として無担保	①　言渡し 　　相当でないと認める場合を除き,口頭弁論終結後直ちにする（民訴§374Ⅰ)。 ②　仮執行宣言 　　職権でする(民訴§376Ⅰ)。
不服申立	①　異議 　　本案の終局判決に対して可(民訴§357) 　　異議申立権は，申立て前に限り放棄可（民訴§358) ②　控訴 　　訴え却下判決に対して可(民訴§356ただし書。ただし,下記③) ③　不服申立不可 　　手形訴訟のための特別訴訟要件欠缺のため訴え却下判決がなされた場合控訴不可（民訴§356, 355Ⅰ)。異議不可(民訴§357本文)。	①　異議 　　終局判決に対して可（民訴§378Ⅰ) 　　異議申立権は，申立て前に限り放棄可（民訴§378Ⅱ,358) ②　控訴 　　不可（民訴§377) ※　異議後の終局判決に対しても同様（民訴§380Ⅰ) ③　特別上告 　　異議後の終局判決に憲法違反がある場合に可（民訴§380Ⅱ,327)

第8章
訴訟費用の裁判 等

Topics・出題はほとんど条文からと予想される。条文の読み込みが重要となる。

1 訴訟費用の裁判

1 訴訟費用

(1) 訴訟費用の意義

　　裁判には様々な費用がかかる。その裁判に要する費用のうち，受益者負担の原理と濫訴防止の観点から，特定のものを訴訟費用として当事者に負担させる必要がある。その当事者が負担すべき訴訟費用の範囲および額は，法律により定められている（民訴費§2）。

(2) 訴訟費用の種類

　　訴訟費用の種類は，裁判所の行為に必要となる「裁判費用」と，当事者が訴訟追行するのに必要な「当事者費用」とに分けられる。

① 裁判費用

　　当事者が訴訟を追行するにあたり裁判所に収める費用であり，さらに，「手数料」と「手数料以外の裁判費用」とに分けられる。

　㋐ 手数料

　　　訴えの提起等のように，当事者が裁判所に申立て等をする際に納入しなければならない費用である。各種の申立手数料の額は，訴額などを基準に算定される（民訴費§3以下）。

　㋑ 手数料以外の裁判費用

　　　裁判所が，証拠調べや書類の送達等の手続を進めるにあたり必要となる費用である。たとえば，送達の場合の郵便料金，証人・鑑定人等の旅費・日当・宿泊費（民訴費§18）である。

② 当事者費用

　　当事者が，①の裁判費用以外に，訴訟追行のために支払う費用である。

たとえば，当事者や代理人が期日に出頭するための旅費・日当・宿泊費や，訴状などの作成費である。弁護士の手数料・報酬は，裁判所が弁護士の付添いを命じた場合（民訴§155Ⅱ）を除き，当事者費用に含まれない。

(3) 訴訟費用の負担

訴訟費用は，原則として敗訴者が負担する（民訴§61）。しかし，勝訴した当事者であっても，不必要な行為をしたり，訴訟を遅延させた場合には，それにより生じた増加費用の全部または一部を当該当事者に負担させることができる（民訴§62，63）。 R5-3-イ H29-2-イ

➡ 勝訴した当事者が訴訟を停滞させ，これによって余分な費用を発生させたにもかかわらず，これを敗訴した当事者に負担させるのは，不公平であるからである。 H29-2-ウ H11-5-5

一部敗訴の場合は，その費用の負担の割合は裁判所が裁量によって定める。ただし，事情により，当事者の一方に訴訟費用の全部を負担させることができる（民訴§64）。例えば，一部勝訴の形式ながら実質は全部勝訴と評価できる場合や，損害賠償請求訴訟において損害額を算定することが困難であり，原告が請求した額も不当に高額ではなかった場合等が考えられうる。また，和解をした場合において，和解の費用または訴訟費用の負担について特別の定めをしなかったときは，その費用は，各自が負担する（民訴§68）。 R5-3-ウ R5-3-エ

2 訴訟費用の裁判

訴訟費用の負担者および負担割合は裁判所が定め，具体的な負担の額は裁判所書記官が定める（民訴§71）。

(1) 訴訟費用の負担の裁判

裁判所は，職権をもって，終局判決の主文において，その審級における訴訟費用の全部について当事者の負担の割合を定めなければならない（民訴§67Ⅰ）。 R5-3-ア H29-2-オ

この裁判に対しては，独立して上訴を提起することはできない（民訴§282，313，331）。すなわち，即時抗告をすることもできない。 R5-3-オ

➡ 訴訟費用の裁判に対してだけ上訴を許すならば，訴訟費用の裁判の当否の判断のためだけに本案の請求に関する判断の当否も判断しなければならなくなってしまい不合理だからである。

なお，訴訟費用の負担の裁判が本案とは独立してされる場合には，この裁判に対して即時抗告をすることができる。すなわち，訴訟が裁判および

　和解によらないで完結したときは，申立てにより，第一審裁判所は決定で
訴訟費用の負担を命じなければならない（民訴§73Ⅰ前段）。この決定に
対しては，即時抗告をすることができる（同Ⅱ，71Ⅶ）。また，訴訟費用
の負担の裁判を脱漏したときは，裁判所は，申立てによりまたは職権で，
その訴訟費用の負担について，決定で，裁判をする（民訴§258Ⅱ）とされ，
この決定に対しても，即時抗告をすることができる（同Ⅲ）。

　上訴裁判所が，上訴を却下または棄却するときは，原判決は訴訟費用の裁
判をも含めて維持されるから，その審級の費用負担の裁判だけをする。しか
し，上訴裁判所が原判決を変更（破棄ないし取消し）する場合には，本案判
決に付随して訴訟費用の裁判も失効するから，全審級を通じた総費用につい
て負担の裁判をしなければならない（民訴§67Ⅱ）。

(2)　訴訟費用の額の確定手続

　訴訟費用の負担の裁判によって，敗訴当事者に対する費用償還請求権が成
立するが，その額は確定していない。額の確定は，訴訟費用確定手続によら
なければならない。この手続は，訴訟費用の負担を命ずる裁判が執行力を生
じたのち，申立てにより第一審裁判所の裁判所書記官が担当する（民訴§
71）。裁判所書記官による確定処分は，債務名義になる（民執§22④の２）。
　裁判所書記官による訴訟費用額確定の処分は，相当な方法での告知により
効力を生じ（民訴§71Ⅲ），これに対する異議の申立ては告知を受けた日か
ら１週間の不変期間内にしなければならない（民訴§71Ⅳ）。異議の申立て
についての決定に対しては，即時抗告をすることができる（民訴§71Ⅶ）。

3　訴訟費用の担保

(1)　意　義

　原告が，日本に住所，事務所，営業所のいずれも有することなく訴えを提
起した場合には，その者が敗訴して訴訟費用を負担する義務を負っても，そ
の義務を履行しないおそれがある。そこで，このような場合には，被告の申
立てによって，原告に訴訟費用の担保を提供するよう命じることができる（民
訴§75Ⅰ）。
　そして，担保が提供されるまで，被告は，応訴を拒むことができる（民訴
§75Ⅳ）。また，原告が一定の期間内に担保を提供しない場合には，裁判所は，
口頭弁論を経ずに，訴えを却下できる（民訴§78）。

⑵　手　続

　担保の提供は，金銭または有価証券を供託する等の方法による（民訴§76）。被告は，供託された金銭または有価証券について，他の債権者に先立って，弁済を受ける権利を有する（民訴§77）。

　担保の事由が消滅した場合や，被告の同意を得た場合等には，担保の取消しが認められる（民訴§79）。

② 訴訟上の救助と法律扶助

1　訴訟上の救助

　訴訟費用は，最終的には敗訴者の負担となるが（民訴§61），経済的に恵まれない者が訴訟費用の予納ができないため，あるいは弁護士費用が負担できないために，訴訟制度を現実に利用できない事態が生ずる。これでは，実質的に裁判を受ける権利（憲§32）が保障されない。そこで，一定の要件のもとに，当事者の訴訟費用の負担を猶予するのが，訴訟上の救助の制度である。

　訴訟救助は，訴訟の準備および追行に必要な費用を支払う資力がない者，ま　H29-2-エ
たは，その費用の支払により生活に著しい支障を生ずる者について，勝訴の見込みがないとはいえないときに限って認められる（民訴§82Ⅰ）。

　しかし，訴訟救助は，訴訟費用の負担義務を猶予するにとどまり，最終的な負担義務を免除するわけではない。

2　法律扶助

　法律扶助とは，法律上の扶助を要する者の権利を擁護することを目的として，資力の乏しい者に対する法律問題に関する扶助を行う制度である。

　民事訴訟法上の訴訟救助は，訴訟に係る費用で事実上一番大きい弁護士費用の立替えには及んでいないところ，従来からこの不備を補うものとして法律扶助の制度が設けられていた。現在では，弁護士・司法書士等の法律専門職のサービスをより身近に受けられるようにするための総合的な支援の実施および体制の整備に関する基本事項を定める総合法律支援法が定められ，民事法律扶助などを担う組織として「日本司法支援センター（法テラス）」が設置されている。

H16-1
H3-3

1　民事訴訟上の訴訟行為と相手方の同意または承諾

相手方の同意または承諾を得ることを要しない主な訴訟行為	・本訴が取り下げられた後にする反訴の取下げ（民訴§261Ⅱただし書） ・請求の放棄または認諾（民訴§266） ・控訴の取下げ（民訴§292Ⅰ，最判昭34.9.17）※1 ・控訴審における中間確認の訴え（民訴§297，145Ⅰ） ・手形訴訟を通常訴訟に移行させる旨の原告の申述（民訴§353Ⅰ） ・少額訴訟を通常訴訟に移行させる旨の被告の申述（民訴§373Ⅰ本文，同Ⅱ）
相手方の同意を得ることを要する主な訴訟行為	・被告が本案について①準備書面を提出し，②弁論準備手続において申述をし，③口頭弁論をした後にする訴えの取下げ（民訴§261Ⅱ本文） ・証拠調べの開始後,その終了前にする証拠の申出の撤回 ・控訴審における反訴の提起（民訴§300Ⅰ）※2 ・手形訴訟または少額訴訟の終局判決に対して申し立てた異議の取下げ（民訴§360Ⅱ，378Ⅱ）
相手方の承諾を得ることを要する主な訴訟行為	・訴訟の結果によって権利が害されることを主張する第三者が訴訟に参加した場合における参加前の当事者の訴訟脱退（民訴§48前段）

H28-5-ウ

　　※1　被控訴人が附帯控訴をしている場合でも，相手方の同意または承諾を得ることを要しない。

　　※2　第一審で主張し認容された抗弁に基づく控訴審での反訴の提起には，相手方の同意を得ることを要しない。

2 書面でしなければならない訴訟行為の例示

書面でしなければ ならないもの	① 管轄の合意（民訴§11Ⅱ） ② 飛越上告の合意（民訴§281Ⅱ，11Ⅱ） ③ 独立当事者参加・共同訴訟参加の申出（民訴§47Ⅱ，52Ⅱ） ④ 控訴・附帯控訴（民訴§286Ⅰ，293Ⅲ） ⑤ 上告・附帯上告・上告受理の申立て・特別上告（民訴§314Ⅰ，313，318Ⅴ，327Ⅱ） ⑥ 法定代理権・訴訟代理権の証明（民訴規§15前段，23Ⅰ） ⑦ 選定当事者の選定の証明（民訴規§15後段） ⑧ 選定者に係る請求の追加（民訴§144Ⅲ，143Ⅱ） ⑨ 訴訟手続の受継の申立て（民訴規§51Ⅰ） ⑩ 手形訴訟の本案判決に対する異議申立て（民訴規§217Ⅰ） ⑪ 少額訴訟の終局判決に対する異議申立て（民訴規§230，217Ⅰ） ⑫ 訴え提起前における照会（民訴§132の2Ⅰ） ⑬ 文書提出命令の申立て（民訴§221Ⅰ，民訴規§140Ⅰ） ⑭ 証拠保全の申立て（民訴規§153Ⅰ） ⑮ 訴訟告知（民訴§53Ⅲ） ⑯ 訴訟上の救助の申立て（民訴規§30Ⅰ）
書面または口頭で できるもの	① 同時審判の申出（民訴§41，民訴規§19Ⅱ）＊1 ② 訴訟引受の申出（民訴§50，51，民訴規§21）＊1 ③ 証拠の申出（民訴§180，民訴規§1Ⅰ） ④ 訴えの取下げ（民訴§261Ⅲ）＊2 ⑤ 控訴の取下げ（民訴§292Ⅱ，261Ⅲ）2 ⑥ 移送の申立て（民訴規§7Ⅰ）＊1 ⑦ 補助参加の申出（民訴規§1Ⅰ） ⑧ 請求の放棄・認諾（民訴§266Ⅱ）＊2

＊1 期日においてする場合口頭でできる。
＊2 口頭弁論等の期日においてする場合口頭でできる。

第**2**編

民事執行法

第1章
民事執行の概要

Topics・民事執行の全体像を把握する。
　　　　・民事執行の手続の前提となる事項を理解する。

1　意　義

　民事執行とは，民事における債権について，国家機関である裁判所や執行官が関与することにより強制的にその実現を図る手続である。民事執行法は，強制執行，担保権の実行としての競売および民法，商法その他の法律の規定による換価のための競売ならびに債務者の財産の開示に関する手続に関して規定した法律である（民執§1）。

　なお，民事執行の申立ては，書面をもってしなければならない（民執規§1）。

2　民事執行の執行機関

(1)　執行機関

　民事執行は，申立てにより，裁判所または執行官が行う（民執§2）。したがって，民事執行の執行機関は，執行裁判所と執行官である。

(2)　執行裁判所

　執行裁判所とは，民事執行に関して執行処分を行う裁判所であり，執行官が行う執行処分に関して裁判所が監督や補助をする場合には，その執行官の所属する地方裁判所をもって執行裁判所とする（民執§3）とされている。

　なお，少額訴訟債権執行においては，裁判所書記官が執行機関となり（民執§167の2Ⅰ），少額訴訟債権執行の手続において，裁判所書記官が行う執行処分に関して裁判所が監督や補助をする場合には，その裁判所書記官が所属する簡易裁判所をもって執行裁判所とする（民執§167の3）とされている。

(3)　執行官

　執行官とは，地方裁判所に置かれ，法律の定めにより，裁判の執行，裁判所の発する文書の送達その他の事務を行う国家公務員であるが（裁判所§62ⅠⅢ），手数料をもってその収入とする。

　執行官の行う事務は，主として事実行為を要する処分行為である。不動産に対する強制執行においては，不動産の現況調査（民執§57），不動産の売

却の実施（民執§64Ⅲ）等がある。また，動産に対する強制執行は，基本的に執行官により行われる（民執§122〜141）。このほか，非金銭執行において，不動産等の引渡しや明渡しの強制執行を行う（民執§168，169）。

⑷ 強制執行の対象となる財産別の執行機関

① 不動産

不動産に対する強制執行については，その所在地を管轄する地方裁判所 R3-7-ア が執行機関として管轄する（民執§44Ⅰ）。

② 動産

動産執行の執行機関は，執行官である。そして，差し押さえるべき動産の所在場所を管轄する地方裁判所に所属する執行官が管轄する（執行官§4）。

③ 債権

債権に対する強制執行については，債務者の普通裁判籍の所在地を管轄する地方裁判所が，この普通裁判籍がないときは差し押さえるべき債権の所在地を管轄する地方裁判所が，執行裁判所として管轄する（民執§144Ⅰ）。なお，差し押さえるべき債権の所在地とは，その債権の債務者（第三債務者）の普通裁判籍の所在地であるが，船舶または動産の引渡しを目的とする債権および物上の担保権により担保される債権は，その物の所在地となる（同Ⅱ）。

④ 船舶

船舶に対する強制執行については，強制競売の開始決定の時の船舶の所在地を管轄する地方裁判所が，執行裁判所として管轄する（民執§113）。

⑤ 自動車

自動車に対する強制執行については，その自動車の自動車登録ファイルに登録された使用の本拠の位置を管轄する地方裁判所が，執行裁判所として管轄する（民執規§87）。

⑥ 航空機

航空機に対する強制執行については，強制競売の開始決定の時の航空機の所在地を管轄する地方裁判所が，執行裁判所として管轄する（民執規§84，民執§113）。

3　民事執行の裁判の形式

> **（任意的口頭弁論）**
> **第4条**　執行裁判所のする裁判は，口頭弁論を経ないですることができる。

　民事執行において，執行裁判所のする裁判は，口頭弁論を経ないですることができる（民執§4）。すなわち，任意的口頭弁論として，口頭弁論を開くか否かは裁判所の裁量に委ねられ，決定の形式により裁判が行われることになる（民訴§87Ⅰただし書）。

H26-7-オ

　なお，この執行裁判所のする裁判には，訴えに関するものは含まれないので，第三者異議の訴えや配当異議の訴えにおいては執行裁判所が管轄するが（民執§38Ⅲ，90Ⅱ），この場合には訴訟事件として，口頭弁論をしなければならないことになる（民訴§87Ⅰ本文）。

4　審　尋

　執行裁判所は，執行処分をするに際し，必要があると認めるときは，利害関係を有する者その他参考人を審尋することができる（民執§5）。審尋とは，当事者や利害関係人に個々に陳述する機会を与えることをいい，口頭弁論ではないので公開や対審による必要はなく，口頭のみならず書面によっても陳述させることができる。

5　事件の記録の閲覧

　執行裁判所が行う民事執行について，利害関係を有する者は，裁判所書記官に対し，事件の記録の閲覧もしくは謄写，その正本，謄本もしくは抄本の交付または事件に関する事項の証明書の交付を請求することができる（民執§17）。民事訴訟法においては，何人も，裁判所書記官に対し，訴訟記録の閲覧を請求することができると規定されているが（民訴§91Ⅰ），民事執行法においては，利害関係を有する者のみに閲覧等を認めている。

6　執行機関の違法な処分に対する不服申立て

　執行機関が，民事執行法の規定に反する違法な執行処分を行った場合には，これに対する不服申立てとして執行抗告および執行異議の制度が設けられている（民執§10，11）。

　これについては，民事執行法における不服申立て制度として，第3章で一括して解説することにする。

第2章
強制執行

第1節　強制執行総論

Topics　・強制執行とは何かを理解することからはじめよう。
　　　　　　・強制執行を行うために必要な債務名義と執行文の関係を理解すること。

1　強制執行の概要

　民事における給付請求権，すなわち金銭債権や物の引渡を求める債権などを有する者が，相手方に任意の履行を求めたが給付がされない場合に，国家の関与による当該給付請求権の実現を求める手続を強制執行という。

　なお，民事執行法には，強制執行とは別の手続として，担保権の付されている請求権についての担保権の実行の手続があるが，これについては第10章で説明する。

2　強制執行の分類

　強制執行には，金銭債権の強制的実行を求める金銭執行と，金銭の支払を目的としない給付請求権の強制的実現を求める非金銭執行の2つがある。

⑴　金銭執行

　金銭執行は，財産の処分の制限としての差押え，換価，配当等による債権者等の満足という三段階の流れを経る。そして，債権者が強制執行の対象物として選択した財産の種類により，①不動産執行（強制競売と強制管理の2つがある。），②動産執行，③債権その他の財産権に対する執行などに分類される。

⑵　非金銭執行

　非金銭執行は，実現すべき請求権が，不動産の引渡しや明渡し，動産の引渡し，代替的作為，非代替的作為，不作為，意思表示など多様であり，行う方法は直接強制，間接強制，代替執行，意思表示を求める執行などがある。

3　強制執行の開始の要件

　強制執行を開始するためには，当事者が強制執行の申立てを行うことを要する（民執§2）。そして，債務名義が存在すること，債務名義に執行文が付与されていること，債務名義が債務者に送達されていること等が強制執行の開始の要件となる。

第2節 債務名義

Topics ・債務名義とは何かを理解することが強制執行の基本である。
・債務名義の種類について正確に理解すること。

1 債務名義の意義

　債務名義とは，強制執行により実現される請求権の存在およびその内容を明らかにした公の文書で，法律により執行力の与えられたもののことをいう。強制執行には，給付請求権が存在していることが前提となるが，執行機関が強制執行に着手する段階で，給付請求権の存在やその内容を調査しなければならないとしたら，そのために多くの時間と手間を要することになってしまう。そのため，当該給付請求権の存在やその内容および執行力の存在が明確に表示されている債務名義が存在することを根拠として，強制執行の執行機関は強制執行を迅速に，かつ確実に実行すればよく，強制執行の執行機関は当該給付請求権の調査を行うことを要せず，また調査を行ってはならないこととされている。

2 債務名義の種類

(1) **確定判決（民執§22①）**
　確定した給付判決であり，形成判決や確認判決は含まれない。

(2) **仮執行宣言付判決（民執§22②）**
　給付判決は，確定する前であっても仮執行宣言が付されると（民訴§259），債務名義となる。　`R2-7-イ`

(3) **抗告によらなければ不服を申し立てることができない裁判（民執§22③）**
　抗告によらなければ不服を申し立てることができない裁判とは，決定や命令のことをいう（民訴§328参照）。これらのうち，給付を命ずるものが債務名義となる。具体的には，不動産引渡命令（民執§83Ⅰ）や，代替執行または間接強制のための決定（そのうちの費用の支払いや金銭の支払いを命ずる部分）（民執§171Ⅳ，172Ⅰ）などがある。

(4) **仮執行の宣言を付した損害賠償命令（民執§22③の2）**

(5) **仮執行の宣言を付した届出債権支払命令（民訴§22③の3）**

(6) **仮執行宣言付支払督促（民執§22④）**　`H27-7-2`

(7) **訴訟費用もしくは和解の費用等の負担の額等を定める裁判所書記官の処分（民執§22④の２）**

H27-7-1
　　訴訟費用の負担の額や和解の費用の負担の額は裁判所書記官が定めるが（民訴§71，72），その確定処分は債務名義となる。

(8) **執行証書（民執§22⑤）**

R2-7-ア
H31-7-2
H27-7-4
　　執行証書とは，公証人がその権限に基づき作成した公正証書で，金銭の一定の額の支払またはその他の代替物もしくは有価証券の一定の数量の給付を目的とする請求について，債務者が直ちに強制執行に服する旨の陳述（執行受諾文言）が記載されているものである。ただし，請求権の金額・数量が一定であり，さらにそれを証書の記載から確知できなければならない。すなわち，金銭の支払を目的とする請求についての執行証書においては，その支払の額が明記されているか，公正証書の記載から一定の数額を確認，算定することができる場合でなければ，強制執行をするために必要な債務名義に該当しない。なお，不動産や動産など特定物の給付を目的とする請求については，公正証書で作成され，執行受諾文言があっても債務名義にならない。

H31-7-4
H27-7-3
(9) **確定した執行判決のある外国裁判所の判決（民執§22⑥）**

(10) **確定した執行決定のある仲裁判断（民執§22⑥の２）**

(11) **確定判決と同一の効力を有するもの（民執§22⑦）**

H31-7-1
H27-7-5
　　確定判決と同一の効力を有するものとしては，和解調書や認諾調書（民訴§267），民事調停において当事者間に合意が成立し，これが調書に記載され，調停が成立したものとされたときのその記載（民調§16）などがある。

第3節　執行文

Topics ・執行文の必要性を理解すること。
　　　　・執行文の種類と付与の手続を理解すること。

1　執行文の意義
⑴　執行文とは何か

（執行文の付与）

第26条　執行文は，申立てにより，執行証書以外の債務名義については事件の記録の存する裁判所の裁判所書記官が，執行証書についてはその原本を保存する公証人が付与する。

2　執行文の付与は，債権者が債務者に対しその債務名義により強制執行をすることができる場合に，その旨を債務名義の正本の末尾に付記する方法により行う。

R4-7-ウ

　執行文とは，債務名義が有効であること，執行に関する当事者が適正であること，あるいは債務名義における請求権が条件付である場合の条件の成就の有無などについて，裁判所書記官や公証人に審査させ，その結果につき債務名義の末尾に付記される文言である（民執§26）。強制執行は，原則として，執行文の付された債務名義の正本に基づいて実施する（民執§25本文）。

⑵　執行文の必要性
　債務名義が存在しても，その債務名義に執行力が現存するか否かについては調査が必要である。たとえば，債務名義が判決であれば，その判決が上訴や再審により取り消されていないか等が明らかにされていなければならない。このような調査を執行機関に行わせることは執行の迅速性の要請に反することになり，また執行官が執行機関であるときは執行官にこのような調査を求めるのは適当ではない。そのため，このような執行力の現存の有無に関する調査については，事件の記録の存する裁判所の裁判所書記官や公証人に担当させることとして，債務名義が直ちに強制執行することができることを証明させるように定められた。

⑶　執行文を要しない債務名義
　例外的に，次に掲げる債務名義については，当該債務名義に表示された当事者に対し，またはその者のためにする強制執行においては，執行文の付与

329

を受けなくても強制執行を実施することができる（民執§25ただし書）。これらは，債権者に迅速な執行を容易にさせるための制度だからである。

① 少額訴訟における確定判決

R4-7-イ

② 仮執行宣言付少額訴訟の判決

③ 仮執行宣言付支払督促

　また，このほか，意思表示を命ずる債務名義（民執§174Ⅰ本文）や保全命令（仮差押命令・仮処分命令，民保§43Ⅰ本文）についても，原則として執行文は不要である。

2　執行文付与の手続

(1)　執行文の付与機関

H30-7-ア
H16-7-ア

　執行証書についてはその原本を保存する公証人，その他の債務名義については事件の記録の存する裁判所の裁判所書記官が執行文を付与する（民執§26Ⅰ）。

(2)　執行文付与の一般的要件（単純執行文）

　債務名義に執行力が存することを示す執行文であり，これらの要件を具備するだけで付与される執行文を単純執行文という。

① 債務名義が有効に存在していること

② 債務名義の執行力が発生し，かつ，現存していること

③ 債務名義に表示された請求権が強制執行可能なものであること

④ 債務名義の執行力が，申立人とその相手方に及んでいること

(3)　条件成就執行文

> **第27条**　請求が債権者の証明すべき事実の到来に係る場合においては，執行文は，債権者がその事実の到来したことを証する文書を提出したときに限り，付与することができる。

H30-7-ウ

　本条本項の執行文を条件成就執行文という。請求が債権者の証明すべき事実の到来にかかる場合とは，請求権が条件付あるいは不確定期限付きである場合のことをいい，たとえば，立退料の支払いを条件として家屋の明渡しを受けることができる請求権は条件付請求権であり，あるいは債務者が死亡したときに家屋の明渡しを受けることができる請求権は不確定期限付の請求権である。なお，2020年1月1日に家屋の明渡を受けることができる請求権のような確定期限付の請求権である場合は，債権者が証明しなくても期限到来

は明らかなので, 条件成就執行文の付与は要せず, 強制執行開始の要件となる。

⑷　承継執行文

> **第27条**
> **2**　債務名義に表示された当事者以外の者を債権者又は債務者とする執行文は, その者に対し, 又はその者のために強制執行をすることができることが裁判所書記官若しくは公証人に明白であるとき, 又は債権者がそのことを証する文書を提出したときに限り, 付与することができる。

　本条本項の執行文を承継執行文という。

　例えば, 土地の所有者Aが, その土地上に建物を所有して土地を占有している B に対して建物収去土地明渡請求訴訟を提起し, その全部認容判決が確定した場合において, その事実審の口頭弁論終結後にAがCに対してその土地を譲渡したときは, C は, 承継執行文の付与を受けることにより, その確定判決を債務名義として強制執行を申し立てることができる。 R4-7-エ

　承継執行文は, 単純執行文を要しないとされる①少額訴訟における確定判決, ②仮執行宣言付少額訴訟の判決, ③仮執行宣言付支払督促においても, それに表示された当事者以外の者を債権者または債務者とする執行であるときは付与を受けなければならない。

　なお, 執行開始後に債務者が死亡したときは, そのまま執行を続行できるが (民執§41 I), 執行開始後に債権者が死亡したときは, 承継執行文の付与が必要となる (民執規§22 I)。

⑸　執行文の再度付与

> （執行文の再度付与等）
> **第28条**　執行文は, 債権の完全な弁済を得るため執行文の付された債務名義の正本が数通必要であるとき, 又はこれが滅失したときに限り, 更に付与することができる。

　執行文の付された債務名義の正本が数通必要であるときとは, たとえば, 債務者の財産が複数であるときに複数の裁判所に強制執行の申立てをする必要がある場合や, 債権執行と動産執行とを行う必要がある場合などが考えられる。また, ①少額訴訟における確定判決, ②仮執行宣言付少額訴訟の判決, ③仮執行宣言付支払督促の正本を更に交付する場合も同様である (民執§28 H30-7-エ

Ⅱ)。

(6)　執行文の付与に関する不服申立て

　執行文の付与については，執行文の付与が得られない場合には債権者側か
ら，執行文を付与すべきでないのに付与された場合には債務者側から，不服
申立ての手続がある。これらについては，民事執行法における不服申立て制
度として第3章で一括して解説することにする。

(7)　債務者を特定しない執行文の付与

　執行文は，本来，特定の債務者に対して直ちに強制執行をしても差し支え
ないことを証明するものである。通常は，債務名義に表示された給付義務を
負う者またはその者の承継人（民執§27Ⅱ）が債務者となるが，不動産の引
渡しまたは明渡しの強制執行においては，目的不動産の占有者を次々に変更
したり，外国人や氏名不詳者に占有させて，執行が妨害されるケースが少な
くない。その様な場合，強制執行をする時点で債務者を特定することが困難
であるので，民事執行法27条3項の規定は，債務者を特定しなくても執行文
の付与が受けられる場合を想定し，執行妨害に対抗し，不動産の引渡しまた
は明渡しの強制執行の実効性の確保を図るものである。

　次の①または②の要件を満たす債務名義については，その債務名義に基づ
く不動産の引渡しまたは明渡しの強制執行をする時点における不動産の占有
者を特定することが困難な特別の事情がある場合は，債権者がこれを証する
文書を提出すれば，債務者を特定しないで執行文の付与を受けることができ
る。

---

①　債務名義が不動産の引渡しまたは明渡しの請求権を表示したもので
あり，これを本案とする占有移転禁止の仮処分命令（民保§25の2Ⅰ）
が執行され，かつ，民事保全法62条1項の規定により当該不動産を占
有する者に対して当該債務名義に基づく引渡しまたは明渡しの強制執
行をすることができるものであること。
②　債務名義が引渡命令（民執§83Ⅰ）であり，当該強制競売または担保
不動産競売の手続において当該引渡命令の引渡義務者に対し，占有移
転禁止の保全処分および公示保全処分が執行され，かつ，民事執行法
83条の2第1項の規定により当該不動産を占有する者に対して当該引
渡命令に基づく引渡しの強制執行をすることができるものであること。

　民事執行法27条3項の執行文が付された債務名義の正本に基づく強制執行

は，当該執行文の付与の日から4週間を経過する前であって，当該強制執行
において不動産の占有を解く際にその占有者を特定することができる場合に
限ってすることができ（民執§27Ⅳ），この強制執行がされたときは，当該
強制執行によって当該不動産の占有を解かれた者が，債務者となる（民執§
27Ⅴ）。

第4節　強制執行手続の進行

Topics・強制執行の開始の要件を理解する。
　　　　・強制執行の停止・取消しについて理解する。

1　強制執行手続の開始と終了

　強制執行は，債権者の書面による申立てにより開始する（民執§2，民執規§1）。そして，債権者が執行債権の満足を得たとき，あるいは満足を得ることが確定的に不能となったときに終了する。

2　執行当事者の範囲

(1)　執行当事者の意義

　強制執行では，その者のために強制執行がされる者を債権者，その者に対して強制執行がされる者を債務者という（民執§26Ⅱ参照）。また，債権者と債務者を一括して執行当事者という。執行当事者は，債務名義に表示された当事者と一致する場合もあるが，一致しない場合もある。すなわち，一致しない場合であっても，執行当事者としての適格が認められる場合がある。そこで，どの範囲の者から，またはどの範囲の者に対して強制執行ができるのかを明らかにしておかなければならない。

(2)　強制執行ができる者の範囲

　強制執行ができる者の範囲については，確定判決の既判力が及ぶ者の範囲に関する民事訴訟法115条1項の規定に準ずる形で次のように規定されている。

①　執行証書以外の債務名義に基づく強制執行の場合（民執§23ⅠⅢ）
　　㋐　債務名義に表示された当事者
　　㋑　債務名義に表示された当事者が他人のために当事者となった場合のその他人

R4-7-エ
　　㋒　㋐㋑の者の債務名義成立後の承継人（民事執行法23条1項3号かっこ書に注意）
　　㋓　㋐㋑㋒の者のために請求の目的物を所持する者

②　執行証書による強制執行の場合（民執§23Ⅱ）
　　㋐　執行証書に表示された当事者
　　㋑　執行証書作成後のその承継人

3　強制執行の開始の要件

(1)　債務名義・執行文等の送達

　　強制執行は，債務名義または確定により債務名義となるべき裁判の正本　`H31-7-3`
または謄本が，あらかじめ，または同時に債務者に送達されたときに限り，開
始することができる（民執§29前段）。また，条件成就執行文や承継執行文
が付与された場合においては，当該執行文および執行文付与のために債権者
が提出した文書の謄本も，あらかじめ，または同時に債務者に送達されなけ
ればならない（同後段）。これは債務者に対する不意打ちを防止し，債務者
に防御の機会を与えるためである。

(2)　確定期限の到来

　　請求が確定期限の到来に係る場合においては，強制執行は，その期限の到
来後に限り，開始することができる（民執§30Ⅰ）。確定期限の到来とは，
たとえば，「〇年〇月〇日をもって金〇円を支払え」というようなものであ
るので，その確定期限の到来は誰にでも明らかであるから，執行開始の要件
とされている。これに対して，不確定期限に係る請求については条件成就執
行文の付与を受けなければならない（民執§27Ⅰ）。

🔴重要❗ •

債権者は確定期限の到来前に，執行文の付与を受けることはできる。　　　`H30-7-イ`

(3)　担保の提供

　　担保を立てることを強制執行の実施の条件とする債務名義による強制執行
は，債権者が担保を立てたことを証する文書を提出したときに限り，開始す
ることができる（民執§30Ⅱ）。

🔴重要❗ •

執行文の付与については，あらかじめ受けておくことができる。

(4)　反対給付の履行またはその提供

　　債務者の給付が反対給付と引換えにすべきものである場合においては，強　`R4-7-オ`
制執行は，債権者が反対給付またはその提供のあったことを証明したときに　`H16-7-エ`
限り，開始することができる（民執§31Ⅰ）。ここで，「反対給付またはその　`H元-8-1`
提供のあったこと」と規定されているのは，反対給付が履行されたことは当
然として，反対給付の履行の提供（民§493参照）を行ったことでも認める
ものである。

これは，物件の引渡しや移転登記など，相手方の協力がなければ履行でき
ない反対給付もあるからである。なお，反対給付またはその提供を証明する
ことは条件成就執行文付与の要件ではない点に注意すべきである。

重要❷ •

反対給付の履行またはその提供を執行文の付与の要件とすると，債権者に先履
行を強いることになってしまうからである。

(5)　代償請求の場合

債務者の給付が，他の給付について強制執行の目的を達することができな
い場合に，他の給付に代えてすべきものであるときは，強制執行は，債権者
が他の給付について強制執行の目的を達することができなかったことを証明
したときに限り，開始することができる（民執§31Ⅱ）。

たとえば，債務者に対し，「債権者にX建物を引き渡せ，その執行が目的
を達しないときは，これに代えて金○円を支払え」という債務名義である場
合に，「X建物を引き渡せ」の部分が本来的請求であり，「その執行が目的を
達しないときは金○円を支払え」の部分が代償請求である。この規定では，
本来的請求に関する強制執行の不能が，代償請求に関する強制執行の開始の
条件となっているが，本来的請求に関する強制執行の不能はその執行を行っ
た執行機関により調書に記録されているので（民執規§13Ⅰ⑦），代償請求
を行う執行機関が知ることは容易である。したがって，執行文付与の要件で
はなく，執行開始の要件とされている。

4　強制執行の停止および取消し

(1)　強制執行の停止と取消し

強制執行の停止とは，執行機関が強制執行の開始または続行ができなくな
ることをいう。また，強制執行の取消しとは，執行機関が既に行った執行処
分の全部または一部を除去することをいう。強制執行の停止および取消しは，
法定された執行停止・取消文書を執行機関に提出して行う（民執§39，40）。

(2)　執行取消文書の提出による執行処分の取消しは，その内容が確実なもので
あるから，執行を取り消す旨の決定に対しては，債権者は執行抗告をするこ
とができない（民執§40Ⅱ）。これは，民事執行の手続を取り消す旨の決定
に対して執行抗告が認められていること（民執§12Ⅰ）に対する例外規定で
ある。

(3) 執行停止・取消文書

執行停止・取消文書は次のとおり個別的具体的に定められている。

① 執行停止文書であり，かつ執行取消文書であるもの

　⑦ 債務名義（執行証書を除く。）もしくは仮執行の宣言を取り消す旨または強制執行を許さない旨を記載した執行力のある裁判の正本（民執§39Ⅰ①，40Ⅰ）

　④ 債務名義に係る和解，認諾，調停または労働審判の効力がないことを宣言する確定判決の正本（民執§39Ⅰ②，40Ⅰ）

　⑦ 民事執行法22条2号から4号の2までに掲げる債務名義（仮執行宣言付判決，抗告によらなければ不服を申し立てることができない裁判，仮執行の宣言を付した損害賠償命令，仮執行宣言付届出債権支払命令，仮執行宣言付支払督促，訴訟費用等の負担額を定める裁判所書記官の処分等）が，訴えの取下げその他の事由により効力を失ったことを証する調書の正本その他の裁判所書記官の作成した文書（民執§39Ⅰ③，40Ⅰ）

　② 強制執行をしない旨またはその申立てを取り下げる旨を記載した裁判上の和解もしくは調停の調書の正本または労働審判法21条4項の規定により裁判上の和解と同一の効力を有する労働審判の審判書若しくは同法20条7項の調書の正本（民執§39Ⅰ④，40Ⅰ）

　⑦ 強制執行を免れるための担保を立てたことを証する文書（民執§39Ⅰ⑤，40Ⅰ）

　⑦ 強制執行の停止および執行処分の取消しを命ずる旨を記載した裁判の正本（民執§39Ⅰ⑥，40Ⅰ）

② 執行停止文書のみであるもの

　⑦ 強制執行の一時の停止を命ずる旨を記載した裁判の正本（民執§39Ⅰ⑦）

　④ 債権者が，債務名義の成立後に，弁済を受け，または弁済の猶予を承諾した旨を記載した文書（民執§39Ⅰ⑧）
　　➡ このうち弁済を受けた旨を記載した文書の提出による強制執行の停

止は，4週間に限られる（民執§39Ⅱ）。

➡　このうち弁済の猶予を承諾した旨を記載した文書の提出による強制
執行の停止は，2回に限り，かつ，通じて6か月を超えることができ
ない（民執§39Ⅲ）。

第3章
民事執行法における不服申立制度

第1節　不服申立制度の概要

Topics・民事執行法における不服申立制度の全体像を理解する。
　　　・執行手続に対する不服申立制度と，実体上の瑕疵に対する不服申立制度との違いを理解する。

1　民事執行法における不服申立制度の概要

　　民事執行法においては，違法執行に対する不服申立ての手続と，不当執行に対する不服申立ての手続の2つが設けられている。なお，違法執行とは民事執行法の規定に反する執行手続が行われた場合をいい，不当執行とは強制執行の前提となる請求権が実体関係に一致しないなど実体法上において理由のない執行手続が行われた場合のことをいう。

2　違法執行に対する不服申立の手続

　　民事執行法においては，執行機関の行った執行処分に瑕疵がある場合，執行機関がすべき執行処分を行わない場合など，執行法上の違法な場合の救済手段として執行抗告（民執§10，12）および執行異議（民執§11）の制度が定められており，迅速な救済を図ることとされている。なお，違法な執行処分によって損害を受けた者は，執行抗告や執行異議による救済を求めると同時に，国家賠償を求めることもできる（国賠§1）。

H22-7-ウ

3　不当執行に対する不服申立の手続

　　執行処分としては適法であるが，執行処分の結果が実体法上許されない場合，すなわち強制執行の前提となる債務名義に執行力がない場合や，強制執行の対象となる財産が債務者の財産ではない場合などにおいては，実体関係に対する判断が必要となることから，請求異議の訴え（民執§35）や第三者異議の訴え（民執§38）など，執行手続とは別個の訴訟手続によるのが原則となる。

4　担保権の実行における例外的取扱い

　　債務名義を要件としない担保権の実行においては，債務名義や執行文に対する救済の適用はなく，執行異議や執行抗告が不当な担保権の実行に対する不服

申立ての手段としても用いられる（民執§182，191，193Ⅱ）。たとえば，不動産担保権の実行の開始決定に対する執行抗告（担保不動産収益執行の開始決定の場合），または執行異議（担保不動産競売の開始決定の場合）の申立てにおいては，担保権の不存在または消滅を理由とすることができる（民執§182）。

第2節　執行抗告と執行異議

Topics・執行抗告と執行異議の違いを理解する。

　　　　・執行抗告をすることができる場合について理解する。

1　執行抗告の内容

（執行抗告）

第10条　民事執行の手続に関する裁判に対しては，特別の定めがある場合に限り，執行抗告をすることができる。

　執行抗告とは，民事執行法の手続に関する執行裁判所の裁判に対し，手続の違法を主張して，その取消しや変更を求める上級裁判所（抗告裁判所）への不服申立てであり，特別の定めがある場合に限り行うことができる（民執§10Ⅰ）。

2　執行抗告を行うことができる裁判の例

(1)　民事執行の手続が終了してしまう裁判

①　民事執行の手続を取り消す旨の決定（民執§12Ⅰ）

②　不動産の強制競売の申立てを却下する裁判（民執§45Ⅲ）

③　配当要求を却下する裁判（民執§51Ⅱ，105Ⅱ，154Ⅲ）

(2)　その裁判がされた段階で執行抗告を認めておかないと関係人に重大な不利益を与えるおそれのある裁判

①　売却のための保全処分の申立てまたはこれを取消しもしくは変更する申立てについての裁判（民執§55Ⅵ）

②　強制管理の申立てについての裁判（民執§93Ⅴ）

③　債権執行における差押命令の申立てについての裁判（民執§145Ⅵ）

(3)　実体関係について変動や確定が生ずる裁判

①　不動産の売却の許可・不許可の決定（民執§74Ⅰ）

②　不動産の引渡命令の申立てに対する裁判（民執§83Ⅳ）

③　債権執行における転付命令の申立てについての決定（民執§159Ⅳ）

3　執行抗告が認められない裁判として注意すべき点

　不動産競売または担保不動産競売の開始決定（民執§45Ⅲ，188）については，　**H21-7-イ**
執行抗告が認められず，執行異議による点に注意すべきである。これについて

は，開始決定の段階ではなく，その後の売却許可の決定において執行抗告が認められているからである（民執§74Ⅰ，188）。

4　執行抗告の手続
(1)　執行抗告の提起と提起後の手続
① 執行抗告は，裁判の告知を受けた日から1週間の不変期間内に抗告状を原裁判所に提出してしなければならない（民執§10Ⅱ）。抗告状は当該裁判を行った裁判所である原裁判所に提出しなければならず，抗告裁判所に提出した場合には，移送は行われず，却下される（最決昭57.7.19）。

② 抗告人が執行抗告の理由を抗告状に記載しなかった場合には，抗告状提出の日から1週間以内に抗告理由書を原裁判所に提出しなければならない（民執§10Ⅲ）。

③ 執行抗告については，原裁判所が審査し，一定の場合には執行抗告を却下しなければならない（民執§10Ⅴ）。なお，この原裁判所の却下決定に対してはさらに執行抗告をすることができる（同Ⅷ）。

④ 原裁判所は，執行抗告に理由があると認める場合は，再度の考案として，原裁判を取り消しまたは変更することができ（民執§20，民訴§333），理由がないと認めるときは，原裁判所はその旨の意見を付して抗告裁判所に事件を送付する（民執規§15の2，民訴規206）。

⑤ 抗告裁判所は，抗告状または抗告理由書に記載された理由に限り調査を行うが，原裁判に影響を及ぼすべき法令の違反または事実の誤認の有無については職権で調査することができる（民執§10Ⅶ）。

(2)　執行抗告と執行停止
執行抗告を提起しても，当然には執行停止の効力は生じない。そのため，抗告裁判所は，執行抗告についての裁判が効力を生ずるまでの間，担保を立てさせ，もしくは立てさせないで原裁判の執行の停止もしくは民事執行の手続の全部もしくは一部の停止を命じ，または担保を立てさせてこれらの続行を命ずることができ，事件の記録が原裁判所に存する間は，原裁判所も，これらの処分を命ずることができる（民執§10Ⅵ）。

5　執行異議

⑴　執行異議の対象

　　執行裁判所の執行処分で執行抗告のできないもの，ならびに執行官の執行処分および執行官のすべき執行処分の遅怠に対し，執行裁判所に執行異議の申立てをすることができる（民執§11）。

⑵　執行異議の手続

①　申立ての期間については定められておらず，異議の利益が存在する間であれば申し立てることができる。　`H22-7-イ`

②　執行異議は，執行裁判所の期日においては口頭で申し立てることができるが，それ以外では書面により執行裁判所に申し立てなければならない(民執規§8Ⅰ)。

③　執行異議の審理は任意的口頭弁論により決定で裁判され（民執§4），申立人および第三者たる参考人を審尋することができると解されている（民執§5）。

④　執行異議が申し立てられても，執行抗告と同様に，当然には執行停止の効力は生じない。そのため，執行抗告と同様に，執行異議の裁判が効力を生ずるまでの間，手続の停止等を命ずることができる（民執§11Ⅱ，10Ⅵ前段）。

第3節　執行文に関する不服申立て

Topics ・執行文に関する不服申立ての内容を理解する。
　　　　・債権者と債務者のいずれが申し立てる手続であるかを理解する。

1　執行文の付与等に関する異議の申立て

⑴　執行文の付与等に関する異議の申立ての内容

R4-7-ア
H30-7-オ

①　執行文付与機関に対する執行文の付与の申立てに関して，執行文を付与した処分および執行文の付与をしなかった処分に対する不服申立てである（民執§32Ⅰ）。これらの処分は，執行機関の処分ではないので，執行異議の対象とならない。

H16-7-オ

②　申立ては，裁判所書記官の処分にあってはその裁判所書記官の所属する裁判所に，公証人の処分にあってはその公証人の役場の所在地を管轄する地方裁判所に行う（同Ⅰ）。

③　異議の事由は，債権者においては執行文を付与すべきであるのに付与しなかった処分が違法であること，債務者においては執行文を付与すべきでないのにこれを付与した処分が違法であること，である。

④　執行文の付与等に関する異議の申立てにおいては，書面審理や任意的口頭弁論により審理し，決定により裁判をする（同Ⅲ）。この裁判に対しては不服を申し立てることはできないが（同Ⅳ），債権者は執行文付与の訴え（民執§33）を提起することができ，債務者は執行文付与に対する異議の訴え（民執§34）を提起することができる。

⑵　執行文の付与等に関する異議の申立てと執行停止

執行文の付与等に関する異議の申立てをしても，当然には執行は停止せず，裁判所は異議についての裁判をするまでの間執行停止等の仮の処分を命ずることができる（民執§32Ⅱ前段）。そして，急迫の事情があるときは，裁判長もこれらの処分を命ずることができる（同Ⅱ後段）。

2　執行文付与の訴え

条件成就執行文（民執§27Ⅰ）や承継執行文（同Ⅱ）の付与に要する文書の提出ができないときに，債権者が，条件成就執行文・承継執行文の付与を求める訴えの手続である（民執§33）。

3　執行文付与に対する異議の訴え

(1)　執行文付与に対する異議の訴えの内容

①　裁判所書記官や公証人が条件成就執行文（民執§27Ⅰ）や承継執行文（同 Ⅱ）を付与した場合に，債務者が，条件の成就や承継についてその執行文 の付された債務名義に基づく強制執行の不許を求める訴えの手続である （民執§34Ⅰ）。　H26-7-ア H17-6-ア

②　異議の事由が数個あるときは，債務者は，その異議の事由を同時に主張 しなければならない（同Ⅱ）。

なお，執行文付与に対する異議の訴えを提起する前に執行文付与等に関 する異議の申立てをする必要はなく，直ちに執行文付与に対する異議の訴 えを提起することができる。　H17-6-ア

(2)　執行文付与に対する異議の訴えと執行停止

執行文付与に対する異議の訴えをしても，当然には執行は停止しない。そ のため，受訴裁判所は，異議のために主張した事情が法律上理由があるとみ え，かつ，事実上の点につき疎明があったときは，申立てにより，終局判決 において執行停止等の処分，その取消し，変更，認可等の裁判（民執§37Ⅰ） をするまでの間，強制執行の停止等の仮の処分を命ずることができ，急迫な 事情があるときは，受訴裁判所の裁判長または執行裁判所もこの仮の処分を することができる（民執§36ⅠⅢ）。

第4節　請求異議の訴え

Topics・請求異議の訴えの内容を理解する。
　　　　・異議の事由について理解しておくこと。

（請求異議の訴え）

第35条　債務名義（第22条第2号又は第3号の2から第4号までに掲げる債務
　　名義で確定前のものを除く。以下この項において同じ。）に係る請求権の存在
　　又は内容について異議のある債務者は，その債務名義による強制執行の不許
　　を求めるために，請求異議の訴えを提起することができる。裁判以外の債務
　　名義の成立について異議のある債務者も，同様とする。

　2　確定判決についての異議の事由は，口頭弁論の終結後に生じたものに限る。

　3　第33条第2項及び前条第2項の規定は，第1項の訴えについて準用する。

1　請求異議の訴えの内容

　　債務名義に表示された請求権が実体関係に一致しない場合に，債務名義に表
示されている請求権の存在または内容に異議のある債務者が，当該債務名義の
執行力の排除を求める訴えである（民執§35Ⅰ）。

2　対象とならない債務名義

R3-7-オ
H17-6-イ
H14-6-イ

　　債務名義のうち，仮執行宣言付判決，仮執行宣言付損害賠償命令，仮執行宣
言付届出債権支払命令，仮執行宣言付支払督促で確定前のものに対しては，請求
異議の訴えを提起することができない（民執§35Ⅰかっこ書）。これらは，
上訴または督促異議によって移行した訴訟において，債務名義としての効力を
失わせることができるからである。

3　請求異議の事由

(1)　請求権の存在についての異議事由（民執§35Ⅰ前段）

H14-6-ア

　　債務名義に表示された請求権自体の発生を妨げる事由（例えば，通謀虚偽
表示による無効や錯誤取消し），またはいったん発生した請求権を消滅させ
る事由（例えば，弁済，相殺，契約の解除）があげられる。

(2)　請求権の内容についての異議事由（同Ⅰ前後）

　　債務名義に表示された請求権の効力を停止したり制限する事由（例えば，

弁済期の猶予），責任の制限や消滅を生ずる事由（例えば，破産における免責）や請求権の主体について変動させる事由（例えば，債権譲渡）があげられる。

(3)　債務名義の成立についての異議事由 （同Ⅰ後段）

　　裁判以外の債務名義，すなわち執行証書，和解調書，認諾調書などについては，その取消しまたは変更を求める上訴・異議・再審などの不服申立ての方法がないので，その成立についての瑕疵も請求異議事由とすることができる。 `H14-6-オ`

(4)　その他の異議事由

　　債務名義に基づき強制執行をすることが信義則（民§1Ⅱ）に反し，または権利濫用（同Ⅲ）として許されない場合には，請求異議の訴えにより債務名義の執行力を消滅させることができる（最判昭37.5.24，最判昭43.9.6）。

4　請求異議の事由の時期的制限

　　債務名義が既判力を有するものである場合，その基準時以前に生じた異議の事由の主張は，既判力により遮断され許されない。したがって，確定判決についてはその訴訟の口頭弁論終結後に生じた異議の事由でなければならない。なお，既判力を伴わない債務名義，たとえば執行証書については，請求権の不成立や無効など債務名義成立前に存した事由も主張することができる。 `H14-6-エ`

5　請求異議の訴えの手続

(1)　当事者

　　原告は，債務名義上の債務者またはその承継人などであり，被告は，債務名義上の債権者またはその承継人などである。 `H26-7-イ`

(2)　訴えの提起の時期

　　債務名義の成立後であればいつでも提起することができ，執行文の付与の有無，あるいは執行の着手の有無を問わない。ただし，その債務名義に基づく強制執行が終了した後においては，執行を阻むという訴えの利益がなくなるので，請求異議の訴えを提起することはできない。 `H17-6-ウ`

(3)　請求異議の訴えと執行停止

　　請求異議の訴えを提起しても，当然には執行は停止しない。そのため，受訴裁判所は，異議のために主張した事情が法律上理由があるとみえ，かつ，事実上の点につき疎明があったときは，申立てにより，終局判決において執

行停止等の処分，その取消し，変更，認可等の裁判（民執§37Ⅰ）をするまでの間，強制執行の停止等の仮の処分を命ずることができ，急迫な事情があるときは，受訴裁判所の裁判長または執行裁判所もこの仮の処分をすることができる（民執§36ⅠⅢ）。

6　執行文付与の訴え（民執§33Ⅰ），執行文付与に対する異議の訴え（民執§34），請求異議の訴え（民執§35）の管轄裁判所

	債務名義の区分	管轄裁判所
①	・確定判決（民執§22①） ・仮執行宣言付判決（民執§22②） ・抗告によらなければ不服を申し立てることができない裁判（民執§22③） ・確定した執行判決のある外国裁判所の判決（民執§22⑥） ・確定した執行決定のある仲裁判断（民執§22⑥の2） ・確定判決と同一の効力を有するもの（民執§22⑦）のうち，下記①の2，①の3および⑥に掲げるもの以外のもの	第一審裁判所（民執§33Ⅱ①）
①の2	・仮執行の宣言を付した損害賠償命令（民執§22③の2） ・確定判決と同一の効力を有するもの（民執§22⑦）のうち損害賠償命令ならびに損害賠償命令事件に関する手続における和解および請求の認諾にかかるもの	損害賠償命令事件が係属していた地方裁判所（民執§33Ⅱ①の2）
①の3	・仮執行の宣言を付した届出債権支払命令（民執§22③の3） ・確定判決と同一の効力を有するもの（民執§22⑦）のうち届出債権支払命令ならびに簡易確定手続における届出債権の認否および和解に係るもの	簡易確定手続が係属していた地方裁判所（民執§33Ⅱ①の3）

②	・仮執行宣言付支払督促（民執§22④）のうち下記③に掲げるもの以外のもの	仮執行の宣言を付した支払督促を発した裁判所書記官の所属する簡易裁判所（仮執行の宣言を付した支払督促に係る請求が簡易裁判所の管轄に属しないものであるときは，その簡易裁判所の所在地を管轄する地方裁判所）(民執§33Ⅱ②)
③	・仮執行宣言付支払督促（民執§22④）のうち電子情報処理組織による支払督促の申立て（民訴§132の10Ⅰ本文）または電子情報処理組織による督促手続における所定の方式の書面による申立ての方式（民訴§402Ⅰ）により記載された書面をもってされた支払督促の申立てによるもの	当該支払督促の申立てについて民事訴訟法398条（民事訴訟法402条2項において準用する場合を含む。）の規定により訴えの提起があったものとされる裁判所（民執§33Ⅱ③）
④	・訴訟費用もしくは和解の費用の負担の額等を定める裁判所書記官の処分（民執§22④の2）	当該処分をした裁判所書記官の所属する裁判所（民執§33Ⅱ④）
⑤	・執行証書（民執§22⑤）	債務者の普通裁判籍の所在地を管轄する裁判所（この普通裁判籍がないときは，請求の目的または差し押さえることができる債務者の財産の所在地を管轄する裁判所）(民執§33Ⅱ⑤)
⑥	・確定判決と同一の効力を有するもの（民執§22⑦）のうち和解もしくは調停（上級裁判所において成立した和解および調停を除く。）または労働審判に係るもの（上記①の2および①の3に掲げるものを除く。）	和解もしくは調停が成立した簡易裁判所，地方裁判所もしくは家庭裁判所（簡易裁判所において成立した和解または調停に係る請求が簡易裁判所の管轄に属しないものであるときは，その簡易裁判所の所在地を管轄する地方裁判所）または労働審判が行われた際に労働審判事件が係属していた地方裁判所（民執§33Ⅱ⑥）

第5節　第三者異議の訴え

Topics ・第三者異議の訴えの内容を理解する。
　　　　　・第三者異議の訴えの手続について理解する。

（第三者異議の訴え）

第38条　強制執行の目的物について所有権その他目的物の譲渡又は引渡しを妨げる権利を有する第三者は，債権者に対し，その強制執行の不許を求めるために，第三者異議の訴えを提起することができる。

2　前項に規定する第三者は，同項の訴えに併合して，債務者に対する強制執行の目的物についての訴えを提起することができる。

3　第1項の訴えは，執行裁判所が管轄する。

4　前二条の規定は，第1項の訴えに係る執行停止の裁判について準用する。

1　第三者異議の訴えの内容

H26-7-ウ　　本来強制執行は債務者の責任財産に対してなされるべきものである。そのため，強制執行の目的物について所有権その他目的物の譲渡または引渡を妨げる権利を有する債務者以外の第三者は，債権者に対し，その強制執行の不許を求めるために，第三者異議の訴えを提起することができる（民執§38Ⅰ）。また，当該第三者は，第三者異議の訴えに併合して，債務者に対する強制執行の目的物についての訴え，たとえば所有権確認の訴えを提起することができる（同Ⅱ）。

2　第三者異議の訴えの手続

(1)　管　轄

第三者異議の訴えは，執行裁判所が管轄する（民執§38Ⅲ）。

(2)　訴えの提起の時期

H17-6-オ　　　第三者異議の訴えは，原則として，強制執行の開始後に提起することができ，執行の開始前には訴えの利益が認められない。ただし，特定物の引渡しや不動産の明渡しの執行の場合には，執行の目的物が特定されているので，執行の着手前であっても執行の排除を求める利益があり提起することが認められる。なお，強制執行が終了した後においては，提起することができない。

(3) **第三者異議の訴えと執行停止**

　　請求異議の訴えの場合と同様である（民執§38Ⅳ，36，37）。

(4) **第三者異議の訴えで敗訴した場合におけるその後の強制執行の可否**

　　債権者は第三者異議の訴えにおいて敗訴しても，同一の債務名義に基づい H17-6-エ
　て，債務者の責任財産に属する他の財産に対し強制執行をすることができる。
　第三者異議の訴えは，執行の目的物そのものが債務者の責任財産に属するか
　否かを判断するものであって，債務名義における請求権の存在あるいは内容
　について審理するものではないからである。

第4章
不動産執行通則

Topics ・不動産執行の全体像を把握する。
　　　　　・執行裁判所について理解する。

1　不動産執行の方法

　　不動産執行は債務者の不動産について，換価あるいは収益により債権者の満足に充てる強制執行であり，強制競売と強制管理の2つの方法がある。

2　不動産執行の対象

　　不動産執行の対象となる不動産とは，登記することができない土地の定着物を除く，民法上の不動産，その不動産の共有持分，登記された地上権および永小作権ならびにこれらの権利の共有持分をいう（民執§43）。

3　強制競売と強制管理

(1)　強制競売とは，債務者の不動産を差し押さえ，それを換価すなわち売却し，その代金により債権者の満足に充てる強制執行である。

(2)　強制管理とは，債務者の不動産を管理人により管理し，それによって収取した天然果実または法定果実によって債権者の満足に充てる強制執行である。

R3-7-イ
H7-6-1
H3-6-1

(3)　強制競売と強制管理は併用することができる（民執§43I後段）。

R3-7-ア

4　執行裁判所

　　不動産執行は，裁判所が執行機関となり，不動産の所在地を管轄する地方裁判所が執行裁判所として管轄し，登記された地上権および永小作権ならびにこれらの権利の共有持分についてはその登記すべき地を管轄する地方裁判所が管轄する（民執§44I）。この管轄は専属管轄である（民執§19）。

第5章

不動産の強制競売

第1節　強制競売の開始

Topics ・不動産執行のうち，強制競売について学習する。

　　　　・強制競売の開始に関する手続について理解すること。

1　強制競売の申立て

　　強制競売は，執行裁判所に，執行力のある債務名義を添付して，債権者が書面により申し立てる（民執規§1，21）。

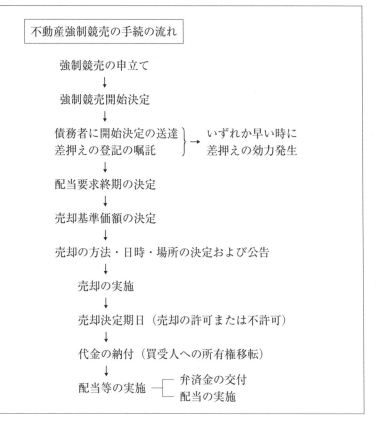

2　強制競売の開始

> （開始決定等）
> **第45条**　執行裁判所は，強制競売の手続を開始するには，強制競売の開始決定
> をし，その開始決定において，債権者のために不動産を差し押さえる旨を宣
> 言しなければならない。
> 2　前項の開始決定は，債務者に送達しなければならない。
> 3　強制競売の申立てを却下する裁判に対しては，執行抗告をすることができる。
> （差押えの効力）
> **第46条**　差押えの効力は，強制競売の開始決定が債務者に送達された時に生ず
> る。ただし，差押えの登記がその開始決定の送達前にされたときは，登記が
> された時に生ずる。
> 2　差押えは，債務者が通常の用法に従つて不動産を使用し，又は収益するこ
> とを妨げない。

(1)　強制競売の開始決定

R5-7-ア

執行裁判所は，強制執行の手続を開始するには，強制競売の開始決定をし，
その開始決定において，債権者のために不動産を差し押さえる旨を宣言しな
ければならない（民執§45Ⅰ）。

※　債務者の審尋等は不要（債務者が強制競売を知れば妨害をしてくるだろ
う）

(2)　開始決定の送達

債務者は重大な利害関係を有するため，強制競売の開始決定は，債務者に
送達しなければならない（民執§45Ⅱ）。なお，債権者に対しては，送達す
ることを要せず，告知すれば足りる（民執規§2Ⅱ）。

(3)　開始決定に対する不服申立て

R5-7-エ

強制競売の申立てを却下する裁判に対しては，執行抗告をすることができ
る（民執§45Ⅲ）。これに対して，開始決定がされた場合の不服申立ては，
執行異議ができるにとどまり，執行抗告をすることは認められない。

➡　売却許可決定に対して執行抗告をすることができるので，この時点では
執行異議を認めれば充分であるから。

(4)　差押えの登記の嘱託

R5-7-オ

強制競売の開始決定がされたときは，裁判所書記官は，直ちに，その開始

決定に係る差押えの登記を嘱託しなければならない（民執§48 I）。

⑸　差押えの効力発生

　　差押えの効力は，強制競売の開始決定が債務者に送達された時に生ずるが，差押えの登記がその開始決定の送達前にされたときは，登記がされた時に生ずる（民執§46 I）。 `R5-7-ウ` `H19-7-エ`

　➡　実務上は，登記がされてから送達されている。先に送達すると，債務者が不動産を譲渡して差押えの登記の前に移転の登記を入れるなどのおそれがあるため。

⑹　債務者の使用収益権

　　債務者は，強制競売の開始決定に係る差押えの効力が生じても，通常の用法に従って不動産を使用し，収益することができる（民執§46 II）。強制競売は不動産の交換価値を対象とする，すなわち，不動産の価値が下がらなければ良いからである。 `H13-7-4`

⑺　強制競売の申立ての取下げ

　　差押債権者が，強制競売の申立てを取り下げるには，債務者の同意を要しない。また，他の担保権者，配当要求債権者等の配当を受けることができる債権者についても，その同意を得ることを要しない。ただし，買受けの申出があった後に強制競売の申立てを取り下げるには，最高価買受申出人または買受人および次順位買受申出人の同意を得なければならない（民執§76 I 本文）。なお，代金の納付後においては，不動産は買受人が取得しているので（民執§79），強制競売の申立ての取下げはできない。

⑻　強制競売の手続の取消し

　　不動産の滅失その他売却による不動産の移転を妨げる事情が明らかとなったときは，執行裁判所は，強制競売の手続を取り消さなければならない（民執§53）。

⑼　差押えの登記の抹消

　　強制競売の申立てが取り下げられたとき，または強制競売の手続を取り消す決定が効力を生じたときは，裁判所書記官は，その開始決定に係る差押えの登記の抹消を嘱託しなければならない（民執§54 I）。

第2節　債権者の競合

Topics ・強制競売の開始決定後に債権者が競合した場合について学習する。
・二重開始決定と配当要求について理解すること。

1　二重開始決定

R5-7-イ
H15-7-イ
H5-7-2
H3-6-2

　強制競売または担保権の実行としての競売の開始決定がされた不動産について強制競売または担保不動産競売の申立てがあったときは，執行裁判所は，更に強制競売または担保不動産競売の開始決定をする（民執§47Ⅰ，188）。これを二重開始決定という。この場合，先に開始決定のされた事件を先行事件，後に開始決定のされた事件を後行事件という。

2　二重開始決定における手続の進行

(1)　二重開始決定後の手続

　二重開始決定がされた場合，先行事件と後行事件が平行して進行するのではなく，先行事件について強制競売の手続が進行する。後行事件の債権者は，その申立てが先行事件の配当要求の終期までにされたものであるときは，配当等を受ける地位を有することになる（民執§87Ⅰ①）。

(2)　先行事件が取り下げられまたは取り消された場合

H21-7-ア
H15-7-ア

　先行事件の申立てが取り下げられたとき，または先行事件の手続が取り消されたときは，執行裁判所は，後行事件の開始決定に基づいて手続を続行しなければならない（民執§47Ⅱ）。

重要❗●●●●●●●●●●●●●●●●●●●●●●●●●●●●●●●●●●●●●●

職権による当然の続行である。

(3)　先行事件の手続が停止された場合

　先行事件の手続が停止されたときは，執行裁判所は，申立てにより，後行事件の開始決定に基づいて手続を続行する旨の裁判をすることができる（民執§47Ⅵ）。この場合，後行事件の開始決定は配当要求の終期までにされた申立てに係るものに限られる。また，先行事件が取り消されたとすれば，売却条件（民執§62Ⅰ②）に変更が生ずるときは，続行の申立ては却下され（民執§47Ⅵただし書），続行の申立てを却下する決定に対しては執行抗告をすることができる（同Ⅶ）。

重要❗・・・・・・・・・・・・・・・・・・・・・・・・・・・・・・・・・

申立による裁量続行である。その理由は，停止事由が解消した場合，手続が再開される余地があるからである。

3　配当要求

(1)　配当要求とは

配当要求とは，差押債権者以外の債権者が，執行機関に対し，差押財産の換価代金や収益代金から，自己の債権に応じた弁済を求める申立てである。配当要求をすることができる者，すなわち配当要求権者は，各種の強制執行の手続において個別に定められている（強制競売・民執§51Ⅰ，強制管理・民執§105Ⅰ，動産執行・民執§133，債権執行・民執§154）。また，配当要求をしなくても当然に配当にあずかることができる債権者との区別についても注意が必要である（強制競売・民執§87Ⅰ，強制管理・民執§107Ⅳ，動産執行・民執§140，債権執行・民執§165）。

配当要求は，債権（利息その他の附帯の債権を含む。）の原因および額を記載した書面でしなければならない（民執規§26）。

(2)　強制競売において配当要求をすることができる債権者（民執§51Ⅰ）

① 　執行力のある債務名義の正本を有する債権者

② 　差押えの登記後に仮差押えの登記をした仮差押債権者

③ 　一般の先取特権を有することを法定の証明文書（民執§181Ⅰ各号）により証明した債権者

重要❗・・・・・・・・・・・・・・・・・・・・・・・・・・・・・・・・・

なお，差押えの登記後に登記された質権者や抵当権者は配当要求をすることができない。差押えの登記に対抗することができないからである。

(3)　配当要求に対する不服申立

配当要求を却下する裁判に対しては，執行抗告をすることができる（民執§51Ⅱ）。

第3節　売却の準備

Topics・強制競売における売却の前提となる手続について理解する。
　　　　・手続の順序についても注意すること。

1　売却の準備

　強制競売においては，不動産の換価すなわち売却による代金により債権者の満足を図る手続であるから，売却を円滑に進行するための準備としての規定が設けられている。

2　配当要求の終期

　強制競売の開始決定にかかる差押えの効力が生じた場合，裁判所書記官は，物件明細書の作成までの手続に要する期間を考慮して，配当要求の終期を定めなければならない（民執§49Ⅰ）。そして，裁判所書記官は配当要求の終期を定めたときは，開始決定がされた旨および配当要求の終期を公告しなければならない（同Ⅱ前段）。なお，裁判所書記官は，特に必要があると認めるときは，配当要求の終期を延期することができる（同Ⅲ）。

3　債権の届出の催告

　裁判所書記官は，配当要求の終期の公告とともに，次に掲げる者に対し，利息その他の附帯の債権を含む債権の存否ならびにその原因および額を配当要求の終期までに執行裁判所に届け出るべき旨を催告しなければならない（民執§49Ⅱ）。
　　① 　差押えの登記前に登記された仮差押債権者（民執§49Ⅱ①，87Ⅰ③）
　　② 　差押えの登記前に登記された先取特権，質権または抵当権で売却により消滅するものを有する債権者，その抵当権に係る抵当証券の知れている所持人（民執§49Ⅱ②，87Ⅰ④）
　　③ 　租税その他の公課を所管する官庁または公署（民執§49Ⅱ③）
　　④ 　差押えに先順位の所有権の移転に関する仮登記がされているときは，その仮登記権利者（仮担§17Ⅰ）

4　不動産の現況調査

　執行裁判所は，執行官に対し，不動産の形状，占有関係その他の現況について調査を命じなければならない（民執§57Ⅰ）。現況調査は，売却条件の確定（民執§59）や売却基準価額の決定（民執§60）に際しての判断資料の入手，買受希望者への情報提供，不動産引渡命令（民執§83）の許否等の判断資料となる。

5　不動産の評価

執行裁判所は，評価人を選任し，不動産の評価を命じなければならない（民執§58 I）。

6　売却基準価額の決定

執行裁判所は，評価人の評価に基づいて，不動産の売却基準価額を定めなければならない（民執§60 I）。

買受けの申出の額は，売却基準価額からその10分の2に相当する額を控除した価額（これを買受可能価額という。）以上でなければならない（民執§60Ⅲ）。

7　物件明細書の作成

裁判所書記官は，次に掲げる事項を記載した物件明細書を作成しなければならない（民執§62 I）。

① 不動産の表示

② 買受人が売却により引き受けることになる用益権・担保権，処分禁止の仮処分の執行で売却によりその効力を失わないもの（民執§59Ⅳ Ⅴ，民保§53）

③ 売却により設定されたとみなされる法定地上権（民執§81）の概要

8　無剰余売却の禁止

(1)　無剰余売却の禁止の趣旨

無剰余とは，売却代金をもって差押債権者の債権に優先する不動産上の負担および手続費用を補償して剰余が得られない状態である。無剰余売却が原則として禁止されるのは，不動産の売却による換価代金をもって差押債権者に配当すべき剰余金がないのにもかかわらず強制競売を実施するのは無益であり，かつ差押債権者が自己に優先する不動産上の権利者を害してまで手続を行うのは許されないからである。

(2)　無剰余の場合の措置

① 差押債権者の債権に優先する債権（優先債権）がない場合において，不 `H19-7-オ` 動産の買受可能価額が執行費用のうち共益費用であるもの（手続費用）の見込額を超えないとき，あるいは優先債権がある場合において，不動産の買受可能価額が手続費用および優先債権の見込額の合計額に満たないときは，執行裁判所はその旨を差押債権者に通知しなければならない（民執§63 I）。

② そして，差押債権者が上記の通知を受けた日から1週間以内に，民事執行法63条2項本文に定められた申出および保証の提供をしないときは，執行裁判所は，差押債権者の申立てに係る強制競売の手続を取り消さなければならない（同Ⅱ本文）。

③ ただし，差押債権者が上記の申出および保証の提供をしないときでも，差押債権者が上記の通知の内容について該当しないことを証明したとき，または買受可能価額が手続費用の見込額を超える場合で優先債権者（債権全部の弁済を受けられる見込みのある者は除く）の同意を得たときは，例外的に売却手続を続行することができる（同Ⅱただし書）。

9　地代等の代払いの許可

H7-6-3

建物に対して強制競売の開始決定がされた場合において，その建物の所有を目的とする地上権または賃借権について債務者が地代または借賃を支払わないときは，執行裁判所は，申立てにより，差押債権者（配当要求の終期後に強制競売または担保不動産競売の申立てをした差押債権者を除く）がその不払いの地代または借賃を債務者に代わって弁済することを許可することができ，この地代または借賃は共益費用となる（民執§56）。地上権や賃借権の消滅による建物の価値の減少を避ける趣旨である。

10　売却のための保全処分

⑴　意　義

強制競売における差押えは，債務者が通常の用法に従って不動産を使用収益することができるが（民執§46Ⅱ），債務者が差し押さえられた不動産の価値を減少させるような行為をするときはこれを阻止しなければならない。また，債務者以外でも執行妨害による不正な利益を得るため不法占拠をする者があるときは，これを排除する必要がある。そのため，売却のための保全処分の制度が設けられている。

⑵　売却のための保全処分（民執§55）

執行裁判所は，債務者または不動産の占有者が価格減少行為（不動産の価格を減少させまたは減少させるおそれのある行為）をするときは，不動産の価格の減少またそのおそれの程度が軽微であるときを除き，差押債権者（配当要求の終期後に強制競売または担保不動産競売の申立てをした差押債権者を除く）の申立てにより，買受人が代金を納付するまでの間，価格減少行為を禁止する等の保全処分を命ずることができる。

重要❗ ●

売却のための保全処分は職権では行われない。

(3)　相手方を特定しない保全処分（民執§55の2）

一定の保全処分を命ずる決定については，当該決定の執行前に相手方を特定することを困難とする特別の事情があるときは，執行裁判所は相手方を特定しないで保全処分を発することができる。

第4節　売却条件

Topics・売却条件の内容について理解する。
・特に買受人が引き受けることになる権利のうち留置権に注意すること。

1　総　説

　不動産の強制競売における売却の成立や効力に関する条件を売却条件という。対象となる不動産に付着している権利が売却により消滅するか否かについて法定売却条件（民執§59 I～IV）と特別売却条件（同V）が規定されており，その他法定地上権（民執§81），一括売却（民執§61）の制度がある。

2　法定売却条件

　不動産に付着している権利が売却により消滅して，その権利の存在しない不動産を買受人が取得する場合，あるいは売却により消滅しないで，その権利を買受人が引き受けなければならない場合についての規定が，法定売却条件である。

3　法定売却条件により消滅する権利

（売却に伴う権利の消滅等）
第59条　不動産の上に存する先取特権，使用及び収益をしない旨の定めのある質権並びに抵当権は，売却により消滅する。
2　前項の規定により消滅する権利を有する者，差押債権者又は仮差押債権者に対抗することができない不動産に係る権利の取得は，売却によりその効力を失う。
3　不動産に係る差押え，仮差押えの執行及び第1項の規定により消滅する権利を有する者，差押債権者又は仮差押債権者に対抗することができない仮処分の執行は，売却によりその効力を失う。
4　不動産の上に存する留置権並びに使用及び収益をしない旨の定めのない質権で第2項の規定の適用がないものについては，買受人は，これらによつて担保される債権を弁済する責めに任ずる。
5　利害関係を有する者が次条第1項に規定する売却基準価額が定められる時までに第1項，第2項又は前項の規定と異なる合意をした旨の届出をしたときは，売却による不動産の上の権利の変動は，その合意に従う。

(1) **担保権**

　先取特権，使用収益しない旨の定めのある質権，ならびに抵当権は，売却により消滅する（民執§59Ⅰ）。また，仮登記担保権も売却により消滅する（仮担§16Ⅰ）。

(2) **差押債権者等に対抗することができない権利**

　差押債権者または仮差押債権者に対抗することができない不動産に係る権利の取得は売却により効力を失う（民執§59Ⅱ）。また，差押債権者等には優先するが(1)の定めにより消滅するとされる担保権に対抗できない不動産に係る権利は，それが用益権であっても，所有権であっても，売却により消滅する（同Ⅱ）。このことから，差押前あるいは担保権設定前である，最も先順位（最優先順位）の用益権は，売却によっても消滅せず，買受人に引き受けられることになる。

(3) **不動産に係る差押え，仮差押え，仮処分**

　不動産に係る差押えおよび仮差押えの執行は，売却により効力を失う（民執§59Ⅲ）。また，(1)の定めにより消滅する権利を有する者，差押債権者または仮差押債権者に対抗できない仮処分の執行は，売却により効力を失う（同Ⅲ）。

4　法定売却条件により買受人が引き受けなければならない権利

　不動産の上に存する留置権は，買受人が担保される債権を弁済する責めに任ずる，すなわち売却により消滅せず，買受人が引き受けなければならない（民執§59Ⅳ）。また，使用収益をしない旨の定めのない質権で最優先順位にあるものは，売却により消滅せず，買受人が引き受けなければならない（同Ⅳ）。

5　特別売却条件

　差押え，仮差押えおよび仮処分の執行に関する条件を除き，利害関係人が売却基準価額が定められる時までに法定売却条件と異なる合意をしたことを執行裁判所に届け出たときは，売却による不動産上の権利の変動は，その合意に従うことになる（民執§59Ⅴ）。

6　法定地上権

　土地およびその上にある建物が債務者の所有に属する場合において，その土地または建物の差押えがあり，その売却により所有者を異にするに至ったときは，その建物について，地上権が設定されたものとみなし，その地代は当事者

の請求により裁判所が定める（民執§81）。強制競売においては，建物の土地利用権の設定の機会がないので，建物の価値を保存させるために設けられた制度である。

7 一括売却

(1) 執行裁判所は，相互の利用上不動産を他の不動産と一括して同一の買受人に買い受けさせることが相当であると認めるときは，これらの不動産を一括して売却することを定めることができる（民執§61本文）。たとえば，債務者所有の土地およびその地上建物について強制競売の申立てがあった場合，当該土地および建物を一括して売却する場合が代表例である。

重 要 ●

一括売却は，差押債権者や債務者が異なる場合でもすることができる（同）。

(2) 一括売却において，1個の申立てにより強制競売の開始決定がされた数個の不動産のうち，あるものの買受可能価額で各債権者の債権および執行費用の全部を弁済することができる見込みがあるときは，債務者の同意を要する（同ただし書）。債務者は，一括して複数の不動産の売却を行うことに対して利害関係を有するからである。

第5節　売却手続

Topics ・不動産の売却に伴う手続について理解する。
・債務者の買受けの申出の禁止に注意する。
・買受人の権利の取得について理解する。

1　売却の方法

売却は裁判所書記官の定める方法により行われ（民執§64Ⅰ），入札または競り売り等の方法で執行官が行う（同Ⅲ）。

2　買受けの申出

(1)　買受けの申出

買受けの申出をしようとする者は，最高裁判所規則で定めるところにより，執行裁判所が定める額および方法による保証を提供しなければならない（民執§66）。そして，買受けの申出の額は，買受可能価額以上でなければならない（民執§60Ⅲ）。この買受可能価額とは，売却基準価額からその10分の2に相当する額を控除した価額のことをいう（同Ⅲ）。

(2)　最高価買受申出人

入札等が行われた場合，執行官は最も高額の買受けの申出をした者を最高価買受申出人と定める（民執規§41Ⅲ，49，50Ⅳ）。売却許可決定が確定した後には最高価買受申出人は買受人となる。

(3)　次順位買受けの申出

次順位買受けの申出とは，一定の要件のもとに次順位買受けの申出を認め，買受人が代金を納付しない場合でも，再度の売却の実施による手続の遅延等の不利益を防止する制度である（民執§67）。この申出を行った者を，次順位買受申出人という。

次順位買受けの申出の要件は次のとおりである。

① 最高価買受申出人に次いで高額の申出をしたこと。
② 買受申出額が，買受可能価額以上で，かつ，最高価買受申出人の申出額から買受けの申出の保証の額を控除した額以上の価額の申出をしたこと。
③ 売却の実施の終了までに，執行官に，買受人が代金の不納付により失権した場合に，自己の買受けの申出について売却を許可すべき旨を申し出ること。

次順位買受けの申出の具体例

　売却基準価額が1,000万円，最高価買受申出人をA（この申出額を1,500万円とする），Aに次いで高額の買受けの申出をした者をBとして，具体例を示す。

　売却許可決定が確定し，Aが買受人となったにもかかわらず，Aが期限までに代金を納付しないときは，売却許可決定は失効し，Aは買受けの申出の際に提供した保証金200万円の返還を請求できなくなる（民執§80Ⅰ）。この金額は売却代金として配当等に充てられる（民執§86Ⅰ③）。Aに対する売却許可決定が失効した場合には，自己について売却許可決定をせよと求めるのが次順位買受けの申出であるから，Aが代金を納付しないときは，Bが次順位買受けの申出をしていれば，Bのために売却決定期日を開き，売却不許可事由がなければBについて売却許可決定がされる。そして，これが確定し，Bが期限までに申出額を納付した場合に，その額とAが返還不能となった200万円とを合わせた額が売却代金とされる。その際，その額がAの申出額である1,500万円を超える場合に，Bには次順位買受申出人となる資格があることになる。つまり，この例では，Bの申出額が1,300万円以上であり，1,500万円未満の場合に限って，Bは次順位買受けの申出ができる（民執§67参照）。

3　債務者の買受けの申出の禁止

H5-7-5

> （債務者の買受けの申出の禁止）
> **第68条**　債務者は，買受けの申出をすることができない。

　債務者は買受けをする資力があるなら弁済をすべきだからである。
　なお，暴力団員等（民執§65の2①）について，買受けをすることができないように法整備がされている（民執§65の2，68の4，71⑤，民執規§31の2，51の7）。一方で，債権者は，買受けの申出をすることは可能である。

4　売却の許可または不許可
⑴　売却決定期日
　執行官が売却を実施した後，執行裁判所は，売却決定期日を開き，売却の許可または不許可を言い渡さなければならない（民執§69）。

⑵　売却の許可または不許可
　執行裁判所は，強制競売開始決定から売却実施までの手続全体について売却不許可事由（民執§71）があるときは，売却を不許可としてあらためて売

却手続を行うか，あるいは手続を取り消す等の措置をとる。売却不許可事由が存在しないときは，売却を許可する。なお，この売却の許可・不許可の決定に対しては，その決定により自己の権利が害されることを主張する者は，執行抗告をすることができる（民執§74Ⅰ）。

(3)　超過売却となる場合

　数個の不動産を売却した場合に，その一部の買受申出額で各債権者の債権および執行費用の全部を弁済することができる見込みがあるときは，執行裁判所は他の不動産についての売却許可決定を留保しなければならない（民執§73Ⅰ）。この場合において，その買受けの申出の額で各債権者の債権および執行費用の全部を弁済することができる見込みがある不動産が数個あるときは，執行裁判所は，売却の許可をすべき不動産について，あらかじめ債務者の意見を聴かなければならない（同Ⅱ）。

5　強制競売の申立ての取下げ
(1)　買受けの申出の前の取下げ

　買受けの申出前であれば，債権者は強制競売の申立ての取下げを自由に行うことができる。

(2)　買受けの申出後の取下げ

　買受けの申出後においては，最高価買受申出人（売却許可決定が確定した後は買受人）および次順位買受申出人の同意がなければ，債権者は強制競売の申立てを取り下げることができない（民執§76Ⅰ本文）。ただし，二重開始決定がされており，先行の事件の強制競売の申立ての取下げによっても売却条件が変わらない場合には，最高価買受申出人等には何の影響もなく競売手続は続行されるので，この先行事件の強制競売の申立ての取下げにあっては最高価買受申出人等の同意を要しない（同Ⅰただし書）。

(3)　代金納付後の取下げ

　買受人が代金を納付した後にあっては，強制競売の申立ての取下げは認められない。

6　売却の実施終了後の執行停止文書の提出
(1)　売却の実施の終了前の執行停止文書の提出

　売却の実施の終了までに執行停止文書（民執§39Ⅰ①〜⑧）が提出されたときは，執行手続は停止し，執行取消文書（民執§39Ⅰ①〜⑥，40Ⅰ）が提

出されたときは，執行は取り消される。

(2)　売却の実施の終了後の7号文書の提出

　　売却の実施の終了後に，民事執行法39条1項7号の文書（強制執行の一時の停止を命ずる旨を記載した裁判の正本）が提出されたときは，次のように処理される。

　①　売却決定期日の前に提出された場合
　　　売却決定期日前に提出された場合は，執行裁判所は，他の事由によって売却不許可決定をするときを除いて，売却決定期日を開くことができない。この場合，最高価買受申出人または次順位買受申出人は，買受けの申出を取り消すことができる（民執§72Ⅰ）。

　②　売却決定期日の終了後に提出された場合
　　　売却決定期日の終了後に提出されたときは，その期日にされた売却許可決定が取り消され，もしくは効力を失ったとき，またはその期日にされた売却不許可決定が確定したときに限って，執行停止の効力がある（民執§72Ⅱ）。

(3)　売却の実施の終了後の8号文書（弁済受領文書または弁済猶予文書）の提出

　　売却の実施の終了後に，民事執行法39条1項8号の文書が提出されたときは，その売却に係る売却許可決定が取り消され，もしくは効力を失ったとき，またはその売却に係る売却不許可決定が確定したときに限って，執行停止の効力がある（民執§72Ⅲ）。
※　要するに，7号文書は提出が売却決定期日前なら執行停止，期日終了後なら原則手続続行。8号文書は提出が売却の実施の終了後なら原則手続続行。のイメージである。

(4)　売却決定期日後の執行取消文書の提出

　　売却決定期日後であっても，買受人が代金を納付する前に差押債権者についての執行取消文書（民執§39Ⅰ①～⑥，40Ⅰ）が提出されたときは，執行手続は取り消されるが，買受人の代金納付後に執行取消文書が提出されたときは，競売手続の停止・取消しの問題は生じない。

7　代金の納付の効果

(1)　買受人への所有権の移転

買受人は，代金を納付したときに不動産を取得する（民執§79）。　H9-6-4

(2)　登記の嘱託

買受人が代金を納付したときは，裁判所書記官は，①買受人の取得した権利の移転の登記，②売却により消滅した権利または売却により効力を失った権利の取得もしくは仮処分に係る登記の抹消，③差押えまたは仮差押えの登記の抹消を嘱託しなければならない（民執§82Ⅰ）。

(3)　買受人等の指定する者による登記嘱託情報の提供

買受人および買受人から不動産の上に抵当権の設定を受けようとする者が　H21-7-エ
代金の納付の時までに申出をしたときは，買受けによる登記の嘱託は，登記の申請の代理を業とすることができる者で申出人の指定するものに嘱託情報を提供して登記所に提供させる方法によってしなければならない（民執§82Ⅱ前段）。競売物件の買受けを希望する者が，銀行など金融機関からの貸し付けを利用する場合に，金融機関が，第一順位の抵当権の設定登記を得ることを確保するための措置である。

➡　銀行としては確実に第一順位で抵当権が登記される，すなわち嘱託情報による移転登記と抵当権設定登記が連件で申請される場合でなければ，融資をしてくれないということ。

(4)　代金不納付の効果

買受人が代金を納付しないときは，売却許可決定はその効力を失い，買受人が買受けの申出の時に提供した保証の返還を求めることはできない（民執§80Ⅰ）。売却許可決定が失効したときは，次順位買受申出人があれば，その申出に基づいて売却の許可または不許可の決定をしなければならない（同Ⅱ）。

8　不動産引渡命令

執行裁判所は，代金を納付した買受人の申立てにより，債務者または不動産　H21-7-オ
の占有者に対し，不動産を買受人に引き渡すべき旨（引渡命令）を命ずることができる（民執§83Ⅰ本文）。ただし，事件の記録上買受人に対抗することができる権原により占有していると認められる者に対しては引渡命令を発することができない（同Ⅰただし書）。

➡　本制度がなければ，任意の明渡しを受けられなかった買受人は改めて明渡

　訴訟を提起しなければならないことになるが，それでは買受人にとってわずらわしいばかりか，価格の減少や買受けの敬遠を招く。そこで，簡易迅速に明渡しを達成できるよう，本制度が定められている。

　不動産引渡命令は，執行裁判所の専属管轄に属する（同Ⅰ，19）。また，発令手続の開始は申立てにより，職権で開始されることはない（民執§83Ⅰ）。申立ての時期は，原則として代金納付の日から6か月とされている（同Ⅱ）。
　債務者以外の占有者に対して不動産引渡命令を発する場合には，その者を審尋しなければならない(同Ⅲ本文)。ただし，その者に占有権原が存しない場合，または，占有権原が買受人に対抗できないことが記録上明らかな場合，あるいは既に審尋を行っている場合には，審尋は不要である（同Ⅲただし書）。
　不動産引渡命令の裁判に対しては執行抗告をすることができ（同Ⅳ），確定しなければ不動産引渡命令は効力を生じない（同Ⅴ）。確定した不動産引渡命令は債務名義となる（民執§22③）。

第6節　配当等の手続

Topics・配当と弁済金交付の手続を理解する。

・配当等を受けるべき債権者について理解する。

1　配当等の意義

　不動産の強制競売における買受人の代金納付の段階を経て，債権者が満足を受ける手続を配当等といい，配当等には，配当と弁済金の交付の2種がある（民執§84Ⅲ参照）。

(1)　債権者が2人以上であって，売却代金をもって各債権者の債権および執行費用の全部を弁済できない場合には，配当表（民執§85）に基づいて分配を行う配当の手続となる（民執§84Ⅰ）。

(2)　債権者が1人である場合または債権者が2人以上であるが売却代金をもって各債権者の債権および執行費用の全部を弁済することができる場合には，弁済金の交付の手続となり，債権者に弁済金を交付し，剰余金を債務者に交付する（民執§84Ⅱ）。

(3)　代金の納付後に民事執行法39条1項1号から6号までに掲げる執行取消しの文書の提出があった場合において，執行取消しの事由のある債権者の他に売却代金の配当等を受けるべき債権者があるときは，執行裁判所は，その債権者のために配当等を実施しなければならない（民執§84Ⅲ）。

(4)　代金の納付後に民事執行法39条1項7号および8号に掲げる執行停止の文書が提出があった場合においても，執行停止の事由のある債権者も含めて，執行裁判所は配当等を実施しなければならない（民執§84Ⅳ）。

2　配当等を受けるべき債権者

　ここでは，当然に配当を受けられる者，配当要求をすれば配当を受けられる者，配当を受けられない者の区別が重要である。

(1)　差押債権者（民執§87Ⅰ①）

　最初に強制競売を申し立てた債権者のほか，その後配当要求の終期までに強制競売の申立てまたは一般の先取特権の実行としての競売を申し立てた差押債権者である。

(2)　**配当要求の終期までに配当要求をした債権者（民執§87Ⅰ②）**

配当要求権者は次のとおりである（民執§51Ⅰ）

①　執行力のある債務名義の正本を有する債権者

②　差押えの登記後に仮差押えの登記をした仮差押債権者

③　一般の先取特権を有することを法定の証明文書（民執§181Ⅰ各号）により証明した債権者

(3)　**差押えの登記前に登記された仮差押債権者（民執§87Ⅰ③）**

差押えの登記前に登記された仮差押債権者は当然に配当を受けられる。

重要　● ●

差押えの登記後に登記された仮差押債権者は配当要求権者であることに注意すること。

(4)　**差押えの登記前に登記された担保権者（民執§87Ⅰ④）**

H21-7-ウ

差押えの登記前に登記された先取特権，質権または抵当権で売却により消滅するものを有する債権者（その抵当権に係る抵当証券の所持人を含む）である。この担保権の登記は，仮登記であるもの，あるいは保全仮登記（民保§53Ⅱ）であってもよい。

3　配当等の実施

(1)　**期限付債権の配当等**

確定期限の到来していない債権は，配当等については，弁済期が到来したものとみなされる（民執§88Ⅰ）。

(2)　**弁済金の交付**

執行裁判所は，売却代金の交付計算書を作成して，債権者に弁済金を交付し，剰余金を債務者に交付する（民執§84Ⅱ）。

(3)　**配当の実施**

①　配当表の作成

執行裁判所は，配当期日において配当を受けるべき債権者および債務者を呼び出さなければならない（民執§85Ⅲ）。そして，配当期日において，配当を受けるべき債権者について，その債権の元本および利息その他の附帯の債権の額，執行費用の額ならびに配当の順位及び額を定める（民執§85Ⅰ本文）。この場合に，配当の順位および額については，配当期日にす

べての債権者間に同意が成立した場合は，執行裁判所が定めることを要しない（同Ⅰただし書）。これらの配当を受けるべき債権者について債権の元本および利息その他の附帯の債権の額等の事項が定められたときは，裁判所書記官は，配当期日において，配当表を作成しなければならない（同Ⅴ）。

② 配当異議の申出

配当表に記載された各債権者の債権または配当の額について不服のある債権者および債務者は，配当期日において配当異議の申出をすることができる（民執§89Ⅰ）。この場合，執行裁判所は，配当異議の申出のない部分に限り配当を実施しなければならない（同Ⅱ）。

(4) 配当異議の訴え

配当異議の申出については，配当異議を完結させるために，申出をした者の別にしたがって，次に記載する配当異議の訴え等を提起しなければならない（民執§90ⅠⅤ）。これらの訴えを一定の期間内に提起したことの証明等を提出しない場合には，配当異議の申出を取り下げたものとみなされる（同Ⅵ）。

① 配当異議の申出をした債権者は，配当異議の訴えを提起しなければならない（同Ⅰ）。

② 執行力のある債務名義の正本を有しない債権者に対し配当異議の申出をした債務者は，配当異議の訴えを提起しなければならない（同Ⅰ）。 `H26-7-エ`

③ 執行力のある債務名義の正本を有する債権者に対し配当異議の申出をした債務者は，請求異議の訴え（民執§35）または民訴法117条第１項の定期金による賠償を命じた確定判決の変更を求める訴えを提起しなければならない（民執§90Ⅴ）。

(5) 裁判所書記官の供託

裁判所書記官は，配当を受けるべき債権者の債権について，停止条件付または不確定期限付である場合や仮差押債権者の債権であるとき等の一定の事情があるときは，その配当等の額に相当する金銭を供託しなければならない（民執§91Ⅰ）。これを配当留保供託という。また，裁判所書記官は，配当等の受領のために出頭しなかった債権者（知れていない抵当証券の所持人を含

む。）に対する配当等の額に相当する金銭を供託しなければならない（同Ⅱ）。
これを不出頭供託という。

第6章
不動産の強制管理

第1節　強制管理の開始

Topics　・不動産執行のうち，強制管理について学習する。
　　　　　・強制管理に関する手続の流れについて理解すること。

1　強制管理の意義

> （不動産執行の方法）
> **第43条**　不動産（登記することができない土地の定着物を除く。以下この節に
> おいて同じ。）に対する強制執行（以下「不動産執行」という。）は，強制競
> 売又は強制管理の方法により行う。これらの方法は，併用することができる。

　強制管理とは，金銭債権に基づき，執行裁判所が，債務者の有する不動産を
差し押さえて，その不動産を管理し収益することにより，収益の収取または換
価を行い債権者に分配して満足を図る不動産執行である（民執§93Ⅰ）。強制
管理は，強制競売と併用することができる（民執§43Ⅰ後段）。

H7-6-1　H3-6-1

2　強制管理の開始

(1)　強制管理の開始決定

　強制管理は，執行力のある債務名義を有する債権者の申立てによって開始
する。執行裁判所は，強制管理の手続を開始するには，強制管理の開始決定
をし，その開始決定において，債権者のために不動産を差し押さえる旨を宣
言し，かつ，債務者に対し収益の処分を禁止し，および債務者が賃貸料の請
求権その他の当該不動産の収益の給付請求権を有するときは，給付義務者（債
務者に対して収益の給付の義務を負う者）に対してその給付の目的物を管理
人に交付すべき旨を命じなければならない（民執§93Ⅰ）。

(2)　開始決定の送達

　強制管理の開始決定は，債務者および給付義務者に送達しなければならな
い（民執§93Ⅲ）。給付義務者に対する開始決定の効力は，その開始決定が
給付義務者に送達された時に生ずる（同Ⅳ）。

(3) 開始決定に対する不服申立て

　強制管理においては，強制競売と異なり，開始決定がされた場合も強制管理の申立てが却下された場合も，いずれも執行抗告をすることができる（民執§93Ⅴ）。

(4) 差押えの登記の嘱託

　強制管理の開始決定がされたときは，裁判所書記官は，直ちに，その開始決定に係る差押えの登記を嘱託しなければならない（民執§111，48Ⅰ）。

(5) 差押えの効力発生

　債務者に対する差押えの効力は，強制管理の開始決定が債務者に送達された時に生ずるが，差押えの登記がその開始決定の送達前にされたときは，登記がされた時に生ずる（民執§111，46Ⅰ）。

(6) 二重開始決定

　強制管理または担保不動産収益執行の開始決定がされた不動産について強制管理の申立てがあったときは，執行裁判所は，更に強制管理の開始決定をする（民執§93の2）。

(7) 管理人の選任

　執行裁判所は，強制管理の開始決定と同時に，管理人を選任しなければならない（民執§94Ⅰ）。管理人は法人であってもよい（同Ⅱ）。そして，管理人は，強制管理の開始決定がされた不動産について，管理ならびに収益の収取および換価をすることができる（民執§95Ⅰ）。また，管理人は，不動産について債務者の占有を解いて自らこれを占有することができる（民執§96Ⅰ）。

H7-6-2

(8) 債務者の建物使用の許可

　債務者の居住する建物について強制管理の開始決定がされた場合において，債務者が他に居住すべき場所を得ることができないときは，執行裁判所は，申立てにより，債務者等の居住に必要な限度において，期間を定めて，その建物の使用を許可することができる（民執§97Ⅰ）。

第2節　収益の配当等

Topics　・強制管理の場合，配当等が一定の期間毎に行われることを理解する。
　　　　　・配当等を受けることができる者を理解する。

1　配当等の実施

(1)　配当等を実施すべき期間

　管理人は，執行裁判所の定める期間ごとに，配当等を実施しなければならない（民執§107Ⅰ）。

(2)　配当等の実施

　債権者が1人である場合または債権者が2人以上であって配当等に充てるべき金銭で各債権者の債権および執行費用全部を弁済することができる場合には，管理人は，債権者に弁済金を交付し，剰余金を債務者に交付する（同Ⅱ）。この場合に該当しなくても，配当等に充てるべき金銭の配当について債権者間に協議が調ったときは，管理人は，その協議に従い配当を実施する（同Ⅲ）。この協議が調わない場合等においては，執行裁判所が配当を実施する（民執§107Ⅴ，109）。

2　配当等を受けることができる債権者

(1)　配当等を受けることができる債権者

　執行裁判所が定める配当等を実施すべき期間の満了までに，以下の申立て等をした債権者が配当等を受けることができる（民執§107Ⅳ）。

　①　強制管理の申立てをしたもの（民執§107Ⅳ①イ）

重要　・・・・・・・・・・・・・・・・・・・・・・・・・・・・・・

最初の申立てのほか二重開始決定も含む。

　②　一般の先取特権の実行として担保不動産収益執行（民執§180②）の申立てをしたもの（民執§107Ⅳ①ロ）

　③　担保不動産収益執行（民執§180②）の申立てをしたもの（②を除く）であって，その申立てが最初の強制管理の開始決定に係る差押えの登記前に登記された担保権に基づくもの（民執§107Ⅳ①ハ）

④　強制管理の方法による仮差押えの執行の申立てをしたもの（民執§107 Ⅳ②）

⑤　執行裁判所が定める期間の満了までに，配当要求をした債権者（民執§ 107Ⅳ③）

⑵　配当要求をすることができる債権者（民執§105Ⅰ）

①　執行力のある債務名義の正本を有する債権者

②　民執法181条1項各号に掲げる文書により一般の先取特権を有することを証明した債権者
➡　強制競売と異なり，仮差押債権者が除かれているのは，仮差押えの登記をする方法により行われる仮差押えの執行（民保§47Ⅰ）の効力は，強制競売の執行を保全するものであり，収益については何の効力も有しないからである（民保§47Ⅴ，民執§46Ⅱ）。

重 要 ●

配当要求を却下する裁判に対しては，執行抗告をすることができる（民執§105 Ⅱ）。

第7章

動産執行

第1節　動産の差押え

Topics・動産執行の執行機関に注意すること。

・事件の併合について理解すること。

1　動産執行の対象（民執§122Ⅰ）

(1)　民法上の動産

不動産（土地およびその定着物）以外の物である（民§86Ⅱ）。

(2)　登記することができない土地の定着物

登記をする方法によって強制執行をすることができない土地の定着物であり，土地に付着しているが独立性があり，それ自体が取引の対象となり得る物である。たとえば，建築中の建物や庭石などである。

(3)　土地から分離する前の天然果実で，1か月以内に収穫することが確実なもの

穀物，野菜あるいは果物等の農産物が通常考えられる。

(4)　裏書の禁止されていない有価証券

手形，小切手等の有価証券で裏書禁止のされていないものである。

2　動産執行の執行機関

動産執行の執行機関は執行官である（民執§122Ⅰ）。執行官は，動産執行において，差押債権者のためにその債権および執行費用の弁済を受領することができる（同Ⅱ）。

3　動産執行の申立て

(1)　申立書

動産執行は，書面により申立てなければならず（民執規§1），申立書には差し押さえるべき動産が所在する場所を記載しなければならないが（民執規§99），差し押さえるべき動産を特定する必要はなく，執行官が裁量によ

り動産を選択して差し押さえることとなる。そして，動産執行は，執行官の目的物に対する差押えにより，開始する（民執§122Ⅰ）。

(2) 申立て先

　　動産執行は，差し押さえるべき動産の所在場所を管轄する地方裁判所に所属する執行官に対して申立てをすることになる（民執§122Ⅰ，裁判所§62ⅠⅢ，執行官§4）。

4　動産の差押え

(1) 債務者の占有する動産の差押え

H13-7-4

　　債務者の占有する動産の差押えは，執行官がその動産を占有して行う（民執§123Ⅰ）。この場合，執行官は，債務者の住居等に立ち入り，捜索し，閉鎖した戸を開く等の強制力を用いることができる（同Ⅱ）。

(2) 債務者以外の者が占有する動産の差押え

H13-7-5

　　債権者が占有する動産を債務者の責任財産として任意に提出したとき，または第三者が占有する債務者の責任財産としての動産については当該第三者が提出を拒まないときは，執行官はその動産を差し押さえることができる（民執§124）。すなわち，債務者以外の者が占有する動産の差押えにおいては，執行官は強制力を用いることができない。

5　差し押さえた動産の保管

　　執行官は，相当であると認めるときは，債務者に差し押さえた動産（差押物）を保管させることができる（民執§123Ⅲ前段）。さらに，執行官は，債務者に差押物を保管させる場合において，相当であると認めるときは，その使用を許可することができる（同Ⅳ）。なお，このような場合でも，執行官が必要があると認めるときは，債務者が保管する差押物を自ら保管し，または使用の許可を取り消すことができる（同Ⅴ）。

6　二重差押えの禁止と事件の併合

(1) 二重差押えの禁止

H15-7-ウ

　　執行官は，既に差し押さえられた動産または仮差押えの執行をした動産について，これを更に差し押さえるという二重差押えをすることができない（民執§125Ⅰ）。

⑵　**事件の併合**

　動産執行による差押えを受けた債務者に対して，同じ場所で重ねて動産執行の申立てがあった場合には，執行官は，まだ差し押さえていない動産があるときはこれを差押え，差し押さえるべき動産がないときはその旨を明らかにして，その動産執行事件（後行事件）と先の動産執行事件（先行事件）とを併合しなければならない（民執§125Ⅱ前段）。仮差押えの執行を受けた債務者に対しその執行の場所について更に動産執行の申立てがあった時も，同様である（同Ⅱ後段）。

⑶　**事件の併合の効果**

　2個の動産執行事件が併合された時は，後行事件において差し押さえられた動産は，併合の時に，先行事件において差し押さえられたものとみなし，後行事件の申立ては，配当要求の効力を生ずる（民執§125Ⅲ前段）。

　また，先行事件の取下げ，停止，取消しがあったときは，先行事件において差し押さえられた動産は，併合の時に，後行事件のために差し押さえられたものとみなされる（同Ⅲ後段）。

⑷　**仮差押えの執行と動産執行の併合の場合**

　仮差押えの執行と動産執行の併合の場合には（民執§125Ⅱ後段），仮差押えの執行が換価へと進行しないので，各事件の先後を問わず，常に動産執行の手続が進められ，仮差押えの執行の申立ては配当要求の効力を生ずる（民執§125Ⅳ前段）。この場合において，動産執行の取下げ，取消しがあったときは，動産執行事件において差し押さえられた動産は，併合の時に，仮差押執行事件において仮差押えの執行がされたものとみなされる（同Ⅳ後段）。

7　差押えの効力の及ぶ範囲

　差押えの効力は，差押物から生ずる天然の産出物に及ぶ。（民執§126）。

　例えば，家畜の牛が差し押さえられているときは，その牛が生んだ子にも効力が及ぶ。

8　差押物の引渡命令

　差押物を第三者が占有することとなったときは，執行裁判所は，差押債権者の申立てにより，その第三者に対し，差押物を執行官に引き渡すべき旨を命ずることができる（民執§127Ⅰ）。

9　超過差押えの禁止

　動産の差押えは，差押債権者の債権および執行費用の弁済に必要な限度を超えてはならない（民執§128Ⅰ）。そして，差押えの後に，その差押えが必要な限度を超えることが明らかとなったときは，執行官は，その超える限度において差押えを取り消さなければならない（同Ⅱ）。

10　剰余を生ずる見込みのない場合の差押えの禁止

　差し押さえるべき動産の売得金の額が手続費用の額を超える見込みがないときは，執行官は，差押えをしてはならない（民執§129Ⅰ）。また，差押物の売得金の額が手続費用および差押債権者の債権に優先する債権の額の合計額以上となる見込みがないときは，執行官は，差押えを取り消さなければならない(同Ⅱ)。これらの場合は，差押債権者が満足を得ることができない無益な執行であり，続行することは相当ではないからである。

11　売却の見込みのない差押物の差押えの取消し

　差押物について相当な方法による売却の実施をしてもなお売却の見込みがないときは，執行官は，その差押物の差押えを取り消すことができる（民執§130）。

重要！・・・・・・・・・・・・・・・・・・・・・・・・・・・・・・・・・・・

　売却の見込みのない差押物の差押えの取消しに不服がある場合，執行官の執行処分に対し執行異議を申し立てることができる（民執§11Ⅰ後段）。そして，この民事執行の手続を取り消す執行官の処分に対する執行異議の申立てを却下する裁判に対しては執行抗告をすることができる（民執§12Ⅰ）。

12　差押禁止動産

　債務者の生活の保障，職業の維持，精神面の尊重，教育の必要性，防災保安の必要性などから，政策的に差押禁止動産が定められている(民執§131各号)。そして，執行裁判所は，申立てにより，債務者および債権者の生活の状況その他の事情を考慮して，差押えの全部または一部の取消しを命じ，または差押禁止動産として規定される動産の差押えを許すことができる（民執§132）。

第2節　配当等の実施

Topics・動産執行において配当を受けるべき債権者を理解する。
　　　　・配当要求権者につき他の執行方法と比較して理解する。

1　配当等を受けるべき債権者

　動産執行において，配当等を受けるべき債権者は，差押債権者のほか，事件の併合により配当要求の効力を認められる債権者，および配当要求をした債権者である（民執§140）。

2　配当要求をすることができる債権者

　権利を有することを証する文書を提出した先取特権者または質権者である（民執§133）。

3　配当等の実施

(1)　弁済金の交付

　債権者が１人である場合または債権者が２人以上であって，売得金，差押金銭もしくは手形等の支払金（売得金等）で各債権者の債権および執行費用の全部を弁済することができる場合には，執行官は，債権者に弁済金を交付し，剰余金を債務者に交付する（民執§139Ⅰ）。

(2)　債権者間の協議に基づく配当

　弁済金の交付の場合を除き，売得金等の配当について債権者間に協議が調ったときは，執行官は，その協議に基づき配当を実施する（民執§139Ⅱ）。この協議が調わないときは，執行官は，その事情を執行裁判所に届け出なければならない（同Ⅲ）。

(3)　執行官の配当留保供託および不出頭供託

　執行官は，配当を受けるべき債権者の債権について，停止条件付または不確定期限付である場合や仮差押債権者の債権であるとき等の一定の事情があるときは，その配当等の額に相当する金銭を供託し，その事情を執行裁判所に届け出なければならない（民執§141Ⅰ）。また，執行官は，配当等の受領のために出頭しなかった債権者に対する配当等の額に相当する金銭を供託しなければならない（同Ⅱ）。

⑷　**執行裁判所による配当**

　　配当について債権者間に協議が調わず執行官が事情を届け出た場合（民執
　§139Ⅲ）には直ちに執行裁判所は配当等の手続を実施しなければならない。
　　また，債権者の債権について停止条件付または不確定期限付であるなど一
　定の事由があり執行官がその配当等の額に相当する金銭を供託しその事情を
　届け出た場合（民執§141Ⅰ）には，供託の事由が消滅したときに，執行裁
　判所は配当等の手続を実施しなければならない（民執§142Ⅰ）。

第8章
債権執行

第1節　債権執行の申立て

Topics・債権執行の申立てについて学習する。
　　　　・執行債務者と第三債務者について理解すること。

1　債権執行の意義

　債権執行とは，債務者が第三債務者に対して有する金銭債権または動産，船舶の引渡請求権に対する強制執行である（民執§143）。債権執行においては，金銭の支払を目的とする債権（金銭債権）に対する強制執行が最も重要な部分であるので，以下，金銭債権に対する強制執行について，債権執行として説明する。金銭債権に対する強制執行においては，債権者と債務者のほか，差し押さえられるべき債権の債務者として第三債務者が存在する点が特徴的である。

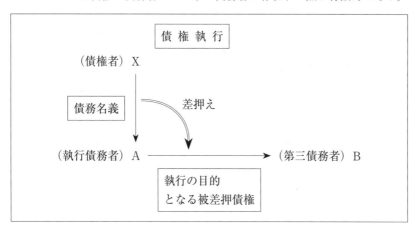

2　債権執行の申立て

⑴　申立て

　債権執行は，執行裁判所の差押命令によって開始する（民執§143）。差押命令の申立ては，執行裁判所に対し，書面をもってしなければならない（民執規§1）。

H28-7-ア

(2)　執行裁判所

　　原則として，債務者の普通裁判籍の所在地を管轄する地方裁判所が，この普通裁判籍がないときは差し押さえるべき債権の所在地を管轄する地方裁判所が，執行裁判所として管轄する（民執§144Ⅰ）。そして，差し押さえるべき債権の所在地とは，第三債務者の普通裁判籍の所在地にあるものとされる（同Ⅱ本文）。なお，同一の債権に対し二重に差押命令が発せられた場合に，差押命令を発した裁判所が異なるときは，執行裁判所は事件を他の執行裁判所に移送することができ（同Ⅲ），この決定に対しては，不服を申し立てることができない（同Ⅳ）。

(3)　差押命令の内容等

①　差押命令の内容

　　差押命令においては，債務者に対しては債権の取立てその他の処分を禁止し，かつ，第三債務者に対しては債務者への弁済を禁止しなければならない（民執§145Ⅰ）。

②　審尋の禁止

H28-7-イ

　　差押命令は，債務者および第三債務者を審尋しないで発せられる（民執§145Ⅱ）。これは，債権の差押え前に債権が処分されることを防ぐ趣旨である。差押命令が発せられても，目的となる被差押債権が存在しない場合，債権執行は目的を達することができず，いわゆる「空振り」となってしまうからである。

③　差押命令の送達

　　差押命令は，債務者および第三債務者に送達しなければならない（民執§145Ⅲ）。

④　差押命令の取消しの申立てをすることができる旨等の教示

　　裁判所書記官は，差押命令を送達するに際し，債務者に対し，書面で，民事執行法153条1項または2項の規定（差押禁止債権の範囲の変更，後記3（9）参照）による当該差押命令の取消しの申立てをすることができる旨および当該申立てに係る手続の内容を教示しなければならない（民執§145Ⅳ，民執規§133の2）。

⑤　債務者に対する差押命令の送達をすることができない場合

　　執行裁判所は，差押債権者に対し，相当の期間を定め，その期間内に債

務者の住所，居所その他差押命令の送達をすべき場所の申出（公示送達の要件に関する民事訴訟法110条1項各号に掲げる場合にあっては，公示送達の申立て）をすべきことを命ずることができる（民執§145Ⅶ，20）。命じたにもかかわらず，差押債権者がこの申出（または公示送達の申立て）をしないときは，執行裁判所は，差押命令を取り消すことができる（民執§145Ⅷ）。

⑥　執行抗告

差押命令の申立てについての裁判に対しては，執行抗告をすることができる（民執§145Ⅵ）。差押命令を発した場合，却下や棄却の場合のいずれにおいても執行抗告が認められる。

3　差押命令の効力等

⑴　効力発生時期

差押えの効力は，差押命令が第三債務者に送達された時に生ずる（民執§145Ⅴ）。　H12-6-ア

⑵　差押えの範囲

執行裁判所は，差し押さえるべき債権の全部について差押命令を発することができる（民執§146Ⅰ）。たとえば，債権者の有する債権（債権者と債務者との間の債権）が70万円であり，差し押さえるべき債権（債務者と第三債務者との間の債権）が100万円である場合，債権者は，100万円中の70万円のみ差し押さえることができ，また，100万円全額を差し押さえることも可能である。この意味で，債権執行においては，1個の債権に関しては超過差押えが認められていることになる。　H18-7-1　H12-6-イ

⑶　他の債権に関する超過差押えの禁止

差し押さえた債権の価額が差押債権者の債権および執行費用の額を超えるときは，執行裁判所は，他の債権を差し押さえてはならない（民執§146Ⅱ）。

⑷　第三債務者の陳述の催告

差押債権者の申立てがあるときは，裁判所書記官は，差押命令を送達するに際し，第三債務者に対し，差押命令の送達の日から2週間以内に差押えに係る債権の存否等について陳述すべき旨を催告しなければならない（民執§147Ⅰ）。第三債務者が故意または過失によりこの陳述をしなかったとき，または不実の陳述をしたときは，これによって生じた損害を賠償しなければな　H18-7-2

らない（同Ⅱ）。

(5)　債権証書の引渡し

差押えに係る債権について証書があるときは，債務者は，差押債権者に対し，これを引き渡さなければならない（民執§148Ⅰ）。

➡　第三債務者は全部の弁済をした場合債権証書の返還を求めることができる（民§487）し，また，第三債務者が債務の存否について争ったときの証拠を差押債権者に確保させるためである。

(6)　担保付債権の差押え

登記または登録のされた先取特権，質権または抵当権によって担保された債権に対する差押命令が効力を生じたときは，裁判所書記官は，申立てにより，その債権について差押えがされた旨の登記を嘱託しなければならない（民執§150）。

(7)　継続的給付の差押え

給料その他継続的給付にかかる債権に対する差押えの効力は，差押債権者の債権および執行費用の額を限度として，差押えの後に受けるべき給付に及ぶ（民執§151）。継続的給付は１回ごとに別々の債権であるが，個々に差し押さえなければならないとすると手続的に極めて煩わしいので，一括した差押えを認めたものである。

(8)　扶養義務等に係る定期金債権を請求する場合の特例

R2-7-ウ
H24-7-ウ

本来，確定期限付債権については，期限の到来後でなければ強制執行を開始することができないこととされている（民執§30Ⅰ）。しかし，債権者が一定の義務に係る確定期限の定めのある定期金債権を有する場合において，その一部に不履行があるときは，当該定期金債権のうち確定期限が到来していないものについても，債権執行を開始することができる（民執§151の2Ⅰ）。

たとえば，毎月一定の養育費を支払う旨の審判が確定したときに，債務者が何回か支払った後，支払いをしなくなったような場合に，債権者は債務者に確定審判に基づいて強制執行をすることが可能である。しかし，請求が確定期限の到来に係る場合においては，強制執行はその期限の到来後に限り，開始することができるので（民執§30Ⅰ），まだ支払期の来ていない月の養育費については強制執行をすることができない。そうなると，債権者としては，支払いのない月が到来する毎に強制執行の手続を繰り返さざるを得なくなり，手続的に極めて煩わしく，毎月手続費用も要することになるので，養

育費の支払いの目的自体が達成されなくなるおそれが強くなる。そこで，一定の義務に限定して，特例を設けたものである。

　この一定の義務とは下記のとおりである。

① 　夫婦間の協力および扶助の義務（民§752）

② 　婚姻から生ずる費用の分担の義務（民§760）

③ 　子の監護に関する義務（民§766，749，771，788）

④ 　扶養の義務（民§877～880）

　なお，この扶養義務等に係る定期金債権を請求する場合の債権執行においては，各定期金債権について，その確定期限の到来後に弁済期（給料支払日）が到来する給料その他継続的給付に係る債権のみを差し押さえることができる（民執§151の2Ⅱ）。

(9)　差押禁止債権

　債務者の生活保障の観点から，給料や退職金のなどの特定の債権のうち一定の範囲の部分（原則として4分の3に相当する部分）について差押えを禁止している（民執§152）。そして，執行裁判所は，債務者または債権者の申立てにより，債務者および債権者の生活の状況その他の事情を考慮して，差押禁止債権の範囲の変更等をすることができる（民執§153Ⅰ）。さらに，事情の変更があった場合には，それに応じて範囲の再変更等をすることができる（同Ⅱ）。 H24-7-オ H28-7-エ

　なお，債権者が民事執行法151条の2第1項に掲げられた扶養義務等に係る定期金債権を請求するときは，給料，賃金，退職手当等の給付にかかる債権について差押えが禁止されるのは，給付の2分の1に相当する部分とされる（民執§152Ⅲ）。 R2-7-エ

第2節　債権者の競合

Topics・差押えの競合の考え方を理解すること。
　　　　・配当要求権者について理解すること。

1　差押えの競合
(1)　債権の差押えの態様

　　債権の差押えは，執行すべき債権（差押債権）の額が差し押さえるべき債権（被差押債権）の額よりも少ないときは，差押債権の額をもって行ってもよいし，被差押債権の全額に対して行ってもよい（民執§146 I）。また，差し押さえるべき債権に対し複数の債権者による二重差押えが認められる（民執§144Ⅲ参照）。

（差押えが一部競合した場合の効力）

第149条　債権の一部が差し押さえられ，又は仮差押えの執行を受けた場合において，その残余の部分を超えて差押命令が発せられたときは，各差押え又は仮差押えの執行の効力は，その債権の全部に及ぶ。債権の全部が差し押さえられ，又は仮差押えの執行を受けた場合において，その債権の一部について差押命令が発せられたときのその差押えの効力も，同様とする。

---

(2)　一部差押えにおける差押えの競合

H28-7-ウ
H15-7-エ

　　被差押債権の一部が差し押さえられ，または仮差押えの執行を受けた場合において，その残余の部分を超えて差押命令が発せられたときは，各差押えまたは仮差押えの執行の効力は被差押債権の全部に及ぶ（民執§149前段）。被差押債権の一部が差し押さえられている状態で，さらに重複して差押え（仮差押えの執行）がされたときのように，各差押え等の金額の合計が被差押債権の額を超えることを，差押えの競合という。差押えの競合があった場合には，各差押え等の効力は被差押債権の全額に及ぶことになる。

(3)　全部差押えにおける差押えの競合

　　被差押債権の全部が差し押さえられ，または仮差押えの執行を受けた場合において，その被差押債権の一部について差押命令が発せられたときも，差押えまたは仮差押えの執行の効力は被差押債権の全部に及ぶ（民執§149後段）。被差押債権の全部が既に差し押さえられている状態で，さらに重複して被差押債権の一部に差押え（仮差押えの執行）がされたときにも，各差押

え等の金額の合計が被差押債権の額を超えることになるので，差押えの競合が生じる。この場合にも，各差押え等の効力は，被差押債権の全額に及ぶことになる。

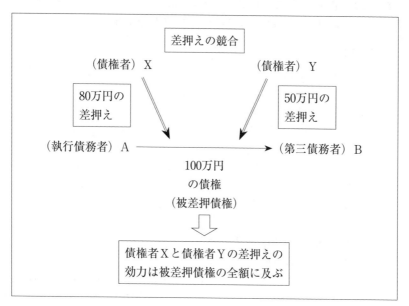

2　配当要求

　債権執行においても，債務名義を有する債権者が他の債権者の差し押さえた債権から満足を得る方法として，二重に差し押さえる方法のほかに，配当要求をすることが認められている。**債権執行において配当要求することができる者は次のとおりである。**
　①　執行力のある債務名義の正本を有する債権者
　②　文書により先取特権を有することを証明した債権者

第3節　換価および配当手続

Topics ・債権者の取立権について理解する。

・権利供託と義務供託の内容について理解する。

1　換価の方法

被差押債権から債権者が満足を得る換価の方法としては，次のような方法が設けられている。

① 差押債権者の取立権の行使（民執§155）

② 第三債務者による供託（執行供託）とそれに続く配当手続（民執§156，166 I①）

③ 取立訴訟（民執§157）

④ 転付命令（民執§159）

⑤ 譲渡命令，売却命令，管理命令（民執§161）

2　差押債権者による取立権の行使

(1)　差押債権者の取立権

H18-7-3

金銭債権を差し押さえた債権者は，債務者に対して差押命令が送達された日から1週間を経過したときは，その債権を取り立てることができる（民執§155 I 本文）。これを，差押債権者の取立権という。

重要●●●●●●●●●●●●●●●●●●●●●●●●●●●

債権執行の差押えの効力が生ずるのは差押命令が第三債務者に送達された時であるが（民執§145 V），差押債権者の取立権が生ずるのは差押命令が債務者に送達された日から1週間を経過したときである（民執§155 I 本文）。債務者が不服申立てをする機会を確保するためである。

この例外として，差し押さえられた金銭債権が給料や退職手当等の差押禁止債権（民執§152 I II）である場合には，債務者に差押命令が送達された日から「4週間」を経過しなければ，その債権を取り立てることができない。ただし，差押債権者の債権に民事執行法151条の2第1項各号に掲げる義務に係る金銭債権（例えば，養育費に係る金銭債権）が含まれているときは，この例外は適用されず，債務者に差押命令が送達された日から「1週間」となる（民執§155 II）。

⑵　差押債権者の取立権が行使できる場合

差押債権者の取立権が行使できるのは，被差押債権に対して差押えが競合していない場合に限られる。差押えが競合したとき，または配当要求があるときは，第三債務者は供託の義務を負うので（民執§156Ⅱ），取立権に応じることができない。

⑶　支払を受けられる範囲

差押債権者が支払を受けることができるのは，差押債権者の債権および執行費用の額を限度とする（民執§155Ⅰただし書）。

⑷　届　出

差押債権者が第三債務者から支払を受けたときは，その債権および執行費用は，支払を受けた額の限度で弁済されたものとみなされ，債権者は，その旨を執行裁判所に届け出なければならない（同ⅢⅣ）。

一方，差押債権者は，民事執行法155条1項の規定により金銭債権を取り立てることができることとなった日（同法4項または5項の規定による届出をした場合には，最後に当該届出をした日）から，第三債務者から支払を受けることなく2年を経過したときは，当該支払を受けていない旨を執行裁判所に届け出なければならず（同Ⅴ），その後4週間以内に，以上のいずれの届出もしないときは，執行裁判所は，差押命令を取り消すことができる（同Ⅵ）。ただし，差押命令を取り消す旨の決定の告知を受けてから1週間の不変期間内に，上記のいずれかの届出（例外あり）をすれば，当該決定はその効力を失う（同Ⅶ）。

3　第三債務者による供託

（第三債務者の供託）

第156条　第三債務者は，差押えに係る金銭債権（差押命令により差し押さえられた金銭債権に限る。以下この条および第161条の2において同じ。）の全額に相当する金銭を債務の履行地の供託所に供託することができる。

2　第三債務者は，次条第1項に規定する訴えの訴状の送達を受ける時までに，差押えに係る金銭債権のうち差し押さえられていない部分を超えて発せられた差押命令，差押処分または仮差押命令の送達を受けたときはその債権の全額に相当する金銭を，配当要求があった旨を記載した文書の送達を受けたときは差し押さえられた部分に相当する金銭を債務の履行地の供託所に供託しなければならない。

3　第三債務者は，第161条の2第1項に規定する供託命令の送達を受けたとき
は，差押えに係る金銭債権の全額に相当する金銭を債務の履行地の供託所に
供託しなければならない。

4　第三債務者は，前3項の規定による供託をしたときは，その事情を執行裁
判所に届け出なければならない。

(1)　第三債務者による供託の意義

金銭債権に対して債権執行による差押えがされると，第三債務者は執行債
務者に対する弁済をすることが禁じられるが（民執§145 I），弁済期が経過
すれば当然に遅延損害金が発生することになる。そこで，第三債務者による
供託が認められている。また，差押えが競合した場合や配当要求があった場
合には，各債権者間の配当が必要であるので，執行裁判所により手続が行わ
れる必要があり，被差押債権の全額が執行裁判所の管理に服するように第三
債務者に供託が義務づけられることとなる（民執§156）。

(2)　権利供託と義務供託の区別

金銭債権に対する差押えが競合しない場合や，配当要求もない状態におい
ては，供託をするかしないかは第三債務者が任意に選択することができるこ
ととされており（民執§156 I），これを権利供託という。一方，①金銭債権
に対する差押えが競合し，または配当要求があった場合には，第三債務者は
必ず供託しなければならず（民執§156 II），また，②供託命令（民執§
161の2 I）の送達を受けた第三債務者も，必ず供託しなければならない（民
執§156 III）。①②を義務供託という。権利供託においても義務供託において
も，供託すべき供託所は，第三債務者の債務の履行地の供託所である（民執
§156 I II）。

(3)　権利供託として供託することができる額

　①　被差押債権の全額

H12-6-ウ

第三債務者は被差押債権の全額に相当する金銭を供託することができる
（民執§156 I）。差押金額が被差押金額全額と同額の場合は当然であるが，
差押金額が被差押金額の一部である場合でも被差押額の全額を供託する
ことができる。この場合の差押金額を除く部分は弁済供託となる（民§
494）。

② 差押金額に相当する額

　　差押金額が被差押金額の一部である場合，第三債務者は差押金額に相当する金銭のみを供託することもできる（先例昭55.9.6 – 5333）。

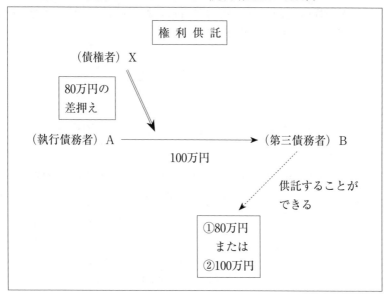

(4) **義務供託として供託しなければならない額**

① 差押えが競合している場合および供託命令の送達を受けた場合

　　差押えが競合している場合および第三債務者が供託命令の送達を受けた場合には，被差押債権の全額に相当する金銭を供託しなければならない（民執§156ⅡⅢ）。

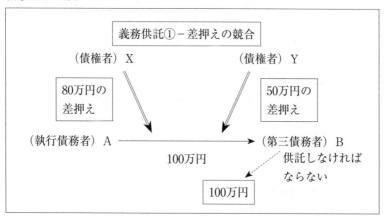

② 配当要求があった場合

　　配当要求があった場合，第三債務者は差押金額に相当する金銭を供託しなければならない（民執§156Ⅱ）。なお，この場合，差押金額を超える部分を権利供託として，被差押債権の全額に相当する金銭を供託することもできる（先例昭55.9.6－5333）。

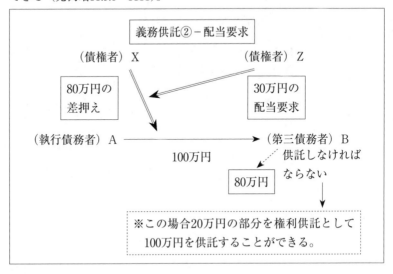

(5)　**事情届**

　　権利供託をした場合も，義務供託をした場合も，第三債務者は，執行裁判所に事情届をしなければならない（民執§156Ⅲ）。この事情届には，供託書正本を添付しなければならない（民執規§138Ⅱ）。また，被差押債権に対する差押えが複数されている場合には，事情届は，先に送達された差押命令を発した裁判所に対してしなければならない（同Ⅲ）。

4　取立訴訟

(1)　**取立訴訟の意義**

R3-7-ウ
H12-6-エ

　　差押債権者が取立権を行使した場合などに第三債務者が支払に応じないとき，あるいは，第三債務者が供託を行わないときに，差押債権者はこれらを命じることを求めて，第三債務者を被告として，取立訴訟を提起することができる（民執§157Ⅰ）。

(2)　**他の差押債権者への参加命令**

R3-7-ウ

　　差押債権者が取立訴訟を提起したときは，受訴裁判所は，第三債務者の申

立てにより，他の債権者で訴状の送達の時までにその債権を差し押さえたものに対し，共同訴訟人として原告に参加すべきことを命ずることができる（民執§157Ⅰ）。そして，参加命令を受けた差押債権者が取立訴訟に参加しなかった場合でも，その者には取立訴訟の判決の効力が及ぶことになる（同Ⅲ）。

(3)　供託判決

第三債務者の義務供託を要する場合において，原告の請求を認容するときは，受訴裁判所は，請求に係る金銭の支払は供託の方法によりすべき旨を判決の主文に掲げなければならない（民執§157Ⅳ）。

5　転付命令

(1)　転付命令の意義

転付命令とは，差押債権者の申立てに基づいて，被差押債権を支払いに代 [H28-7-オ] えて券面額で債務者から差押債権者に移転させる執行裁判所の裁判である（民執§159Ⅰ）。

(2)　転付命令の要件

①　被差押債権が券面額を有すること

券面額とは，債権の目的として表示されている一定の金額のことである。

②　被差押債権が譲渡可能なものであること

被差押債権について譲渡制限の意思表示（債権の譲渡を禁止し，または [H18-7-4] 制限する旨の意思表示）がされていても，原則として，転付命令の発令は妨げられない（民§466の4，466）。

③　他に競合する債権者がいないこと

転付命令は，転付を受ける債権者にのみ満足を与えるものであるから， [H24-7-イ] 転付命令が第三債務者に送達される時までに，被差押債権について，他の [H15-7-オ] 債権者が差押え，仮差押えの執行または配当要求をしたときは，転付命令 [H12-6-オ] は効力を生じない（民執§159Ⅲ）。

(3)　転付命令に対する不服申立て

転付命令の申立てについての決定に対しては，執行抗告をすることができ（民執§159Ⅳ），転付命令は，確定しなければ効力を生じない（同Ⅴ）。

ただし，差し押さえられた金銭債権が給料や退職手当等の差押禁止債権（民執§152ⅠⅡ）である場合には，（差押債権者の債権に民事執行法151条の2

第1項各号に掲げる義務に係る金銭債権（例えば，養育費に係る金銭債権）が含まれているときを除き，）転付命令は，確定し，かつ，債務者に対して差押命令が送達された日から4週間を経過するまでは，その効力を生じない（民執§159Ⅵ）。

(4)　転付命令の効力

H18-7-5

転付命令が効力を生じた場合には，差押債権者の債権および執行費用は，転付命令に係る金銭債権（被転付債権）が存する限り，その券面額で，転付命令が第三債務者に送達された時に弁済されたものとみなされる（民執§160）。すなわち，被転付債権は，指名債権の譲渡と同一の効果をもって，当然に債務者から転付命令を得た債権者（転付債権者）に移転し，転付債権者は自己の債権として自由に行使することが可能となる。

なお，第三債務者が無資力等の理由で転付債権者が被転付債権から弁済を受けることができなくなっても，転付命令の効力には影響せず，その危険は転付債権者が負担することになる。

(5)　被転付債権が存在しなかった場合

被転付債権が存在しなかった場合には，転付命令は無効である（民執§160）。

6　譲渡命令，売却命令，管理命令

被差押債権が，条件付もしくは期限付であるとき，または反対給付に係ることその他の事由によりその取立てが困難であるときは，執行裁判所は，差押債権者の申立てにより，譲渡命令，売却命令，管理命令その他相当な方法による換価を命ずる命令を発することができる（民執§161Ⅰ）。

これらの命令の申立てについての決定に対しては執行抗告をすることができ（同Ⅲ），これらの命令は確定しなければ効力を生じない（同Ⅳ）。

(1)　譲渡命令

譲渡命令とは，被差押債権を裁判所の定める価額で支払に代えて差押債権者に譲渡する命令である。

(2)　売却命令

売却命令とは，取立てに代えて執行裁判所の定める方法により，その債権の売却を執行官に命ずる命令であり，その代金を弁済に充てるものである。

(3)　**管理命令**

　管理人を選任してその債権から生ずる継続的収益の管理を命ずる命令である。

7　供託命令

(1)　**供託命令の要件等**

①　差押債権者またはその法定代理人の住所または氏名について，秘匿決定（民執§20，民訴§133Ⅰ）がされたとき

②　債務名義に，秘匿決定がされた場合に定められる差押債権者またはその法定代理人の住所または氏名に代わる事項が表示されているとき

　①②のいずれかに該当する場合，執行裁判所は，差押債権者の申立てにより，差押えに係る金銭債権の全額に相当する金銭を債務の履行地の供託所に供託すべきことを第三債務者に命ずる命令（供託命令）を発することができる（民執§161の2Ⅰ）。

　供託命令は第三債務者に送達しなければならない（同Ⅱ）。

(2)　**不服申立て**

　供託命令の申立てを却下する決定に対しては，執行抗告をすることができるが，供託命令に対しては，不服を申し立てることができない（同ⅢⅣ）。

8　移転登記等の嘱託

　登記等のされた先取特権，質権または抵当権によって担保される債権について，転付命令もしくは譲渡命令が効力を生じたとき，または売却命令による売却が完了したときは，裁判所書記官は，申立てにより，その債権を取得した差押債権者または買受人のために，先取特権，質権または抵当権の移転の登記等を嘱託し，および当該登記等のされた先取特権，質権または抵当権によって担保される債権に差押えがされた旨の登記等（民執§150）の抹消を嘱託しなければならない（民執§164Ⅰ）。

9　配当等

(1)　**配当等を実施すべき場合**

　配当等を実施する場合は，①第三債務者が，権利供託または義務供託を行った場合（民執§156ⅠⅡ），②取立訴訟における供託判決に基づく供託がされた場合（民執§157Ⅴ），③売却命令による売却がされた場合，などである

（民執§166Ⅰ①②）。

　　ただし，差し押さえられた金銭債権が給料や退職手当等の差押禁止債権（民執§152ⅠⅡ）である場合には，（差押債権者（数人あるときは，そのうち少なくとも1人以上）の債権に民事執行法151条の2第1項各号に掲げる義務に係る金銭債権（例えば，養育費に係る金銭債権）が含まれているときを除き，）債務者に対して差押命令が送達された日から4週間を経過するまでは，配当等を実施してはならない（民執§166Ⅲ）。

⑵　配当等を受けるべき債権者

H24-7-エ

　　配当等を受けるべき債権者は，第三債務者が供託したとき，取立訴訟の訴状が第三債務者に送達された時，売却命令により執行官が売得金の交付を受けた時などの時点までに，差押え，仮差押えの執行または配当要求をした債権者である（民執§165）。

第4節　少額訴訟債権執行

Topics ・少額訴訟債権執行の申立て・差押処分について理解する。
　　　　・債権執行との異同について意識をしておく。

1　少額訴訟債権執行の意義

　少額訴訟手続の制度が設けられ，少額な紛争について，債権者が簡易迅速に債務名義を得たとしても，債務者が任意の履行をしない場合には，地方裁判所における強制執行手続によるしかないとなれば，簡易迅速に債務名義を得る意味が薄れるおそれがある。そこで，少額訴訟において債務名義を取得した債権者が，受訴裁判所である簡易裁判所の裁判所書記官に対し，金銭債権の執行を求めることができる制度を創設し，簡易迅速に債権の実現を図ることができることとされた。

2　少額訴訟債権執行を利用することができる債務名義

①　少額訴訟における確定判決（民執§167の2Ⅰ①）
②　仮執行の宣言を付した少額訴訟の判決（同Ⅰ②）
③　少額訴訟における訴訟費用または和解の費用の負担の額を定める裁判所書記官の処分（同Ⅰ③）
④　少額訴訟における和解または認諾の調書（同Ⅰ④）
⑤　少額訴訟における民事訴訟法275条の2第1項の規定による和解に代わる決定（同Ⅰ⑤）

3　少額訴訟債権執行の開始

(1)　少額訴訟債権執行の開始

　少額訴訟債権執行は，裁判所書記官の差押処分により開始する（民執§167の2Ⅱ）。

(2)　申立て先

　少額訴訟債権執行の申立ては，債務名義の種類により，それぞれの判決，処分，和解，認諾，和解に代わる決定をした簡易裁判所の裁判所書記官に対して行う（民執§167の2Ⅲ）。

(3)　効力発生時期

　少額訴訟債権執行の手続において裁判所書記官が行う執行処分は，特別の定めがある場合を除いて，相当と認める方法で告知することによってその効

力を生ずる（民執§167の4Ⅰ）。なお，差押処分については，特別の定めがある場合に該当し，差押処分の効力は，差押処分が第三債務者に送達されたときに生ずる（民執§167の5Ⅱ，145Ⅴ）。

(4)　執行異議の申立て

少額訴訟債権執行における裁判所書記官が行う執行処分に対しては，執行裁判所に執行異議の申立てをすることができる（民執§167の4Ⅱ）。

(5)　執行裁判所

少額訴訟債権執行の手続において裁判所書記官が行う執行処分に関しては，その裁判所書記官が所属する簡易裁判所をもって執行裁判所とする（民執§167の3）。

4　差押処分

(1)　差押処分の内容

裁判所書記官は，差押処分において，債務者に対し差押えに係る金銭債権の取立てその他の処分を禁止し，かつ，第三債務者に対し債務者への弁済を禁止しなければならない（民執§167の5Ⅰ）。

(2)　差押処分における債権執行の規定の準用

①　債務者および第三債務者を審尋しないで発せられる（民執§167の5Ⅱ，145Ⅱ）。

②　債務者および第三債務者に送達しなければならない（民執§167の5Ⅱ，145Ⅲ）。

③　第三債務者に送達された時に差押処分の効力が生ずる（民執§167の5Ⅱ，145Ⅴ）。

④　裁判所書記官は，債務者に対する差押処分の送達をすることができない場合には，差押債権者に対し，相当の期間を定め，その期間内に債務者の住所，居所その他差押処分の送達をすべき場所の申出（公示送達の要件に関する民事訴訟法110条1項各号に掲げる場合にあっては，公示送達の申立て）をすべきことを命ずることができる（民執§167の5Ⅱ，145Ⅶ）。命じたにもかかわらず，差押債権者がこの申出（または公示送達の申立て）をしないときは，裁判所書記官は，差押処分を取り消す処分をすることが

できる（民執§167の5Ⅱ，145Ⅷ）。

　この裁判所書記官の処分に対する執行異議の申立ては，その告知を受けた日から1週間の不変期間内にしなければならず（民執§167の5Ⅵ），当該裁判所書記官の処分は，確定しなければその効力を生じない（同Ⅷ）。なお，当該裁判所書記官の処分に対する執行異議の申立てを却下する裁判に対しては，執行抗告をすることができる（同Ⅶ）。

　※　その他，差押命令の取消しの申立ての教示に関する民事執行法145条4項も準用される（民執§167の5Ⅱ）。

(3)　執行異議の申立て期間

　差押処分の申立てについての裁判所書記官の処分に対する執行異議の申立ては，その告知を受けた日から1週間の不変期間内にしなければならない（民執§167の5Ⅲ）。通常の執行異議の申立てについては期間の制限がないが，この場合には特例として申立て期間の制限がある。そして，この執行異議の申立てについての裁判に対しては，執行抗告をすることができる（民執§167の5Ⅳ）。

(4)　第三者異議の訴えの管轄裁判所

　少額訴訟債権執行の不許を求める第三者異議の訴えは，執行裁判所として定められた簡易裁判所（民執§167の3）ではなく，執行裁判所である簡易裁判所の所在地を管轄する地方裁判所が管轄する（民執§167の7）。

5　少額訴訟債権執行の換価

(1)　換　価

　少額訴訟債権執行においては，原則として，差押債権者自らが被差押債権に対する取立権の行使により行われる（民執§167の14Ⅰ，155）。転付命令，譲渡命令，売却命令，管理命令，供託命令は，少額訴訟債権執行においては，認められていない。

(2)　地方裁判所の債権執行手続への移行

①　転付命令等のための移行

　差押えに係る金銭債権について転付命令，譲渡命令，売却命令，管理命令または供託命令（転付命令等）を求めようとする差押債権者は，執行裁判所に対し，転付命令等のいずれの命令を求めるかを明らかにして，債権執行の手続に事件を移行させることを求める旨の申立てをしなければならない（民執§167の10Ⅰ）。そして，この申立てがあった場合には，執行裁

判所は，その所在地を管轄する地方裁判所における債権執行の手続に事件を移行させなければならない（同Ⅱ）。

② 配当のための移行

差押えに係る金銭債権について第三債務者が供託し，債権者が2人以上で各債権者の債権および執行費用の全部を弁済できないため配当の手続が必要となった場合には，執行裁判所は，その所在地を管轄する地方裁判所における債権執行の手続に事件を移行させなければならない（民執§167の11Ⅰ）。なお，配当を行わず，弁済金の交付で足りるときは，裁判所書記官の手続で完結するので，移行を要しない（同Ⅲ）。

③ 裁量による移行

少額訴訟債権執行の手続において，執行裁判所は，差し押さえるべき金銭債権の内容その他の事情を考慮して相当と認めるときは，その所在地を管轄する地方裁判所における債権執行の手続に事件を移行させることができる（民執§167の12Ⅰ）。

④ 不服申立て

上記①〜③のいずれの決定に対しても，不服申立てはできない（民執§167の10Ⅳ，167の11Ⅵ，167の12Ⅱ）。

第9章
非金銭執行

第1節　非金銭執行総論

Topics　・非金銭執行における強制執行の方法について学習する。
　　　　　・作為・不作為債権の強制執行に関する手続について理解すること。

1　強制執行の方法

　非金銭執行とは，金銭の支払いを目的としない請求権についての強制執行のことである。非金銭執行においては，その請求権の内容や目的が一定ではないので，強制執行の方法として，直接強制，代替執行，間接強制，意思表示の擬制等が認められている。

2　直接強制と代替執行

⑴　直接強制

　直接強制は，執行機関が債務者の財産に対して権力を行使し，債務者の意思にかかわることなく請求権の内容を直接実現させる執行方法である（民執§168等）。直接強制は，与える債務の執行に適している。これに対して，なす債務，すなわち債務者に一定の行為を行わせる債務あるいは一定の行為を行わせない債務は，直接強制に適さない。

⑵　代替執行

　債務の性質が強制履行を許さない場合において，その債務が作為を目的とするときは，債権者は，債務者の費用で第三者にこれをさせることを裁判所に請求することができる（民執§171Ⅰ①）。また，不作為を目的とする債務については，債務者の費用で，債務者がした行為の結果を除去し，または将来のために適当な処分をすることを裁判所に請求することができる（民執§171Ⅰ②）。このように，代替執行は債務者が行っても，債務者以外の第三者が行っても作為の結果に差がない場合，または不作為義務違反による結果の除去または将来のために適当な処分をすることで解決する場合に用いられる。

　執行裁判所は，債権者に対する授権決定（代替執行決定）をする場合には，債務者を審尋しなければならず（同Ⅲ），また，当該決定をする場合には，

申立てにより，債務者に対し，その決定に掲げる行為をするために必要な費用をあらかじめ債権者に支払うべき旨を命ずることができる（費用前払決定，同Ⅳ）。

授権決定の申立てまたは費用前払決定の申立てについての裁判に対しては，執行抗告をすることができる（同Ⅴ）。

3　間接強制

(1)　間接強制

作為または不作為を目的とする債務で，代替執行によることができないもの，すなわち債務者本人によらなければならない債務についての強制執行は，執行裁判所が，債務者に対し，遅延の期間に応じ，または相当と認める一定の期間内に履行しないときは直ちに，債務の履行を確保するために相当と認める一定の額の金銭を債権者に支払うべき旨を命ずる方法により行う。これを間接強制という（民執§172Ⅰ）。債務の履行をしない債務者に対し，金銭の支払いを命じ，債務者に心理的な圧迫を行うことで，間接的に債務の履行を強制するものである。

(2)　間接強制の執行の手続

債権者は執行力のある債務名義に基づいて間接強制の決定を執行裁判所に申し立てる。また，事情の変更があった場合には，執行裁判所は申立てにより間接強制の決定を変更することができる（民執§172Ⅱ）。そして，執行裁判所が間接強制の決定をする，または間接強制決定を変更する場合には，申立ての相手方を審尋しなければならない（民執§172Ⅲ）。間接強制の決定により支払われた金銭は，その限度で債務不履行による損害額に充当されるが，損害額がこの支払額を超える場合は，債権者は債務者に対しその支払を請求することができる（民執§172Ⅳ）。間接強制の申立てまたは間接強制決定の変更の申立てについての裁判（間接強制決定，間接強制決定の変更決定およびこれらの却下決定）に対しては，執行抗告をすることができる（民執§172Ⅴ）。

(3)　債権者の申立てに基づく間接強制

間接強制は，直接強制や代替執行の方法によることができない場合に限り，許容される方法であるとするのが原則である。しかし，物の引渡債権（民執§168～170）や代替執行の方法によることとなる債務（民執§171）については，債権者の申立てがあるときは，執行裁判所は間接強制の方法により行うことを認めることができる（民執§173Ⅰ）。

⑷　扶養義務等に係る金銭債権についての間接強制

　　民事執行法151条の２第１項各号に掲げる扶養義務等に関する定期金債権 H29-7-ア
についての強制執行は，本来は金銭債権に対する強制執行（債権執行）の方 H24-7-ア
法で行われるが，債権者の申立てがあるときは，執行裁判所が間接強制の方 H20-7-イ
法で行う（民執§167の15Ⅰ本文）。

　　ただし，債務者が，支払能力を欠くためにその金銭債権に係る債務を弁済
することができないとき，またはその債務を弁済することによってその生活
が著しく窮迫するときは，間接強制の方法で行うことができない（民執§
167の15Ⅰただし書）。

4　意思表示の擬制

⑴　意思表示の擬制の時期

　　法律行為を目的とする債務については，裁判をもって債務者の意思表示に
代えることができる。意思表示の擬制の時期は，原則として，判決について
は確定の時であり，和解・認諾または調停に係る債務名義においてはその成
立の時である（民執§177Ⅰ本文）。例外として，意思表示が，債権者の証明
すべき事実の到来，反対給付との引換え，または債務者の証明すべき事実の
ないことに係るときは，執行文が付与された時に意思表示が擬制される（民
執§177Ⅰただし書）（例外については⑵）。

⑵　執行文付与の手続

　①　債務者の意思表示が，債権者の証明すべき事実の到来に係るときは，債
　　権者がその事実の到来したことを証する書面を提出したときに，執行文が
　　付与される（民執§177Ⅰただし書，27Ⅰ）。

　②　債務者の意思表示が，反対給付との引換えに係る場合においては，債権
　　者が反対給付またはその提供があったことを証する文書を提出したとき
　　に，執行文が付与される（民執§177Ⅱ）。

　③　債務者の意思表示が債務者の証明すべき事実のないことに係る場合にお
　　いて執行文付与の申立てがあったときは，裁判所書記官が債務者に対し一
　　定の期間を定めてその事実を証明する文書を提出すべき旨を催告し，債務
　　者がその期間内にその文書を提出しないときに，執行文が付与される（民
　　執§177Ⅲ）。

5　子の引渡しの強制執行

⑴　子の引渡しの強制執行の方法

　　子の引渡しの強制執行は、①執行裁判所が決定により執行官に子の引渡しを実施させる方法または②間接強制の方法により行われる（民執§174Ⅰ）。

　　しかし、①の方法は、㋐間接強制決定が確定した日から2週間を経過したとき（間接強制決定において定められた債務を履行すべき一定の期間の経過がこれより後である場合にあっては、その期間を経過したとき）、㋑間接強制の方法による強制執行を実施しても、債務者が子の監護を解く見込みがあるとは認められないとき、㋒子の急迫の危険を防止するため直ちに強制執行をする必要があるとき、のいずれかに該当するときでなければ、することができない（同Ⅱ）。

　　また、①の方法による決定をする場合には、子に急迫した危険があるときその他の審尋をすることにより強制執行の目的を達することができない事情があるときを除き、債務者を審尋しなければならない（同Ⅲ）。

　　その他、執行裁判所および執行官は、①の方法による子の引渡しの強制執行の手続において子の引渡しを実現するに当たっては、子の年齢および発達の程度その他の事情を踏まえ、できる限り、当該強制執行が子の心身に有害な影響を及ぼさないように配慮しなければならない（執行裁判所および執行官の責務、民執§176）。

⑵　執行官の権限

　　執行官は、債務者による子の監護を解くために必要な行為として、債務者に対し説得を行うほか、原則として債務者の住居その他債務者の占有する場所において、次に掲げる行為をすることができる（民執§175ⅠⅡ）。

①　その場所に立ち入り、子を捜索すること。この場合において、必要があるときは、閉鎖した戸を開くため必要な処分をすること。

②　債権者もしくはその代理人と子を面会させ、または債権者もしくはその代理人と債務者を面会させること。

③　その場所に債権者またはその代理人を立ち入らせること。

※　これらの行為は、原則として債権者が上記の場所に出頭した場合に限り、することができる（同ⅤⅥ）。

　執行官は，子に対して威力を用いることはできない。子以外の者に対しては，子の心身に有害な影響を及ぼすおそれがある場合には，当該子以外の者に対しても，威力を用いることができない（民執§175Ⅷ，6Ⅰ）。

　執行官は，上記の債務者による子の監護を解くために必要な行為をするに際し、債権者またはその代理人に対し、必要な指示をすることができる（民執§175Ⅸ）。

第2節　物の引渡請求権の強制執行

Topics・不動産の引渡等の強制執行について学習する。
　　　　・第三者が占有する物の引渡しの強制執行について学習する。

1　不動産の引渡等の強制執行
⑴　強制執行の方法
　不動産等（不動産または人の居住する船舶等をいう。）の引渡し，または明渡しの強制執行は，執行官が債務者の不動産等に対する占有を解いて，債権者にその占有を取得させる方法により行う（民執§168Ⅰ）。

⑵　債権者または代理人の出頭
　この強制執行は，債権者または代理人が執行の場所に出頭したときに限り，することができる（民執§168Ⅲ）。

⑶　明渡しの催告
　執行官は，不動産の引渡等の強制執行の申立てがあった場合において，その強制執行を開始することができるときは，一定の引渡し期限を定めて，明渡しの催告をすることができる（民執§168の2Ⅰ本文）。明渡しの催告があった場合には，債務者は，債権者以外の第三者に対して不動産等の占有を移転することができない（民執§168の2Ⅴ）。

2　動産の引渡しの強制執行
　債務者が占有する動産の引渡しの強制執行は，執行官が債務者から当該動産を取り上げて債権者に引き渡す方法により行う（民執§169Ⅰ）。この場合，債務者が目的動産を直接占有していることが必要である。

3　第三者が占有する物の引渡しの強制執行
　第三者が強制執行の目的物を占有している場合においてその物を債務者に引き渡すべき義務を負っているときは，物の引渡しの強制執行は，執行裁判所が，債務者の第三者に対する引渡請求権を差し押さえ，請求権の行使を債権者に許す旨の命令を発する方法により行う（民執§170Ⅰ）。この執行手続については，債権執行の規定が準用され，債務者に差押命令が送達された日から1週間を経過したときは，債権者は取立権により，第三者に対して目的物を自己に引き渡すように請求することができる（民執§170Ⅱ，155Ⅰ）。

第10章
担保権の実行としての競売等

Topics ・担保権の実行の内容について学習する。
　　　　・不動産担保権の実行に関する手続について理解すること。

1　担保権の実行

　担保権の実行は，抵当権，質権，または先取特権の実行であり，それらの目的とされている財産を強制的に換価し，その換価代金によって被担保債権における満足を与える手続である。担保権の実行には，担保の目的とされている財産を売却し，その代金によって担保権者に優先弁済を与える手続（担保不動産競売）と，担保の目的とされている財産を管理し，その収益金から担保権者に優先弁済を与える手続（担保不動産収益執行）の2つがある。担保権の実行の手続は，金銭の支払を目的とする強制執行の規定の多くが準用されているが，特徴的なのは，担保権の実行においては，債務名義を要しないことである。

2　強制執行の総則規定の準用

（担保権の実行についての強制執行の総則規定の準用）
第194条　第38条，第41条及び第42条の規定は，担保権の実行としての競売，担保不動産収益執行並びに前条第1項に規定する担保権の実行及び行使について準用する。

(1)　第三者異議の訴え

　担保権設定者以外の者は，担保権の実行の手続の目的物について所有権その他の目的物の譲渡を妨げる権利を有するときは，第三者異議の訴えを提起することができる（民執§194，38）。

(2)　債務者が死亡した場合の手続の続行

　担保権の実行の開始後の債務者または担保権設定者の死亡の場合は，当然に手続を続行することができる（民執§194，41Ⅰ）。そして，この場合に債務者等の相続人が明らかでないときは，特別代理人を選任することができる（民執§194，41Ⅱ）。

(3)　執行費用の負担

　担保権の実行においては，手続費用で必要なものは，担保権実行の手続において取り立てる限度において，担保権設定者の負担とされる（民執§194，42Ⅰ）。

3　担保権の実行における執行抗告，執行異議

(1)　執行抗告または執行異議

　不動産担保権の実行の開始決定に対する執行抗告または執行異議の申立てにおいては，債務者または不動産所有者（不動産とみなされるものにあっては，その権利者。）は，担保権の不存在または消滅を理由とすることができる（民執§182）。

重要❗ ・・・・・・・・・・・・・・・・・・・・・・・・・・・・・・・・

動産等，債権等についても同趣旨の規定がある（民執§189，191，193Ⅱ）。

(2)　趣　旨

H23-7-イ
H11-6-エ
H6-6-4

　執行抗告や執行異議は，手続上の瑕疵に対する不服申立てであるから，担保権の不存在や消滅などの実体上の瑕疵については，本来，請求異議の訴えによるはずである。しかし，担保権の実行においては，実体上の瑕疵を争うことができるとされている。これは，担保権の実行には，債務名義が不要であることとの均衡上，訴訟手続ではなく，執行手続の中で簡易に不服申立てを認めることにより，債務者または不動産の所有者の利益を保護する必要があるからである。

4　不動産担保権の実行

(1)　2種類の実行方法

　不動産担保権の実行には，担保不動産競売と担保不動産収益執行の2つの方法があり，債権者が選択することができる（民執§180）。

(2)　担保不動産競売

　① 担保不動産競売とは

　担保不動産競売とは，抵当権，質権または先取特権に基づき，その目的たる財産を競売によって換価し，その代金によって被担保債権の満足を図る方法である。

② 担保不動産競売の申立て

　　担保不動産競売は，担保権を有する債権者の申立てにより開始する（民執§181Ⅰ）。この場合次に掲げる文書のいずれかの提出を要する。

　　㋐　担保権の存在を証する確定判決等の謄本（民執§181Ⅰ①）

　　㋑　担保権の存在を証する公正証書の謄本（民執§181Ⅰ②）

　　㋒　担保権の登記（仮登記を除く）に関する登記事項証明書（民執§181Ⅰ③）

　　㋓　一般の先取特権にあってはその存在を証する文書（民執§181Ⅰ④）

　　担保権について承継があった後不動産担保権の実行の申立てをする場合，相続その他の一般承継ではその承継を証する文書を，その他の承継ではその承継を証する裁判の謄本その他の公文書を提出しなければならない（民執§181Ⅲ）。

③ 代金納付による不動産取得の効果

（代金の納付による不動産取得の効果）

第184条　担保不動産競売における代金の納付による買受人の不動産の取得は，担保権の不存在又は消滅により妨げられない。

　　不動産の買受人は，代金を納付したときに不動産を取得する（民執§188，79）。この不動産の取得は，担保権の不存在や消滅により影響を受けない（民執§184）。すなわち，買受人が代金を納付したときには，確定的に担保不動産競売の目的たる不動産の所有権を取得し，その所有権取得の効力は，担保権の不存在や消滅が代金納付後に主張されても覆らない。 ▐H23-7-ウ

④ 不動産競売開始決定前の保全処分

　　担保不動産競売の開始決定前に保全処分をすべき必要性や緊急性があるときは，担保権を実行しようとする者は，目的不動産の占有者等のする価格減少行為を禁止する等の保全処分の申立てをすることができる（民執§187）。ここで注意しなければならないのは，開始決定前に保全処分ができるのは担保不動産競売の場合に限られ，不動産の強制競売においては，開始決定前の保全処分に関する規定は設けられていないことである。すなわち，強制競売の手続では開始決定前は保全処分を申し立てることができない。 ▐H23-7-エ

⑤　強制競売に関する規定の準用

　　担保不動産競売においては，不動産の強制競売に関する規定が準用されているので(民執§188)，基本的な手続の流れは，強制競売と同一である。なお，担保不動産競売においては，法定地上権に関する民事執行法上の規定（民執§81）の準用が排除されているが，これは民法上の法定地上権の規定（民§388）が適用されるからである。

(3)　担保不動産収益執行

①　担保不動産収益執行とは

　　担保不動産収益執行とは，担保不動産から生ずる収益を被担保債権の弁済に充てることによって，被担保債権の満足を図る方法である。

②　強制管理の規定の準用

　　担保不動産収益執行においては，不動産の強制管理に関する規定が準用されているので（民執§188），基本的な手続の流れは，強制管理と同様である。

5　動産競売

(1)　動産競売開始の要件

　　動産競売においては，債権者が目的動産を執行官に提出した場合，動産の占有者が差押えを承諾する文書を提出した場合，債権者が執行裁判所の動産競売開始許可決定謄本を提出し，かつ遅くとも捜索（民執§192，123Ⅱ）と同時に当該許可の決定が債務者に送達された場合に限り開始される（民執§190Ⅰ）。執行裁判所の動産競売開始許可決定とは，担保権の存在を証する文書を提出した債権者の申立てがあったときに当該担保権についての動産競売の開始を執行裁判所が許可する手続である（民執§190Ⅱ本文）。動産競売の手続においては，動産執行の規定が準用される（民執§192）。

(2)　執行異議の特則

　　動産競売に係る差押えに対する執行異議の申立てにおいては，債務者または動産の所有者は，担保権の不存在もしくは消滅または担保権によって担保される債権の一部の消滅を理由とすることができる（民執§191）。

6　債権およびその他の財産権に対する担保権の実行

　　債権およびその他の財産権に対する担保権の実行は，債権およびその他の財産権に対する強制執行の手続に準じて行われる（民執§193Ⅱ）。

7 留置権による競売および換価のための競売

留置権による競売，および民法，商法その他の法律の規定による換価のための競売については，担保権の実行としての競売の例による（民執§195）。

第11章
債務者の財産状況の調査

第1節　財産開示手続

Topics　・財産開示手続の制度趣旨を理解すること。
　　　　　・財産開示手続の要件について理解すること。

1　財産開示手続の趣旨

　金銭債権についての強制執行の申立てにおいては,動産執行の申立てを除き,差押えの対象となる債務者の財産を特定する必要がある（民執規§21③参照）。ところが,債権者が,債務者の有する銀行口座の所在など,その財産に対する十分な情報を有しない場合や,債務者が故意に財産を秘匿する場合には,強制執行が功を奏せず,勝訴判決等を得たにもかかわらず,権利を実現することができないという問題が生じていた。そのため,債務者の財産を強制的に開示させる手続を設けることで,金銭債権についての強制執行等を実効性のあるものとする趣旨により民事執行法において財産開示手続が設けられた。

2　財産開示手続の申立て

(1)　管　轄

　財産開示手続は,債務者の普通裁判籍の所在地を管轄する地方裁判所が,執行裁判所として管轄する（民執§196）。

(2)　申立権者

① 金銭債権について執行力ある債務名義の正本を有し,かつ,強制執行の開始の要件を満たす債権者（民執§197Ⅰ柱書,29～31）
② 債務者の財産について一般の先取特権を有することを証する文書を提出した債権者（民執§197Ⅱ）

(3)　財産開示手続の実施決定の要件

R2-7-オ

　実施決定の要件は,下記の①または②に該当することである。

① 強制執行または担保権の実行における配当等の手続（申立ての日より6か月以上前に終了したものを除く）において,申立人が当該金銭債権または当該先取特権の被担保債権の完全な弁済を得ることができなかったこと

（民執§197Ⅰ①，Ⅱ①）

②　知れている財産に対する強制執行または担保権の実行を実施しても，申立人が当該金銭債権または当該先取特権の被担保債権の完全な弁済を得られないことの疎明があること（民執§197Ⅰ②，Ⅱ②）

⑷　実施決定ができない場合

債務者（債務者に法定代理人がある場合にあっては当該法定代理人，債務者が法人である場合にあってはその代表者）が，財産開示の申立ての日前3年以内に，財産開示期日（財産を開示すべき期日）においてその財産について陳述したものであるときは，下記の①〜③のいずれかがある場合を除き財産開示手続の実施決定ができない（民執§197Ⅲ）。

①　債務者もしくは法定代理人または代表者が当該財産開示期日において一部の財産を開示しなかったとき

②　債務者が当該財産開示期日の後に新たに財産を取得したとき

③　当該財産開示期日の後に債務者と使用者との雇用関係が終了したとき

※　短期間で大きく財産構成が変わることは少ないことと，債務者の負担が考慮され，3年以内となっている。また，③は，使用者との雇用関係が終了すると新たな雇用関係により生活費を稼ぐことになる，つまり②のようになると推認されることから例外に加えられている。

⑸　実施決定の送達，不服申立て

財産開示手続の実施決定がされたときは，当該決定（と一般の先取特権を有することを証する文書の写し）を債務者に送達しなければならない（民執§197Ⅳ）。また，財産開示手続の開始決定は確定しなければその効力を生じない（同Ⅵ）。

なお，財産開示手続の申立てについての裁判に対しては執行抗告をすることができる（同Ⅴ）。

3　財産開示手続の実施

⑴　財産開示期日の指定および呼出し

裁判所は財産開示手続の実施決定が確定したときは，財産開示期日を指定しなければならない（民執§198Ⅰ）。財産開示期日には，申立人および債務者（債務者に法定代理人がある場合にあっては当該法定代理人，債務者が法人である場合にあってはその代表者）を呼び出さなければならない（同Ⅱ）。

(2) **財産開示期日**

財産開示期日に執行裁判所の呼出しを受けた債務者（債務者に法定代理人がある場合にあっては当該法定代理人，債務者が法人である場合にあってはその代表者）は，開示義務者として，債務者の財産について陳述しなければならない（民執§199Ⅰ）。申立人は，財産開示期日に出頭し，債務者の財産の状況を明らかにするため，執行裁判所の許可を得て開示義務者に対し質問を発することができる（同Ⅳ）。

なお，執行裁判所は，申立人が出頭しないときであっても，財産開示期日における手続を実施することができる（同Ⅴ）。また，財産開示期日における手続は非公開である（同Ⅵ）。

4　財産開示事件の記録の閲覧等の制限

財産開示事件の記録中，財産開示期日に関する記録については，債務者の財産の状況が記載されており，債務者のプライバシーの保護に配慮する必要があることから，記録の閲覧等の請求をすることができる者が，利害関係を有する者（民執§17）のうち，次の者に限定されている（民執§201）。

① 申立人
② 財産開示手続の申立てをする資格を有する他の債権者
③ 債務者または開示義務者

5　罰　則

財産開示手続においては次の罰則が設けられている。

(1) 開示義務者が，正当な理由なく，執行裁判所の呼出しを受けた財産開示期日に出頭せず，または当該財産開示期日において宣誓を拒んだときは，6月以下の懲役または50万円以下の罰金に処せられる（民執§213Ⅰ⑤）。

(2) 財産開示期日において宣誓した開示義務者が，正当な理由なく，財産開示期日に陳述すべき事項（民執§199Ⅰ～Ⅳ）について陳述せず，または虚偽の陳述をしたときは，6月以下の懲役または50万円以下の罰金に処せられる（民執§213Ⅰ⑥）。

(3) 財産開示事件に関する情報を，目的外利用し，または提供した者は，30万円以下の過料に処せられる（民執§214Ⅰ，202）。

第2節　第三者からの情報取得手続

Topics・第三者からの情報取得手続の概要を理解する。

　　　　・先に財産開示手続について学習を進めておくと理解しやすいだろう。

1　管　轄

　債務者の財産に係る情報の取得に関する手続（第三者からの情報取得手続）については，債務者の普通裁判籍の所在地を管轄する地方裁判所が，この普通裁判籍がないときは情報の提供を命じられるべき者の所在地を管轄する地方裁判所が，執行裁判所として管轄する（民執§204）。

2　不動産に係る情報の取得（民執§205）

(1)　要件および申立人（民執§205Ⅰ）

①　以下のいずれかに該当する場合，「執行力のある債務名義の正本を有し，かつ，強制執行の開始の要件を満たす金銭債権の債権者」が申立人となる。

・強制執行または担保権の実行における配当等の手続（申立ての日より6月以上前に終了したものを除く。）において，申立人が当該金銭債権の完全な弁済を得ることができなかったとき（民執§197Ⅰ①）。

・知れている財産に対する強制執行を実施しても，申立人が当該金銭債権の完全な弁済を得られないことの疎明があったとき（民執§197Ⅰ②）。

②　以下のいずれかに該当する場合，「債務者の財産について一般の先取特権を有することを証する文書を提出した債権者」が申立人となる。

・強制執行または担保権の実行における配当等の手続（申立ての日より6月以上前に終了したものを除く。）において，申立人が当該先取特権の被担保債権の完全な弁済を得ることができなかったとき（民執§197Ⅱ①）。

・知れている財産に対する担保権の実行を実施しても，申立人が当該先取特権の被担保債権の完全な弁済を得られないことの疎明があったとき（民執§197Ⅱ②）。

(2)　執行裁判所の決定

　　執行裁判所は，(1)の①または②に該当するときは，法務省令で定める登記所（具体的には東京法務局）に対し，債務者が所有権の登記名義人である土地または建物等に対する強制執行または担保権の実行の申立てをするのに必要となる事項（債務者が所有権の登記名義人である土地等の存否およびその土地等が存在するときは，その土地等を特定するに足りる事項）について情報の提供をすべき旨を命じなければならない（民執§205Ⅰ，民執規§189，民事執行法205条1項に規定する法務省令で定める登記所を定める省令）。

　　債務者の不動産に係る情報の取得に関する民事執行法205条1項の申立ては，財産開示期日における手続が実施された場合（当該財産開示期日に係る財産開示手続において陳述義務の一部免除の許可がされたときを除く）において，当該財産開示期日から3年以内に限り，することができる（民執§205Ⅱ，200Ⅰ）。

　　この申立てについての裁判に対しては，執行抗告をすることができる（民執§205Ⅳ）。

　　債務者の不動産に係る情報の取得に関する民事執行法205条1項の申立てを認容する決定がされたときは，当該決定（(1)②の場合にあっては，当該決定および債務者の財産について一般の先取特権を有することを証する文書の写し）を債務者に送達しなければならない（同Ⅲ）。

　　また，当該認容する決定は，確定しなければその効力を生じない（同Ⅴ）。

3　債務者の給与債権に係る情報の取得（民執§206）

(1)　要件および申立人（民執§206Ⅰ）

　　以下のいずれかに該当する場合，「民事執行法151条の2第1項各号に掲げる義務に係る請求権（例えば，養育費に係る請求権）または人の生命もしくは身体の侵害による損害賠償請求権について執行力のある債務名義の正本を有し，かつ，強制執行の開始の要件を満たす債権者」が申立人となる。

・強制執行または担保権の実行における配当等の手続（申立ての日より6月以上前に終了したものを除く。）において，申立人が当該金銭債権の完全な弁済を得ることができなかったとき（民執§197Ⅰ①）。

・知れている財産に対する強制執行を実施しても，申立人が当該金銭債権の完全な弁済を得られないことの疎明があったとき（民執§197Ⅰ②）。

※　上2点は2(1)①と同じである。給与等を差し押さえられると債務者の生活への影響が大きいため要件を厳しくしていると覚えればよい。

(2)　**執行裁判所の決定**

　執行裁判所は，(1)に該当するときは，市町村（特別区を含む）や日本年金機構等のうち，債権者が選択したものに対し，それぞれ①②の事項について情報の提供をすべき旨を命じなければならない（民執§206Ⅰ，民執規§190）。

①　市町村が選択された場合：

　債務者が支払を受ける給与（地方税法§317の2Ⅰただし書）に係る債権に対する強制執行または担保権の実行の申立てをするのに必要となる事項（当該市町村が債務者の市町村民税（特別区民税を含む。）に係る事務に関して知り得たものに限られる。）

②　日本年金機構等が選択された場合：

　債務者（厚生年金保険の被保険者であるものに限る）が支払を受ける報酬（厚生年金保険法§3Ⅰ③）または賞与（同Ⅰ④）に係る債権に対する強制執行または担保権の実行の申立てをするのに必要となる事項（情報の提供を命じられた者が債務者の厚生年金保険に係る事務に関して知り得たものに限られる。）

　上記2の民事執行法205条2項から5項までの規定は，民事執行法206条1項の申立ておよび当該申立てについての裁判について準用される（民執§206Ⅱ）。

4　債務者の預貯金債権等に係る情報の取得（民執§207）
(1)　**要件および申立人（民執§207ⅠⅡ）**

①　以下のいずれかに該当する場合，「執行力のある債務名義の正本を有し，かつ，強制執行の開始の要件を満たす金銭債権の債権者」が申立人となる。

・強制執行または担保権の実行における配当等の手続（申立ての日より6月以上前に終了したものを除く。）において，申立人が当該金銭債権の完全な弁済を得ることができなかったとき（民執§197Ⅰ①）。

・知れている財産に対する強制執行を実施しても，申立人が当該金銭債権の完全な弁済を得られないことの疎明があったとき（民執§197Ⅰ②）。

② 以下のいずれかに該当する場合，「債務者の財産について一般の先取特権を有することを証する文書を提出した債権者」が申立人となる。

・強制執行または担保権の実行における配当等の手続（申立ての日より6月以上前に終了したものを除く。）において，申立人が当該先取特権の被担保債権の完全な弁済を得ることができなかったとき（民執§197Ⅱ①）。

・知れている財産に対する担保権の実行を実施しても，申立人が当該先取特権の被担保債権の完全な弁済を得られないことの疎明があったとき（民執§197Ⅱ②）。

※　2⑴と全く同じである。不動産や預貯金・株式等は資産であり，差し押さえられても生活への影響は小さいといえよう。

⑵　執行裁判所の決定

執行裁判所は，⑴の①または②に該当するときは，銀行等や振替機関等（社債，株式等の振替に関する法律§2Ⅴ）のうち，債権者が選択したものに対し，それぞれ①②の事項について情報の提供をすべき旨を命じなければならない（民執§207ⅠⅡ，民執規§191）。

① 銀行等が選択された場合：
債務者の当該銀行等に対する預貯金債権（民§466の5Ⅰ）に対する強制執行または担保権の実行の申立てをするのに必要となる事項

② 振替機関等が選択された場合：
債務者の有する振替社債等（社債，株式等の振替に関する法律279条に規定する振替社債等であって，当該振替機関等の備える振替口座簿における債務者の口座に記載され，または記録されたものに限られる）に関する強制執行または担保権の実行の申立てをするのに必要となる事項

※ ⑴の申立て（民執§207ⅠⅡ）を却下する裁判に対しては，執行抗告をすることができる（民執§207Ⅲ）。

5　第三者からの情報取得手続に係る事件の記録の閲覧等の制限

　上記2，3，4の申立てを認容する決定により命じられた情報の提供は，執行裁判所に対して書面でしなければならない（民執§208Ⅰ）が，第三者からの情報取得手続に係る事件の記録中，民事執行法208条1項の情報の提供に関する部分についての事件の記録の閲覧等の請求（民執§17）は，次に掲げる者がすることができる（民執§209）。

①　申立人
②　第三者からの情報取得手続の申立てをする資格を有する他の債権者（民執§205Ⅰ，206Ⅰ，207ⅠⅡ）
③　債務者
④　当該情報の提供をした者

第 **3** 編

民事保全法

第1章
民事保全の概要

Topics・民事保全の意義を理解する。
　　　　・民事保全の種類を理解する。

1　意　義

　たとえば，民事における給付請求権を有する者が，その請求に係る訴訟を提起するなどにより判決等の債務名義を得て，強制執行を行おうとする場合，債務名義の取得までに長期間を要するのが通常である。この期間の間に債務者が強制執行の目的となる責任財産を処分してしまった場合，債務名義を得ても強制執行が不能または著しく困難になるおそれがある。そこで，将来において権利または権利関係が訴訟等により確定した後に行われるべき権利の実現を円滑に行うために，暫定的に権利関係の固定化を図るなどの処分を行うのが民事保全である。民事保全の手続には，一定の保全命令を発令すべきか否かを判断する保全命令の手続と，具体的に保全命令の内容を実現するための保全執行の手続がある。

2　民事保全の種類

(1)　仮差押え

　金銭の支払を目的とする債権についての強制執行を保全するために，債務者の責任財産につきその処分権を制限する手続である（民保§20 I）。

(2)　係争物に関する仮処分

　物に対する給付請求権としての，物の引渡・明渡請求権や，移転登記手続請求権等の強制執行を保全するため，目的物の現状を維持する手続である（民保§23 I 参照）。

(3)　仮の地位を定める仮処分

　争いのある権利関係について暫定的な処分を行うことによって，債権者の現在の危険を除去し，将来における終局的な権利の実現が不可能になるのを防止する手続である。強制執行の保全を目的としていない点で他と異なる（民保§23 II 参照）。

3　民事保全の手続の特性
民事保全の手続においては次のような特性がある。

(1)　迅速性（緊急性）
　保全命令の発令は迅速にされなければならない。そのため，保全命令は口頭弁論を経ずに発することができ（民保§3），保全命令の申立てにおいては，証明ではなく疎明で足りる（民保§13Ⅱ）。同様に，保全執行も迅速にされる必要があるため，原則として執行文の付与を受けることを要せず，執行の期間は2週間と定められ，保全命令の送達前においても執行することができる（民保§43）。

(2)　密行性
　特に仮差押えの手続においては，債務者が察知することによる執行の妨害を排除するための密行性が要請される。しかし，仮の地位を定める仮処分においては密行性は緩和されており（民保§23Ⅳ），既に発令された保全命令に対する不服申立ての手続においても，密行性はもはや要しないこととなる。

(3)　暫定性（仮定性）
　民事保全は，本案訴訟において権利が終局的に確定され，実現されるまでの仮の措置であるから，暫定性（仮定性）を有する手続である。そのため，保全命令や保全執行において生じた結果は，本案訴訟における審理や裁判に対して何らの拘束力も及ぼさない。また，民事執行との違いとして，民事保全は処分の禁止は行うがそこでまでであり，その先の換価や配当等の手続には進まないことがあげられる。

(4)　付随性
　民事保全は，本案訴訟とは別個独立の手続であるが，本案訴訟の存在を予定し，本案訴訟に従属する。たとえば，保全命令事件の管轄は，原則として本案訴訟の管轄裁判所とされ（民執§12Ⅰ），本案訴訟の提起が遅延すれば保全命令が取り消される（民保§37Ⅰ）。

第2章
民事保全の総則

Topics ・保全執行裁判所について理解する。
　　　　 ・民事保全の審理の手続について理解する。

1　民事保全の機関

⑴　保全命令の機関

H4-8-3
　　　　民事保全の命令（以下「保全命令」）は，申立てにより，裁判所が行う（民
保§2Ⅰ）。なお，裁判長は，急迫の事情があるときに限り，保全命令を発
令することができる（民保§15）。

⑵　保全執行の機関

H30-6-エ
　　　　民事保全の執行（以下「保全執行」）は，申立てにより，裁判所または執
行官が行う（民保§2Ⅱ）。

2　保全執行裁判所

　　　　裁判所が行う保全執行に関しては，民事保全法の規定により執行処分を行う
裁判所をもって，執行官が行う保全執行の執行処分に関しては，その執行官の
所属する地方裁判所をもって保全執行裁判所とする（民保§2Ⅲ）。

重要! ・・・・・・・・・・・・・・・・・・・・・・・・・・・・・・・・・・・

　　　　大ざっぱに言うと，民事訴訟における判決に対応するのが保全命令，強制執行
に対応するのが保全執行。ただし，換価には進まない点が異なる。

3　民事保全の審理の手続

（任意的口頭弁論）
第3条　民事保全の手続に関する裁判は，口頭弁論を経ないですることができる。

H16-6-ア
　　　　すなわち，保全命令および保全執行に関する裁判は，任意的口頭弁論として，
口頭弁論を開くか否かは裁判所の裁量に委ねられ，すべて決定の形式により裁
判が行われることになる（民訴§87Ⅰただし書）。

R3-6-ア
　　　　そのため，仮に口頭弁論が開かれたとしても，裁判の形式は判決ではなく決

定であり，異議等の不服申立事件も常に決定の手続による。これを，オール決
定主義という。

4　担保の提供

民事保全法の規定により担保を立てるには，担保を立てるべきことを命じた H9-7-3
裁判所または保全執行裁判所の所在地を管轄する地方裁判所の管轄区域内の供 H9-7-5
託所に，金銭または担保を立てるべきことを命じた裁判所が相当と認める有価
証券（振替国債を含む）を供託する方法，その他最高裁判所規則で定める方法
によらなければならないが，当事者が特別の契約をした時は，その契約による
（民保§4Ⅰ）。なお，保全命令の担保に関しては，供託所について特別の規定
が設けられている（民保§14Ⅱ）。

5　事件記録の閲覧等

(1)　閲覧等の請求権者

保全命令に関する裁判または保全執行に関し，裁判所が行う手続について
は，利害関係人は事件の記録の閲覧等を請求することができる（民保§5本
文）。

(2)　閲覧等の請求権の制限

債権者以外の利害関係人は，保全命令の申立てに関し口頭弁論もしくは債 R5-6-ウ
務者を呼び出す審尋の期日の指定があり，または債務者に対する保全命令の
送達があるまでの間は，閲覧等の請求をすることができない（民執§5ただ
し書）。

6　専属管轄

民事保全法に規定する裁判所の管轄は，専属管轄である（民保§6）。

7　民事訴訟法の規定の準用

特別の定めがある場合を除き，民事保全の手続に関しては，民事訴訟法の規 R3-6-ウ
定を準用される（民保§7）。

主なものを以下に列挙する。

・当事者能力および訴訟能力に関する規定（民訴§28〜37）は全部準用され
る。

・通常共同訴訟についての規定（民訴§38，39）は準用される。必要的共同訴訟（民訴§40），同時審判申出共同訴訟（民訴§41）については争いがある。

・訴訟代理人に関する規定（民訴§54～59）は保全命令手続の訴訟代理人について準用される。

・口頭弁論の必要性についての規定のうち，決定手続に関する民事訴訟法87条1項ただし書・2項は準用される。

・証拠に関する規定（民訴§179～242）のうち，疎明（民保§13Ⅱ）の即時性（民訴§188）に反しないものは準用される。
　※　裁判所外の証拠調べ（民訴§185，195，210）や，文書提出命令（民訴§220～225），文書送付嘱託（民訴§226），証拠保全に関する規定（民訴§234～242）などの規定は準用されない。

・訴えの取下げに関する規定のうち，民事訴訟法261条1項・同法262条1項は準用される。

第3章

保全命令

第1節　保全命令総論

Topics ・保全命令の申立てについて理解する。
・保全命令の審理の手続について理解する。
・保全命令（仮差押命令・係争物に関する仮処分命令・仮の地位を定める仮処分命令）の異同について理解しているかがよく問われる。共通点・相違点を意識して学習すること。

1　釈明処分の特例

　裁判所は，争いに係る事実関係に関し，当事者の主張を明瞭にさせる必要があるときは，口頭弁論または審尋の期日において，当事者のため事務を処理し，または補助する者で，裁判所が相当と認めるものに陳述をさせることができる（民保§9）。これは，会社の業務担当者など，当事者よりも事実関係をよく知っている者があるときは，裁判所は，その者から直接陳述を得ることにより，争点や事実の実態を早期に的確に把握することが可能となるからである。

2　管轄裁判所

(1)　管轄裁判所

　保全命令事件は，本案の管轄裁判所または仮に差し押さえるべき物もしくは係争物の所在地を管轄する地方裁判所が管轄する（民保§12Ⅰ）。　H30-6-ア

(2)　本案の管轄裁判所

　本案の管轄裁判所とは，第一審裁判所をいう（民執§12Ⅲ本文）。本案が　R3-6-イ
係属している場合，あるいは確定した後においては第一審裁判所が管轄することになり，本案がまだ係属していない場合，将来の第一審の管轄裁判所となるべき裁判所が管轄することになる。例えば，100万円の貸金返還請求権を被保全権利とする債権の仮差押命令の申立てについては，簡易裁判所に申し立てることができる。なお，本案が控訴審に係属しているときは，控訴裁判所が管轄裁判所となる（民保§12Ⅲただし書）。

(3)　債権に関する事件についての管轄

　　仮に差し押さえるべき物または係争物が債権であるときは，その債権はその債権の債務者である第三債務者の普通裁判籍の所在地にあるものとされ，船舶または動産の引渡しを目的とする債権および物上の担保権により担保される債権は，その物の所在地にあるものとされる（民保§12Ⅳ）。

(4)　本案が特許権等に関する訴えである場合

　　本案の訴えが特許権等に関する訴えである場合，保全命令事件は本案の管轄裁判所が管轄する（民保§12Ⅱ本文）。ただし，仮に差し押さえるべき物または係争物の所在地を管轄する地方裁判所が民事訴訟法6条1項各号に定める裁判所であるときは，その裁判所も管轄裁判所となる（民保§12Ⅱただし書）。

（申立て及び疎明）

第13条　保全命令の申立ては，その趣旨並びに保全すべき権利又は権利関係及び保全の必要性を明らかにして，これをしなければならない。

2　保全すべき権利又は権利関係及び保全の必要性は,疎明しなければならない。

3　保全命令の申立て

`H29-6-エ`

　　保全命令の申立ては，申立ての趣旨ならびに保全すべき権利または権利関係および保全の必要性を明らかにして，書面でしなければならない（民保§13Ⅰ，民保規§1①）。

4　保全命令の申立てについての裁判

(1)　審理および疎明の必要性

`R4-6-ア`
`H30-6-ウ`
`H29-6-エ`
`H26-6-イ`
`H21-6-1`
`H20-6-イ`
`H14-7-ア`
`H9-7-1`

　　保全命令の審理においては，裁判所は，口頭弁論を経ることも，審尋を行うことも，書面のみによる審理を行うことも可能である。そして，申立てにおける保全すべき権利または権利関係および保全の必要性については，疎明しなければならない（民保§13Ⅱ）。この場合，証明は要しない。また，疎明については，疎明の代わりに宣誓しあるいは保証金を提供することにより代用することは認められていない。なお，管轄や当事者能力等の訴訟要件については，原則通りその存在を証明することを要する。

(2)　裁判長による保全命令

　　急迫の事情がある場合には，裁判長が単独で保全命令を発することができ H22-6-ア
る（民保§15）。地方裁判所の合議体で審理すべき場合に，緊急性があり合 H4-8-3
議体による審理・裁判をしていては保全の目的を達することができないとき
は，裁判長が単独で保全命令を発することが認められている。

(3)　決定の理由等

> （決定の理由）
> **第16条**　保全命令の申立てについての決定には，理由を付さなければならない。
> 　　ただし，口頭弁論を経ないで決定をする場合には，理由の要旨を示せば足りる。

R5-6-エ
H29-6-オ
H25-6-ウ
H22-6-ウ
H16-6-ウ

　　これは，当事者が不服申立てをする場合に理由を知ることが重要だからで
ある。

(4)　保全命令の送達

> （送達）
> **第17条**　保全命令は，当事者に送達しなければならない。

　　本来，決定については相当と認める方法で告知すれば足りるが（民訴§ R5-6-オ
119参照），保全命令は重要な決定であるので，当事者双方に送達することを R3-6-エ
要するものとされた。なお，保全命令の申立てを却下する決定においては， H31-6-オ
口頭弁論または審尋の期日の呼出しがされた場合を除き，債務者に告知する H12-7-オ
ことを要しない（民保規§16Ⅰ）。要件を満たさず申立てが却下されたとし H4-8-1
ても補正の上再度申立てを企図する場合がある。にもかかわらず相手方に告
知され保全命令の申立てをしようとしていることが了知されてしまうと，財
産隠しをされるなどの可能性があるため，債務者に対し呼出しがされた場合
を除き，告知を不要としている。

(5)　条件付または期限付の権利の場合

　　仮差押命令は，被保全債権が条件付または期限付である場合においても， H31-6-ア
これを発することができる（民保§20ⅡⅠ）とされ，民事保全法20条2項の H20-6-オ
規定は，係争物に関する仮処分命令および仮の地位を定める仮処分命令につ H19-6-ア
いて準用されている（民保§23Ⅲ）。 H14-7-オ
H8-7-2

5　保全命令の申立ての取下げ

（保全命令の申立ての取下げ）
第18条　保全命令の申立てを取り下げるには，保全異議又は保全取消しの申立
　てがあった後においても，債務者の同意を得ることを要しない。

R2-6-オ
H26-6-オ
H21-6-3
H20-6-エ
H14-7-イ

　　　保全命令の申立ての取下げをするには，債務者の同意を得ることを要しない
（民保§18）。これは，保全異議や保全取消しの申立てがあった後であっても同
様である（同）。保全命令には既判力がなく，権利を終局的に確定するもので
はないので，債権者の取下げがあっても，債務者に特段の不利益を及ぼすこと
はないからである。この点については，訴えの取下げ（民訴§261Ⅱ本文）と
の違いに注意が必要である。

6　保全命令の担保

（保全命令の担保）
第14条　保全命令は，担保を立てさせて，若しくは相当と認める一定の期間内
　に担保を立てることを保全執行の実施の条件として，又は担保を立てさせな
　いで発することができる。
　2　前項の担保を立てる場合において，遅滞なく第4条第1項の供託所に供託
　することが困難な事由があるときは，裁判所の許可を得て，債権者の住所地
　又は事務所の所在地その他裁判所が相当と認める地を管轄する地方裁判所の
　管轄区域内の供託所に供託することができる。

(1)　保全命令の担保

R2-6-ウ
H22-6-オ
H21-6-4
H12-7-エ
H9-7-2

　　　保全命令は担保を立てさせて，もしくは相当と認める一定の期間内に担保
を立てることを保全執行の条件として，または担保を立てさせないで発する
ことができる（民保§14）。したがって，担保を立てさせるか否かは裁判所
の裁量によることになる。

(2)　担保の提供方法

H9-7-3

　　　保全命令の担保を立てるには，担保を立てるべきことを命じた裁判所また
は保全執行裁判所の所在地を管轄する地方裁判所の管轄区域内の供託所に，
金銭または担保を立てるべきことを命じた裁判所が相当と認める有価証券
（振替債を含む）を供託する方法，その他最高裁判所規則で定める方法によ
らなければならないが，当事者が特別の契約をした時は，その契約による（民

保§4Ⅰ）。

⑶　担保提供を供託の方法による場合の供託所の管轄の特則

　　保全命令の担保を供託する方法で行う場合に，遅滞なく，担保を立てるべ　　H9-7-5
きことを命じた裁判所または保全執行裁判所の所在地を管轄する地方裁判所
の管轄区域内の供託所（民保§4Ⅰ）に供託することが困難な事由があると
きは，裁判所の許可を得て，債権者の住所地または事務所の所在地その他裁
判所が相当と認める地を管轄する地方裁判所の管轄区域内の供託所に供託す
ることができる（民保§14Ⅱ）。

第2節　仮差押命令

Topics・仮差押命令の内容を理解する。
　　　　・仮差押解放金について理解する。

（仮差押命令の必要性）
第20条　仮差押命令は，金銭の支払を目的とする債権について，強制執行をすることができなくなるおそれがあるとき，又は強制執行をするのに著しい困難を生ずるおそれがあるときに発することができる。
　2　仮差押命令は，前項の債権が条件付又は期限付である場合においても，これを発することができる。

1　仮差押命令の必要性

R5-6-ア　　　仮差押命令は，金銭の支払を目的とする債権（金銭債権）について，強制執行ができなくなるおそれがあるとき，または強制執行をするのに著しい困難を生ずるおそれがあるときに発することができる（民保§20Ⅰ）。すなわち，金銭債権につき保全の必要性がある場合に認められることになる。

2　仮差押命令の被保全権利と対象財産
(1)　被保全権利

R2-6-エ　　　被保全権利は金銭債権でなければならない（民保§20Ⅰ）。この金銭債権
H25-6-ア　　は条件付または期限付である場合においても，仮差押命令を発することがで
H20-6-オ　　きる（民保§20Ⅱ）。
H14-7-オ
H8-7-2

重要●●●●●●●●●●●●●●●●●●●●●●●●●●●●●●●●●●●●
　　　仮差押命令は将来の強制執行を保全するものであるので，仮差押えの段階では，金銭債権が条件付または期限付であっても差し支えない。条件の成就や期限の到来は執行の段階で判断されることになる。

(2)　対象財産

H29-6-ア　　　仮差押命令の対象財産は，強制執行の対象となる財産であればよい。そし
H25-6-イ　　て，仮差押命令は原則として，特定の物について発しなければならないが，
H14-7-エ　　対象財産が動産である場合は，目的物を特定しないで発することができる（民保§21）。

3　仮差押解放金

> （仮差押解放金）
> **第22条**　仮差押命令においては，仮差押えの執行の停止を得るため，又は既に
> した仮差押えの執行の取消しを得るために債務者が供託すべき金銭の額を定
> めなければならない。
> 2　前項の金銭の供託は，仮差押命令を発した裁判所又は保全執行裁判所の所
> 在地を管轄する地方裁判所の管轄区域内の供託所にしなければならない。

⑴　仮差押解放金の意義

　　仮差押命令においては，仮差押えの執行の停止を得るため，または既にし
た仮差押えの執行の取消しを得るために債務者が供託すべき金銭の額を定め
なければならない（民保§22Ⅰ）。これを仮差押解放金という。仮差押解放
金は，必ず定められるものであり，仮差押命令そのものを取り消すものでは
なく，仮差押命令の存続を前提として，その執行のみを停止し，または取り
消すものである。そして，仮差押解放金が供託された場合には，仮差押えの
効力は，仮差押債務者が供託所に対して有する供託金取戻請求権の上に移行
することになる（先例平2.11.13－5002）。

`R4-6-ウ`
`H29-6-イ`

⑵　仮差押解放金の供託

　　仮差押解放金の供託は，仮差押命令を発した裁判所または保全執行裁判所
の所在地を管轄する地方裁判所の管轄区域内の供託所にしなければならない
（民保§22Ⅱ）。仮差押解放金として定められるのは，債務者が供託すべき金
銭の額であるから，その目的物は金銭に限られる。

⑶　仮差押えの執行の取消し

　　債務者が仮差押解放金を供託したことを証明したときは，保全執行裁判所
は仮差押えの執行を取り消さなければならない（民保§51Ⅰ）。

`H25-6-エ`
`H8-7-5`

第3節　仮処分命令

Topics　・係争物に関する仮処分命令について理解する。
　　　　・仮の地位を定める仮処分命令について理解する。

1　係争物に関する仮処分命令

(1)　係争物に関する仮処分命令の必要性

H22-6-エ 　係争物に関する仮処分命令は，その現状の変更により，債権者が権利を実行することができなくなるおそれがあるとき，または権利を実行するのに著しい困難を生ずるおそれがあるときに発することができる（民保§23Ⅰ）。これが，係争物に関する仮処分命令の保全の必要性である。

R4-6-イ 　類型としては，処分禁止の仮処分（民保§53等）と占有移転禁止の仮処分（民保§62）がある。民事訴訟法では，訴訟承継主義を採用し，訴訟係属中に係争物が当事者から第三者に移転した場合，その第三者を新たな訴訟の当事者にすることとなる。そうなると，事実審の口頭弁論終結前に被告が係争物を譲渡した場合，原告としては，譲受人に対して新たな訴えを提起するか，訴訟引受の申立て（民訴§50）をしなければならなくなる。しかし，原告は，提訴前に処分禁止の仮処分あるいは占有移転禁止の仮処分をしておけば，譲渡人に対する勝訴の確定判決を得て，譲受人に対しても強制執行をすることができる（民保§58，62）のである（当事者恒定効）。

(2)　係争物

　係争物とは，金銭以外の動産，不動産などの有体物はもちろん，債権や著作権などの権利も含まれる。

(3)　保全すべき権利または権利関係が条件付，期限付である場合

H19-6-ア 　係争物に関する仮処分命令は，保全すべき権利または権利関係が条件付または期限付である場合でも，発することができる（民保§23Ⅲ，20Ⅱ）。

2　債務者を特定しないで発する仮処分命令

(1)　債務者を特定しないで発する仮処分命令

H24-6-イ
H19-6-エ 　仮処分命令は，原則として当事者を特定して，申し立てなければならず（民保規§13Ⅰ①参照），当事者を特定した上で発せられる（民保規§9Ⅱ②参照）。しかし，一定の場合，執行前に債務者を特定することを困難とする特別の事情があるときは，裁判所は債務者を特定しないで仮処分命令を発することができる（民保§25の2Ⅰ柱書）。

(2) 要　件

　債務者を特定しないで発する仮処分命令は，占有移転禁止の仮処分命令でR2-6-イあって，債務者を特定することを困難とする特別の事情があり，**係争物が不動産であるもの**に限られる。そして，占有移転禁止の仮処分命令とは，係争物の引渡しまたは明渡しの請求権を保全するための仮処分命令で，次に掲げる２点を内容とするものをいう（民保§25の２Ⅰ）。H28-6-エ

①　債務者に対し，係争物の占有の移転を禁止し，および係争物の占有を解いて執行官に引き渡すべきことを命ずること。

②　執行官に，係争物の保管をさせ，かつ，債務者が係争物の占有の移転を禁止されている旨および執行官が係争物を保管している旨を公示させること。

(3) 仮処分債務者

　債務者を特定しないで発する仮処分命令の執行がされたときは，その執行により係争物である不動産の占有を解かれた者が債務者となる（民保§25の２Ⅱ）。また，債務者を特定しないで発する仮処分命令の執行は，係争物である不動産の占有を解く際にその占有者を特定することができない場合にはすることができない（民保§54の２）。

(4) 債務者を特定しないで発する仮処分命令の送達

　債務者を特定しないで発する仮処分命令は，債権者に対してこれが送達された日から２週間以内に執行されなかったときは，債務者に対して送達することを要しない（民保§25の２Ⅲ前段）。

3　仮の地位を定める仮処分命令

(1) 仮の地位を定める仮処分命令の必要性

　仮の地位を定める仮処分命令は，権利関係に争いがあるために債権者に生H22-6-エじている現在の危険や不安を除去するために，本案判決が確定するまでの間，暫定的な措置を定め，これを維持し実現することを目的とする保全命令である。

　強制執行の保全の手段ではないという点で，仮差押えや係争物に関する仮H31-6-イ処分と異なる。被保全権利は，物の給付請求権に限られず，賃金の仮払いのH29-6-ウような金銭債権でもよい。具体的には，例えば，解雇の有効性が争われている事件における賃金仮払の仮処分や，抵当権の不存在が争われている事件におけ

る抵当権の実行を禁止する仮処分など，多様である。争いがある権利関係について債権者に生ずる著しい損害または急迫の危険を避けるために必要とするとき（民保§23Ⅱ）が，仮の地位を定める仮処分命令の保全の必要性である。

(2)　仮の地位を定める仮処分命令における審理

（仮処分命令の必要性等）

第23条

H26-6-ア

2　仮の地位を定める仮処分命令は，争いがある権利関係について債権者に生ずる著しい損害又は急迫の危険を避けるためこれを必要とするときに発することができる。

H26-6-ウ

4　第2項の仮処分命令は，口頭弁論又は債務者が立ち会うことができる審尋の期日を経なければ，これを発することができない。ただし，その期日を経ることにより仮処分命令の申立ての目的を達することができない事情があるときは，この限りでない。

H31-6-ウ
H19-6-イ
H12-7-ウ

　　仮の地位を定める仮処分においては，口頭弁論または債務者が立ち会うことができる審尋の期日を経なければ発することができない（民保§23Ⅳ本文）。この場合には，一般に密行性はなく，債務者に重大な影響を与える場合が多いことから，債務者の手続上の地位を保障する必要があるためである。ただし，例外的に，その期日を経ることにより仮処分命令の目的を達することができない事情があるときは，期日を開く必要はない（民保§23Ⅳただし書）。

4　仮処分命令の方法

　　裁判所は，仮処分命令の申立ての目的を達するため，債務者に対し一定の行為を命じ，もしくは禁止し，もしくは給付を命じ，または保管人に目的物を保管させる処分その他必要な処分をすることができる（民保§24）。仮処分命令は保全の必要性において差異があり，その対象となる被保全権利や争いのある権利関係が多岐にわたるのでその内容が多種多様となる。そのため，仮処分の方法や程度については，仮処分命令中に必要十分な内容を定め，その内容については裁判所の裁量を認めることとした。

5　仮処分解放金

> （仮処分解放金）
> **第25条**　裁判所は，保全すべき権利が金銭の支払を受けることをもってその行使の目的を達することができるものであるときに限り，債権者の意見を聴いて，仮処分の執行の停止を得るため，又は既にした仮処分の執行の取消しを得るために債務者が供託すべき金銭の額を仮処分命令において定めることができる。
> 2　第22条第2項の規定は，前項の金銭の供託について準用する。

(1)　仮処分解放金の意義

　　仮処分解放金とは，仮処分の執行の停止を得るため，または既にした仮処分の執行の取消しを得るために裁判所が定めることができる債務者が供託すべき金銭のことをいう（民保§25Ⅰ）。

H28-6-ア
H19-6-ウ

(2)　仮処分解放金の要件

　　仮処分解放金を定めるためには，次の4点の要件を満たさなければならない（民保§25Ⅰ参照）。

　①　係争物に関する仮処分であること
　　　したがって，仮の地位を定める仮処分においては仮処分解放金を定めることはできない。

H26-6-エ

　②　金銭の支払いを受けることをもってその行使の目的を達するものであること

　③　債権者の意見を聴くこと

　④　必要性があること
　　　したがって，係争物に関する仮処分であっても，仮処分解放金を定めることは任意であり，仮差押解放金のように必要的ではない。

R5-6-イ

(3)　仮処分解放金の供託

　　仮処分解放金の供託は，仮処分命令を発した裁判所または保全執行裁判所の所在地を管轄する地方裁判所の管轄区域内の供託所にしなければならない（民保§25Ⅱ，22Ⅱ）。また，仮処分解放金の目的物は金銭に限られる。

第４章
保全命令における不服申立制度

第1節　保全命令の申立てを却下する裁判に対する即時抗告

Topics・この即時抗告の特殊性について理解する。
　　　　・再抗告の禁止について理解する。

（却下の裁判に対する即時抗告）

第19条　保全命令の申立てを却下する裁判に対しては，債権者は，告知を受けた日から２週間の不変期間内に，即時抗告をすることができる。

2　前項の即時抗告を却下する裁判に対しては，更に抗告をすることができない。

3　第16条本文の規定は，第１項の即時抗告についての決定について準用する。

1　保全命令に対する不服申立ての手続

　保全命令に対しては，保全命令を却下する裁判に対する債権者からの即時抗告（民保§19），保全命令を発令する裁判に対する債務者からの保全異議（民保§26〜36）及び保全取消し（民保§37〜40），保全異議または保全取消しの申立てについての裁判に対する上訴としての保全抗告（民保§41〜42）がある。

2　保全命令の却下の裁判に対する即時抗告の内容

H31-6-エ
H14-7-ウ
H5-2-2

　保全命令の申立てを却下する裁判に対しては，債権者は告知を受けた日から２週間の不変期間内に即時抗告をすることができる（民保§19Ⅰ）。民事訴訟法上の即時抗告の申立て期間は１週間であるが（民訴§332），保全命令の申立ての却下の裁判に対する即時抗告については，複雑な事案の準備に配慮して申立て期間を２週間と定めている。

3　民事訴訟法の規定の準用

　保全命令の申立ての却下の裁判に対する即時抗告には，民事訴訟法の規定が準用される（民保§7）。

①　原裁判所に対して行う（民訴§331，286）。

②　原裁判所は，再度の考案によって裁判を更正することができる（民訴§

333）。

4　再抗告の禁止

　即時抗告を却下する裁判に対しては，さらに抗告をすることができない（民保§19Ⅱ）。保全命令に関する裁判は，権利の確定を目的とするものではないので，三審制を保障する必要がないからである。また，高等裁判所がした即時抗告を却下する裁判に対して再抗告をすることができないことの根拠条文は裁判所法7条2号である。

5　理由の付記

　この即時抗告の申立てについての決定においては，口頭弁論を経ないで決定する場合であっても，決定の理由を付さなければならない（民保§19Ⅲ，16本文）。

Topics ・保全異議の申立てについて理解する。

・保全異議に対する審理について理解する。

1　保全異議の内容

R2-6-ア　　保全異議とは，保全命令の申立てが認容され，保全命令が発せられた場合に，保全命令の申立てにおける保全すべき権利または権利関係及び保全の必要性の存否について保全命令を発令すべきでないとする不服のある債務者が，保全命令を発した裁判所に対して，その保全命令の取消しまたは変更を求める不服申立てである（民保§26）。同一の審級での再審理となるので，保全命令の申立てについての審理において提出された資料は，保全異議事件の審理において，H16-6-エ　すべて資料として利用することができる。

2　保全異議の申立て

⑴　申立て

H27-6-ア　　保全異議の申立ては，保全命令を発した裁判所に書面をもってしなければH23-6-ア　ならない（民保§26，民保規§1③）。

重要❶ •

R3-6-オ　　保全異議の申立てにおいては期間の制限はなく，保全命令が有効に存在し，保H21-6-5　全異議の申立ての利益があれば，申し立てることができる。

⑵　事件の移送

H18-6-1　　裁判所は，保全異議事件について著しい遅滞を避け，または当事者間の衡平を図るために必要があるときは，申立てによりまたは職権で，その保全命令事件につき管轄権を有する他の裁判所に事件を移送することができる（民保§28）。なお，保全命令事件の管轄裁判所は，本案の管轄裁判所または仮に差し押さえるべき物もしくは係争物の所在地を管轄する地方裁判所である（民保§12参照）。

⑶　保全執行の停止の裁判等

　　保全異議の申立てがあった場合において，保全命令の取消しの原因となることが明らかな事情および保全執行により償うことができない損害を生ずるおそれがあることにつき疎明があったときには，裁判所は，申立てにより，保全異議の申立てについて裁判をするまでの間，担保を立てさせ，または担

保を立てることを条件として，保全執行の停止，または既にした執行処分の取消しを命ずることができる（民保§27 I）。すなわち，保全異議の申立ては，保全執行を当然に停止する効力を有しない。しかし，保全執行が進行したままでは，保全異議の申立てが無意味になるおそれがあるので，一定の要件を設け，保全執行を停止することを可能とした。

3　保全異議に対する審理

(1)　口頭弁論又は審尋の必要性

> （保全異議の審理）
> **第29条**　裁判所は，口頭弁論又は当事者双方が立ち会うことができる審尋の期日を経なければ，保全異議の申立てについての決定をすることができない。

　　保全命令は，密行性の要請もあり，債権者の申立てに基づいて発せられるが，保全異議事件では債権者と債務者が平等の立場で審理を受けることが必要だからである。

H27-6-ウ
H23-6-ウ
H18-6-4

(2)　審理の終結

　　裁判所は，保全異議の審理を終結するには，相当の猶予期間をおいて審理を終結する日を決定しなければならない（民保§31本文）。ただし，口頭弁論または当事者双方が立ち会うことができる審尋の期日においては，裁判所が状況をみて判断することができるので，直ちに審理を終結する旨を宣言することができる（同ただし書）。

H16-6-オ

(3)　判事補の権限の特例

　　保全異議の申立てについての裁判は，慎重に審理される必要性があるので，（まだ経験の浅い）判事補がこれを単独ですることはできない（民保§36）。

4　保全異議の申立てについての決定

(1)　保全異議の申立てについての決定

　　裁判所は保全異議の申立てについての決定においては，保全命令を認可し，変更し，または取り消さなければならない（民保§32 I）。裁判所が保全異議の申立てについて，原決定が相当であると判断したときは，保全異議の申立てを却下する決定をするのではなく，保全命令を認可する決定をすることになる。また，保全すべき権利または権利関係や保全の必要性が欠けたり，管轄違いなど理由があれば，保全命令を取り消すことになる。

H27-6-エ
H18-6-2

　無担保の保全命令について，債権者に担保を立てさせて当該保全命令を認可する場合などが変更決定にあたる。

(2)　担保を立てること等を条件とする保全執行

　裁判所は，保全異議の申立てについての決定において，債権者に対して新たな担保を立てること，または担保を増加させることを保全執行の実施または続行の条件とする旨を定めることができる（民保§32Ⅱ）。

(3)　担保を立てることを条件とする保全執行の取消し

H23-6-オ

　裁判所は，保全異議の申立てによる保全命令を取り消す決定について，債務者が担保を立てることを条件とすることができる（民保§32Ⅲ）。

(4)　理由の付記と送達

　保全異議の申立てによるの決定については，口頭弁論を経ないで決定する場合であっても，決定の理由を付さなければならない（民保§32Ⅳ，16本文）。また，保全異議の申立てについての決定は当事者に送達しなければならない（民保§32Ⅳ，17）。

(5)　原状回復の裁判

　物の引渡しや明渡し，金銭の支払いのように債務者に一定の仮の給付を命ずる仮処分命令があるが，このような仮処分命令により債権者が仮の給付を得ている場合には，裁判所は，債務者の申立てにより，保全異議の申立てによる保全命令を取り消す決定において，債務者が引渡しまたは明け渡した物の返還，支払った金銭の返還等を債権者に命ずることができる（民保§33）。

(6)　保全命令を取り消す決定の効力

H18-6-5

　保全異議の申立てによって保全命令を取り消す決定において，その送達を受けた日から2週間を超えない範囲内で相当と認める一定の期間を経過しなければその決定の効力が生じない旨を宣言することができる（民保§34本文）。保全命令を取り消す決定は，本来，決定の告知により直ちに効力を生ずるはずであるが，それでは債権者が保全抗告により取消しの決定を争う前に，債務者が保全執行の目的物を処分してしまうおそれがある。そこで，債権者の保全抗告の申立ての期間に対応する形で，この保全命令を取り消す決定の効力の発生を一定期間猶予する制度が設けられている。したがって，保全命令を取り消す決定に対して保全抗告をすることができない場合には，この規定は適用されない（民保§34ただし書）。

5　保全異議の申立ての取下げ

　　保全異議の申立ての取下げをするには，債権者の同意を要しない（民保§ 35）。保全命令には既判力がなく，権利を終局的に確定するものではないので 取下げを認めても債権者に不利益はないからである。

H27-6-イ
H23-6-イ
H8-6-3

第3節　保全取消し

Topics ・保全取消しを行うべき状況について理解する。
　　　　・3種の保全取消しの違いについて理解する。

1　保全取消しの内容

　保全取消しとは，保全命令が発令された時点では適法であったことを前提として，発令後の事情の変化により，保全命令の取消しを求める手続である（民保§37, 38, 39）。保全取消しも同一の審級での再審理となる。保全取消しには，仮差押えおよび仮処分に共通するものとして，本案の訴えの不提起による保全取消し（民保§37）および事情の変更による保全取消し（民保§38）があり，仮処分に特有のものとして特別の事情による保全取消し（民保§39）の3類型がある。

重要　●●●●●●●●●●●●●●●●●●●●●●●●●●●●●●●●●●●●●●

　保全異議は，保全命令自体の不当を主張する手続である点が保全取消しと異なる。

2　本案の訴えの不提起等による保全取消し

> （本案の訴えの不提起等による保全取消し）
> **第37条**　保全命令を発した裁判所は，債務者の申立てにより，債権者に対し，相当と認める一定の期間内に，本案の訴えを提起するとともにその提起を証する書面を提出し，既に本案の訴えを提起しているときはその係属を証する書面を提出すべきことを命じなければならない。
> 2　前項の期間は，2週間以上でなければならない。
> 3　債権者が第1項の規定により定められた期間内に同項の書面を提出しなかったときは，裁判所は，債務者の申立てにより，保全命令を取り消さなければならない。
> 4　第1項の書面が提出された後に，同項の本案の訴えが取り下げられ，又は却下された場合には，その書面を提出しなかったものとみなす。

⑴　本案の訴えの不提起等による保全取消しの趣旨

　仮差押えや仮処分は暫定的処分であるから，最終的には本案の訴えで権利を確定する必要があるが，債権者が本案の訴えの提起を怠っている場合に，債務者の申立てにより本案の訴えの提起を促し，債権者がそれでも本案の訴えを提起しない時は，保全命令を取り消すこととしたものである。

⑵　本案の訴えの起訴命令

　　債権者が本案の訴えを提起しない場合，保全命令を発した裁判所は，債務者の申立てにより，相当と認める一定の期間（2週間以上）内に本案の訴えを提起するとともに，その提起を証する書面を提出し，既に本案の訴えを提起しているときはその係属を証する書面を提出すべきことを命じなければならない（民保§37 I Ⅱ）。これを起訴命令という。

R4-6-オ
H23-6-エ
H15-6-イ

重要❗ •

職権では取り消さない。

⑶　本案の訴えの不提起等による保全取消し

　　債権者が定められた期間内に所定の書面を提出しなかったときは，裁判所は，債務者の申立てにより，保全命令を取り消さなければならない（民保§37Ⅲ）。また，所定の書面が期間内に提出されたが，その後に訴えが取り下げられ，または却下された場合には，その書面が提出されなかったものとみなされ（民保§37Ⅳ），同様に，債務者の申立てにより，保全命令を取り消さなければならない。なお，期間内に所定の書面が提出されたとしても，保全すべき権利と異なる権利で本案の訴えを提起しているときも，書面の不提出に該当することになる。

H15-6-オ
H7-7-5

　　この場合の保全取消の決定においては，次のような準用がある（民保§37Ⅷ）。

①　決定においては理由を付さなければならない（民保§16本文）。

②　決定は当事者に送達しなければならない（民保§17）。

⑷　本案の訴えの提起に関する適格性

　　起訴命令が発せられた場合において，本案に関し仲裁合意があるときは，債権者が仲裁手続の開始の手続をとれば，本案の訴えを提起したものとみなされる（民保§37Ⅴ）。一方，民事調停においては，調停前置主義が適用されておらず調停が不調に終わった場合に訴訟の提起が義務付けられないので，紛争の最終的解決に至る保障がないことから，民事調停の申立ては，本案の訴えの提起とはみなされない。

H15-6-ウ

重要❗ •

仲裁合意のほかに，訴え以外の手続であっても，訴えとみなされるものについては，民保37条5項参照。

3　事情の変更による保全取消し

H15-6-ア
H7-7-3
　　保全すべき権利が弁済や相殺により消滅した場合や，債権者が本案の訴えで敗訴しその判決が確定した場合など，保全すべき権利もしくは権利関係または保全の必要性の消滅その他の事情の変更があるときは，保全命令を発した裁判所または本案の裁判所は，債務者の申立てにより，保全命令を取り消すことができる（民保§38Ⅰ）。これを事情の変更による保全取消しという。この場合の事情の変更は，疎明しなければならない（民保§38Ⅱ）。なお，事情の変更による保全取消しの決定においては，次のような準用がある（民保§38Ⅲ）。

①　決定においては理由を付さなければならない（民保§16本文）。
②　決定は当事者に送達しなければならない（民保§17）。
③　裁判所は，決定において，相当と認める一定の期間内に債権者が担保を立てることまたは民事保全法14条1項の規定による担保の額を増額した上，相当と認める一定の期間内に債権者がその増加額により担保を立てることを保全執行の実施または続行の条件とする旨を定めることができる（民保§32Ⅱ）。
④　裁判所は，保全命令を取り消す決定について，債務者が担保を立てることを条件とすることができる（民保§32Ⅲ）。

4　特別の事情による保全取消し

H27-6-オ
H15-6-エ
H7-7-4
　　仮処分命令により償うことができない損害を生ずるおそれがあるときその他の特別の事情があるときは，仮処分命令を発した裁判所または本案の裁判所は，債務者の申立てにより，担保を立てることを条件として仮処分命令を取り消すことができる（民保§39Ⅰ）。これを特別の事情による保全取消しという。この場合の，特別の事情は，疎明しなければならない（民保§39Ⅱ）。なお，特別の事情による保全取消しの決定においては，次のような準用がある（民保§39Ⅲ）。

①　決定においては理由を付さなければならない（民保§16本文）。
②　決定は当事者に送達しなければならない（民保§17）。

重要❗・・・・・・・・・・・・・・・・・・・・・・

　　特別の事情による保全取消しは，仮処分命令に限定される。

第4節　保全抗告

Topics ・保全抗告をすることができない場合について理解する。
　　　　・保全抗告の手続について理解する。

（保全抗告）
第41条　保全異議又は保全取消しの申立てについての裁判（第33条（前条第1
　項において準用する場合を含む。）の規定による裁判を含む。）に対しては，
　その送達を受けた日から2週間の不変期間内に，保全抗告をすることができ
　る。ただし，抗告裁判所が発した保全命令に対する保全異議の申立てについ
　ての裁判に対しては，この限りでない。
2　原裁判所は，保全抗告を受けた場合には，保全抗告の理由の有無につき判
　断しないで，事件を抗告裁判所に送付しなければならない。
3　保全抗告についての裁判に対しては，更に抗告をすることができない。
4　第16条本文，第17条並びに第32条第2項及び第3項の規定は保全抗告につ
　いての決定について，第27条第1項，第4項及び第5項，第29条，第31条並
　びに第33条の規定は保全抗告に関する裁判について，民事訴訟法第349条の規
　定は保全抗告をすることができる裁判が確定した場合について準用する。
5　前項において準用する第27条第1項の規定による裁判は，事件の記録が原
　裁判所に存するときは，その裁判所も，これをすることができる。

1　保全抗告の内容

　保全抗告とは，保全異議または保全取消しの申立てについての裁判，および `R2-6-ア`
これらに付随する原状回復の裁判に対する債権者または債務者からする不服申
立てである（民保§41Ⅰ本文）。

重要❶ ・・・・・・・・・・・・・・・・・・・・・・・・・・・・・・・・

債権者，債務者のいずれも提起できる。

2　保全抗告の申立てができない場合

(1)　地方裁判所が抗告裁判所である場合

　簡易裁判所に対する保全命令の申立てが却下され，これに対する即時抗告
により，抗告審である地方裁判所が原決定を取り消して発した保全命令に対
する保全異議の申立てについての裁判に対しては保全抗告をすることができ

ない（民保§41Ⅰただし書）。民事保全のような暫定的な手続では，三審級も争わせるのは相当ではないからである。なお，この場合に抗告審たる地方裁判所が発した保全命令に対する保全取消しの申立てについての裁判に対しては，高等裁判所に保全抗告することは認められる。

⑵　高等裁判所が抗告裁判所である場合

　　地方裁判所に対する保全命令の申立てが却下され，これに対する即時抗告により，抗告審である高等裁判所が原決定を取り消して発した保全命令に対する保全異議および保全取消しの申立てについての裁判に対しては，保全抗告をすることができない（裁判所§7②参照）。最高裁判所においては，保全抗告の審理は行わないからである。

3　再抗告の禁止

`H5-2-5`
　　保全抗告の裁判に対しては，再抗告をすることはできない（民保§41Ⅲ）。上記と同じく三審級も争わせるのは相当ではないからである。

4　保全抗告の申立て

⑴　提起期間

　　保全抗告は，不服を申し立てるべき裁判の送達を受けた日から2週間の不変期間内に申し立てなければならない（民保§41Ⅰ本文）。

⑵　提起の方式

　　抗告状を原裁判所に提出して行う（民保§7，民訴§331，286Ⅰ）。

⑶　再度の考案の禁止

`H5-2-4`
　　保全抗告を受けた原裁判所は，保全抗告の理由の有無につき判断しないで，事件を抗告裁判所に送付しなければならない（民保§41Ⅱ）。すなわち，保全抗告においては，原裁判所の再度の考案は禁じられている。これは，保全異議または保全取消しの申立てに対する裁判が，当事者双方の言い分を聞き，十分な実質審査を経てされるのが通常であるので，発令裁判所が単独でこれを更正できるとしたのでは，手続の安定を害するからである。

⑷　保全執行の停止または取消決定の停止の申立て

　　保全抗告がされても，既に認可されている保全命令についての保全執行が当然に停止されたり，保全命令を取り消した決定の効力が当然に停止されるわけではない。したがって，保全抗告を申し立てた者は，保全執行の停止ま

たは取消決定の効力の停止の裁判を申し立てることができる（民保§41Ⅳ，27Ⅰ）。

5　保全抗告の審理

　　保全抗告においても，保全異議や保全取消しと同様に，口頭弁論または当事者双方が立ち会うことができる審尋の期日を経なければ保全抗告についての裁判をすることができない（民保§41Ⅳ，29）。また，保全抗告の審理を終了するには原則として，相当の猶予期間をおいて，審理を終結する日を決定しなければならない（民保§41Ⅳ，31）。

第５章
保全執行

第1節　保全執行総論

Topics ・保全執行の執行期間について理解する。
・保全命令送達前の保全執行について理解する。
・保全執行における不服申立ての手続について理解する。

1　保全執行の手続の特質

　保全執行に関する手続には，民事執行法の規定の大部分が準用される（民保§46）。ただし，保全執行の迅速性の要請等から，民事保全法において保全執行に関する以下の規定が設けられている。

（保全執行の要件）
第43条　保全執行は，保全命令の正本に基づいて実施する。ただし，保全命令に表示された当事者以外の者に対し，又はその者のためにする保全執行は，執行文の付された保全命令の正本に基づいて実施する。
2　保全執行は，債権者に対して保全命令が送達された日から2週間を経過したときは，これをしてはならない。
3　保全執行は，保全命令が債務者に送達される前であっても，これをすることができる。

2　単純執行文の不要

H11-7-ア　保全執行は，保全命令の正本に基づいて実施する（民保§43Ⅰ本文）。すなわち，単純執行文（民執§25本文）の付与は要しない。また，保全命令は条件付または期限付の権利についても発することができるので（民保§20Ⅱ，23Ⅲ），保全執行は条件成就前または期限到来前でも行うことができ，条件成就執行文の付与も要しない。ただし，保全命令に表示された当事者に承継がある場合には，承継執行文は必要である（民保§43Ⅰただし書）。

3　執行期間

保全執行は，債権者に対して保全命令が送達された日から２週間を経過した
ときは，これをしてはならない（民保§43Ⅱ）。保全命令は保全の必要性があ
る場合に緊急に発せられるものであるから，保全執行も直ちに実施する必要が
あるからである。

H25-6-オ
H17-7-ウ

4　保全命令の送達前の保全執行

保全執行は，債務者に対して保全命令が送達される前であっても，これをす
ることができる（民保§43Ⅲ）。密行性および緊急性の要請に基づくものである。
なお，保全命令の債務者への送達は必要であり，これとの関係では，保全執行
の完了後に保全命令が債務者に送達されても差し支えない。

R4-6-エ
H30-6-オ
H24-6-エ
H20-6-ウ
H11-7-ウ

5　保全執行の申立て

保全命令を発した裁判所が同時に保全執行裁判所である場合，すなわち，不
動産に対する仮差押えの登記をする方法による仮差押えの執行（民保§47Ⅱ），
債権またはその他の財産権に対する仮差押えの執行（民保§50Ⅱ），不動産の
登記請求権を保全するための処分禁止の仮処分の執行（民保§53Ⅲ，47Ⅱ），
建物収去土地明渡請求権を保全するための建物の処分禁止の仮処分の執行（民
保§55Ⅱ，47Ⅱ）など，保全執行が登記または登録をする方法または第三債務
者もしくはこれに準ずる者に送達する方法による場合には，保全命令の発令に
引き続き，執行手続が開始されるので，保全執行の申立てをすることを要しな
い。

6　追加担保を提供しないことによる保全執行の取消し

民事保全法32条２項（同38条３項および同41条４項で準用する場合を含む。
以下同じ。）の規定により担保を立てることを保全執行の続行の条件とする旨
の裁判があったときは，債権者は，民事保全法32条２項の規定により定められ
た期間内に担保を立てたことを証する書面をその期間の末日から１週間以内に
保全執行裁判所または執行官に提出しなければならない（民保§44Ⅰ）。債権
者がこの担保を立てたことを証する書面を提出しない場合において，債務者が
担保を立てることを保全執行の続行の条件とする旨の裁判の正本を提出したと
きは，保全執行裁判所または執行官は，既にした執行処分を取り消さなければ
ならない（民保§44Ⅱ）。

7　保全執行に対する不服申立ての手続

　保全執行に対しては，手続の違法に対する執行抗告及び執行異議（民保§46，民執§10，11），執行文の付与等に関する異議の申立て（民保§46，民執32），執行文付与の訴え（民保§46，民執§33），執行文付与に対する異議の訴え（民保§46，民執§34），および第三者の財産に対して保全執行がなされたことに対する第三者異議の訴えがある（民保§46，民執§38）。この第三者異議の訴えにおいては，管轄裁判所の特例として，高等裁判所が保全執行裁判所としてした保全執行に対する第三者異議の訴えは，仮に差し押さえるべき物または係争物の所在地を管轄する地方裁判所が管轄することとされている（民保§45）。当事者の審級の利益を保護する趣旨である。その他注意すべき点として，請求異議の訴え（民執§35）は保全執行においては準用されておらず（民保§46参照），保全すべき権利の存在についての不服がある場合には，保全異議の申立てによることになる。

第2節　仮差押えの執行

Topics ・不動産に対する仮差押えの執行の方法について理解する。
　　　　・動産・債権に対する仮差押えの執行の方法について理解する。

1　仮差押えの執行の方法

　仮差押えの執行の方法については，金銭の支払いを目的とする債権についての強制執行，すなわち金銭執行の方法と同様に考えてよい。ただし，仮差押えは，将来の金銭執行の保全のために行うものであるから，差押えという処分の制限の段階までの手続であって，それ以降の換価や配当等の手続には進まない。

2　不動産に対する仮差押えの執行

(1)　執行の方法

　不動産に関する仮差押えの執行の方法は，①仮差押えの登記をする方法と，②強制管理の方法の2つがある。これらの方法は併用することができる（民保§47Ⅰ）。

(2)　仮差押えの登記をする方法

① 管　轄

　仮差押えの登記をする方法による仮差押えの執行は，仮差押命令を発した裁判所が保全執行裁判所として管轄する（民保§47Ⅱ）。

② 仮差押えの登記の嘱託

　仮差押えの登記は，裁判所書記官が嘱託する（民保§47Ⅲ）。

③ 仮差押えの効力

　仮差押えの登記により，登記がされた不動産について，所有権の移転，用益権および担保権の設定等債務者の処分行為が一切禁止される効力を生ずる。これを仮差押えの処分禁止効というが，これは絶対的なものではなく，相対的に仮差押えから移行した本執行等の執行手続との関係においてのみ生ずるので，仮差押えの登記後にされた債務者の処分行為も，仮差押債権者に対抗できないこととなるが，処分に関する当事者間では有効である。仮差押えが取り消され，または取り下げられた場合には，さかのぼって処分禁止の効力を受けないこととなる。

(3)　強制管理をする方法

①　管　轄

　　　強制管理をする方法による仮差押えの執行は，不動産所在地を管轄する地方裁判所が保全執行裁判所として管轄する（民保§47Ⅴ，民執§44）。したがって，仮差押命令の発令裁判所と一致するとは限らない。

②　強制管理の方法

　　　強制管理をする方法による仮差押えの執行においては，保全執行裁判所は，強制管理の開始決定をすると同時に管理人を選任し，裁判所書記官は強制管理の開始決定に係る差押えの登記を嘱託する（民保§47Ⅴ，民執§94，48）。仮差押えの登記をする方法による仮差押えにおいては，仮差押えの登記が記録されるが，強制管理をする方法による場合には，差押えの登記が記録される。そして，管理人は，保全執行裁判所の定める期間ごとに，配当等に充てるべき金銭の額を計算した額の金銭を供託し，その事情を保全執行裁判所に届け出なければならない（民保§47Ⅳ，民執§107Ⅰ）。

3　動産に対する仮差押えの執行

(1)　執行の方法

　　動産に関する仮差押えの執行は，執行官が目的物を占有する方法により行う（民保§49Ⅰ）。

(2)　金銭に対する執行官の供託

　　金銭が仮差押えの対象であるときは，執行官は仮差押えの執行に係る金銭を供託しなければならず，手形や小切手等につき執行官が支払いを受けた金銭についても同様に供託しなければならない（民保§49Ⅱ）。

4　債権その他の財産権に対する仮差押えの執行

(1)　執行の方法

　　債権に対する仮差押えの執行は，仮差押命令を発した裁判所である保全執行裁判所が，第三債務者に対し債務者への弁済を禁止する命令を発する方法により行う（民保§50ⅠⅡ）。仮差押えの効力は，仮差押命令が第三債務者に送達された時に生ずる（民保§50Ⅴ，民執§145Ⅴ）。

(2)　第三債務者による権利供託

　　金銭債権に対して仮差押えの執行がされた場合には，第三債務者は，仮差押えの執行に係る金銭債権の全額に相当する金銭を債務の履行地の供託所に

供託することができ，また，金銭債権の一部に対して仮差押えの執行がされた場合において仮差押金額に相当する金銭のみを供託することもできる（民保§50Ｖ，民執156Ⅰ，先例平2.11.13－5002）。また，仮差押えの執行がされた金銭債権に，さらに仮差押えの執行がされ，仮差押えが競合した場合には，配当の手続に進まないので，第三債務者は金銭債権の全額に相当する金銭を債務履行地の供託所に供託することができる（民保§50Ｖ，民執§156Ⅰ）。

(3)　第三債務者による義務供託

　仮差押えの執行がされた金銭債権につき，他の債権者から差押えがされて競合した場合，あるいは差押えのされた金銭債権につき，他の債権者から仮差押えの執行がされて競合した場合には，配当等の必要が生じるので，第三債務者は金銭債権の全額に相当する金銭を供託しなければならない（民保§50Ｖ，民執§156Ⅱ）。

(4)　みなし解放金

　金銭債権につき仮差押えの執行がされ，第三債務者がこれを受けて金銭を供託した場合には，債務者が仮差押解放金（民保§22Ⅰ）の額に相当する金銭を供託したものとみなされる（民保§50Ⅲ本文）。これをみなし解放金といい，仮差押えの効力は，このみなし解放金の上に移行し，債務者の有する供託金還付請求権の上に仮差押えの執行がされていることになる。ただし，仮差押解放金の額を超える部分については，債務者は還付請求権を行使することができる（同Ⅲただし書）。

(5)　仮差押解放金の供託による仮差押えの執行の取消し

　債務者が，仮差押解放金の額に相当する金銭を供託したことを証明したときは，保全執行裁判所は，仮差押えの執行を取り消さなければならない（民保§51Ⅰ）。

第3節　仮処分の執行

Topics ・不動産の登記請求権を保全するための処分禁止の仮処分について理解する。
・占有移転禁止の仮処分の執行について理解する。

1　仮処分の執行

　　仮処分の執行とは，仮処分命令の主文において命じられた処分を具体的に実施することである。仮処分の執行については，個別の定めがない限り，仮差押えの執行または強制執行の規定が適用される（民保§52Ⅰ）。すなわち，利用頻度の高い定型的な仮処分の執行方法については個別の規定が設けられているが（民保§53～56），それ以外の仮処分の執行については仮差押えの執行または強制執行の規定の適用により対処することになる。また，物の給付その他の作為または不作為を命ずる仮処分の執行については，仮処分命令を債務名義とみなす（民保§52Ⅱ）。

2　不動産の登記請求権を保全するための処分禁止の仮処分

（不動産の登記請求権を保全するための処分禁止の仮処分の執行）
第53条　不動産に関する権利についての登記（仮登記を除く。）を請求する権利（以下「登記請求権」という。）を保全するための処分禁止の仮処分の執行は，処分禁止の登記をする方法により行う。
2　不動産に関する所有権以外の権利の保存，設定又は変更についての登記請求権を保全するための処分禁止の仮処分の執行は，前項の処分禁止の登記とともに，仮処分による仮登記（以下「保全仮登記」という。）をする方法により行う。
3　第47条第2項及び第3項並びに民事執行法第48条第2項，第53条及び第54条の規定は，前二項の処分禁止の仮処分の執行について準用する。

---

(1)　処分禁止の仮処分の執行

　　不動産の登記請求権を保全するための処分禁止の仮処分の執行は，仮登記請求権を除くすべての登記請求権について，処分禁止の登記をする方法により行われる（民保§53Ⅰ）。そして，不動産に関する所有権以外の権利の保存，設定または変更についての登記請求権を保全するための処分禁止の仮処分の執行は，処分禁止の登記とともに，保全仮登記をする方法により行われる（民保§53Ⅱ）。これらの登記は，裁判所書記官の嘱託による（民保§53Ⅲ，47

ⅡⅢ）。

⑵　保全仮登記

　　保全仮登記は，所有権以外の権利の保存，設定または変更の登記請求権を保全する場合に行われる（民保§53Ⅲ）。すなわち，所有権以外の権利の移転や抹消の登記請求権を保全する場合は保全仮登記はされず，処分禁止の登記のみがされる。

⑶　処分禁止の仮処分の一般的効力

　　処分禁止の仮処分の登記の後にされた登記にかかる権利の取得または処分の制限は，仮処分債権者が保全すべき登記請求権に係る登記をする場合には，その登記に係る権利の取得または消滅と抵触する限度においてその債権者に対抗することができない（民保§58Ⅰ）。

【参考判例】

H28-6-イ
H28-6-オ

　　①　不動産の売買に基づく所有権移転登記手続請求権を被保全権利として処分禁止の仮処分を得た仮処分債権者は，売買が無効であっても，その売買によって当該不動産の占有を開始し仮処分後にこれを時効により取得したときは，時効の完成したのちに当該不動産を仮処分債務者から取得した第三者に対し，当該仮処分が時効取得に基づく所有権移転登記手続請求権を保全するものとして，その効力を主張することができる（最判昭59.9.20）。

　　②　土地について処分禁止の仮処分がされる前に債務者が第三者に当該土地を売っていた場合であっても，その売買による所有権の移転の登記が当該仮処分の登記より後にされたときは，当該第三者は，仮処分債権者に対し，当該土地に係る所有権の取得を対抗することができない（最判昭30.10.25）。

⑷　処分禁止の仮処分の登記のみがされた場合の登記の抹消

　　仮処分債権者は，保全すべき登記請求権に係る登記をする場合，不動産の登記請求権を保全するための処分禁止の仮処分の登記に後れる登記を抹消することができる（民保§58Ⅱ）。この保全仮登記がされていない場合における仮処分債権者は，単独で，債権者代位によることなく，直接後れる第三者の登記を抹消する権利を有することとなる。「保全すべき登記請求権に係る登記をする場合」とは，仮処分債権者が債務者に対する本案の債務名義により単独で申請する場合のほか，当事者双方の共同申請による場合も含まれる。

⑸　**保全仮登記がされている場合の本登記**

　　処分禁止の仮処分の登記とともに保全仮登記がされている場合，仮処分債権者が保全すべき登記請求権に係る登記をするには，保全仮登記に基づく本登記をする方法による（民保§58Ⅲ）。この場合には，次項⑹に記載する場合を除き，仮処分の登記に後れる登記を抹消することはできない。保全仮登記の本登記をすることをもって保全すべき登記請求権の実現が図れるからである。

⑹　**使用収益的効力を目的とする権利の保全仮登記がされている場合の抹消**

　　仮処分債権者が保全仮登記に基づく本登記をする場合において，保全すべき登記請求権に係る権利が不動産の使用または収益をする権利であるときは，不動産の使用または収益をする権利（所有権を除く。）またはその権利を目的とする権利の取得に関する登記で，処分禁止の仮処分の登記に後れるものを抹消することができる。例えば，地上権の設定登記請求権を保全するために，処分禁止の仮処分の登記と保全仮登記がされている場合に，その後にさらに別の地上権設定登記がされ，かつ，後の地上権設定登記に対しこれを目的とした抵当権の設定登記がされているときは，仮処分債権者による保全仮登記の本登記とともに，後にされた地上権設定登記及びこれを目的とする抵当権設定登記は，仮処分債権者が単独で抹消することができる。

⑺　**登記を抹消する場合における第三者への通知**

　　仮処分債権者が前記⑷または⑹により第三者の登記を抹消するには，当該第三者に対しその旨を通知しなければならない（民保§59Ⅰ）。当該第三者が登記の抹消を受忍すべきでない場合には，抹消された登記の回復の請求をすることができるよう，通知を義務づけ，第三者の権利が手続的に保障されるよう図られている。

⑻　**仮処分命令の更正**

　　保全仮登記に係る権利の表示が，その保全仮登記に基づく本登記をすべき旨の本案の債務名義における権利の表示と符合しないときは，処分禁止の仮処分命令を発した裁判所は，債権者の申立てにより，その命令を更正しなければならない（民保§60Ⅰ）。保全仮登記と本案の債務名義に食い違いがあると，仮登記の本登記の申請は却下されることになるので，発令裁判所による更正を認めたものである。この仮処分命令の更正決定に対しては即時抗告をすることができ（民保§60Ⅱ），更正決定が確定した時は，裁判所書記官は，保全仮登記の更正を嘱託しなければならない（民保§60Ⅲ）。

3　不動産に関する権利以外の権利についての登記または登録請求権を保全するための処分禁止の仮処分

　　不動産に関する権利以外の権利で，その処分の制限につき登記または登録を対抗要件または効力発生要件とするものについての登記（仮登記を除く。）または登録（仮登録を除く。）を請求するための処分禁止の仮処分の執行については，不動産の登記請求権を保全するための処分禁止の仮処分の執行の規定が準用される（民保§54，53）。そして，この処分禁止の仮処分の効力についても不動産の登記請求権を保全するための処分禁止の仮処分の効力に関する規定が準用されている（民保§61，58，59，60）。

4　建物収去土地明渡請求権を保全するための処分禁止の仮処分

(1)　処分禁止の仮処分の執行

　　建物の収去およびその敷地の明渡請求権を保全するため，その建物の処分禁止の仮処分命令が発せられたときは，その仮処分の執行は，処分禁止の登記をする方法により行われる（民保§55）。この仮処分については，発令裁判所が保全執行裁判所となり，その裁判所の裁判所書記官が処分禁止の登記を嘱託することになる（民保§55Ⅱ，47ⅡⅢ）。

(2)　処分禁止の仮処分の効力

　　建物収去土地明渡請求権を保全するための処分禁止の仮処分の登記がされたときは，債権者は，本案の債務名義に基づいて，その登記がされた後に当該建物を譲り受けた者に対し，建物の収去およびその敷地の明渡しの強制執行をすることができる（民保§64）。　H6-7-5

5　法人の代表者の職務執行停止の仮処分等

　　法人の代表者その他法人の役員として登記された者について，その職務の執行を停止し，もしくはその職務を代行する者を選任する仮処分命令が発令された場合，またはその仮処分命令を変更しもしくは取り消す決定がされた場合には，裁判所書記官は，法人の本店または主たる事務所の所在地（外国法人にあっては，各事務所の所在地）を管轄する登記所にその登記を嘱託しなければならない（民保§56本文）。なお，職務執行停止・職務代行者選任の仮処分が登記事項とされていない場合には，嘱託はされない（民保§56ただし書）。

6　占有移転禁止の仮処分

(1)　占有移転禁止の仮処分の内容

　　　民事訴訟法においては，訴訟承継主義を採用しているので（民訴§115 I ③参照），不動産の引渡しまたは明渡しの訴訟を提起した場合，口頭弁論終結前に被告である不動産の占有者が，目的物の占有を第三者に移転すれば，原告としては，新たな占有者に訴訟を引き受けさせるか（民訴§50），新たな訴えを提起しなければ，口頭弁論終結時の占有者に対する債務名義を取得することができない。

　　　しかし，それでは必要な債務名義を取得するために手間や時間あるいは費用を要することとなり，執行妨害に対処することができない。そこで，物の引渡しまたは明渡しの請求権を保全するため，相手方たる債務者に対し，その物の占有の移転を禁止し，その物の占有を解いて執行官に引き渡すことなどを命じる仮処分が，占有移転禁止の仮処分である。

H15-6-ア

(2)　債務者を特定しないで発せられた仮処分の執行

R2-6-イ

　　　不動産の占有移転禁止の仮処分命令は，その執行前に債務者を特定することを困難とする特別の事情があるときは，債務者を特定しないで発することができる（民保§25の2 I）。この仮処分の執行においては，係争物である不動産の占有を解く際に占有者を特定することができない場合にはすることができない（民保§54の2）。

(3)　仮処分の効力

（占有移転禁止の仮処分命令の効力）

第62条　占有移転禁止の仮処分命令の執行がされたときは，債権者は，本案の債務名義に基づき，次に掲げる者に対し，係争物の引渡し又は明渡しの強制執行をすることができる。

　一　当該占有移転禁止の仮処分命令の執行がされたことを知って当該係争物を占有した者

　二　当該占有移転禁止の仮処分命令の執行後にその執行がされたことを知らないで当該係争物について債務者の占有を承継した者

2　占有移転禁止の仮処分命令の執行後に当該係争物を占有した者は，その執行がされたことを知って占有したものと推定する。

---

① 占有移転禁止の仮処分命令が執行された場合，債権者は当該占有移転禁止の仮処分命令の執行後に，債務者から係争物の占有を承継した者に対しては，債権者は，本案の債務名義に基づき，係争物の引渡しまたは明渡しの強制執行をすることができる（民保§62Ⅰ②）。 `H28-6-ウ` `H19-6-オ` `H13-6-ウ`

重要 ⚠ ●

①の場合，占有移転禁止の仮処分命令が執行されたことについての善意，悪意を問わない。

② 占有移転禁止の仮処分命令が執行された場合，債権者は当該占有移転禁止の仮処分命令の執行後に，当該占有移転禁止の仮処分命令の執行がされたことを知って，債務者からの承継によらずに係争物の占有した者に対しては，債権者は，本案の債務名義に基づき，係争物の引渡しまたは明渡しの強制執行をすることができる（民保§62Ⅰ①）。

(4) 執行文の付与

占有移転禁止の仮処分命令の効力は債務者のほかに，上記(3)①及び②の者 `H13-6-エ` に及ぶので，この占有移転禁止の仮処分命令により保全された係争物に対して債務者以外の者，すなわち占有者に対して係争物の引渡しまたは明渡しの強制執行をするためには本案の債務名義に承継執行文の付与を受けなければならない（民保§63参照，民執§27Ⅱ）。債権者は，係争物を占有している者が上記(3)の①または②に該当する者であることを文書で証明すれば，承断執行文の付与を受けることができる（民保§62Ⅰ①②，民執§27Ⅱ）。

(5) 悪意の推定

不動産の占有移転禁止の仮処分命令の執行後に当該不動産を占有した者 `H30-6-イ` は，その執行がされたことを知って占有したものと推定する（民保§62Ⅱ）。 `H24-6-オ` `H13-6-オ`

これは，債務者からの承継によらずに占有した者が占有移転禁止の仮処分の執行につき悪意であれば，本案の債務名義の効力を及ぼすことが可能であるが，その悪意であることの立証が容易でないので，立証責任を占有者側に転換したものである。

用 語 索 引

判 例 先 例 索 引

民事執行法

民事保全法

司法書士スタンダードシステム

司法書士　スタンダード合格テキスト 8
民事訴訟法・民事執行法・民事保全法　第5版

2013年11月1日　初　版　第1刷発行
2023年9月15日　第5版　第1刷発行

編　著　者　Wセミナー／司法書士講座
発　行　者　猪　　野　　　　樹
発　行　所　株式会社　早稲田経営出版
　　　　　　〒101-0061
　　　　　　東京都千代田区神田三崎町3-1-5
　　　　　　神田三崎町ビル
　　　　　　電 話 03(5276)9492(営業)
　　　　　　FAX 03(5276)9027

組　　　版　株式会社　エストール
印　　　刷　今 家 印 刷 株 式 会 社
製　　　本　東 京 美 術 紙 工 協 業 組 合

Ⓒ Waseda Keiei Syuppan 2023　　Printed in Japan　　ISBN 978-4-8471-5055-5
N.D.C. 327

	6月	7月	8月	9月	10月	11月	12月	1月	2月

総合力養成コース ➡ 対象:初学者、または基礎知識に不安のある方
2年、20ヵ月、1.5年、1年、速修 総合本科生・本科生
［山本オートマチック］［入門総合本科生］

6月〜開講　2年本科生　※入門総合本科生の
8月〜開講　20ヵ月総合本科生
1月〜

総合力アップコース

➡ 対象:受験経験者、または一通り学習された方
上級総合本科生・上級本科生

➡ 対象:受験経験者、答練を通してアウトプットの訓練をしたい方
答練本科生

➡ 対象:受験経験者、または一通り学習された方
山本プレミアム上級本科生［山本オートマチック］

択一式対策コース

➡ 対象:択一式でアドバンテージを作りたい方
択一式対策講座［理論編・実践編］

➡ 対象:応用力をつけたい方
山本プレミアム中上級講座［山本オートマチック］

記述式対策コース

➡ 対象:記述式の考え方を身につけたい方
オートマチックシステム記述式講座［山本オートマチック］

➡ 対象:記述式の解法を知り、確立させたい方
記述式対策講座

法改正対策コース ➡ 対象:近時の改正点を押さえたい方
法改正対策講座

直前対策コース

➡ 対象:本試験の解答テクニックを習得したい方
本試験テクニカル分析講座［山本オートマチック］

➡ 対象:直前期に出題予想論点の総整理をしたい方
予想論点セット（択一予想論点マスター講座＋予想論点ファイナルチェック）

➡ 対象:本試験レベルの実戦力を養成したい方
4月答練パック

模試コース

➡ 対象:直前期前に実力を確認したい方
全国実力Check模試

➡ 対象:本試験と同形式・同時間の模試で本試験の模擬体験をしたい方
全国公開模試

Wセミナーなら
身につく合格力

Wセミナーは目的別・レベル別に選べるコースを多数開講！

Wセミナーでは目的別・レベル別に選べるコースを多数開講しています。受験生個々のニーズに合ったコースを選択すれば、合格力をアップすることができます。

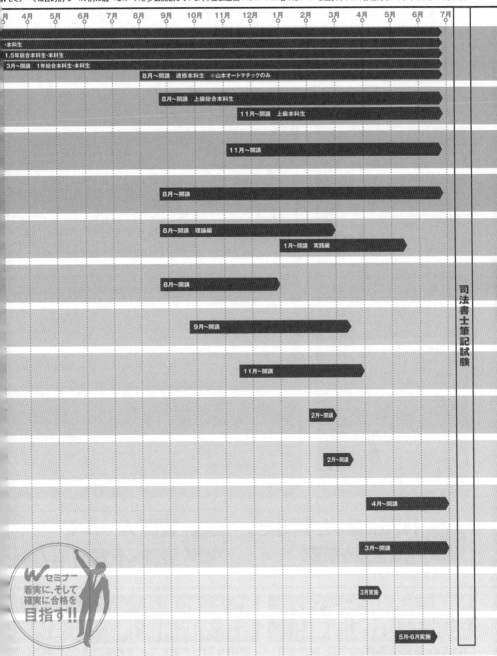

※開講コース・開講時期は年度により変わる場合があります。

W セミナー 答練・模試

タイムリーなカリキュラムで「今、解くべき問題」の演習を実現しました！

[11月]━━━━━━━●━[1月]━━━━━━━●━[2月]━━━━━━━●━[3月]

| 過去問学習のペースメーカー！ | 全出題範囲の主要論点を総潰し！ |

11月 開講(全6回)
総合力底上げ答練

<出題数>
択一式 全210問(各回35問)
記述式 全12問(各回2問)

年内は過去問を学習する受験生が多いので、それに合わせて"過去問学習のペースメーカー"になるように工夫されたタイムリーな答練です。各問題には「過去問チェック」を掲載しているため、答練の復習と同時に過去問の肢を確認できます。また、受験経験者の方にとっては"本試験の勘"を取り戻していただくために、各回択一35問、記述2問を本試験と同様の形式で解き、年明けの学習へのステップとして利用できる答練となっています。

1月 開講(全12回)
科目別全潰し答練

<出題数>
択一式 全420問(各回35問)
記述式 全24問(各回2問)

年明けすぐの1月~3月は、4月からの直前期を迎える前に、全科目を一通り学習できる時機です。そこで、科目ごとの学習のペースメーカーとして、タイムリーな科目別答練を用意しました。択一式では、司法書士試験の出題範囲である主要論点を網羅しているため、ご自身の科目別の学習と併用して受講することにより学習効果が大きく上がります。また、記述式については、毎回2問を出題しており、時間配分の練習に着目して受講することで、特に記述式の実戦練習をしたい方にも適している答練です。

Point 「時機に即した学習」で重要論点を網羅！

Point 質問メールで疑問・不安解消！

全ての答練・模試をパッケージ化した「答練本科生」「答練本科生記述対策プラス」には、「法改正対策講座(全2回)」もカリキュラムに加わります。

●[4月]　　　　　　　　　　　　　　　　　●[5月]　　　　　　　　●[7月]

| 出題予想論点で本試験予行練習! | 実戦形式で隙間を埋める! | 出題予想論点で本試験予行練習! |

4月

全国実力Check模試

4月 開講(全6回)

合格力完成答練

<出題数>
| 択一式 | 全210問(各回35問) |
| 記述式 | 全12問(各回2問) |

4月から5月の直前期においては、本試験と同じ問題数、同じ時間で本試験と同レベルの問題を解くことにより、繰り返し本試験の予行演習を行うことが合格には不可欠です。その予行演習を通して各自の足りない所を発見し、直前期の学習に役立てていただくことをコンセプトにした"合格する力を完成させる"タイムリーな答練を用意しました。直前期の勉強のペースメーカーとして威力を発揮する実戦的な答練です。

5～6月

全国公開模試 第1～3回

本試験と同じ問題数、同じ時間で実施されるタイムリーな本試験予行演習です。"今年の本試験での出題が予想される論点"を中心に本試験レベルの問題を出題します。今までの答練シリーズで学習し積み重ねた"成果"を試す絶好の機会であるといえます。「全国実力Check模試」は時期的に直前期に入る前に実施されるため、"今の自分にとって何が足りないか?"を確認できるよう、基本的な論点を中心に問題が構成されています。直前期の学習に役立ててください。「全国公開模試」は今までの答練シリーズの総決算です。本番の試験のつもりで、ご自身の実力を試してみてください。

司法書士筆記試験

※開講コース・開講時期は年度により変わる場合があります。

Point 充実した割引制度で受験生をバックアップ!

Point 通信生も答練教室受講OK!

パンフレットのご請求・お問合せはこちら

電話無料 **0120-509-117**
ゴウカク イイナ

受付時間
9:30～19:00(月曜～金曜)
9:30～18:00(土曜・日曜・祝日)

※営業時間短縮の場合がございます。詳細はWebでご確認ください。

WセミナーはTACのブランドです。

書籍の正誤に関するご確認とお問合せについて

書籍の記載内容に誤りではないかと思われる箇所がございましたら、以下の手順にてご確認とお問合せをしてくださいますよう、お願い申し上げます。

なお、正誤のお問合せ以外の**書籍内容に関する解説および受験指導などは、一切行っておりません。**
そのようなお問合せにつきましては、お答えいたしかねますので、あらかじめご了承ください。

1 「Cyber Book Store」にて正誤表を確認する

早稲田経営出版刊行書籍の販売代行を行っている
TAC出版書籍販売サイト「Cyber Book Store」の
トップページ内「正誤表」コーナーにて、正誤表をご確認ください。

CYBER TAC出版書籍販売サイト
BOOK STORE

URL：https://bookstore.tac-school.co.jp/

2 1 の正誤表がない、あるいは正誤表に該当箇所の記載がない ⇒ 下記①、②のどちらかの方法で文書にて問合せをする

★ご注意ください★

お電話でのお問合せは、お受けいたしません。
①、②のどちらの方法でも、お問合せの際には、「お名前」とともに、
「対象の書籍名（○級・第○回対策も含む）およびその版数（第○版・○○年度版など）」
「お問合せ該当箇所の頁数と行数」
「誤りと思われる記載」
「正しいとお考えになる記載とその根拠」
を明記してください。
なお、回答までに１週間前後を要する場合もございます。あらかじめご了承ください。

① ウェブページ「Cyber Book Store」内の「お問合せフォーム」より問合せをする

【お問合せフォームアドレス】

https://bookstore.tac-school.co.jp/inquiry/

② メールにより問合せをする

【メール宛先 早稲田経営出版】

sbook@wasedakeiei.co.jp

※**土日祝日はお問合せ対応をおこなっておりません。**
※**正誤のお問合せ対応は、該当書籍の改訂版刊行月末日までといたします。**

乱丁・落丁による交換は、該当書籍の改訂版刊行月末日までといたします。なお、書籍の在庫状況等により、お受けできない場合もございます。
また、各種本試験の実施の延期、中止を理由とした本書の返品はお受けいたしません。返金もいたしかねますので、あらかじめご了承くださいますようお願い申し上げます。

（2022年7月現在）